국학현대문학연구총서 4

한국 소설과 기독교

이동하 著

국학자료원

책머리에

 돌아보면 아득한 10대 시절부터 지금까지 참으로 많은 소설을 읽어 왔다. 소설을 읽는 일에 몰두하다 보니 어느새 수십 년 세월이 지나갔다.
 그 수십 년은 한편으로는 내가 기독교와 맞붙어 씨름하며 보낸 수십 년이기도 하다. 기독교와의 관계라는 측면에서 볼 때, 내가 살아 온 지난 수십 년의 세월은 대략 세 단계로 구분된다. 1984년 이전의 기간, 1984년에서 1992년 무렵까지의 기간, 그리고 그 이후의 세 단계로……. 1984년 이전의 기간은 기독교와 나 사이에서 조심스러우면서도 긴장된 대화가 전개된 기간이요, 1984년에서 1992년 무렵까지의 기간은 내가 열심히 교회에 출석하여 찬송가를 부르던 기간이며, 그 이후의 기간은 교회와 『성서』의 세계를 새롭게 비판적으로 극복하고자 하는 내 나름의 지난한 싸움이 지속되어 온 기간이다. 이처럼 세 단계로 뚜렷이 구분되는 그 수십 년의 세월은 어떻게 보면 참으로 기복이 많은 날들이었지만, 그 세월 내내 단 한 번도, 기독교와 반기독교가 부딪쳐서 만들어내는 자력권(磁力圈) 자체로부터 멀찍이 벗어난 자리로까지 내가 달아날 수 있었던 적은 없는 듯하다.
 이제, 그 동안 내가 소설을 대상으로 하여 써 온 글들 가운데에서, 기독교 문제와 관련된 것들을 대충 추려모아 책으로 낸다. 한 쪽에서는 소설과, 다른 한 쪽에서는 기독교 문제와 끊임없이 만나고 부딪치면서 그 두 가지를 연결하는 작업도 나름대로 꾸준히 지속해 온 그 동안의 내 삶이 이 책 속에 녹아 있다. 이 책이 소설에 대해서, 그리고 기독교 문제에 대해서 관심을 가지고 있는 사람들에게 조금이라도 도움을 줄 수 있기를 바란다.

2002년 12월

이동하

목 차

책머리에   *3*
목 차   *5*

1

복음서와 소설 사이의 거리 문제 —김동리의 「마리아의 회태」와 다른 작품들   *8*
「본시오 빌라도의 수기」와 관련된 몇 가지 단상   *23*
『사반의 십자가』에서 예수의 부활을 다룬 방식   *40*
예수 부활 문제에 대한 소설적 접근의 몇 가지 유형
   —『가룟 유다에 대한 증언』과 『사람의 아들』을 중심으로   *85*
예수의 부활에 대한 엔도 슈사쿠의 생각
   —『사해 부근에서』와 『예수의 생애』 및 『그리스도의 탄생』을 중심으로   *108*

2

염상섭의 소설에 나타난 기독교 문제   *128*
김은국의 『순교자』에 나타난 진실의 문제   *158*
김은국의 『순교자』와 알베르 카뮈   *170*
소설과 종교 —『움직이는 성』의 인물들을 중심으로   *182*
신앙인의 길, 자유인의 길 —조성기의 『에덴의 불칼』   *225*
김원일의 「믿음의 충돌」에 대하여   *241*

3

한국 현대소설에 나타난 기독교 비판 254
「목공 요셉」과 「라울전」에 대하여 269
최병헌의 『성산명경』에 대한 고찰 286
신의 침묵에 대한 질문 ―『침묵』과 『조선백자마리아상』 300
종교와 정의의 갈등 ―현기영의 『변방에 우짖는 새』 317
인간의 숙명에 대한 두 가지 대응방식 ― 이청준의 「벌레 이야기」 326
한 기독교 비판자의 초상 ―이승우의 「연금술사의 춤」 332
관념소설의 한 전형 ―이승우의 『에리직톤의 초상』 336

찾아보기 345

1부

복음서와 소설 사이의 거리 문제
―김동리의 「마리아의 회태」와 다른 작품들

 김동리는 『신약성서』의 복음서와 관련된 소재에 바탕을 둔 소설을 여러 편 썼다. 그 작품들을 발표된 순서대로 적어 보면 다음과 같다: 「마리아의 회태(懷胎)」(1955. 2), 『사반의 십자가』(1955. 11~1957. 4), 「목공 요셉」(1957. 7), 「부활」(1962. 11). 김동리는 이 중 『사반의 십자가』를 1982년에 본격적으로 개작하였는데, 『사반의 십자가』의 내용 가운데서도 특히 복음서와 직접적인 관련을 갖고 있는 부분이 크게 수정되었다. 그러므로 복음서의 내용과 관련하여 『사반의 십자가』를 논할 때에는 이 작품의 원작본과 개작본을 따로 구별해서 취급할 필요가 있다.
 이 작품들 중, 「마리아의 회태」를 제외한 나머지 모두를 나는 오래 전부터 숱하게 반복해서 읽어 왔다. 그 작품들을 대상으로 해서 글을 쓴 일도 여러 번 있다.
 왜 <「마리아의 회태」에서 『사반의 십자가』 개작본에까지 이르는 작품들 모두>가 아니고 <「마리아의 회태」를 제외한 나머지 모두>였는가? 여기에는 「마리아의 회태」라는 작품을 도대체 구해 볼 수 없었다는 사정이 개재해 있다. 이 작품은 1955년 2월에 나온, 『청춘』이라는 잡지의 별책(別册)에 발표된 이후 김동리의 그 어떤 작품집에도 다시 수록되지 않았기 때문에, 나로서는 그 제목만 익숙했을 뿐, 도무지 그 실체를 접할 길이 없었던 것이다.

그 동안 내가 위에서 거명된 작품들 중 「마리아의 회태」를 제외한 나머지 모두를 되풀이하여 읽어 오면서 확인한 바에 의하면, 그 모든 작품들은 뚜렷한 공통적 면모들을 가지고 있다. 그 공통적 면모는 복음서와 관련된 소재들을 작품화한다는 과제를 수행함에 있어서 김동리가 보여준 창작태도 상의 일관성에서 연유한다.

복음서와 관련된 소재들을 작품화할 때마다 김동리가 일관되게 보여준 창작태도는 다음과 같다. <기본적으로는 복음서의 내용을 존중하면서, 거기에 다양한 허구를 섞어 넣는다. 그러한 허구는 반드시, 김동리가 전개하는 이야기의 현실성을 강화시켜 주는 방향으로 작용할 수 있는 것들로 한다. 그렇게 함으로써, 원래의 복음서 내용이 가지고 있는 현실 초월적인 성격을 희석시킨다.>

그러나, 방금 위에서 <복음서와 관련된 소재들을 작품화할 때마다 김동리가 일관되게 보여준 창작태도>라는 표현을 썼지만, 좀더 자세하게 살펴보면, 그 작품들 상호간에도 사실은 미묘한 차이가 발견된다. 그것은 원래의 복음서 내용이 가지고 있는 현실 초월적인 성격을 희석시키는 작업을 수행하면서 보여주는 <대담성>이 후기로 갈수록 점점 더 강화되어 간다고 하는 사실에서 연유하는 차이이다.

창작 시기 순으로 볼 때 「마리아의 회태」에 이어서 두번째의 자리에 놓이는 원작본 『사반의 십자가』를 쓸 때만 하더라도 김동리가 보여준 태도는 그렇게까지 대담한 것이 아니었다. 예수가 생전에 행한 기적들을 다룰 때에는 원래의 복음서 내용이 가지고 있는 현실 초월적 성격을 거의 그대로 수용해 버렸고, 복음서에 언급된 기적의 결정판이라고 할 수 있는 예수의 부활을 다룰 때에도 다음과 같이 모호한 표현을 사용함으로써 <별로 대담하지 못한> 모습을 고스란히 드러내 보였던 것이다.

그러고 보면 그것은 그가 평소에 예언한 바와 같이 부활을 했기 때문인지도 몰랐다.

이것을 처음 그렇게 믿기 시작한 것은 앞에 나온 세 사람의 여자와 베드로와 요한들이다. 그들뿐 아니라 다른 사람들도 믿을 만한 일이다. 그는 사실상 오늘에도 살아 있지 않는가.1)

그랬던 김동리의 태도가,「목공 요셉」에 이르면 상당히 대담한 것으로 바뀐다. 그리고「부활」에 오면 그 대담성이 더욱 강화된다.

이처럼 세월이 지나감에 따라 점점 더 대담성을 강화시켜 가다 보면, 나중에 가서는, 그렇게 대담하지 못했던 과거의 자기 자신에 대하여 작지 않은 불만과 아쉬움을 갖게 되는 사태가 발생할 수 있다. 김동리가 원작본『사반의 십자가』를 완성한 지 25년이 지난 시점에서 원작본보다 엄청나게 대담한 면모를 과시해 보인 개작본『사반의 십자가』를 새삼스럽게 내놓기에 이른 데에는 이러한 사정이 작용한 것으로 판단된다.

원작본『사반의 십자가』에서「목공 요셉」과「부활」을 거쳐 개작본『사반의 십자가』에까지 이르는 일련의 작품들은 이처럼 작가 자신이 꾸준하게 <대담성>을 강화시켜 간 자취를 선명하게 보여주고 있다. 그런데,「목공 요셉」과「부활」그리고 개작본『사반의 십자가』는 물론이려니와, 이 일련의 작품들 중 <대담성>의 정도가 가장 약한 것으로 판단되는 원작본『사반의 십자가』조차도, 따지고 보면, 성서무오설(聖書無誤說) 혹은 축자영감설(逐字靈感說)을 주장하는 극단적 보수파의 기독교인들이 볼 경우에는 못마땅한 표정을 지으며 분개할 수밖에 없는 내용들로 가득차 있는 것이었다. <김동리 자신이 전개하는 이야기의 현실성을 강화시켜 주는 방향으로 작용할 수 있는 허구들을 다양하게 섞어 넣고 그렇게 함으로써 원래의 복음서 내용이 가지고 있는 현실초월적인 성격을 희석시킨다>고 하는 원칙 자체야「목공 요셉」과

---

1) 김동리,『사반의 십자가』,『한국3대작가전집』, 8(삼성출판사, 1970), p. 283.

「부활」 그리고 개작본 『사반의 십자가』뿐만 아니라 원작본 『사반의 십자가』
에서도 고스란히 살아 작용하고 있는 터이기 때문이다.

그런데 이처럼 극단적 보수파의 기독교인들이 볼 경우에는 못마땅한 표정
을 지으며 분개할 수밖에 없는 내용들이 그 작품들을 가득 채우고 있다는
바로 그 사실이, 극단적 보수파의 기독교인이 아닌 사람의 입장에서 그 작품
들을 볼 경우에는 그 작품들이야말로 하나같이 소중한 창조적 상상력의 성과
를 보여주는 존재들로—복음서에 바탕을 두었으되 복음서의 자력권(磁力
圈)으로부터 벗어나 당당한 독자성을 획득한 존재들로—평가될 수 있도록
만드는 결과를 낳는다.

나 자신, 극단적 보수파의 기독교인이 아닌 사람들 가운데 하나로서, 원작
본 『사반의 십자가』를 포함한 그 일련의 작품들 모두에 대하여 일찍부터
그러한 적극적 평가를 내려 온 터이다. 그리고 그 일련의 작품들에 대하여
이러한 적극적 평가를 내려 온 나의 마음 속에는 늘 그 작품들에 담겨 있는
<소중한 창조적 상상력>에 대한 애정과 그 작품들이 획득한 <당당한 독자
성>에 대한 존경심이 동반되어 온 터이기도 하다.

지금까지 나는 「마리아의 회태」라는 작품을 미처 접하지 못한 상태에서
원작본 『사반의 십자가』와 그 후에 나온 작품들만을 되풀이해 읽어 오는
동안 내가 그 작품들의 성격을 어떻게 파악하고 또 그 작품들에 대하여
어떤 평가를 내릴 수 있었던가를 이야기하였다.

그런데, 2001년 3월에 이르러, 새로운 사태가 발생하였다. 그 동안 나를
포함한 수많은 연구자들에게 접근 불가능한 미지의 존재로만 남아 있었던
「마리아의 회태」가 마침내 발굴되어 그 전문이 원문 그대로의 형태로 공개된
것이다. 당연히 나는 흥분된 마음으로 「마리아의 회태」를 찾아 읽지 않을
수 없었다. 『문학사상』 2001년 3월호에 16면 분량으로 게재된 「마리아의
회태」는 다음과 같은 문장들로 시작되고 있었다.

강우기(降雨期)가 지나자 날씨는 갑자기 더워졌다. 밀밭 위로 쏟아지는 햇빛이 물줄기처럼 이따금씩 허옇게 번쩍거리고는 하였다. 머리 위에 물동이를 얹은 마리아는 하늘에서 내리는 그 허연 물줄기 같은 햇빛을 볼 때마다 어쩐지 아뜩 아뜩하고 현기증이 일곤 하였다.[2]

이렇게 시작된 「마리아의 회태」의 줄거리는 다음과 같다.

나사렛에 사는 신앙이 깊은 처녀인 마리아는 요셉과 약혼한 지 3년이 지났지만 아직 성관계를 맺은 일이 없는 사이이다. 그런 마리아에게 어느 날 가브리엘 천사가 강림하여 다음과 같은 메시지를 전한다.

「니가 이미 하나님께 은혜를 얻었나니라 볼지어다 수태(受胎)하여 아들을 낳으리니 그 이름을 예수라 하라 그가 크게 되고 지극히 높은 이의 아들이라 일커름을 받을지니라 (…) 또 볼지어다. 너의 친척 엘리사벳도, 여호와의 뜻으로 늙은 몸에 수태 되나라. 이러하니 대개 여호와의 말씀은 능치 못한 것이 없나니라.」[3]

이러한 메시지를 받은 후부터 마리아는 생리가 끊어진다. <두렵고 중대한 비밀을 자기 혼자만 가슴 속에 품고> 불안에 잠겨 지내던 마리아는 예루살렘에 사는 이모 엘리사벳이 62세의 나이로 정말 아기를 배었다는 소식을 듣고 예루살렘으로 가서 엘리사벳을 만난다. 엘리사벳이 마리아를 보고 반가워하며 왜 혼자 왔느냐고 묻자 마리아는 <다만 주님과 함께 왔어요>라고 대답하는데, 그 말이 떨어지는 순간, <엘리사벳의 배 속에 있는 애기가 흡사 그 말에 화답이라도 하는 듯이 몹시 기쁘게 뛰어> 노는 것을 엘리사벳은 인식한다. 그리고 마리아가 동정녀로 임신한 것을 알고는 <감격에 취하여 노래를 부르듯이> 다음과 같은 찬양의 말을 쏟아 놓는다.

---

2) 김동리, 「마리아의 회태」, 『문학사상』, 2001. 3, p. 96.
3) 위의 작품, p. 97.

「마리아여, 모든 여인 중에 네게 복이 있으며 네가 밴 아이에게도 복이 있으리로다……기쁘구나 여기 우리 주의 모친이 내게 나아 왔으니 이 어찌 내가 감당할 영광이라 하리요」[4]

엘리사벳과의 만남으로 용기와 감격을 얻은 마리아가 집으로 돌아온 후 점점 배가 불러가자 그 어머니 안나는 요셉과의 사이에서 아기가 생긴 것으로 짐작했다가 요셉으로부터 <저는 모르는 일입니다>라는 말을 듣자 기절하여 쓰러진다. 한편 요셉은 마리아에게 다른 남자의 아이가 생긴 것으로 짐작하고 역시 엄청난 충격 속에서 괴로워하다가 사태의 진상을 알기 위해 예루살렘으로 간다. 예루살렘에서 그는 다시 의외의 사태에 맞닥뜨린다.

사가랴의 집에서는 예순도 넘은 엘리사벳이 일흔이나 가까이 된 사가랴에 의하여 아기를 낳은 것은 능치 못하심이 없는 여호와의 권능이 발현된 것이라 하여 왼 예루살렘의 신심 많은 사람들과 친척들이 찾아 와 주께 영광을 돌리느라고 찬송가를 부르고 기도를 드리기에 한창 야단 법석이나 있었다. 더욱이 요셉을 놀라게 한 것은 제사장 사가랴의 이야기였다. 사가랴는 가브리엘 천사의 임신 통고를 처음 의심했다가 열달 동안이나 벙어리가 되었던 것이라 했다.[5]

이런 놀라운 사실을 알고 난 요셉 자신도 <네 안해 마리아 데려 오기를 두려워 말라. 그녀의 잉태함이 성신으로 된 것이니 아들을 낳거든 이름을 예수라 하라> 는 내용의 계시를 받고 나사렛을 향하여 귀로를 재촉하는 것으로 소설은 끝난다.

「마리아의 회태」의 줄거리는 이상과 같거니와, 『신약성서』에 대하여 조금이라도 지식이 있는 독자라면 이상의 줄거리만 보고서도 이 작품이 어디에

---

4) 위의 작품, p. 105.
5) 위의 작품, p. 110.

바탕을 두고 있는가 하는 점을 금방 알아챌 수 있을 것이다. 한 마디로 말하자면 이 작품은 예수의 잉태에 관한「누가복음」의 기록과「마태복음」의 기록을 종합하여 짜맞춘 다음 약간의 허구를 가미함으로써 성립된 것이다. 지금부터 이 점을 조금 구체적으로 설명해 보기로 한다.

네 편의 복음서 가운데 가장 먼저 성립되었으며, 예수에 관한 전승을 가장 원형에 가까운 모습으로 보존하고 있는 것은「마가복음」이다. 이「마가복음」을 보면 예수의 출생에 관한 기록은 전혀 나오지 않는다. 성장기에 관련된 기록도 없다. 예수가 세례 요한을 찾아가 세례를 받고 곧바로 광야로 들어가 40일 동안의 시험을 겪는 장면으로부터「마가복음」은 그 첫머리를 시작하는 것이다.6)

「마가복음」에 바로 이어서 나온 것이「마태복음」과「누가복음」이거니와, 이 두 편의 복음서를 쓴 사람들에게는 이처럼 예수의 출생과 성장에 대하여 전적으로 침묵한 채 넘어가 버리는 것이 못내 아쉽게 느껴졌던 모양이다. 그래서 예수의 출생과 성장에 대한 이야기가 처음으로 도입된다. 그런데 두 복음서에 이렇게 도입된 이야기의 내용이 서로 전혀 다르게 되어 있다. 동방 박사 이야기와 헤롯이 유아들을 학살한 이야기 및 예수의 가족이 이집트로 도망가 살았던 이야기는 오로지「마태복음」에만 있고「누가복음」에는 없으며, 마리아의 친척인 엘리사벳이 세례 요한을 낳았다는 이야기와 예수가 여관의 마구간에서 태어났다는 이야기 및 예수가 열 두 살 때 예루살렘의 성전에서 학자들과 대화를 나누었다는 이야기는 오로지「누가복음」에만 있고「마태복음」에는 없다. 두 복음서의 기록을 나란히 놓고서 맞추려고 시도해 보면, 서로 맞아들어가면서 상대편을 보완해 주는 것으로 인정될 만한

---

6) 참고로 밝혀 두자면「마가복음」에는 예수의 부활에 대한 기록도 없다. 세 명의 여자들이 예수의 무덤을 찾아갔다가 그 무덤이 이미 비어 있는 것을 보고 놀라는 장면에서 끝나고 있을 따름이다. 오늘날 널리 유포되어 있는「마가복음」텍스트에는 예수의 부활은 물론이요 승천에 관한 기록까지 나오지만, 그것은 모두 후대에 가필된 것이다. 원래의「마가복음」텍스트는 16장 8절로 종결된다.

대목이 전혀 없지는 않지만 지극히 작다.

그런가 하면, 네 복음서 중 맨 마지막으로 씌어진 「요한복음」의 기록자는 「마태복음」과 「누가복음」의 기록자들이 행했던 가필 작업에서 다시 한 걸음을 더 나아간다. <인간 예수의 출생과 성장>을 문제삼는 것으로 만족하지 않고 다시 한 걸음을 더 나아가, 예수를 <아득한 태초부터 있었으며 신의 천지창조 사업에 함께 참여했던 존재>로 만들어 버리는 것이다. 다음과 같은 유명한 구절에서 볼 수 있는 바 그대로이다.

> 태초에 말씀이 계시니라 이 말씀이 하나님과 함께 계셨으니 이 말씀은 곧 하나님이시니라 그가 태초에 하나님과 함께 계셨고 만물이 그로 말미암아 지은 바 되었으니 지은 것이 하나도 그가 없이는 된 것이 없느니라(「요한복음」 1장 1절~3절)

<다시 한 걸음을 더 나아간다>고 표현했지만, 사실 위의 구절을 읽어보는 사람이면 누구나 느낄 수 있듯, 이것은 실로 엄청난 대도약이다. 「요한복음」의 기록자는 이 이상의 그 어떤 전진도 불가능한 극한 지점까지 이야기를 밀어붙이고 있는 것이다. 이렇게 굉장한 주장을 펴는 데까지 나와 버린 사람에게라면, 새삼 <인간 예수의 출생과 성장> 따위 시시한(?) 문제가 시야에 들어올 리 없다. 과연 「요한복음」은 인간 예수의 출생과 성장에 대하여서는 일언반구도 하지 않고 있다. 이 점으로만 보면 「요한복음」의 기록자는 「마가복음」을 기록한 사람과 동일한 태도를 취하고 있는 셈이다.

이제 다시 「마리아의 회태」 이야기로 돌아가자. 앞에서 말했듯 인간 예수의 출생과 성장에 관한 이야기는 「마태복음」과 「누가복음」에만 나온다. 그리고 이 두 복음서에 기록되어 있는 그 출생·성장의 이야기는 서로 완전히 딴판으로 되어 있다. 그러나 마리아가 성관계를 가진 적이 없는 처녀의 몸으로 아이를 임신하였다는 주장을 개진하고 있다는 점에서는 두 복음서가 완전히 동일하다.

이 처녀 임신의 이야기를 구체적으로 전개해 나가는 대목을 보면, 「마태복음」은 요셉쪽에 초점을 맞추고 있으며, 「누가복음」은 마리아쪽에 초점을 맞추고 있다. 가만히 생각해 보면, 여기서 문제의 핵심이 처녀 임신이라는 것에 있는 이상, 이야기의 초점은 여성인 마리아 쪽에 맞추어지는 것이 당연하다. 그러니까, 마리아 쪽에 초점을 맞추어서 이야기를 전개하고 있는 「누가복음」의 경우가 보편적인 상식에 부합된다. 그렇다면, 「마태복음」의 기록자는 왜 엉뚱하게도 임신 당사자인 마리아는 제쳐놓고 요셉 쪽에다가 초점을 맞추었던 것일까? 그것은 말할 나위도 없이 당시에 압도적인 위세를 떨치고 있었던 남성 중심의 가부장제적 의식에 「마태복음」 기록자가 깊이 물들어 있었기 때문일 터이다. 그리고 보면 보편적인 상식을 존중하는 입장을 취한 「누가복음」 기록자야말로 당시의 일반적인 의식에서 볼 때에는 예외적인 생각을 가진 인물로 간주되었을 법도 하다. 하긴 「누가복음」은 본래 여성에 대해 각별히 존중하는 태도를 견지하는 가운데 그 전체 내용을 전개시키고 있다는 점에서 복음서 가운데서도 이채를 발하고 있는 터이거니와,[7] 이처럼 남성 중심의 가부장제적 의식으로부터 비교적 자유로운 편이었던 「누가복음」 기록자의, 당시로 보아서는 예외적이었던 사고 방식이, 처녀 임신 이야기를 전개하는 대목에서도 일관되게 나타나고 있는 셈이다.

아무튼 「누가복음」을 기록한 사람은 이처럼 남성 중심의 가부장제적 의식으로부터 비교적 자유로운 상태에서 마리아에게 초점을 맞추는 가운데 예수의 출생과 관련된 이런저런 이야기들을 펼쳐나가고 있거니와, 김동리는 바로 그 이야기들 가운데 중요한 일부를 이루는 <엘리사벳이 세례 요한을 낳은 이야기>를 자신의 소설 「마리아의 회태」 속에 적극적으로 끌어들이고 있는 셈이다.

이 이야기에 따르면, 예수의 출생이 신의 특별한 계획에 의하여 이루어진 것과 꼭 마찬가지로, 세례 요한의 출생도 신의 특별한 계획에 의하여 이루어

---

[7] 김득중, 『누가의 신학』(컨콜디아사, 1991), pp. 86~91 참조.

진 것이며, 이때 신은 처음부터 예수와 세례 요한의 관계를 절대적인 유대 속의 분명한 우열관계 혹은 주종관계로 설정해 놓았다고 한다. 마리아가 엘리사벳을 찾아가 대면한 순간 엘리사벳의 배 안에 들어 있던 아기(즉 후일의 세례 요한)가 기뻐서 뛰놀았다는 기록(「누가복음」 1장 41절)이나, 엘리사벳이 마리아를 보자마자 <여자 중에 네가 복이 있으며 네 태중(胎中)의 아이도 복이 있도다 내 주의 모친이 내게 나아오니 이 어찌된 일인고 보라 네 문안하는 소리가 내 귀에 들릴 때에 아이가 내 복중(腹中)에서 기쁨으로 뛰놀았도다>(「누가복음」 1장 42절~44절) 하고 외쳤다는 기록 등이 모두 그 점을 보여준다. 「누가복음」에 이러한 기록이 들어 있다는 사실은 말할 나위도 없이 후일 예수를 추종하는 집단이 세례 요한을 추종하는 집단을 향하여 퍼부은 이데올로기적 공세의 일환으로 예수 및 세례 요한이라는 한 쌍의 아기들이 등장하는 출생담이 만들어졌으리라는 가능성을 강력하게 시사하고 있다.

그러나 김동리는 엘리사벳이 마리아와 만난 순간 엘리사벳의 배 안에 들어 있던 아기가 뛰놀았다는 기록을 「마리아의 회태」 속에 그대로 끌어들이고 심지어 엘리사벳의 외침까지 작품 속에 아무런 수정 없이 채용해 들이면서, 정작 예수를 추종하는 집단과 세례 요한을 추종하는 집단 사이에서 후일 발생한 이런 미묘한 정치적 갈등 관계 같은 것에 대해서는 전혀 관심을 보여주지 않는다. 엘리사벳과 그 남편 사가랴 사이에서 태어난 아이가 나중에 자라서 세례 요한이 될 것이라는 사실 자체조차 소설 속에서 전혀 언급해 두지 않고 있을 정도로 김동리는 이 문제에 대해서 관심이 없다.

그 대신 김동리가 집중적으로 관심을 표명하는 것은 마리아가 임신을 했다는 사실을 알게 되었을 때 그 약혼자 요셉이 어떤 반응을 보이는가 하는 문제이다. 그런데 「누가복음」에는 이 문제에 대한 언급이 전혀 나와 있지 않다. 이 문제에 대한 언급은 「마태복음」에 나와 있다. 사실 「마태복음」에는 처녀 임신이라고 하는 희귀한 사태 앞에서 마리아가 무슨 생각을 품었고 어떤 행동을 했는가 하는 점은 하나도 나와 있지 않으며 오로지 요셉의 생각과 행동만이 기록되어 있다. 이것은 「마태복음」을 기록한 사람이 오로지 남성의 생각과 행동에만 관심을 가진 철저한 가부장주의자였기 때문인 것으로 짐작되지만 어쨌든 그가 이렇게 했기 때문에 우리는 오늘날 약혼녀의 처녀 임신이라는 사태 앞에서 요셉이 보여준 반응을 알 수 있게 된 셈이다.

마리아의 처녀 임신이라는 사태에 대한 「누가복음」의 기록과 「마태복음」의 기록이 각각 위에서 설명된 바와 같은 양상으로 나타나 있기 때문에, 그 양자를 포개어 보면 이 사태에 대한 마리아와 요셉 두 사람의 반응이 종합적인 모습으로 드러난다. 앞에서 나는 예수의 출생과 성장 전반에 관한 「마태복음」 및 「누가복음」의 기록을 염두에 두고 논의를 진행하면서 <두 복음서의 기록을 나란히 놓고서 맞추려고 시도해 보면, 서로 맞아들어가면서 상대편을 보완해 주는 것으로 인정될 만한 대목이 전혀 없지는 않지만 지극히 작다>는 말을 한 바 있거니와, 바로 그 <지극히 작은> 대목에 해당하는 가장 대표적인 예가 바로 지금 이 자리에서 검토되고 있는, <처녀로 임신을 했다고 하는 사태에 대한 마리아와 요셉 두 사람의 반응은 각각 어떠하였던가?>라는 문제이다.

김동리는 「마리아의 회태」를 쓰면서 바로 이 점을 놓치지 않았다. 그리하여 그는 「누가복음」으로부터 마리아의 생각과 행동에 대한 기록을 가져오고, 「마태복음」으로부터는 요셉의 생각과 행동에 대한 기록을 가져와 나란히 놓았다. 그 두 개의 기록을 나란히 놓아 본즉, 양자 사이에는 아무런 모순도 없었다. 양자는 서로 잘 맞아들어가면서 상대편을 보완해 주는 관계로 맺어진다는 사실이 금방 확인되었다. 그래서 김동리는 아주 쉽게 그 두 기록을 연결하여 하나의 이야기로 만들어낼 수가 있었다. 그렇게 해서 만들어진 하나의 이야기에 약간의 보충 및 수정을 가하고 현대적인 언어로 풀어내자 한 편의 단편소설이 창출되었다. 김동리는 그 단편소설의 원고에 「마리아의 회태」라는 제목을 붙였다. 그리고 그 원고를 『청춘』 잡지에 보냈다. 이렇게 해서 일은 다 끝난 것이다.

그런데 김동리가 「누가복음」과 「마태복음」의 기록을 토대로 하여 「마리아의 회태」라는 단편을 창출하는 작업에로 나아가는 과정에서 실제로 행한 <보충 및 수정>의 작업이라는 것은 지극히 미미한 수준에서 그치고 있다. 복음서의 기록에는 전혀 나오지 않는 것을 김동리가 새로 만들어 넣었다고 인정될 수 있는 경우는 마리아의 어머니로 안나라는 인물을 설정하여 등장시켜 놓고서 그로 하여금 이런저런 생각 및 발언을 해 보도록 한 것과 요셉이 사태의 진상을 파악하기 위해 여러 가지로 애쓰다가 급기야는 엘리사벳의 집으로 가 보기까지 했다는 것 정도이다. 그리고 복음서의 기록을 조금 수정한 것으로 인정될 수 있는 경우도 엘리사벳의 집이 있는 곳이 「누가복음」에는 그냥 막연하게 <유대 한 동리>로 되어 있는데(1장 39절) 「마리아의 회태」에서는 그것을 예루살렘으로 바꾼 것이라든가, 마리아가 엘리사벳을 찾아가 머문 기간이 「누가복음」에는 약 3개월로 되어 있는데(1장 56절) 「마리아의 회태」에서는 그것을 1주일로 줄여 놓은 것 정도뿐이다. 그 외의 모든 전개는 복음서의 기록을 조심스럽게 따르는 가운데에서 「마리아의 회태」라는 작품을 한 편의 현대적인 소설로 만들기 위해 불가피하게 요청되는 범위 내에서의 부연, 구체화, 이야기 순서 바꾸기 정도라는 선을 넘지 않고 있다.

김동리가 이러한 창작 원칙에 입각하여 「마리아의 회태」를 써 나갔기 때문에, 이 작품은 원작본 『사반의 십자가』에서 개작본 『사반의 십자가』에까지 이르는 저 일련의 작품들 전체와 선명하게 구별되는 면모를 보여주게 된다. 내가 이 글의 첫부분에서 지적했던 바와 마찬가지로, 원작본 『사반의 십자가』에서 개작본 『사반의 십자가』에까지 이르는 일련의 작품들은 모두 다음과 같은 창작태도에 의거하여 씌어졌다: <기본적으로는 복음서의 내용을 존중하면서, 거기에 다양한 허구를 섞어 넣는다. 그러한 허구는 반드시, 김동리가 전개하는 이야기의 현실성을 강화시켜 주는 방향으로 작용할 수 있는 것들로 한다. 그렇게 함으로써, 원래의 복음서 내용이 가지고 있는

현실초월적인 성격을 희석시킨다.〉 그런데 「마리아의 회태」는 그 모든 작품들과 대조적으로, 원래의 복음서 내용이 가지고 있는 현실 초월적인 성격을 희석시키고자 하는 어떤 노력도 보여주지 않고 있는 것이다.

생각해 보면, 「누가복음」의 해당 부분 가운데 어느 것도 현실 초월적인 성격을—그것도 극단적인 수준에서—띠지 아니한 것이 없다. 가브리엘 천사가 마리아에게 나타나 처녀 임신의 사실을 알려주었다는 기록도, 또 같은 천사가 사가랴에게 나타나 그 아내 엘리사벳의 임신 사실을 알려 주었다는 기록도, 사가랴가 천사의 말을 믿지 아니한 벌을 받아 아기가 태어날 때까지 실어 상태에 빠졌다는 기록도, 마리아가 엘리사벳을 찾아가 만났을 때 일어난 모든 일들에 대한 기록도, 현실 초월적인 성격을 특히 극단적인 수준에서 보여주고 있는 것이라 하지 않을 수 없다. 그런가 하면 요셉에게 천사가 나타나 일체의 의심을 해소시켜 주었다고 한 「마태복음」의 기록도 이와 동궤에 놓인다. 아니, 따지고 보면 동정녀가 성령으로 임신을 할 수 있다는 발상 자체가 현실 초월적인 성격을, 그것도 극단적인 수준에서, 보여주는 것임에 의문의 여지가 없다.

그런데 김동리는 「마리아의 회태」에서 이 모든 것을 전적으로 수용해 버리고 있는 것이다. 그렇기 때문에 성서무오설 혹은 축자영감설을 주장하는 극단적 보수파의 기독교인이 「마리아의 회태」를 읽어 본다면 이 작품에 대하여 그 어떤 불만도 표시할 필요를 느끼지 않을 것이 확실하다.

그렇다면, 원작본 『사반의 십자가』에서 개작본 『사반의 십자가』에까지 이르는 일련의 작품들 전체와 이 「마리아의 회태」 사이에는, 건널 수 없는 단절이 존재하는 것인가? 그렇지는 않다.

이 글의 첫부분에서 나는 이미, 원작본 『사반의 십자가』에서 개작본 『사반의 십자가』에까지 이르는 일련의 작품들을 주의깊게 읽어 보면 그 작품들 상호간에도 미묘한 차이가 발견된다는 것, 그 차이의 핵심은 시기적으로 나중에 나온 작품으로 옮겨갈수록 복음서의 원래 내용이 가지고 있는 현실 초월적인 성격을 희석시켜 버리는 작업에 있어서 김동리가 보여주는 <대담성>이 강화되어 간다는 사실로부터 연유하는 차이라는 것, 그 일련의 작품들 중 첫머리에 놓이는 원작본 『사반의 십자가』는 사실 이러한 측면에서 볼 때 상당히 소극적인 면모를 드러내 보인 작품으로 간주되어야 한다는 것 등등을 언급한 바 있다. 이러한 앞서의 지적을 상기하면서 다시 「마리아의 회태」로 돌아와 자세히 이 작품을 읽어 보면, 창작 시기면에서 볼 때 원작본 『사반의 십자가』보다 한 단계 더 앞에 놓이는 존재로서 이 작품이 보여주는, 원작본 『사반의 십자가』보다 더 심한 정도의 소극성은, 앞서의 내 지적에 담겨 있는 내용들이 타당하다는 사실을 더욱 확고한 것으로 만들어 주는 증거에 다름아니라는 결론을 얻을 수 있는 것이다.

사정이 이러한 만큼, 다시 말하거니와, 원작본 『사반의 십자가』에서 개작본 『사반의 십자가』에까지 이르는 일련의 작품들 전체와 「마리아의 회태」 사이에는 건널 수 없는 단절이 존재한다는 식의 판단을 내릴 필요는 전혀 없다. <원작본 『사반의 십자가』에서 개작본 『사반의 십자가』에까지 이르는 일련의 작품들 사이에는 시간이 흐름에 따라 점진적으로 '대담성'이 강화되어 갔다고 하는 변화가 확인된다>는 명제를 <「마리아의 회태」에서 개작본 『사반의 십자가』에까지 이르는 일련의 작품들 사이에는 시간이 흐름에 따라 점진적으로 '대담성'이 강화되어 갔다고 하는 변화가 확인된다>는 명제로 고쳐 쓰기만 하면 그만인 것이다.

그렇다면, 우리가 이러한 결론을 내릴 수 있다는 사실로 말미암아, <「마리아의 회태」는 원작본 『사반의 십자가』에서 개작본 『사반의 십자가』에까지 이르는 저 일련의 작품들 전체와 선명하게 구별되는 면모를 보여주게 된다>고 한 앞에서의 또 다른 지적은 이제 취소되어야만 하는 것인가? 그렇지는 않다고 생각된다. 김동리는 「마리아의 회태」에서는 복음서 기록의 현실 초월적인 성격을 희석시키고자 하는 어떤 노력도 보여주지 않았던 반면, 『사반의 십자가』에 이르러서는 그러한 노력을 미약한 수준으로나마 보여주기 시작하는 셈인데, 크게 보면 이 두 단계는 모두 저 <점진적인 변화의 과정> 속에 자연스럽게 포괄되는 것이지만, 이 두 단계 자체를 놓고 살펴볼 때 그 양자 사이에서 발견되는 무(無)와 유(有) 사이의 대조라는 것은 또 그것대로 결코 무시될 수 없는 의미를 가진다고 말하지 않을 수 없다. 그리고 바로 이러한 무와 유 사이의 대조가, 우리들로 하여금 한 쪽에다가 「마리아의 회태」를 놓고 다른 한 쪽에다가는 원작본 『사반의 십자가』에서 개작본 『사반의 십자가』에까지 이르는 모든 작품을 놓으면서 구별지을 수 있도록 만들어 주는 것이다. (2002)

「본시오 빌라도의 수기」와 관련된 몇 가지 단상

1

예수가 활동하던 당시의 유대 지방은 로마 제국의 식민지였다. 그 당시 로마 정부가 유대 지방을 통치하기 위해 보낸 총독의 이름은 본디오 빌라도였다. 예수가 유대교의 제사장 가야바와 그 추종자들에 의해 체포되어 재판에 회부되었을 때, 그에게 사형을 언도할 수 있는 권한은 이 빌라도만이 가지고 있었다. 빌라도는 예수를 직접 심문해 보고서는 그에게 죄가 없다고 판단하였다. 그래서 예수에 대한 사형 언도를 거부했다. 그러나 예수에 대한 증오와 분노로 광란 상태에 빠진 유대인들의 군중은 집요하게 사형 언도를 요구하였다. 결국 빌라도는 거기에 굴복하고 말았다. 그리하여 예수는 사형 선고를 받고 십자가에 올라가게 되었다.

이것은 『신약성서』의 네 복음서에 공통적으로 기록되어 있는 이야기이다. 세부적인 차원에서는 네 복음서가 조금씩 서로 다른 내용을 보여주지만 이야기의 개요는 완전히 동일하다

바로 이 이야기의 주인공 본디오 빌라도를 일인칭의 화자로 내세운 한 편의 단편소설이 우리나라의 목사이자 작가인 백도기에 의해 씌어졌다. 1986년에 발표된 그 작품의 제목은 「본시오 빌라도의 수기」이다. (『신약성

서』한국어 번역본에 일관되게 본디오 빌라도라고 표기되어 있는 그의 이름을 백도기가 굳이 본시오 빌라도로 바꾸어 놓은 데에는 나름대로의 이유가 있을 것이다. 하지만 나는 이 글에서 『신약성서』 한국어 번역본의 입장을 존중하여, 거기에 따르기로 한다. 다만 소설의 제목과 본문을 인용할 때에는 백도기가 선택한 대로 주인공의 이름을 본시오 빌라도로 표기할 것이다.)

이제 이 작품의 줄거리를 간단히 요약해 보기로 하자.

이 작품 속에서 주인공 빌라도가 수기를 써내려가고 있는 시점은 그가 62세의 나이에 이른 시기이다. 그가 예수를 사형하라는 판결문에 서명한 것은 그의 나이 33세 때였다고 한다. 그 후 30년 가까운 세월이 흐르는 동안, 세상은 엄청나게 변했다. 예수가 죽지 않고 부활하였다고 믿는, 이른바 기독교인이라는 사람들이 요원의 불길과 같은 기세로 그 믿음을 퍼뜨려 가고 있는 상황이다. 심지어 빌라도 자신의 아내인 클라우디아 프로큐라라든가 예수에 대한 사형의 집행을 지휘하였던 당시의 백인대장 말커스 같은 사람조차 열렬한 기독교 신자가 되어 있는 판이다. 그런데 로마 제국의 황제인 네로는 이 기독교인들의 집단에 대하여 대대적인 박해를 감행한다. 결국 클라우디아도, 말커스도 체포되어 처형당한다. 잔인한 네로는 클라우디아도 포함된 한 무리의 기독교인들이 처형당하는 현장에 빌라도가 참석하여 관람하도록 명령한다. 빌라도는 그 명령에 따르지 않는다. 그는 아내나 말커스처럼 기독교인이 되어 있을 정도는 아니지만, 자기의 최종적 결정에 의하여 사형을 당한 예수라는 사람으로부터 기이한 감동을 받았던 기억을 생생하게 간직하고 있으며, 폭군 네로에 대하여는 강렬한 혐오감을 품고 있는 처지이다. 그는 구차한 목숨을 부지하기 위해 네로의 잔인한 명령에 따르는 대신 그대로 자택에 머무르면서 밤을 새워 수기를 쓴 후 자기 집의 노예들을 모두 해방시켜 주고 자결하는 길을 택한다.

이상과 같은 줄거리로 되어 있는 백도기의 단편 「본시오 빌라도의 수기」는 그의 장편소설 『가룟 유다에 대한 증언』이 지니고 있는 여러 가지 미덕과 한계를 고스란히 공유하고 있다.

미덕부터 지적해 두자. 문체는 세련된 단아함을 보여준다. 인간에 대한 통찰은 깊고 섬세하다. 속악한 현실에 대한 비판의식은 치열함으로 빛난다. 디테일의 전개는 예수 시대 및 초기 기독교 시대의 역사와 풍속에 대한 해박한 지식에 의하여 상당한 수준의 리얼리티를 획득하고 있다. 한계는 무엇인가? 의표를 찌르는 독창적 상상력의 광휘가 보이지 않는다는 점이다. 모든 구상이, 상식적으로 대충 예상할 수 있는 선을 넘어가지 못한다. 『가룟 유다에 대한 증언』이나 「본시오 빌라도의 수기」, 바로 이 점에서 『사반의 십자가』를 비롯한 김동리의 여러 작품들보다 떨어지고 카잔차키스의 『그리스도 최후의 유혹』보다 떨어지며 보리슬라프 페키치의 『기적의 시간』보다 떨어지고 엔도 슈사쿠의 『사해 부근에서』보다 떨어진다.

「본시오 빌라도의 수기」라는 소설에 대한 문학론 차원의 이야기는 이 정도에서 그치고자 한다. 어차피 이 글은 문학론을 쓰려는 의도에서 시작된 것이 아니다.

2

「본시오 빌라도의 수기」를 읽어갈 때 특히 재미있게 느껴지는 부분은 떠들썩하게 기도하거나 고함지르는 유대인들을 <시끄러운 갈가마귀>에 비유하고 있는 부분이다. 이러한 비유는 「본시오 빌라도의 수기」 속에 두 번 나온다.

첫번째로 이 비유가 사용된 것은 유대인들이 성지라고 믿는 예루살렘에다 빌라도가 케사르의 동상을 세우려고 했을 때 거기에 항의하기 위하여 운집한 수천 명의 유대인들이 한 목소리로 기도를 드리는 장면에서이다.

이 차제에 나는 유다인들의 버르쟁이를 단단히 가르칠 작정이었다. 나는 즉각 해산을 명령하고 불응할 경우 적대적 행위로 단정하여 가차 없는 징벌을 하겠다고 위협했다. 그러자 그들은 땅에 엎드려 갈가마귀 우짖는 듯한 소리로 시끄럽게 저희들의 신인 야훼에게 기도하기 시작하였다.[8]

두번째로 이 비유가 사용된 것은 빌라도가 예수에 대한 사형 언도를 거부하자 격분한 유대인들이 거세게 항의하는 장면에서이다.

    나는 서슴없이 유대인 군중들 앞에 나서서 외쳤다.
    「나는 이 사람에게 아무런 잘못도 찾을 수 없소!」
    그러자 그들은 시체를 눈앞에 둔 갈가마귀떼들처럼 사납게 아우성치며 울부짖었다.
    「그를 십자가에 못박으시오!」
    「십자가에 못박아라!」
    「십자가에 못박아라!」[9]

『구약성서』 속에서나 『신약성서』 속에서나 항상 오만하고 잘난 척하는 표정을 허물어뜨릴 줄 모르는 존재로 등장하는 유대인들의 집단을 <시끄럽게 우짖는 갈가마귀떼>로 여지없이 격하시켜 표현하는 발상은 참으로 기발하며, 기발한 만큼 매력적이다. 물론 로마의 총독이라는 지위를 가진 한 이방인의 관점에서 유대인을 묘사하는 가운데 나온 표현이니까 그렇게 뜻밖의 것은 아니라고 할 수 있지만, 어쨌든 이러한 표현이 발휘하는 <낯설게 하기>의 효과는 결코 작은 것이 아니다.

3

    「본시오 빌라도의 수기」를 보면 <그들(기독교인들—인용자)이 예배할

---

8) 백도기, 「본시오 빌라도의 수기」, 『문학사상』, 1986. 12, p. 189.
9) 위의 작품, p. 198.

때 일상적으로 외우는 신조> 가운데 자기의 이름이 예수를 죽게 한 책임자로 언급되고 있다는 사실을 알고서 빌라도가 <깊이 상심>하는 대목이 나온다.

오늘 이 지상에는 스스로 예수 그리스도의 사람들이라고 자처하는 신앙자들이 도처에 있고 그들의 수효는 나날이 증가하고 있다. 아무리 억누르고 잡아 죽여도 예수의 추종자들은 줄어들기는커녕 늘어만 간다.
나의 정보원이 보고한 바에 의하면 그들이 예배할 때 일상적으로 외우는 신조(信條) 가운데,
「본시오 빌라도에게 고난을 받으시고, 십자가에 못박혀 죽으시고 묻히셨으며……」
라는 구절이 있다는 말을 들었다. 그 말을 듣고 당황하였으며 무인답지 않게 깊이 상심하였다.10)

이 대목에서 이야기되고 있는 것과 같은 성격의 사태가 실제로 발생하였을 가능성은 없다. 여기에서 말하는 <일상적으로 외우는 신조>란 곧 다음과 같은 문구들로 이루어져 있는 「사도신경」을 말하는 것일 텐데, 「사도신경」은 통속적인 전승에 따르면 55년에 처음 제정된 것으로 주장되고 있지만 실제로는 수백 년의 세월이 더 흐른 후에야 비로소 만들어진 것이 명백하기 때문이다.

전능하사 천지를 만드신 하나님 아버지를 내가 믿사오며, 그 외아들 우리 주 예수 그리스도를 믿사오니, 이는 성령으로 잉태하사 동정녀 마리아에게 나시고, 본디오 빌라도에게 고난을 받으사, 십자가에 못박혀 죽으시고, 장사한 지 사흘 만에 죽은 자 가운데서 다시 살아나시며, 하늘에 오르사, 전능하신 하나님 우편에 앉아 계시다가, 저리로서 산 자와 죽은 자를 심판하러 오시리라.
성령을 믿사오며, 거룩한 공회와, 성도가 서로 교통하는 것과, 죄를 사하여 주시는 것과, 몸이 다시 사는 것과, 영원히 사는 것을 믿사옵나이다.

---

10) 앞의 작품, p. 191.

아멘.

그러나 만약 예수가 사형 판결을 받게 되기까지에 이른 사태의 진전 과정이 기본적으로 복음서들 속에 서술되어 있는 것과 같은 것이었다면, 빌라도가 「사도신경」의 문구를 실제로 들을 기회를 가졌을 경우, 그는 「본시오 빌라도의 수기」에 묘사되어 있는 바와 마찬가지로 <깊이 상심>하고 맹렬히 항의했을 것임에 틀림없다. 복음서의 내용으로 보건대, 예수에게 사형을 선고한 책임자는, 법의 외형만을 중시하는 입장에서 본다면 빌라도임에 틀림없지만, 법의 외형보다 훨씬 중요한 <실질>의 차원에서 보면 결코 빌라도가 아니라 안나스와 가야바를 중심으로 한 유대인 종교 권력자들 그룹임에 의문의 여지가 없기 때문이다. 복음서의 기록이 엄연히 그러한 결론을 불가피한 것으로 만들어 주고 있는데도 불구하고 「사도신경」은 구태여 본디오 빌라도라는 이름을 전면에 내세워 놓고 그것을 외우는 기독교 신자들로 하여금 대대손손 그 이름을 저주하게 만들고 있으니, 이 얼마나 부당한 처사인가? 교회는 지금이라도 「사도신경」에서 본디오 빌라도의 이름을 빼는 것이 마땅할 터이다. 빌라도 개인의 억울함을 풀어 준다는 차원에서도 그러하지만, 예수의 사형 판결을 둘러싼 일련의 사건들에 대하여 복음서의 기록자들이 이야기해 주고 있는 바를 진정으로 존중해 주는 것이 교회의 의무라는 점에서 볼 때 더욱더 그러하다.

그런데 이왕 「사도신경」에 대한 말이 나온 김에, 바로 이 「사도신경」에 대하여 내가 정말로 하고 싶은 이야기를 여기서 해 버리고자 한다. 기독교 교회는 「사도신경」 속에서 본디오 빌라도라는 이름을 빼는 정도로 그칠 것이 아니라, 아예 「사도신경」 전체를 폐기처분하는 일도 진지하게 고려해 볼 때가 되지 않았는가 한다. 「사도신경」은 열린 마음을 가진 현대인으로서는 아무래도 수긍하기 어려운 원시적 사고의 유산으로 가득차 있는 텍스트이다. 도대체 <하늘에 오르사, 전능하신 하나님 우편에 앉아 계시다가, 저리로서 산 자와 죽은 자를 심판하러 오시리라>라니, 이 무슨 뚱딴지 같은 소리인가?

그런가 하면 기독교 윤리의 핵심이라고 널리 주장되어 온 <사랑>에 대해서는 정작 한 마디의 언급도 없이 배제해 버리고 있는 것이 「사도신경」이다. 완고한 보수파의 교회에 대해서는 더 말할 의욕조차 느끼지 않지만, 진보적이라고 자처하는 교회들 중의 상당수에서조차 예배 때마다 아직도 이런 원시적 문구를 맹목적으로 외우고 있다는 것은 참으로 커다란 안타까움을 느끼게 하는 현상이다.

4

앞에서 나는 예수에게 사형을 언도한 판결에 대한 빌라도의 책임 여부에 대한 논의를 전개하는 가운데 <만약 예수가 사형 판결을 받게 되기까지에 이른 사태의 진전 과정이 기본적으로 복음서들 속에 서술되어 있는 것과 같은 것이었다면>이라는 가정법의 표현을 사용한 바 있다. 내가 이러한 표현을 사용한 데에는 복음서들의 기록이 반드시 사실 자체를 정확하게 반영한 것은 아닐 수 있다는 가능성에 대한 인식이 개재되어 있다.

한 가지 예를 들자. 네 복음서는 모두 빌라도가 군중들을 향해 예수와 바라바 중 한 사람을 놓아 주겠다는 말을 하면서 두 사람 중 누구를 놓아 주면 좋겠느냐고 묻자 군중들이 일치하여 바라바를 놓아 달라고 외쳤다는 이야기를 적고 있다. 그리고 네 복음서 중 「누가복음」 하나를 제외한 나머지 셋은 모두 명절이면 죄수 하나를 놓아 주는 관례가 그 당시의 유대에 존재하였다는 사실을 언급하면서 이야기를 그러한 관례와 연결지어서 풀어 나가고 있다. 백도기의 소설 「본시오 빌라도의 수기」에 나오는 다음과 같은 대목은 그러한 관례에 대한 세 복음서의 기록을 작가가 충실하게 따른 결과로 나올 수 있었다.

나의 두 번째 시도는 유월절에 죄수 한 명을 방면해 주는 전례가 있었는데 그걸 이용해서 예수를 살려 보려는 것이었다. 나는 군중에게 예수 바라바라는 사내와 나자렛의 예수 두 사람 중에 하나를 선택하라고 했다. 그들은 둘 다 공교롭게도 예수라는 이름을 갖고 있었다. 그 이름의 뜻은 구원자였다. 나는 바라바가 로마인을 한 사람 죽일 때마다, 갑자기 거리를 막고 통행인들 열 사람을 닥치는 대로 잡아다가 죽이는 방법으로 그들의 폭력이 오히려 민심을 잃게 하는 방법을 쓰고 있었으므로 바라바라는 자가 은근히 유다인들의 미움을 사고 있다는 사실을 알고 있었다.
　나는 조심스럽게 물었다.
「두 사람 중에 누구를 원하는가?」
「바라바를 놓아 주시오! 예수는 십자가에 못박으시오!」
군중들의 외침은 한결같았다.11)

　그런데 정말로 예수 당시의 유대에 그러한 관례가 존재하였을까? 놀랍게도, 그리고 대단히 흥미롭게도, 예수 당시의 유대에 그러한 관례는 실제로는 존재하지 않았다고 하는 것이 이 문제를 연구한 학자들의 결론인 모양이다. 김득중의 『마가복음의 부활신학』 속에 이 문제에 대한 언급이 나오고 있다.

　명절에 죄수 하나를 놓아 주는 관례가 있다는 마가의 언급은 역사적 관점으로부터가 아니라, 오히려 마가의 신학적 관점으로부터 해석되어야만 한다. 브랜스콤은 이 문제에 관한 학자들의 일반적인 견해를 다음과 같이 표현하고 있다.
「여기 설명되어 있는 것과 같은 그런 관례에 대해서는 전혀 아무런 것도 알려진 것이 없다. 유월절 절기에 로마의 총독들이 정규적으로 죄수 하나를 석방했으며 또한 그의 죄가 어떠한 것이든지간에 무리들이 개인을 지명했다는 관례는 전혀 아무런 확증이 없을 뿐만 아니라 팔레스틴을 다스리던 로마 통치의 정신과 방법에 대해 우리가 알고 있는 내용과도 모순된다.」12)

　위의 글에서 김득중이 인용하고 있는 브랜스콤의 설명을 따라가다 보면,

---

11) 앞의 작품, pp. 198~199.
12) 김득중, 『마가복음의 부활신학』(컨콜디아사, 1981), p. 201.

<유월절에 죄수 한 명을 방면해 주는 전례>라는 것은 역사적 사실과 무관한, 「마가복음」 기록자의 창작이며, 「마가복음」 기록자의 그러한 창작을 「마태복음」 기록자와 「요한복음」 기록자도 그대로 받아들인 것에 불과하다는 결론이 나오게 된다. 그렇다면 「마가복음」의 기록자는 왜 이런 내용을 창작했을까? 이 물음에 대한 답을 김득중은 다음과 같은 말로 제시하고 있다.

> 아마도 이 관례에 대한 언급은 분명히 복음 기자인 마가에 의해 의도적으로 기록된 것이고, 이런 언급을 하게 된 의도는 빌라도가 예수를 석방시킬 의도를 갖고 있었다는 것을 강조하기 위해서였을 것이다.13)

즉 빌라도의 원래 의도는 예수를 석방시키는 데 있었다는 사실을 더욱더 강조하기 위한 효과적 장치의 하나로서 <유월절에 죄수 한 명을 방면해 주는 전례>라는 허구가 만들어졌다는 것이다.

이처럼 <유월절에 죄수 한 명을 방면해 주는 전례>가 있었다고 써 놓은 복음서의 기록이 역사적 사실성에 위배되는 것으로 판명된 마당에서라면, 빌라도와 관련된 복음서 속의 다른 여러 가지 기록들 역시 반드시 그렇지 않으리라는 보장이 없게 된다.

그러나, 비록 이처럼 빌라도와 관련된 복음서 속의 기록들 가운데 일부가 역사적 사실성에 위배되는 면모를 담고 있을 가능성은 분명하게 인정되지만, 그 가능성의 정도를 아무리 높게 잡는 입장에 서더라도, 예수에게 사형을 선고한 실질적 책임자로 빌라도가 아니라 안나스와 가야바를 중심으로 한 유대인 종교권력자들 그룹을 지목해야 마땅하다는 근본적 사실 자체에 대해서까지 이의를 제기할 수는 없을 것이다. 그 점에 대한 증언은 워낙 명명백백하게, 그리고 일관되게, 수많은 증거들에 의해 뒷받침되면서, 복음서들 전체를 관통하고 있기 때문이다. 그러니만큼, <빌라도가 「사도신경」의 문구를 실제로 들을 기회를 가졌을 경우, 그는 「본시오 빌라도의 수기」에 묘사되어

---

13) 앞의 책, 같은 페이지.

있는 바와 마찬가지로 '깊이 상심'하고 맹렬히 항의했을 것임에 틀림없다>고 한 앞서의 추측 자체는 어떤 경우에나 정당한 것으로 성립될 수 있다.

5

「본시오 빌라도의 수기」 속에는 빌라도가 아리마대 사람 요셉을 만나 대화를 나누는 장면이 나온다. 자신의 이름이 예수를 죽게 한 책임자로 기독교인들 사이에서 끊임없이 언급되고 있다는 사실을 알고 <깊이 상심>한 빌라도가 요셉을 불러 그 부당한 처사에 대한 시정을 요구하고 또 기독교의 교리에 대한 설명도 듣기 위해 이 만남의 자리를 마련한 것이다. 그 자리에서 요셉은 빌라도를 향하여 다음과 같은 말로써 <야훼>와 <예수>의 기본 정신을 설명한 것으로 되어 있다.

 로마의 신들은 인명(人命)을 남보다 더 많이 더 잔혹하게 해친 자들을 칭찬하고 그들의 직위를 높여 준다. 그래야 그들이 신으로서 외경을 받을 수 있다고 생각하기 때문이다.
 그런데 야훼라는 이름의 그 이상한 신은 전혀 세상의 신들과는 다른 방법으로 심판을 행한다는 것이다. 그는 칼을 쓰는 자는 칼로 망하게 하며 이 세상에서 가장 미천하고 보잘것없는 자에게 함부로 대하는 것을 야훼 자신에 대한 멸시와 모욕으로 간주한다고 한다. 그래서 그 신의 외아들은 베들레헴의 말구유간에서 태어나게 되었으며 여우도 제 굴이 있고 공중을 나는 새들도 저마다 깃들일 곳이 있지만 나는 머리 둘 곳조차 없다고 스스로 말할 만큼 곤고하게 살다가 끝내는 이 세상에서 그 어느 누구보다도 억울하고 비참한 죽음을 당하였다는 것이 요셉의 말이었다.
 야훼와 그 아들은 완전히 이 세상의 기준을 뒤엎는 방법을 써서 권력자들과 부자들과 스스로 지혜 있다고 자처하는 자들을 속인다.[14]

---

14) 백도기, 앞의 작품, p. 193.

<야훼>와 <예수>의 기본 정신에 대한 위와 같은 설명을 어떻게 볼 것인가?

우선 한 가지 짚고 넘어갈 사항이 있다. 여기서 언급되고 있는 신의 이름은 <야훼>가 아니라—그리고 물론 <여호와>도 아니라—<야웨>로 표기해야 옳다는 점이 그것이다. 이렇게 보아야 하는 이유에 대해서는 조철수가 잘 설명해 주고 있으므로 궁금한 사람은 그의 저서를 참조해 주기를 바라고 여기에서는 더 이상의 논의를 생략하고자 한다.15) 어쨌든 이제부터 「본시오 빌라도의 수기」나 『성서』 혹은 다른 어떤 텍스트로부터 인용문을 가져올 경우에는 그 텍스트 속에 나타나 있는 표기를 그대로 따르되, 나 자신의 글을 진행하는 자리에서는 이 신의 이름에 대한 표기를 <야웨>로 통일하겠다.

다시 원래의 이야기로 돌아가서, 위에 인용된 소설의 본문 속에 나타나 있는 생각을 점검해 보자. 위에 인용된 소설의 본문 속에서 예수에 대하여 설명하고 있는 부분은 모두 무난하게 수용될 수 있다. 여기에 대해서는 새삼 긴 말을 늘어놓을 필요가 없을 것이다. 그러면 야웨에 대하여 설명하고 있는 부분은 어떠한가? 이것은 그렇게 간단하지가 않다.

주지하다시피, 야웨라는 신의 이름이 줄기차게 등장하는 텍스트는 『구약성서』이지 『신약성서』가 아니다. 그런데 이 『구약성서』 속에 줄기차게 등장하는 야웨의 모습은, 전체적으로 볼 때, 위에 인용된 소설 본문에서 이야기되고 있는 야웨의 모습과는 상당히 다른 이미지를 가지고 있으니 문제인 것이다. 물론 『구약성서』 속에 등장하는 야웨의 모습이라고 해서 단 한 가지만으로 통일되어 있는 것은 아니기 때문에 그 전부를 다 포괄해서 일률적으로 단정지을 수는 없지만, 최소한, <『구약성서』 속에 등장하는 야웨의 모습 가운데 많은 부분>이 위에 인용된 소설 본문에서 그려지고 있는 야웨의 모습과 아주 다른 면모를 띠고 있다는 사실만은 의심의 여지가 없다. 그 <다른 면모> 가운데에는, 위에 인용된 소설의 본문에서 비난조로 이야기되

---

15) 조철수, 『유대교와 예수』(길, 2002), 권두의 「일러두기」를 볼 것.

고 있는, <인명을 남보다 더 많이 더 잔혹하게 해친 자들을 칭찬하고 그들의 직위를 높여 주는> 신과 기본적으로 완전히 동일한 면모에 해당하는 것조차 있다. 『구약성서』 속의 다음과 같은 대목을 보라.

네 하나님 여호와께서 너를 인도하사 네가 가서 얻을 땅으로 들이시고 네 앞에서 여러 민족 헷 족속과 기르가스 족속과 (…) 여부스 족속 곧 너보다 많고 힘이 있는 일곱 족속을 쫓아내실 때에 네 하나님 여호와께서 그들을 네게 붙여 너로 치게 하시리니 그 때에 너는 그들을 진멸(殄滅)할 것이라 그들과 무슨 언약도 말 것이요 그들을 불쌍히 여기지도 말 것이며(「신명기」 7장 1절~2절)

네 하나님 여호와께서 네게 붙이신 모든 민족을 네 눈이 긍휼히 보지 말고 진멸하고 그 신을 섬기지 말라(「신명기」 7장 16절)

이러한 구절들은 야웨 자신이 그 신을 추종하는 사람들에게 전해 주는 메시지로서 기록되어 있는 것이어니와 여기에서 그려지고 있는 야웨의 모습은 난폭하고 잔인한 전쟁신 이상도 이하도 아니다. 여기서 야웨가 보여주고 있는 <난폭하고 잔인한 전쟁신>의 면모 가운데서도 특히 놀라운 점은 그 신을 추종하는 사람들의 마음 속에서 혹시라도 <패배한 적>에 대한 연민의 마음이 일어날까봐 염려하고 그러한 연민의 마음이 일어나지 못하게 미리 단속하고 있다는 사실이다.

이처럼 난폭하고 잔인한 전쟁신 중에서도 특히 <패배한 적에 대한 연민의 마음>이 일어나지 못하도록 단속하는 데 용의주도한 존재로서 특별한 면모를 보여주고 있는 야웨는 적에게 교활한 기만술을 써서 승리하는 방법을 그 추종자들에게 구체적으로 가르쳐 주기도 한다.

네가 어떤 성읍으로 나아가서 치려 할 때에 그 성에 먼저 평화를 선언하라 그 성읍이 만일 평화하기로 회답하고 너를 향하여 성문을 열거든 그 온 거민(居民)으로 네게 공(貢)을 바치고 너를 섬기게 할 것이요(「신명기」

20장 10절~11절)

요컨대 일단 평화를 선언해 놓고 그 평화 선언에 적이 속아 넘어가서 성문을 열어 주면 그들을 노예로 삼아 버리라는 이야기다. 이 구절 다음에는 다음과 같은 메시지가 이어진다.

> 만일 너와 평화하기를 싫어하고 너를 대적하여 싸우려 하거든 너는 그 성읍을 에워쌀 것이며 네 하나님 여호와께서 그 성읍을 네 손에 붙이시거든 너는 칼날로 그 속의 남자를 다 쳐 죽이고 오로지 여자들과 유아들과 육축(六畜)과 무릇 그 성중에서 네가 탈취한 모든 것은 네 것이니 취하라 네가 대적(對敵)에게서 탈취한 것은 네 하나님 여호와께서 네게 주신 것인즉 너는 그것을 누릴지니라 네가 네게서 멀리 떠난 성읍들 곧 이 민족들에게 속하지 아니한 성읍들에게는 이같이 행하려니와 오직 네 하나님 여호와께서 네게 기업(基業)으로 주시는 이 민족들의 성읍에서는 호흡 있는 자를 하나도 살리지 말지니 곧 헷 족속과 (…) 여부스 족속을 네가 진멸하되 네 하나님 여호와께서 네게 명하신 대로 하라(「신명기」 20장 12절~17절)

이런 난폭하고 잔인한 구절들이 속출하는가 하면, 주인이 노예를 때려서 죽여도 즉사의 경우만 아니면 어떤 처벌도 걱정할 필요가 없다고 일러 주는 다음과 같은 구절도 역시 야웨 자신의 발언이라는 형태로 등장한다.

> 사람이 매로 그 남종이나 여종을 쳐서 당장에 죽으면 반드시 형벌을 받으려니와 그가 1일이나 2일을 연명하면 형벌을 면하리니 그는 상전의 금전(金錢)임이니라(「출애굽기」 21장 20절~21절)

야웨가 그 추종자들을 향하여, 장애인에 대해서는 반드시 무자비한 차별대우를 하라고 강요하는 구절도 있다.

> 여호와께서 모세에게 일러 가라사대 아론에게 고하여 이르라 무릇 너의 대대 자손 중 육체에 흠이 있는 자는 그 하나님의 식물(食物)을 드리려고

가까이 오지 못할 것이라 무릇 흠이 있는 자는 가까이 못할지니 곧 소경이
나 절뚝발이나 코가 불완전한 자나 지체가 더한 자나 발 부러진 자나 손
부러진 자나 곱사등이나 난장이나 눈에 백막(白膜)이 있는 자나 괴혈병이
나 버짐이 있는 자나 불알 상한 자나 제사장 아론의 자손 중에 흠이 있는
자는 나아와 여호와의 화제(火祭)를 드리지 못할지니 그는 흠이 있은즉
나아와 하나님의 식물을 드리지 못하느니라(「레위기」 21장 16절~21절)

도둑질을 정당화해 주는 발언도 나온다.

네 이웃의 포도원에 들어갈 때에 마음대로 그 포도를 배불리 먹어도
가하니라 그러나 그릇에 담지 말 것이요(「신명기」 23장 24절)

그릇에 담아 오지 않고 현장에서 먹어 버린다는 조건만 지킨다면 남의 포도밭에 열려 있는 포도를 얼마든지 따 먹어도 관계없다는 이야기다. 그릇에 담아 와서 나중에 먹으면 범죄 행위가 되지만 현장에서 먹으면 범죄 행위가 되지 않는다는 것이다. 남의 포도밭에 열린 포도를 현장에서 먹어 버리는 것은 도둑질이 아닌가?

『구약성서』에 나오는 야웨라는 이름의 신이 보여주는 모습 가운데 많은 부분이 이런 면모를 가지고 있다는 사실을 알고 나면, 독일의 시인 클라분트가 다음과 같이 주장한 것도 충분히 그럴 수 있는 일이라고 이해하게 된다.

여호와, 그것은 얼마나 놀라운 불륜의 신일 것인가? 그는 인간을 창조하
고, 그것에 죄를 범하게 하고 그리고 괴롭히고, 스스로의 손으로 인간 속에
뿌린 종자의 열매 때문에 벌하는 것이다. 그는 복수의 신이다. 그리고 또한
눈에는 눈, 이빨에는 이빨을 설법하는 참혹한 율법의 신인 것이다. 여호와,
그것은 참으로 피비린내 나는 폭력과 준엄한 율법의 신—유대의 신, 마카베
일의 신이며, 사랑과 은혜의 신인 인도의 신의 개념에서는 엄청나게 후퇴한
신이었다.16)

---

16) 클라분트, 『세계문학신강(世界文學新講)』(곽복록 역, 을유문화사, 1966), p. 63.

클라분트는 위와 같은 말로써 『구약성서』에 나오는 야웨의 성격을 명쾌하게 규정지은 후, 예수와 야웨 사이의 관계를 다음과 같은 것으로 설명한다.

> 그리스도가 인도의 신의 개념으로 되돌아옴으로써 비로소 여호와의 숨통을 막아 버렸다.17)

그리하여 그는 『구약성서』와 『신약성서』 사이에는 완전한 단절이 있다고 선언한다.

> 이 신은 자비를 모른다. 아브라함에 대해서는 자식을 죽이라고 명령하지 않았던가? 그는 조상의 죄에 대해서 자손 대대에 이르기까지 복수를 부르짖는 것이다. 그는 관용이라는 것을 모른다. 『구약성경』은 본질적으로 종교의 교과서가 될 책이 아니다. 『신약』과 『구약』은 전혀 별개의 것이며, 그 틈바구니는 결코 메울 수 없는 것이다.18)

앞에서 『구약성서』의 몇 대목을 직접 인용하면서 살펴보는 과정에서 확인할 수 있었던 야웨의 면모가 얼마나 잔인하고 반윤리적인 것이었던가를 생각해 보면, 다시 말하거니와, 클라분트의 위와 같은 주장은 충분히 이해할 만한 것이라고 결론짓지 않을 수가 없다.

하지만 클라분트의 주장은 이해할 만한 것이기는 할지언정 그대로 수용할 만한 것은 되지 못한다. 그의 주장을 그대로 수용해 버리고 안심하기에는 실제로 우리 눈 앞에 놓여 있는 『구약성서』의 텍스트와 『신약성서』의 텍스트 사이에 너무나 튼튼한 연결고리가 맺어져 있다. 두 텍스트를 자세히 읽어 보면 읽어 볼수록 그 연결고리의 존재는 점점 더 선명한 모습으로 드러난다. 그 연결고리의 존재를 우리는 부정할 도리가 없다. 그리고 이 연결고리의 존재를 일단 인정하기로 하고 보면, 예수의 아버지라고 일컬어지는 신은

---

17) 앞의 책, 같은 페이지.
18) 앞의 책, 같은 페이지.

야웨 바로 그 신이라고 하는 사실 또한 부정할 도리가 없다. 그렇다면 <네 하나님 여호와께서 네게 붙이신 모든 민족을 네 눈이 긍휼히 보지 말고 진멸하고 그 신을 섬기지 말라>고 난폭하게 외치던 그 신이 이제 와서 새삼 개과천선을 하여 <사랑>과 <겸허>를 가르치는 신으로 환골탈태했단 말인가? 억지 같지만 그렇게 볼 수밖에 없다. 야웨 같은 신도 반성하고 회개할 때가 다 있는 모양이라고 결론짓는 도리밖에 없다.

물론 이 모든 문제를 보는 시각을 근본적으로 바꾸어, 오늘날 『성서』라는 집합적 명칭으로 묶여서 불리게 된 66편의 텍스트들 하나하나를 따로 떼어놓고 그 텍스트들 하나하나가 기록된 시대와 그 텍스트들을 실제로 기록한 사람들의 상황 및 세계관을 따지는 자리로 옮겨 간다면, 수수께끼는 어렵지 않게 풀린다. 「출애굽기」나 「신명기」가 기록된 시대와 복음서들이 기록된 시대는 전혀 다른 시대이다. 전자의 텍스트들을 기록한 사람들의 상황과 후자의 텍스트들을 기록한 사람들의 상황은 전혀 달랐다. 그리고 이러한 상황의 차이는 또한 자연스럽게 세계관의 차이를 낳았다. 그 차이가 워낙 엄청나게 대단한 것이었기에 <네 하나님 여호와께서 네게 붙이신 모든 민족을 네 눈이 긍휼히 보지 말고 진멸하고 그 신을 섬기지 말라>는 문구와 <누구든지 네 오른편 뺨을 치거든 왼뺨도 돌려 대며>(「마태복음」 5장 39절)라는 문구 사이에서 발견되는 저 놀라운 대조가 발생하게 되었다. 이런 식으로 쉽게 이해할 수 있다.

그러나 어쨌든, 현재 우리가 대할 수 있는 『성서』의 텍스트 자체를 순전한 <실감>의 차원에서 읽어볼 때에 자연스럽게 드는 느낌은, 야웨는 예수에게 걸맞는 아버지로 인정받기에는 여러 가지로 모자라는 점이 많다는 느낌이다. 이를테면 못된 아버지 밑에 그 아버지보다 훨씬 훌륭한 아들이 태어나서 여러 가지로 좋은 언행을 보여준 덕분에 그 못된 아버지도 덩달아 동네 사람들로부터 실제 이상의 과분한 칭찬을 받게 된 어떤 집안을 보는 듯한 느낌이 드는 것이다. 내가 앞에서 인용한 바 있는, 「본시오 빌라도의 수기」

속에서 빌라도를 상대로 아리마대 요셉이 제공하는 설명이라는 형태를 빌려서 제시되고 있는 <야웨―예수 부자(父子)의 공통된 입장>이라는 것이야말로, 이처럼 야웨가 예수 덕분에 실제 이상의 과분한 칭찬을 받게 된 사정을 아주 잘 보여주는 한 표본으로 간주될 만하다. (2002)

『사반의 십자가』에서 예수의 부활을 다룬 방식

1. 머리말

E. M. 포스터의 유명한 저서 『소설의 여러 양상들(Aspects of the Novel)』을 보면, 인간의 생활에 있어서 기본적인 중요성을 갖는 것이 출생, 음식, 수면, 애정, 죽음 등 다섯 가지라 보고, 이 다섯 가지의 제재와 관련시켜 가면서 소설을 논한 대목이 있다. 이 중 죽음에 대해서 언급하고 있는 부분은 다음과 같은 말로써 시작된다: <(소설 속에서) 죽음을 다루는 일은 관찰을 통해 훨씬 풍요로워져 있으며, 또 다양성을 획득하고 있다. 이로 보건대, 죽음을 다루는 것은 소설가의 성미에 잘 맞는 일로 생각된다.[1]>

굳이 포스터의 말을 빌리지 않더라도, 소설의 세계 속에서 <죽음>이라는 제재가 막대한 중요성을 가진다는 사실에는 의문의 여지가 없다. 동서고금의 소설사 중 어느 부분에서나, 이러한 사실을 입증해 주는 사례는 용이하게 발견된다.[2]

---

1) E. M. Forster, Aspects of the Novel(Penguin Books, 1977), p. 61.
2) 이처럼 소설의 세계 속에서 죽음이라는 제재가 커다란 비중을 차지하게 된 것은, 포스터가 날카롭게 통찰한 바처럼, 한편으로는 죽음이라는 사건 자체가 인간의 존재 속에서 가지는 무게가 워낙 크기 때문일 것이요, 다른 한편으로는 소설이라는 장르의 속성이 죽음의 문제를 강하게 부각시키기에 적절한 면모를 가지고 있

동서고금의 소설사 전체를 대상으로 해서 성립되는 이러한 일반론은, <한국>의 <현대>소설이라는 그 속의 특정 부분에 대해서도 고스란히 적용된다. 20세기 초에 시작되어 이제는 근 1세기 정도의 연륜을 가지게 된 한국 현대소설의 면모를 두루 살펴보면, 죽음이라는 제재가 그 속에서 시종일관 커다란 비중을 차지해 왔음을 용이하게 확인할 수 있는 것이다.

그런데, 이처럼 한국의 현대소설 속에서 커다란 비중을 차지해 오고 있는 죽음이라는 제재는, 종종, 그 작가가 소설을 통하여 종교의 문제를 다루는 경우, 그 연장선상에서, 자연스럽게 부각되는 모습을 볼 수 있다. 종교라는 것 자체가, 정진홍이 지적하듯, <(죽음을 둘러싼) 질문에 대한 해답의 실체만을 살아 이어내는 문화의 한 모습3)>으로 규정될 만한 소지를 갖고 있다는 사실을 감안하면, 이는 충분히 수긍이 가는 현상이라고 할 만하다.

기독교는 한국의 현대소설 속에서 자주 다루어지고 있는 종교의 하나다. 기독교가 현대 한국 사회 속에서, 또 현대 한국인들 일반의 정신적 지형도 속에서 자못 뚜렷한 자리를 차지하고 있다는 사실을 그 누구도 부인할 수 없는 형편이니만큼, 한국의 현대 소설가들이 종교의 문제를 다루고자 할 경우 기독교가 자주 관심의 대상으로 부각되는 것은 당연한 일일 터이다.

주지하다시피, 기독교에서 중심적인 자리에 놓이는 인물은 예수이다. 기독교의 성서에 따르면 이 예수는 십자가에 달려 처형된 후 다시 부활한 것으로 기록되어 있는 바, 예수가 이처럼 한 번 죽은 후 다시 부활하였다는 주장이야말로 죽음의 문제에 대한 기독교의 해답에 있어서 핵심을 이루는 것으로 간주되어 마땅하다.

그렇다면, 한국의 현대 소설가들이 기독교의 문제를 다루면서 죽음이라는 제재에 관심을 기울일 경우, <예수의 부활>이라는 명제를 비켜 가기는 어려울 것이다. 이러한 사정은, 소설가들이 기독교의 문제를 다루면서 예수를

기 때문일 것이다.
3) 정진홍, 「죽어 되사는 신비」, 김열규 외, 『죽음의 사색』(서당, 1989), p. 201.

소설 속의 중요 인물로 직접 등장시켜 그려 나가는 방법을 채택할 경우, 가장 절박한 것이 된다.

그런데, 참으로 흥미롭게도, 한국의 현대 소설 가운데에서는, 이처럼 예수를 소설 속의 중요 인물로 직접 등장시켜 그려 나간 경우가 여럿 발견된다.4) 장편소설의 경우로만 대상을 한정시켜서 보더라도, 김동리의 『사반의 십자가』, 백도기의 『가룟 유다에 대한 증언』, 이문열의 『사람의 아들』 등 세 편의 작품이 금방 눈에 띄는 것이다. 그렇다면 이 세 편의 소설을 쓴 작가들은 <예수의 부활>이라는 명제에 대하여 각각 어떤 입장을 보여주고 있는가?

위의 물음에 대한 답을 제시하기 위하여서는 세 편의 소설을 차례로 검토하는 작업이 필요할 터이어니와, 이 자리에서는 그 세 편의 소설 중 우선 『사반의 십자가』에 초점을 맞추어 논의를 전개하기로 한다.

세 편의 소설 가운데에서 우선적으로 『사반의 십자가』에 초점을 맞추기로 한 데에는 그럴 만한 이유가 있다. 세 편의 소설 중, 예수의 부활을 작품의 본문 속에서 직접 구체적인 사건의 전개를 통하여 본격적으로 다루고 있는 것은 『사반의 십자가』의 경우가 유일하다는 점이 바로 그것이다. 김동리는 『사반의 십자가』 속에서 이처럼 예수의 부활을 직접 구체적인 사건의 전개를 통하여 본격적으로 다루고 있을 뿐 아니라, 부활의 문제에 대한 자기나름의 해석이 어떤 것인지도 분명하게 드러내어 밝히고 있다. 말하자면 『사반의 십자가』 속에서 김동리는 예수의 부활 문제에 대한 <정면 대결>을 시도하고 있는 것이다. 이것은 예수를 소설 속의 중요한 인물로 등장시켜 다룬 또

---

4) 이보영에 의하면, 이처럼 한국의 현대 소설에서 예수를 작품 속의 중요 인물로 직접 등장시켜 그려 나간 경우가 여럿 발견된다는 사실은, 그런 예가 거의 발견되지 않는 서양 소설의 경우와 인상적인 대조를 이룬다고 한다(이보영, 『한국소설의 가능성』(청예원, 1998), p.17). 그러나 서양에서도 『그리스도 최후의 유혹』(카잔차키스)이라든가 『갈릴래아 사람의 그림자』(타이센), 『신이 된 남자』(메사디에)처럼 예수를 주인공으로 내세운 소설이 발표되고 있는 것을 보면, 이보영이 말하는 <대조>를 과연 어느 정도까지 인정할 수 있을지 사실 의문스러운 생각이 들지 않는 바도 아니다.

다른 한국 작가들, 즉 『가롯 유다에 대한 증언』을 쓴 백도기나 『사람의 아들』을 쓴 이문열은 감히 시도하지 못했거나, 아예 시도하지 않았던 일이다. 김동리의 이러한 모습에서 우리는 그의 남다른 작가적 패기를 느낄 수 있다. 각도를 달리해서 본다면, 이 글에서 논의되고 있는 세 명의 작가들 중 유독 김동리만이 부활의 문제에 대하여 그것을 직접 구체적인 사건의 전개를 통해서 다룰 만큼 커다란 관심을 가졌다는 점에서, 그의 독특한 작가적 개성을 느낄 수도 있다. 사정이 이러한 만큼, <예수의 부활>이라는 명제에 주목하면서 그것과 관련하여 한국의 현대소설을 살펴보고자 할 경우, 맨 첫번째로 선택되어야 할 작품은 당연히 『사반의 십자가』일 수밖에 없다.

그런데 『사반의 십자가』에는 원작본과 개작본의 두 텍스트가 존재한다. 원작본과 개작본을 비교해 보면, 작가 자신이 원작본을 완성하고 난 후에도 예수 부활의 문제에 대하여 지속적인 관심을 기울였으며 그러한 지속적 관심이 개작의 과정 속에 반영된 결과 『사반의 십자가』라는 작품 자체의 변모도 바로 이 문제를 둘러싸고 특별히 크게 나타났다는 사실을 확인할 수 있다. 그러니만큼, 이 글의 본론에 해당하는 부분에서는, 원작본과 개작본을 완전히 구분해서 따로 다루도록 하겠다.

일반적인 경우라면, 서론은 이 정도로 해 두고, 바로 이어서 구체적인 작품의 검토에 들어가면 될 것이다. 그러나 지금 이 글에서 논의의 대상으로 삼고 있는 <예수의 부활>이라는 명제는 조금 복잡한 문제점들을 내포하고 있기 때문에, 이 명제 자체와 관련하여 약간의 예비적인 고찰을 시도한 다음에 작품의 검토에로 나아가고자 한다.

2. 예수의 부활을 믿을 수 있는가?

기독교의 교리에 따르면, <죽음 속에 던져진 인간의 생명을 받으시는 은혜로우신 생명의 주 하나님의 생명이 그를 에워싸기 때문에> 사람이 죽은 후에도 그의 <생명은 무화되지 않고 하나님 안에서, 하나님 앞에서 보존되고 살게 된다고 믿는다.5)> 그리고 이러한 믿음의 근거를 이루는 것은 인간에 의해서 만들어진 어떤 추론이나 가설이 아니라, 현실적으로 예시된 예수 부활의 사건 바로 그것이라고 한다.

예수의 부활에 대한 믿음은 이처럼 죽음의 문제와 관련하여 기독교에서 내세우는 독특한 주장의 절대적인 근거를 이루고 있다. 그리고 더 나아가서 그것은, 큉이 말한 바 그대로, <그리스도 신앙의 중심인 동시에 다른 모든 신조의 기초가 되어 있다.6)> 예수의 부활은 기독교 신앙 속에서 이 정도로 막대한 비중을 갖는 것이기 때문에, 『신약성서』에서는 온갖 다양한 방법을 동원하여 이 사건의 의의를 강조하고 있다. 예를 들어 이른바 누가문서, 즉 「누가복음」과 「사도행전」을 보면, 부활에 대한 관심이 십자가에 대한 관심을 압도하고 있을 정도로 크다.7) 그런가 하면 흔히 <확대된 서론이 첨가된 수난 설화>라고 알려져 온 「마가복음」에서도 사실상 지배적인 역할을 담당하고 있는 것은 예수의 부활을 증언하고자 하는 「마가복음」 기자의 의도이며, 텍스트의 모든 조직과 세부적인 요소들에서, 이러한 의도를 효과적으로 살리기 위한 「마가복음」 기자의 치밀한 배려를 발견할 수 있다.8) 「고린도전서」 1장 22절~23절에서 <유대 사람들은 기적을 구하고 헬라 사람들은 지혜를 찾으나 우리는 십자가에 달리신 그리스도를 전합니다9)>라고 말했을 정도로 십자가에 큰 비중을 두었던 바울조차도 같은 「고린도전서」의 15장을 보면 장장 58개 절에 걸쳐 부활에 대한 믿음을 뜨겁게 토로하고

---

5) 김경재, 「영생을 향한 삶의 방식」, 김승혜 외, 『죽음이란 무엇인가』(창, 1990), p. 220.
6) 한스 큉, 『왜 그리스도인인가』(정한교 역, 분도출판사, 1982), p. 247.
7) 김득중, 『누가의 신학』(컨콜디아사, 1991), pp. 250~255.
8) 김득중, 『마가복음의 부활신학』(컨콜디아사, 1981) 참조.
9) 지금부터 『신약성서』 번역문의 텍스트는 1967년에 초판이 발행된 바 있는 『새번역 신약전서』로 하며, 관례에 따라 본문의 장·절만 밝히고 면수 표시는 생략한다.

있으며, 그렇게 하는 가운데서 <만일 그리스도께서 다시 살아나시지 않았다면 여러분의 믿음은 헛된 것이 되고 여러분은 아직도 죄 가운데 있는 것입니다>(17절)라든가 <만일 그리스도 안에서 우리가 바라는 것이 이생에만 있다면 우리는 모든 사람 가운데서 가장 불쌍한 인간들일 것입니다>(19절)라는 투의, 보기에 따라서는 상당히 과격하게 느껴지는 표현까지도 구사하고 있다.

그러나, 『신약성서』의 텍스트를 마련한 사람들이 아무리 이처럼 강한 집념과 치밀한 배려, 그리고 뜨거운 열정을 다 동원하여 예수의 부활에 대한 믿음을 사람들에게 심어 주려 애쓴다 하더라도, 일반적인 상식의 세계를 거주처로 삼고 있는 사람들의 눈으로 보면, 예나 이제나, 그것은 아무래도 이해하기 어렵고 수긍하기도 어려운 이야기로 남을 수밖에 없다. 바울은 앞서 언급된 「고린도전서」의 1장 23절에서 <십자가에 달리신 그리스도에 대한 메시지>를 두고 <이것이 유대 사람들에게는 거리낌이 되고 이방 사람에게는 미련한 것이 되>리라는 점을 진작 시인한 바 있거니와, 가만히 생각해 보면, 바울의 그러한 발언은 십자가에 대해서보다도 차라리 부활에 대해서 더 잘 맞아들어갈 것처럼 느껴질 정도이다. 실제로 바울 자신이 전도 여행 중 아테네에 들렀을 때 곤욕을 치렀던 것도 다른 이유 때문이 아니라 그가 대부분의 아테네 사람들로서는 도저히 이해할 수도, 수긍할 수도 없는 <예수의 부활>이라는 것을 이야기했기 때문이었다.[10]

이처럼 상식의 눈으로 보면 금방 쉽게 이해할 수도, 수긍할 수도 없는 것이 예수의 부활이다. 그런데, 비교종교학자들이 밝혀 주고 있는 바에 따르면, 신의 죽음과 부활이라는 관념 자체가 사실은 기독교에 앞서서 존재하였던 다른 종교들에서 이미 여럿 발견되는 터이다.[11] 이러한 사실을 고려한다면, 예수의 부활을 『신약성서』의 기자들이 주장하고 있는 바 그대로 이해하거나

---

10) 「사도행전」 17장 16절~34절.
11) 세르게이 토카레프, 『세계의 종교』(한국종교연구회 역, 사상사, 1991), p. 348 참조.

수긍하기 어렵다는 생각은 더욱 강해질 수 있다.

그렇다면, 예수의 죽음과 부활에 대한 『신약성서』의 주장은, 결국, 신의 죽음과 부활을 이야기하고 있는 다른 여러 종교들의 교리와 기본적으로는 동일한 것이라고 보아야 할까? 그렇게 볼 수도 있을 법하다. 그리고 이러한 입장에 서서 생각하면, 예수의 부활에 대한 『신약성서』의 모든 기록은, 역사적으로 정말 존재하였던 사실에 대한 기록이 아니라, 단순한 상징의 차원에 속하는 것으로 규정되어 마땅하다는 결론이 나온다. 어떻게 생각하면, 이러한 결론이야말로 인간의 상식에 가장 잘 맞는 것처럼 여겨지기도 한다. 실제로 이러한 결론을 자신의 확고한 소신으로 삼고 있는 사람도 적지 않다. 『성서적 신화의 구조주의적 해석』 속에 다음과 같은 말을 적어 두고 있는 에드먼드 리치 같은 사람이 그 대표적인 경우이다.

> 나는 예수가 역사상의 인물이라는 것을 전혀 믿지 않는다. 나에게 예수는 소포클레스의 오이디푸스왕과 같이 신화적 현실성, 극적인 현실성, 시적인 현실성을 가진 존재이다. 나아가 요세푸스 시대에 나중에 선지자가 된 한 유태인 목수의 아들이 존재했다 하더라도 우리는 그에 대해 무엇 하나 알 수 있기를 바랄 수도 없다. 신약복음서가 실존했던 예수(실존했다고 가정하면)에 대해 우리에게 말해 주지 않는 것은 셰익스피어 희곡이 실존했던 셰익스피어에 대해 말해 주지 않는 것과 같다.[12]

예수에 관한 기록 전체를 대상으로 삼는 가운데서 개진되고 있는 리치의 이러한 견해는 말할 나위도 없이 예수의 부활이라는 문제에도 고스란히 적용되는 것이다. 그리고 위의 인용문에 나타나 있는 리치의 발언을 예수의 부활

---

12) 에드먼드 리치, 『성서의 구조인류학』(신인철 역, 한길사, 1996), p. 311. 이 책의 원제는 Structuralist Interpretations of Byblical Myth이다. 이 원제는 마땅히 『성서적 신화의 구조주의적 해석』으로 번역되어야 할 것이다. 역자가 이 원제를 『성서의 구조인류학』으로 번역한 이유를 나로서는 아무래도 이해할 수가 없다. 리치 자신이 사용하였던 <성서적 신화>라는 표현과, 번역서의 제목 속에서 <성서적 신화>라는 표현을 대신해서 선택된 <성서>라는 단어 사이에 사실상 얼마나 엄청난 거리가 개재해 있는가를 감안해 보면, 특히 그러하다.

이라는 문제에 적용할 경우, 예수의 부활은 어디까지나 상징의 차원에 속하는 것이 되며, 그러한 점에서, 이집트의 신화에 나오는 오시리스신의 부활이나, 그리스 신화에 나오는 디오니소스신의 부활과 동일한 성격을 지니는 것이 된다.

위에서도 이미 말했던 바와 같이, 얼른 생각해 보면, 이러한 입장이야말로 인간의 상식에 가장 잘 맞는 것으로서, 상당한 설득력을 동반하는 것처럼 여겨질 수도 있다. 하지만 사실은 이러한 입장에도 심각한 난점이 존재한다고 말하지 않을 수 없다. 예수의 부활에 대한 모든 기록을 단순한 상징으로 해석해 버릴 경우에는, 예수의 부활을 간단하게 부정해 버릴 경우와 꼭 마찬가지로, 일찍이 큉에 의하여 제기되었던 다음과 같은 물음에 대하여 적절한 답변을 제공하기가 정말 어렵게 된다는 사실을 외면해 버릴 수 없기에 그러하다.

> 석가와 공자 같은 성공적 현자들의 가르침이 점진적으로 평온하게 전파된 것, 또는 마호멧의 가르침이 주로 무력으로 강요되며 전파된 것, 그리고 그 모두가 그 창설자들의 생애 중에 이미 시작된 것에 비하면—이 완전한 실패와 수치스런 사망 직후에 바로 이 패망자의 이름으로 이 복음 선포와 친교 운동이 자발적으로 발생하여 거의 폭발적으로 전파된 것은 얼마나 다른가! 대체 무엇이 불씨가 되어 이 생애의 파국적 종언 후에 저 둘도 없는 세계사적 진전에 불이 붙었을까? 어떻게 해서 한 인간이 수치스럽게 매달려 죽은 형틀에서 세계를 참으로 바꾸어 놓는 <세계종교>가 발생했을까?13)

위에 인용된 큉의 문제 제기는, 요컨대, 예수의 부활이 만약 <엄연한 사실>이 아닌 다른 어떤 것이라면 예수의 생애 전체에 대한 최종적 결론은 <완전한 실패와 수치스런 사망>이라는 것으로 귀착될 수밖에 없는데, 그렇게 된다면, 예수가 죽은 후 그의 제자들을 비롯한 초기 기독교인들에 의하여 열정적으로 수행된, 확신으로 가득찬, 성공적인 전도 활동이라는 것은 도대체 설명할

---

13) 한스 큉, 앞의 책, pp. 244~245.

길이 없어진다는 주장으로 이해될 수 있다. 이러한 큉의 주장은, <기독교 교회가 존재한다는 사실이 곧 그리스도의 부활에 대한 증거이다14)>라고 말했던 A. B. 로즈의 주장과 기본적으로 동일한 내용을 담고 있거니와, 이러한 주장에 상당한 설득력이 있다는 사실은 부정하기 어렵다.

이러한 점을 감안한다면, 예수의 부활이라는 교리는 상식인의 입장에서 볼 때 쉽게 이해하고 수긍하기도 곤란하지만, 또 한편으로는 순전한 상징의 차원에 속하는 것으로 간주해 버리기도 어려우며, 쉽게 부정하고 물리치기도 어려운 것이라는 느낌에 사로잡히지 않을 수가 없다. 결국 <예수의 부활>이라는 명제 앞에서 인간의 <상식>이라는 것은 참으로 곤혹스러운 처지에 빠지게 되는 셈이다.

루돌프 불트만의 비신화화론(非神話化論)에 관심을 갖고 있는 사람이라면, 방금 내가 이야기한 바와 같이 곤혹스러운 처지로부터 인간의 <상식>을 구원해 낼 수 있는 가능성의 하나가 혹시 비신화화론 속에 들어 있지 않을까 하는 기대를 품어볼 수도 있을 것이다.15) 실제로 불트만은 20세기 중반 서양 기독교 신학계의 안과 바깥을 통틀어 상당한 반향을 불러일으켰던 그의 저서 『신약성서와 신화론』16) 속에서 비신화화론에 입각하여 부활의 문제를 새롭게 해석하는 데 심혈을 기울이고 있다.17) 하지만 내가 보기에는 불트만의 그러한 노력이 그다지 성공적인 것으로 여겨지지 않는다. 성서의 비신화화를 위한 노력이 필요하다는 불트만의 착상 자체는 참신하고도 의미깊은 것이었지만, 실제로 그가 자신의 착상을 구체화시켜 나간 모습을 보면, 역사적

---

14) K. J. 포먼 외, 『신구약개론』(신인현 역, 대한기독교서회, 1971), p. 157.
15) 불트만이 제창한 비신화화론의 개요에 대해서는 『신약성서와 신화론』에 대한 유동식의 해제가 아주 요령 있는 설명을 제공해 주고 있다. 편집부 편, 『기독교 명저 60선』(종로서적, 1985), pp. 221~224를 볼 것.
16) 이 책의 한국어 번역본은 『성서의 실존론적 이해』라는 제목으로 나와 있다(유동식·허혁 공역, 대한기독교서회, 1969). 독일어로 씌어진 원서의 표제는 Neues Testament und Mythologie이다.
17) 한국어 번역본의 경우, 불트만이 구체적으로 이 문제를 다루고 있는 부분은 56면에서 63면까지이다.

사실성의 문제에 대해서 진지한 관심을 가지고 있는 사람들의 문제의식으로부터 너무나 아득히 멀어진 곳으로 나아가 버렸기 때문에, 바로 그러한 사람들의 입장에서는, 상당한 불만을 갖지 않을 도리가 없는데, 부활의 문제에 대한 그의 논의 역시 물론 이러한 현상에서 예외가 아닌 것이다. 역사적 사실성의 문제에 대해서 진지한 관심을 가지고 있는 사람들의 입장에서 보면, 불트만의 비신화화론 전반에 대한 김광식의 다음과 같은 비판은 상당한 설득력을 지니고 있는 것으로 여겨지거니와, 부활의 문제에 대한 불트만의 새로운 해석 역시, 이러한 비판이 가지고 있는 힘으로부터 자유롭지 못한 것으로 보인다.

> 불트만은 단지 예수가 오셨다는 사실 자체만 알면 그만이라고 하였다. (⋯) 그는 역사적 회의주의에 빠져 있다. 우리는 예수의 생애나 인격에 대해서 알 수 없다고 한다. (⋯) 그래서 불트만은 예수가 오셨다는 형식적 사실만으로 만족하려고 한다.
> (⋯) 한편으로는, 그리스도의 사건이 역사학적 비판으로 형태 없는 사실성이라는 나머지로까지 공허화(空虛化)되었고 다른 편에서는 동일한 그리스도의 사건이 케리그마적으로 변두리까지 꽉 차서 종말론적 사건이 되고 신이 그것을 통해서 세상에다 구원을 가져다 준다는 것이다. 불트만은(⋯) 예수를 이중화(二重化)하여 <역사학상의 예수>와 <케리그마적 그리스도>로 나누었다. 이것은 그리스도인의 이중적 존재양식과 비슷하다. 역사적 예수는 공허화시키고 케리그마적 그리스도에 대한 신앙으로 목숨을 건 공중 도약(空中跳躍, salto mortale)을 시도한 것이 되었다.[18]

일말의 희망을 걸어 볼 만한 대상으로 떠올랐던 불트만의 비신화화론에 입각한 부활 문제 해명이 이처럼 실망스러운 결과만을 남기게 되고 보니, 예수의 부활이라는 명제 앞에서 진작에 야기되었던 <상식인 일반>의 곤혹감은, 비신화화론과의 만남이라는 특이한 경험에 의해서도 전혀 줄어들지 않은

---

18) 김광식, 『현대의 신학사상』(대한기독교서회, 1975), pp. 183~184.

채, 그대로 남아 있게 된 셈이다. 그렇다고 해서, 불트만의 비신화화론에서 주어졌던 수준의 처방을 넘어섰다고 공인될 만큼 신묘한 또다른 처방이 어디에 뚜렷하게 나와 있는 것 같지도 않다.

그런데, 지금까지 내가 서술해 온, 예수의 부활이라는 명제를 둘러싼 논란에 대하여, 한국인들 가운데 일부는 아마 다음과 같은 질문을 제기할 수도 있을 법하다: <우리는 한국인이다. 한국인으로서 우리는 동아시아 농경문화권의 전통에 연결되어 있다. 이런 우리들 한국인에게 있어서 예수라는 인물은 불과 2백년 전까지만 하더라도 전혀 알려지지 않은 존재에 불과했다. 중동 사막지대의 문화적 풍토 속에서만 비로소 성장할 수 있었던 기독교라는 일신교의 주인공인 예수의 부활 여부 따위가, 동아시아 농경문화권의 전통에 연계되어 있는 우리 한국인들에게 도대체 무슨 상관이란 말인가?> 이러한 질문을 던지면서 그는 혹시 최인훈의 소설 『회색인』(1964)에 나오는 그 주인공 독고준의 다음과 같은 발언을 공감 어린 어조로 인용할지도 모른다.

> 그리스도는 우리를 떨게 하지 않는다. 그는 나와 무관한 이방인이다. 그러므로 그와 나 사이에 드라마는 없다. 우리는 다른 각본의 등장 인물이다.19)

이러한 문제 제기는 분명히 경청할 만한 내용을 담고 있다. 그러나 나는 이러한 문제 제기에 나름대로의 의의가 있다는 것을 충분히 인정하면서도, 그러한 문제 제기의 연장선상에서, <예수의 부활에 관한 문제는 어디까지나 우리 한국인들과 무관한 남의 문제다>라는 결론에로 나아갈 수는 없다고 생각한다. 왜냐하면, 이 글의 앞부분에서 진작 언급되었던 바와 마찬가지로, 예수의 부활에 대한 믿음을 <모든 신조의 기초>로 삼고 있는 기독교라는 종교가 현대 한국 사회 속에서, 그리고 현대 한국인들 일반의 정신적 지형도 속에서 자못 뚜렷한 자리를 차지하는 존재로 그 위치를 확고히 해 놓은

---

19) 최인훈, 『한국대표문학전집—회색인 외』(삼중당, 1972), p. 55.

지 이미 오래이기 때문이다.

기독교라는 종교는 대관절 어떤 연유로 현대 한국 사회 속에서, 그리고 현대 한국인들 일반의 정신적 지형도 속에서 그처럼 확고한 지위를 획득할 수 있었던 것일까? 이 물음에 대한 답은 대략 세 가지 정도로 정리될 수 있을 듯하다.

그 첫째는, 기독교가 한국에 처음으로 들어올 당시부터 서양의 막강한 힘을 업고 있었으며, 일단 들어온 후에도 줄곧 그 막강한 서양의 힘과 긴밀하게 관련된 존재, 혹은 그 막강한 서양의 힘을 대표하는 존재로 간주되어 왔다는 사정과 관련된다. 여기서 말하는 서양의 <힘>이란 무력(武力), 경제적인 세력, 정치적인 영향력, 과학·기술의 위력, 근대성의 매력 등을 두루 총칭하는 것이어니와, 기독교가 이처럼 다층적인 면모를 가진 서양의 막강한 힘과 직결된 존재로서 이 땅에 상륙하였고 또 일단 상륙한 이후에도 줄곧 그러한 존재로서 사람들에게 인식되어 왔다는 사실을 도외시하고서는, 한국의 현대사 속에서 기독교가 그처럼 대단한 현실적 성공을 거둘 수 있었던 사유를 해명하기 어려운 것이다. 좀더 직접적으로 설명을 해 보자면, 많은 한국인들은 그처럼 막강한 힘을 지닌 서양이라는 존재와 대면했을 때 깊은 감명을 받지 않을 수 없었으며, 더 나아가서는 서양의 특징적인 면모들을 적극적으로 수용하고자 하는 노력을 기울이게까지 되었던 바, 이러한 전체적 과정 속에서 기독교도 <서양의 특징적인 면모들 가운데 하나>라는 자격으로 이 땅에서 확고한 지위를 차지하게 되었던 셈이라는 이야기가 가능한 것이다.

그러나 이러한 설명이 그것 자체로서 타당성을 갖는 것은 사실이지만, 그것만 가지고서는, 한국의 현대사 속에서 기독교가 그처럼 대단한 성공을 거둘 수 있었던 이유를 <전부> 밝혀내는 데에는 어림도 없이 불충분하다. <한국에서 그처럼 대단한 성공을 거둔 기독교가, 그렇다면 일본에서는 왜 참담한 실패를 기록하고 말았는가?>라는 물음이 제기될 경우, 위의 설명을 가지고서는 아무런 대답도 제공하지 못할 것이라는 점 한 가지만 보아도,

그것은 명백하다. 그렇기 때문에 여기서 두번째의 설명이 필요하게 된다. 다음의 인용문을 보면 이 두번째의 설명을 위한 시사를 얻을 수 있다.

> 몸에 비하여 마음이 근원적이고 본질적이기 때문에 몸보다 마음을 중요시하는 한국인은 근원적이고 본질적인 것을 중시하고 추구하는 성향을 갖는다. (…) 이러한 논리에서 한국인은 하늘을 중심으로 하여 현실을 파악하는 천(天) 중심의 사상을 갖게 되었고, 강한 종교성을 갖게 되었다.
> 서양의 문화가 동양으로 수입되었을 때, 일본인들은 그들의 적성에 맞게 서양의 과학 문명과 의학을 주로 수입하였다. 그러나 이러한 경우에 한국인들은 강한 종교성으로 말미암아 기독교를 수입하였다.[20]

위에 인용된 이기동의 주장에 따르면, 서양의 막강한 힘 앞에서 깊은 인상을 받고 서양의 특징적인 면모들을 적극적으로 수용하고자 한 점에서는 한국인들이나 일본인들이나 마찬가지였으되, 한국인과 일본인은 서로 정반대되는 가치관을 가진 사람들이었기 때문에, <서양의 특징적인 면모들> 중 어떤 부분을 주로 채택하느냐 하는 문제에 대해서도 서로 대조적인 태도를 보여주게 되었다고 한다. 구체적으로 말하자면, 한국인들은 몸보다 마음을 중요시하는 사람들이기 때문에 서양의 특징적인 면모들 중에서도 마음의 측면에 해당하는 요소 즉 기독교를 중점적으로 채택하여 수용한 대신 과학 문명이나 의학은 소홀히 한 반면, 일본인들은 마음보다 몸을 중요시하는 사람들이기 때문에 과학 문명이나 의학을 중점적으로 채택하여 수용한 대신 기독교 따위는 소홀히 하게 되었다는 것이다.

이것은 상당히 흥미로운 주장이라 하지 않을 수 없다. 물론, 이러한 그의 주장이, <한국에서 그처럼 대단한 성공을 거둔 기독교가, 그렇다면 일본에서는 왜 참담한 실패를 기록하고 말았는가?>라는 물음에 대한 답을 온전하게 제공하고 있는 것은 결코 아닐 터이다. 하지만 그의 주장이 위의 물음에

---

20) 이기동, 『사상으로 풀어보는 한국경제와 일본경제』(천지, 1994), pp. 108~109.

대해 나름대로 의미있는 <부분적 해답>을 제공하고 있다는 사실만은 부정할 수 없다.[21] 그리고 말할 나위도 없이, 이러한 그의 주장은, <한국의 현대사 속에서 기독교가 그처럼 대단한 성공을 거둘 수 있었던 이유> 자체에 대한 두번째의 설명으로서도 분명한 의의를 지니는 것이다.

그러면, 한국의 현대사 속에서 기독교가 그처럼 대단한 성공을 거둘 수 있었던 이유에 대한 세번째의 설명은 어떤 것인가? 그것은 한국인들이 전통적으로 지녀 온 신앙의 형태가 부분적으로 기독교와 닮은 점을 지니고 있었으며 그러니만큼 기독교는 외관상의 낯설음 안쪽에 사실인즉 그것나름대로 한국인들에게 친근감을 제공할 수 있는 요소를 가지고 있었다는 사실을 지적하는 것이다. 그 <닮은 점>의 구체적인 세목을 정진홍은 다음과 같이 밝혀 주고 있다.

> 이 같은 사실은 첫째로, 하늘 경험이 지닌 지고존재의 승인이 없었다면 그리스도교의 신을 받아들이는 것이 상당히 어려웠으리라는 사실을 상정할 수 있게 해 준다. (…) 둘째로, 무속 신앙에서 이루어지는 무당에 대한 역할 기대 곧 중보자적 개념이 그리스도교 문화에서 예수의 상징성을 읽는 데 무리를 없게 한 근본적인 소지였으리라는 것을 예상하게 해 준다.[22]

위에 인용된 정진홍의 지적에서 구체적으로 드러나는 바와 마찬가지로, 한국인의 전통적 신앙 형태 자체 속에 이미 기독교를 친근감으로 대할 수 있게 해 주는 요소가 존재하고 있었던 게 사실이다. 이러한 사실에 주목하면서, 앞서 언급된 바 있는 두 가지 설명을 여기에 결합시켜서 정리해 보면, 그때 비로소, <기독교라는 종교는 대관절 어떤 연유로 현대 한국 사회 속에서, 그리고 현대 한국인들 일반의 정신적 지형도 속에서 그처럼 확고한 지위

---

21) 위의 물음에 대한 또다른 <부분적 해답>을 찾는 데에는 다음의 텍스트가 귀중한 도움을 준다. 이어령 외, 『한·일 문화의 동질성과 이질성』(신구미디어, 1993), pp. 121~133.
22) 정진홍, 『하늘과 순수와 상상』(강, 1997), p. 100.

를 획득할 수 있었던 것일까?>라는 물음에 대한 답이 온전한 형태로 드러나는 것을 확인할 수 있다고 생각된다. 그리고 바로 이러한 지점에서 우리는, 기독교가 현대 한국 사회 속에서, 그리고 현대 한국인들 일반의 정신적 지형도 속에서 그처럼 확고한 지위를 획득하게 된 것이 결코 단순한 우연의 소치도 아니요, 간단히 무시되어도 좋을 만큼 하찮은 일도 아니라는 결론에 도달하지 않을 수가 없다.23)

사정이 이러한 만큼, 다시 되풀이하거니와, <예수의 부활에 관한 문제는 어디까지나 우리 한국인들과 무관한 남의 문제다>라는 주장은 이제는 도저히 설득력을 인정받기 어려운 지경에까지 오고 만 것이 확실하다. 그렇다면, 예수의 부활이라는 교리를 대하고, 상식인의 입장에서 그것은 쉽게 이해하고 수긍하기도, 또 쉽게 부정하고 물리치기도 어려운 것이라고 느끼면서 곤혹감에 빠져 드는 경험도, 이제는 단순한 남의 경험만으로 돌려도 무방한 것은 아니게 된다. 이 문제에 관심을 갖고 고민하면서 곤혹감을 피력하는 일은, 이제는, 한국인에게도 얼마든지 일어날 수 있고 또 일어나서 어색할 게 없는 일이 된 것이다.

---

23) 새삼 말할 필요조차 없는 일일지 모르겠지만, 이러한 나의 판단은, 우리 한국인들이 기독교 전반에 대한 우리의 사유를 진행할 때, 한국인으로서의 주체적 시각을 견지하고자 하는 자세를 항상 유지해야 마땅하다는 요청을 분명하게 동반하고 있다. 사실 나는, 예컨대 김용옥의 다음과 같은 발언을 처음 접했을 때, <시집>과 관련한 그의 비유 사용법에서 내비치는 가부장적 발상에 대해서는 강한 거부감을 품지 않을 수 없었으면서도, 그가 그러한 비유를 통하여 전달하고자 한 메시지 자체에 대해서는 전폭적인 공감을 느낀 사람이다. <예수가 한국집에 시집왔으면 한국집 사람이지 이스라엘집 사람이 아니다. 범인류적 기독교의 보편성을 유지하면서도 어떻게 과감하게 예수를 한국인의 인자(人子)로 만드는가 하는 것은 한국 기독교의 가장 큰 시련일 것이다> (김용옥, 「절차탁마대기만성·2」, 『세계의 문학』, 1983. 겨울, p. 183). 실제로 한국의 기독교 신학자들 가운데 적어도 일부는 오래 전부터 바로 이러한 문제와 치열하게 대결해 왔다. 나는 변선환과 김경재를 대표자로 하는 그들 주체적 기독교 신학자 그룹이 그와 같은 대결의 과정에서 지금까지 창출해 낸 논리들 가운데 어떤 것도 전적으로 지지하지는 않지만, 그들이 거기에서 일관되게 보여준 진지하고 사려깊은 자세에 대해서는 경의를 가지고 있다. 그러나 이런 문제에 대한 내나름의 구체적인 논의는 지금 이 자리가 아닌 다른 지면을 통해서 시도되어야 할 것 같다.

현대 한국인들 가운데서 실제로 이 문제에 관심을 갖고 고민하면서 곤혹감을 피력한 내용의 글을 구체적으로 써서 발표한 예를 찾아보면, 무엇보다도, 김춘수가 펴낸 산문집『하느님의 아들 사람의 아들』속에 들어 있는「부활에 좌절한다」라는 인상적인 제목의 글이 가슴에 와 닿는다. 여기에서 김춘수는 <예수의 전기는 어느 것이나 문장으로서 납득이 안 가는 것은 아주 드물다. 대부분 쉬운 글들이다. (…) 그러나 그 내용이 이성으로는 판단이 잘 안되는 것들이 있기 때문에 쉬운 외관과는 달리 내용을 파악하는 데 여간 힘이 들지 않는다>라고 말한 후, 그 중에서도 가장 어려운 <최대의 수수께끼>로 예수의 부활을 들고, 아무런 결론도 내리지 못한 채, <세상에 무엇이 쉬우냐? 쉬운 것이 있다고 단정하느냐?>라는 탄식조의 의문문으로 글을 끝맺어 버리고 있다.24)

예수의 부활과 관련된 일반론은 이만하면 어느 정도 상세하게 검토된 셈이라고 생각된다. 이제부터는, 한국의 시인인 김춘수로 하여금 <세상에 무엇이 쉬우냐? 쉬운 것이 있다고 단정하느냐?>라는 탄식조의 의문문을 토해 내지 않을 수 없도록 만들었던 저 <예수의 부활>이라는 <최대의 수수께끼>—그것을, 같은 한국의 소설가인 김동리는, 예수를 중요한 작중 인물로 직접 등장시키면서 써 나간 그의 작품『사반의 십자가』속에서 과연 어떤 방식으로 다루고 있는지, 그 점을 살펴 보는 작업에로 넘어가기로 하자.

3.『사반의 십자가』와 예수 부활의 사건

3—1. 원작본『사반의 십자가』와 예수 부활의 사건

김동리의 장편소설『사반의 십자가』는 1955년 11월부터 1957년 4월까지『현대문학』지상에 연재되었으며, 1958년에는 일신사에서 단행본으로 출간

---

24) 김춘수,『하느님의 아들 사람의 아들』(현대문학사, 1985), pp. 123~124.

된 바 있다. 이 작품은 일찍부터 한국의 현대소설사 속에서 상당히 중요한 자리를 차지하는 문제작으로 공인되어 왔다. 그 당연한 결과로, 이 작품에 대해서는 이미 꽤 많은 양의 연구 성과가 축적되어 있다. 나 자신만 해도 이 작품에 대해서는 지금까지 세 차례나 상세한 언급을 시도한 일이 있는 터이다.[25] 세 차례나 언급할 기회를 가졌던 만큼, 이 작품의 문학적 의미나 성격에 대해서 내가 할 수 있는 이야기는 기왕에 대부분 다 개진된 셈이다. 여기에서는 가능한 한 그러한 이야기의 반복을 피하는 가운데, 이 작품 속에서 예수 부활의 사건을 다루고 있는 방식과 관련하여 생각해 볼 필요가 있다고 여겨지는 점들을 따져 보기로 한다. 그런데, 이 자리에서 정작 관심의 초점이 되어야 할 것은 말할 나위도 없이 예수의 <부활>과 관련되는 부분이지만, 그것에 대한 고찰로 들어가기 전에, 아무래도 먼저 약간 짚어 두고 넘어가야 할 것이 있다. 그것은 『사반의 십자가』 속에서 예수 바로 그 사람이 과연 어떤 인물로 그려지고 있는가 하는 문제이다. 물론, 이 문제에 대해서는 내가 기왕에 썼던 세 편의 글들 속에서도 이미 여러 차례 언급을 시도한 일이 있다. 하지만, 분명 상당한 중요성을 가지는 사항임에도 불구하고 그 글들 속에서 미처 한 번도 이야기되지 못했던 내용이 있기 때문에, 나로서는, 모처럼 『사반의 십자가』라는 작품에 대하여 한 차례 더 거론할 기회를 얻게 된 김에, 그 내용을 언급하고 지나가야겠다는 생각을 하게 된 것이다.

나를 포함한 많은 사람들에 의하여 이미 거듭거듭 지적되어 온 바와 마찬가지로, 『사반의 십자가』 속에서 예수는 철저하게 하늘나라만을 지향하고

---

[25] 참고로 그 목록을 여기에 밝혀 두기로 한다. (1) 나의 박사학위 논문인 「한국문학의 전통지향적 보수주의 연구」의 제3장 제3절. 이 논문은 『현대소설의 정신사적 연구』(일지사, 1989)에 수록되어 있다. (2) 『우리 소설과 구도정신』(문예출판사, 1994)에 수록되어 있는 「세속적 합리주의로의 길」. 이것은 『사반의 십자가』의 원작본과 개작본을 자세하게 비교 검토한 논문이다. (3) 『한국문학과 비판적 지성』(새문사, 1996)에 수록되어 있는 「대결의 문학」. 이것은 『김동리전집』 제5권(민음사, 1997)의 작품 해설로 씌어진 글이며, 애초의 제목은 「영웅소설의 전통과 보수적 기독교의 문제」였다.

땅의 문제는 무시해 버리는 인물로 설정되어 있다. 예수가 사반과 처음으로 대면한 자리에서 <랍비여, 우리는 땅 위에 있나이다. 땅 위에 맺은 것을 땅 위에서 이루게 하여 주소서>라는 사반의 호소를 듣고 답하는 다음과 같은 말 속에 <『사반의 십자가』에 나오는 인물로서의 예수>의 상이 집약되어 있다고 보아도 좋다.

「사람이여, 들으라. 사람이 땅 위에 있음은 오직 하늘에 맺기 위함이니라. 사람과 사람이 더불어 맺으면 사람과 함께 멸망할 것이요, 사람과 땅이 더불어 맺으면 땅과 함께 또한 허망할 것이니라. 진실로 내 그대에게 이르노니 사람의 귀중한 생명이 오직 하늘에 맺음으로써 하나님 아버지의 끝없음을 누릴지니라.」[26]

사반과 처음 만나는 자리에서 이처럼 극단적인 <하늘나라> 절대주의자의 면모를 띠고 나타나는 예수는 작품이 끝날 때까지 그 신념을 완고하게 견지해 나가며, 조금의 동요도 보여주지 않는다.

그렇다면, 이처럼 극단적인 <하늘나라> 절대주의자의 면모를 띠고 나타나는 『사반의 십자가』 속의 예수는, 『신약성서』에서 이야기되고 있는 예수 바로 그 사람과 일치하는 존재로 볼 수 있는가? 이 물음 앞에서 우리는 선뜻 긍정의 답을 내어놓기 어렵다. 길게 생각할 것 없이, 「마태복음」6장에 나오는 주기도문(主祈禱文) 하나만을 떠올려 보아도 금방 그러한 결론이 나온다. 두루 아는 바와 마찬가지로, 주기도문 가운데에는 <아버지의 나라가 임하옵소서. 아버지의 뜻이 하늘에서 이루어진 것 같이 땅에서도 이루어지옵소서>라는 구절이 있다(6장 10절). 이 구절의 의미에 대하여 레오나르도 보프가 제공해 주고 있는 설명을 한 번 들어 보자.

하느님의 나라는 피조세계의 특정한 지리적 영역이 아니며, 결코 그렇게

---

26) 김동리, 『사반의 십자가』, 『한국3대작가전집』, 8(삼성출판사, 1970), p. 80.

될 수도 없다: 그것은 변화된 피조세계(하늘과 땅)의 전체이다. 하느님의 뜻은 그의 창조 전체를 포용한다. 인간의 편에서 말한다면 우리의 회개, 우리의 성화(하느님의 뜻을 실현하는 우리 자신)가 인간 삶의 특정한 차원으로 제약될 수 없다. 가령, 마음 또는 종교적 혹은 윤리적 분야에 배타적으로 국한될 수 없다. 성화는 우리의 실존이 미치는 모든 영역에서 일어나야 한다.

오늘날 우리는 특별히 구조적 악과 사회적 불의에 민감하다. 이것은 사회 관계, 경제적·정치적·문화적 장치 속에서 거룩함을 실현함에 있어 본질적으로 중요한 요소다. 하느님의 나라에 의한 변혁으로부터 면제될 수 있는 영역은 없다. 새 하늘 새 땅을 발효시키는 행동은 모든 영역에서 시작되어야 한다. 이러한 모든 요청이 <하늘에서 이루어진 것 같이 땅에서도>라는 표현 속에 담겨져 있다.27)

우리가 하필이면 해방신학자인 보프의 설명을 액면 그대로 받아들여야 할 이유는 물론 존재하지 않는다. 하지만 앞서 인용된 「마태복음」 6장 10절에 대한 보프의 설명은, 그것 자체를 액면 그대로 받아들이느냐 마느냐 하는 문제와는 관계없이, 그러한 설명이 존재할 수 있다는 사실 자체만으로도, 우리들로 하여금, <극단적인 하늘나라 절대주의자의 면모를 띠고 나타나는 『사반의 십자가』 속의 예수는, 『신약성서』에서 이야기되고 있는 예수 바로 그 사람과 일치하는 존재로 볼 수 있는가?>라는 물음 앞에서 선뜻 긍정의 답을 내놓지 못하도록 가로막기에 모자람이 없다. 하지만, 그렇다고 해서, <『사반의 십자가』 속의 예수는 『신약성서』에서 이야기되고 있는 예수와 전혀 무관한 존재이다>라는 결론에로 나아가는 것도 온당한 태도라고는 여겨지지 않는다. 그렇다면 우리는 위의 물음 앞에서 과연 어떤 태도를 취해야만 <온당한 태도를 취했다>라는 평가를 받을 수 있단 말인가?

바로 이 지점에서 우리가 반드시 주목해야 할 사실이 있다. <『신약성서』에서 이야기되고 있는 예수>란, 엄밀하게 따져 보면, 결코 단일한 존재가 아니

---

27) 레오나르도 보프, 『주의 기도』(이정희 역, 한국신학연구소, 1986), pp. 125~126.

라는 사실이다. 「사도행전」 및 서신 들은 다 제쳐놓고 네 편의 복음서만을 관찰해 보아도 그 점은 분명하게 드러난다. 이를테면 「마태복음」에서 이야기되는 예수가 다르고, 「마가복음」에서 이야기되는 예수가 다른 것이다. 그런 가운데서도 「요한복음」을 제외한 세 편의 복음서에서 이야기되는 예수는 그 세 편이 공관복음서(共觀福音書)라는 명칭으로 묶여진다는 사실에서도 짐작되듯 서로 닮은 점들이 꽤 많지만, 「요한복음」에서 이야기되는 예수는 독자성이 특히 강하다.

이러한 사실에 유의하면서『사반의 십자가』속의 예수와 네 복음서들 속의 예수를 나란히 놓고 관찰할 경우, 우리는 결국 다음과 같은 결론에 도달하게 된다: <『사반의 십자가』속의 예수는 공관복음서들에서 이야기되고 있는 예수와는 상당히 먼 존재이다. 반면, 「요한복음」에서 이야기되고 있는 예수와는 상대적으로 조금 더 가까운 존재이다. 김동리는 네 편의 복음서들 중 「요한복음」에 가장 커다란 공감을 느끼고, 거기에 나타나 있는 예수의 상을 기본적으로는 수용하면서 좀더 극단화시킨 결과로 자기나름의 예수상을 만든 것으로 보인다.>

김동리가『사반의 십자가』를 쓰면서 예수와 관련된 부분을 전개시킬 때 가장 크게 참조하고 또 의지한 것이 「요한복음」이라는 사실은 줄거리의 차원에서만 보더라도 금방 확인될 수 있다. 예수가 갈릴리 가나의 혼례식에서 물을 포도주로 바꾼 이야기를 맨 앞에 배치한 것이라든가, 그가 예루살렘의 성전에서 상인들을 쫓아낸 사건을 작품의 끝부분이 아니라 처음 부분에서 서술한 것만 보아도 이 점을 인식하기에는 충분하다. 그러나『사반의 십자가』와 「요한복음」 사이의 친연성은 비단 이러한 줄거리의 차원에서만 그치는 것이 아니다. 만약『신약성서』속에 세 편의 공관복음서들만 존재하고 「요한복음」이 존재하지 않았더라면『사반의 십자가』라는 소설은 아예 쓰어질 수 없었으리라고 단정해도 지나치지 않을 정도로, 심층적인 차원에서,『사반의 십자가』는 「요한복음」에 결정적으로 의지하고 있는 것이다. 그 구체적인 세목은 대략 네 가지 정도로 정리될 수 있다.

(1) 네 편의 복음서 중 오로지 「요한복음」에만 메시아라는 단어가 등장한다는 사실이 단적으로 시사하는 바 그대로, 네 편의 복음서 가운데 「요한복음」이 <예수=메시아> 사상을 가장 강렬하게 부각시키고 있다.28)

(2) 공관복음서들에서는 예수가 점진적인 과정을 밟아 가면서 계시되지만, 「요한복음」에서는 그렇지 않다. 처음부터 예수의 모든 신적 영광이 다 나타난다.29)

(3) 예수가 병을 고쳐 주는 기적들이 <예수의 긍휼의 발로라고 설명되지 않고 하나님의 권능과 영광을 보여주는 기회라고 설명된다.30)> 즉 「요한복음」에서는 인간의 고통에 대한 예수의 연민이 크게 부각되지 않는다. 그보다도 예수가 메시아로서 가지는 권능과 영광이 주된 관심의 대상으로 나타난다.

(4) 가장 중요한 것으로서, 「요한복음」에서는, 공관복음서들과는 다르게, <땅 위의 세상>에 대한 거부의 자세가 강렬하게 나타난다. 이 점을 잘 설명해 주고 있는 서중석의 글 가운데 일부를 인용해 보자.

> 요한복음서에서 <세상>은 빛을 거부한 자들에 대한 동의어로 사용되고 있다. (…) 세상은 예수와 양립할 수 없고 예수 및 그의 추종자들을 미워한다(15:18~19; 16:20~21). 요한이 본 예수는 세상을 위해 빌기를 거부한다(17:9). (…) 세상에 대한 하나님의 사랑에 대한 언급은 제자들에게 주어진 예수의 계명(15:12)에도 빠져 있고, 예수의 자기 증언을 담고 있는 고별연설(13:31~17:26)에도 생략되어 있다. (…) 요한공동체는 이처럼 세상과의 철저한 결별을 선언하고 있다.31)

이상 네 개의 항목으로 요약될 수 있는, 「요한복음」에서 묘사되고 있는

---

28) 전경연 외, 『신약성서신학』(대한기독교서회, 1963), pp. 279~280.
29) 앞의 책, p. 242.
30) 앞의 책, p. 241.
31) 서중석, 『복음서해석』(대한기독교서회, 1991), pp. 258~259.

예수의 특징적인 면모는, 『사반의 십자가』 속에 한 작중인물로 등장하는 예수의 모습에서도 고스란히 나타난다. 김동리는 『사반의 십자가』 속에서 예수를 그려 나갈 때 이 네 가지 항목을 빠짐없이 살리되, 그 중에서도 특히 네번째 항목을 더욱 극단화시키는 방법을 채택한 것으로 보인다. 그 극단화의 구체적인 양상이 바로 <사람과 사람이 더불어 맺으면 사람과 함께 멸망할 것이요, 사람과 땅이 더불어 맺으면 땅과 함께 또한 허망할 것이니라. 진실로 내 그대에게 이르노니 사람의 귀중한 생명이 오직 하늘에 맺음으로써 하나님 아버지의 끝없음을 누릴지니라>라는 대사 속에, 그리고 또 다음과 같은 대사 속에 전형적으로 구현되어 있는, 철저한 <하늘나라> 절대주의자, 철저한 <땅의 나라> 경멸자로서의 예수였던 셈이다.

「땅 위에 있는 모든 나라의 권세가 다 지나갈지라도 내 아버지의 나라는 다함이 없을지니, 그대는 하늘에 계신 아버지를 위하여 이스라엘을 걱정하지 말지니라.」[32]

지금까지, 『사반의 십자가』 속에서 예수 그 사람이 과연 어떤 인물로 그려지고 있는가 하는 문제와 관련하여 약간의 고찰을 시도해 보았거니와,[33] 이제는 이 글의 본래 목적으로 돌아가, 예수의 부활이라는 사건이 이 작품 속에서는 과연 어떻게 다루어지고 있는가를 보기로 한다.

앞서 이 글의 서론을 전개하는 자리에서 이미 언급되었던 바와 마찬가지로, 김동리는 『사반의 십자가』의 본문 속에서 예수의 부활을 직접 구체적인 사건의 전개를 통하여 본격적으로 다루고 있으며, 더 나아가, 부활의 문제에 대한 자기나름의 해석이 어떤 것인지도 분명하게 드러내어 밝히고 있다. 말하자면 그는 여기서 예수의 부활이라는 <최대의 수수께끼>와 <정면 대

---

32) 김동리, 앞의 작품, p. 81.
33) 김동리가 『사반의 십자가』 속에서 예수를 형상화해 간 방식의 의미나 배경에 대한 종합적 이해 및 평가를 위해서는 이 작품을 대상으로 해서 내가 기왕에 쓴 바 있는 세 편의 글을 참조하기 바란다.

결>을 벌이고 있는 것이다. 그러면 『사반의 십자가』 속에서 김동리가 그러한 작업을 수행하고 있는 현장은 구체적으로 어떤 언어에 의해 채워져 있는가? 관련되는 대목을 인용해 보기로 한다. 인용문이 조금 길지만, 논의를 위해 필요하므로, 관련되는 대목을 전부 인용한다.

예수의 시체가 두 사람의 의인에 의하여 다스려진 것은 기록에 있는 바와 같다. 두 사람의 의인이란 아리마대 마을의 요셉과, 바리새인 니고데모다. 그들은 모두 공회(산히드린)의 의원일 뿐 아니라, 전자는 부유한 신사요, 후자는 경건한 학자였던 것이다(사실상 그들과 같이 지위도 있고 유력한 사람이 아니고서는 그 판에 나와 비칠 수도 없었던 것이다). 처음 요셉이 빌라도에게 가서 예수의 시체를 자기가 장사지내도록 내어 달라고 빌었던 것이다. 거기서 빌라도는 사형 집행을 맡겼던 백부장에게서 예수의 죽음을 확인한 뒤 그것을 허락하였다. 그리하여 그가 골고다로 가서 시체를 운반하려 했을 때는, 니고데모도 다량의 몰약과 침향을 가지고 그곳에 나타났다. 두 사람은 그들의 <장례법대로 그 향품과 세마포(細麻布)>로 시체를 싸서 그 근처의 <아직 사람을 장사한 일이 없는 새 무덤>에 넣고 굵은 돌로 막아 두었다. 그건 물론 가장(假葬)이었다. 그날(금요일) 저녁부터 예비일이라 하여 안식일에 준하기 때문에 더 일을 계속할 수 없었던 것이다. 그리하여 안식일을 지내고 다음 월요일(니산달 열엿새)에 정식으로 장례를 지내려 했던 것이다.
그런데 다음다음날인 일요일 새벽에 여자들(막달라 마리아와, 야고보의 어머니 되는 마리아와 요한과 야곱의 어머니요, 또 예수의 이모이던 살로메)이 가서 보니 무덤의 문을 막아 두었던 큰 돌이 굴러나와 있고, 시체는 간 곳이 없었다. 이것을 본 <여자들>이 일변 놀라며 일변 신기하게 생각하여 곧 가서 예수의 제자들에게 알리자 요한과 베드로가 먼저 뛰어와 보니 과연 그녀들의 말과 같았다. 베드로는 무덤 속에까지 들어가 보았지만 역시 시체는 없고 시체를 쌌던 <세마포가 놓였고, 또 머리를 쌌던 수건은 세마포와 함께 놓이지 않고 딴 곳에 개켜져 있더라>는 것이다. 아무리 찾아도 그의 시체는 간 곳이 없었다. 그러고 보면 그것은 그가 평소에 예언한 바와 같이 부활을 했기 때문인지도 몰랐다.

이것을 처음 그렇게 믿기 시작한 것은 앞에 나온 세 사람의 여자와 베드로와 요한들이다. 그들뿐 아니라 다른 사람들도 믿을 만한 일이다. 그는 사실상 오늘에도 살아 있지 않는가.

그러나 아무리 그의 부활을 믿는 사람일지라도 그 무덤에서 돌을 밀치고 나간 예수의 육신이 그대로 하늘나라로 올라간 것이라고 생각한다면 그것은 너무나 완고한 시(詩)다. 만약 문제가 어디까지나 그의 시체의 행방에 있는 것이라면, 처음부터 자진하여 그것을 인수하러 나타났던 아리마대 요셉이, 그만한 사랑과 용기와 정의의 사람이 왜 그의 부활을 그의 제자들과 더불어 맞이하지 못했던가 하는 사실과 아울러 생각할 필요도 있을 것이다.34)

『사반의 십자가』 속에서 김동리가 예수의 부활이라는 <최대의 수수께끼>와 <정면 대결>을 벌인 바로 그 장면에 해당하는 위의 대목을 읽어 보면, 이 대목에 이르러서도 그는 『사반의 십자가』의 다른 많은 대목들에서와 마찬가지로 네 편의 복음서들 중 「요한복음」에 결정적으로 의존하고 있다는 사실을 곧 알아챌 수 있다. 위에 제시된 소설 본문 중 작가 자신이 < > 표시를 해서 인용구임을 밝혀 놓은 부분들만 보아도 그러하다. 이 부분들은 모두 「요한복음」에서 가져 온 것이며, 그 중에서도 특히 <장례법대로 그 향품과 세마포(細麻布)> 운운한 부분과 <세마포가 놓였고, 또 머리를 쌌던 수건은 세마포와 함께 놓이지 않고 딴 곳에 개켜져 있더라> 운운한 부분은 다른 복음서에는 없고 오로지 「요한복음」에만 보이는 것들이다. 이 밖에도, 예수의 시신을 수습하기 위해 나타난 인물로 아리마대 요셉 이외에 니고데모가 또 있었다는 진술 역시, 오로지 「요한복음」에만 보이는 진술이다. 그런가 하면, 예수의 시신이 사라진 것을 발견한 여인들이 예수의 제자들에게 그 사실을 알려 주자 요한과 베드로가 맨 먼저 뛰어 왔고 그 중 베드로기 무덤 속에까지 들어가 보았다는 서술도, 다른 복음서에는 전혀 없으며 오로지 「요한복음」에만 들어 있는 것이다.

---

34) 김동리, 앞의 작품, pp. 282~283.

이처럼 김동리는 예수의 부활 사건을 소설 속에 끌어들이는 마당에서 「요한복음」에 결정적으로 의존하는 태도를 취하였으나, 단 한 가지 점에서만은 「요한복음」의 기록을 버리고 「마가복음」의 기록을 선택하였다. 「요한복음」 20장에는 예수의 무덤이 비었다는 사실을 최초로 발견한 사람이 막달라 마리아 단 한 명이었다고 기록되어 있는 반면 「마가복음」 16장에는 그 주인공이 막달라 마리아, 다른 마리아, 살로메 등 세 명의 여인이었다고 기록되어 있는데, 김동리는 『사반의 십자가』에서 이 문제를 다룰 때 그 두 가지 기록 중 전자쪽을 버리고 후자쪽을 따른 것이다.35) 이것은 충분히 이해가 가는 조치이다. 『사반의 십자가』가 한 편의 소설로서 그 내용을 전개시켜 나감에 있어 독자들에게 가능한 한 자연스러운 인상을 전달해 주어야 한다는 요청에 비추어 볼 때, 예수의 무덤이 비었다는 사실을 최초로 발견한 사람이 막달라 마리아 단 한 사람이었다고 하는 「요한복음」의 기록을 따르는 것보다는, 그 발견의 현장에 막달라 마리아 외에도 두 사람의 여인이 더 있었다고 하는 「마가복음」의 기록을 따르는 편이 더 바람직한 것으로 판단된다는 사실은 재언이 필요 없는 사항이기 때문이다. 이러한 사정은, 김동리가 『사반의 십자가』를 쓰면서 만들어낸 허구의 공간 속에서 바로 그 막달라 마리아가 다름아닌 여주인공의 자리를 차지하고 있다는 사실까지를 감안해 보면, 더더욱 명백한 것이 된다.
　그런데, 이처럼 예수의 무덤이 비었다는 사실을 최초로 발견한 여인(들)이 몇 명이었는가라는 점 한 가지에서만 「마가복음」을 따랐을 뿐 그 점을 제외한

---

35) 예수의 무덤이 비었다는 사실을 최초로 발견한 사람(들)이 여성이라는 점에 대해서는 네 복음서의 기록이 모두 일치한다. 하지만 그 여성이 과연 몇 명이었는가에 대해서는 네 복음서가 전부 상이한 진술을 하고 있다. 「마태복음」 28장에는 막달라 마리아와 다른 마리아 등 두 명이 최초의 발견자였다고 기록되어 있다. 반면 「누가복음」 24장 10절을 보면 최소한 네 명 이상이 최초의 발견자였다고 기록되어 있다. 「누가복음」 기자는 거기서 막달라 마리아, 요안나, 야고보의 어머니 마리아 등 세 명의 이름을 든 후 이들 이외에 <다른 여인들>도 또 있었다고 적고 있는 것이다.

다른 측면에서는 충실하게「요한복음」에 의존하면서 예수 부활의 사건을 다루어 오던 김동리는, 정작 그처럼 무덤을 비워 놓고 사라진 예수가 그렇다면 실제로는 도대체 어떻게 된 것이냐라는 물음—바로 <부활> 문제의 핵심을 이루는 물음—앞에서는,「요한복음」의 기록과 단호하게 결별한다.

두루 아는 바와 같이,「요한복음」은 위의 물음에 대하여 <예수는 육신을 고스란히 가진 존재로 부활하였으며, 여러 제자들 앞에 그 모습을 보여주었고 감동적인 대화까지 나누었다>는 답변을 제시하고 있다. 아니, 단지 그러한 답변을 <제시하는> 정도가 아니라, 심혈을 기울여 그것을 <강조>한다는 인상까지 주고 있다. 이 점에서「요한복음」은「누가복음」과 일치한다. 그러나「요한복음」은 부활한 예수가 나중에 하늘로 올라갔다고 하는 기록을 담고 있지 않다는 점에서는「누가복음」과 구별된다.「누가복음」은—그리고「누가복음」의 필자와 동일한 인물에 의하여 씌어진 것으로 추정되는「사도행전」도—<예수는 육신을 고스란히 가진 존재로 부활하였으며, 여러 제자들 앞에 그 모습을 보여주었고 감동적인 대화까지 나누었다>는 답변을 제시하는 것으로 그치지 않고 거기에서 또다시 한 걸음을 더 나아가, 부활한 예수가 하늘로 올라갔다는 기록까지를 덧붙이고 있는데,36)「요한복음」은 미처 거기까지 나아가지는 않고 있는 것이다.

그런데 김동리는『사반의 십자가』속에서 예수의 부활이라는 <최대의 수수께끼>와 <정면 대결>을 감행할 때, 예수 부활의 사건에서 핵심을 이루는 것으로「요한복음」이—그리고「누가복음」과「사도행전」도—특별한 강조점을 두어서 주장하고 있는 예수의 <그 제자들과의 만남>이라는 것을 아예 언급도 하지 않고 완전히 무시해 버린다.37) 이처럼 그것을 철저하게 무시하

---

36) 예수가 하늘로 올라갔다는 기록은「마가복음」16장 19절에도 나온다. 그러나 다수의 학자들에 의하면「마가복음」의 진정한 텍스트는 16장 8절에서 끝나는 것으로 판단된다고 한다. 김득중,『마가복음의 부활신학』, p. 43 참조
37) 부활한 예수와 그 제자들 사이의 만남에 대한 기록은「마태복음」에도 나오지만 그 내용은 비교적 소략하다. 그런가 하면「마가복음」은—다수의 학자들이 주장하는 대로「마가복음」의 진정한 텍스트가 16장 8절에서 끝나는 것으로 본다면

는 태도는, 따지고 보면, 그것을 사실로 인정할 수 없다는 확고한 단정을 보여준 것에 다름아니다. 그런가 하면 김동리는, 「누가복음」과 「사도행전」에서 이야기되고 있는 예수의 <승천>에 대해서는, 작품외적 서술자를 소설의 전면에 등장시킨다는 파격적인 방법까지 동원해 가면서 강경한 부정의 발언을 제시하는 데 주저하지 않는 모습을 보여준다. 그리고 보면 김동리가 『사반의 십자가』 속에서 예수의 부활이라는 <최대의 수수께끼>에 대하여 자기나름의 결론으로 제시하고 있는 것은 결국 복음서의 기록을 부정할 수밖에 없다는 주장으로 요약되는 셈이다. 바로 이러한 주장이야말로, 『사반의 십자가』 속에서 김동리가 분명하게 드러내어 밝히고 있는, <김동리나름의 해석>의 요체에 해당한다.

그런데 김동리는 예수 부활의 사건에 대한 자기나름의 해석을 위와 같은 형태로 밝히면서, 단, 예수의 시신이 무덤에서 사라졌다는 것만은 사실로 인정한다. 그리고 그 시신이 어디로, 왜 사라졌는지에 대해서는 도무지 알 수 없다고 말함으로써, 어떤 신비의 여백을 남겨 놓는다. 그런가 하면, 이러한 신비의 여백에다, <그리고 보면 그것은 그가 평소에 예언한 바와 같이 부활을 했기 때문인지도 몰랐다>라는 모호한 말을 새삼스럽게 적어 넣음으로써, <확고한 단정> 혹은 <주저하지 않는 모습>이라는 말로 표현될 수 있는 저 자신만만한 표정의 다른 한편에서는 그도 어쩔 수 없이 <곤혹감에 사로잡힌 사람의 표정>을 내보일 수밖에 없다는 사실을 고백한다.

그렇다면, <그리고 보면 그것은 그가 평소에 예언한 바와 같이 부활을 했기 때문인지도 몰랐다>라는 말에 뒤이어서 등장하는, <그는 사실상 오늘에도 살아 있지 않는가>라는 말은, 바로 그 <곤혹감>이라는 것이 한 단계 더 강화된 결과 나온 것으로 해석되어야 할까? 다시 말해, 그가 <그리고 보면 그것은 그가 평소에 예언한 바와 같이 부활을 했기 때문인지도 몰랐다>

─그러한 만남에 대한 기록을 담고 있지 않으며 단지 예수의 무덤이 비었다는 사실을 세 명의 여인들이 발견하고 놀라는 장면으로 끝나고 있다는 점에서 매우 독특한 양상을 나타내고 있다.

라는 말을 내놓음으로써 <복음서의 기록을 부정할 수밖에 없다>는 단정으로부터 한 걸음 후퇴한 모습을 보여주었던 데에서 다시 한 걸음을 더 후퇴한 결과, 이제는 아예 <복음서 기록 부정론>과 <복음서 기록 긍정론> 사이의 중간 지점 정도에 해당하는 자리까지 이동해 온 증거로 해석되어야 할까?

그렇지는 않은 듯하다. <그는 사실상 오늘에도 살아 있지 않는가>라는 말의 참뜻을 그 전후 맥락과 연관시켜 가며 곰곰이 생각해 보면 그것은 요컨대 <그의 정신과 교훈은 오늘날에도 생생한 힘을 지니고 있다>는 것이 될 수밖에 없는데, 사실인즉 그런 이야기는 공자나 소크라테스를 비롯한 수많은 사람들에게도 그대로 적용될 수 있는 것에 불과하다. 그러니만큼, 위와 같은 말이 소설 속에 나온다는 사실을 근거로 해서, 김동리가 <복음서 기록 부정론>에서 두 걸음이나 후퇴하였다고 단정하는 것은 지나친 처사가 아닐 수 없다.

지금까지 해 온 이야기를 종합해 보면, 결국, 『사반의 십자가』에서 김동리가 보여준 태도는, 근본적으로는 어디까지나 <복음서 기록 부정론>의 자리에 서는 것이로되, 그렇다고 해서 <곤혹감에 사로잡힌 사람의 표정>을 완전히 지우지는 못하는, 그런 것이라고 말할 수 있다. 이러한 그의 태도는, <세상에 무엇이 쉬우냐? 쉽다고 단정하느냐?>라는 저 김춘수의 탄식으로부터 어느 정도는 벗어났다고 할 수 있지만, 그렇다고 해서 완전한 <해방>까지를 성취하지는 못한 경우라고 할 만하다. 이처럼 <상당한 수준의 해방>은 획득했지만 <완전한 해방>까지는 성취하지 못한 단계에 머물러 있기에, 『사반의 십자가』에서 김동리가 보여준 태도는, 한편으로는 모호하고 불투명한 면모를 보여준다는 비판을 감수할 수밖에 없는 것이면서, 다른 한편으로는 다분히 인간적인 매력을—그리고 문학적인 매력을—발휘하는 것이기도 하다는 양면성을 지니고 있다.

3—2. 개작본 『사반의 십자가』와 예수 부활의 사건

1958년에 처음 『사반의 십자가』를 단행본으로 출간하였던 김동리는, 그로부터 24년이 지난 1982년에 이르러, 이 작품을 완전히 개작하여 다시 세상에 내놓는다. 『사반의 십자가』를 개작함에 있어서 김동리는 세부적인 단어 선택이나 문장 표현의 차원에서부터 기본적인 줄거리의 차원에 이르기까지 철저한 손질을 가하는 부지런함을 보여준다. 그 결과, 『사반의 십자가』라는 작품 전체의 성격에 상당한 변모가 초래된다. 그런데, 김동리가 이처럼 전면적인 개작을 단행한 결과 상당한 변모를 보여주게 된 『사반의 십자가』속에서도 그 변모의 강도가 가장 크게 나타난 부분이, 바로 다름아닌 예수의 부활과 관련된 부분이다.

사실 김동리는 원작본 『사반의 십자가』를 내놓은 지 얼마가 지나지도 아니한 시점에서 이미 예수의 부활에 대하여 그나름의 새로운 조명을 가한 한 편의 단편소설을 쓴 일이 있다. 1962년에 발표된 「부활」이 바로 그 단편소설이다. 그로부터 다시 20년이 더 지난 후, 김동리는 『사반의 십자가』에 대한 대대적인 개작을 행하면서, 1962년의 단편 「부활」에서 제시해 보였던 착상을 되살린다. 그리고 다시 거기에서 한 걸음을 더 나아가, 「부활」의 내용에 이어지는 그 뒷이야기까지를 새로 만들어낸다. 『사반의 십자가』의 원작본과 개작본 사이에서 발견되는, 예수의 부활과 관련된 부분의 커다란 변모는, 이런 과정을 거치면서 모습을 나타내게 된 것이다.

이처럼 특히 예수의 부활과 관련된 부분을 가장 심하게 바꾸어 버리는 가운데서 다각도로 수행된 『사반의 십자가』의 개작 작업에 대하여 나는 진작 한 차례 본격적인 고찰을 행한 바가 있다. 내가 기왕에 『사반의 십자가』를 대상으로 해서 썼던 세 편의 글 중 두번째의 것에 해당하는 「세속적 합리주의로의 길」이 바로 그 고찰의 성과를 담고 있는 논문이다. 이 논문에서 나는 『사반의 십자가』의 원작본과 개작본을 상세하게 비교하는 가운데, 이 두 개의 텍스트 사이에서 발견되는, 예수의 부활과 관련된 부분의 변모 양상에 대해서도 물론 자세한 논의를 시도하였다.

내가 이 논문을 쓴 이후 지금까지 짧지 않은 시간이 흐른 셈이거니와, 그러한 세월의 길이를 반영이라도 하듯, 『사반의 십자가』속에서 김동리가 행한, 예수의 부활과 관련된 부분의 개작에 대한 지금의 내 평가는, 「세속적 합리주의로의 길」에서 내가 내렸던 평가와는 아주 다른 것이 되어 있다. 간단히 말하자면, 「세속적 합리주의로의 길」에서 나는 『사반의 십자가』속에서 김동리가 행한, 예수의 부활과 관련된 부분의 개작에 대하여 다분히 긍정적인 평가를 내린 바 있으나, 지금의 나는 그 반대로 생각한다. 즉, 김동리가 바로 이 부분에서 행한 대대적인 개작으로 말미암아 『사반의 십자가』는 얻은 것보다 잃은 것이 더 많게 되었다고 생각한다.

그러나, 이처럼 개작에 대한 <평가>에 있어서는 「세속적 합리주의로의 길」을 쓰던 당시의 나와 지금의 나 사이에 상당히 커다란 입장 변화가 일어난 셈이지만, 개작의 실상에 대한 <분석>에 있어서는 「세속적 합리주의로의 길」에서 내가 말했던 내용들이 지금도 (그리고 물론 앞으로도) 그대로 다 유효하다는 게 지금 나의 생각이다. 그러니만큼, 지금 이 자리에서 새삼 그 개작의 실상에 대한 <분석>을 다시 반복할 의사는 나에게 없다. 다만 약간의 보충적인 언급을 해 둘 필요는 있을 것이다.

<약간의 보충적 언급>이라는 말이 나온 김에, 여기서 잠깐, 예수의 부활과 관련된 부분에만 시야를 한정시키지 않고 전체적인 차원에서 『사반의 십자가』의 개작을 살펴볼 때 특별히 눈에 띄는 현상인데도 「세속적 합리주의로의 길」속에서 미처 언급될 기회를 얻지 못하였던 사항 한 가지를 지적하고 지나가기로 하자. 그것은 원작본 『사반의 십자가』에서 예수의 행적과 관련되는 부분의 줄거리를 전개할 때 「요한복음」에 결정적으로 의지하는 모습을 보여주었던 김동리가, 개작본에 와서는 특정의 복음서에 의지하는 태도를 버리고, 자신의 의도에 맞추어 예수의 행적을 자유롭게 편집하는 태도로의

일대 전환을 이룩하였다는 사실이다.

예를 들어 말하자면, 김동리는 개작본을 쓰면서 원작본에 있던 <예수가 예루살렘의 성전에서 상인들을 꾸짖은 이야기>, <예수와 니고데모가 문답한 이야기>, <예수와 사마리아 여인이 대화한 이야기> 등을 전부 삭제해 버리고, 그 자리에다 <예수가 야이로의 딸을 소생시킨 이야기>를 대신 집어넣었는데, 이것은 바로 김동리가 개작본에서는 원작본에서와 달리「요한복음」으로부터의 독립을 성취하고자 한 결과 이외에 다른 것이 아니다. <예수가 예루살렘의 성전에서 상인들을 꾸짖은 이야기>는 공관복음서들에서는 모두 예수의 공적 생애 중 거의 마지막이 다 되어 가는 부분에 배치되어 있는 반면 유독「요한복음」에서만 그 앞부분에 배치됨으로써 뚜렷한 대조를 이루고 있는 것인데,[38] 원작본『사반의 십자가』에서 김동리는 그 이야기를 예수가 등장하는 거의 맨 첫 부분에 놓음으로써「요한복음」의 입장을 충실히 따르는 태도를 보여주었으나, 개작본에서는 그 이야기 자체를 아예 다 빼버리고 있다. 그런가 하면 <예수와 니고데모가 문답한 이야기> 및 <예수와 사마리아 여인이 대화한 이야기>는 모두 공관복음서들에는 없고 오로지「요한복음」에만—역시 그 앞부분에—나오는 것인데, 김동리는 원작본『사반의 십자가』의 앞부분에서 이 이야기들도 충실하게 받아 적는 태도를 취하였던 것이, 개작본에 이르러서는 이 이야기들을 아예 다 무시해 버리는 태도로 돌변한 것이다. 반면 <예수가 야이로의 딸을 소생시킨 이야기>는「요한복음」에는 없고 오로지 공관복음서들에만 나오는 것인데도 김동리는 개작본『사반의 십자가』에서 바로 이 이야기를 작품의 앞부분에 도입하고 있다. 이런 식으로 그는 <「요한복음」으로부터의 독립>을 성취하고 있는 것이다.

그렇다면 그는「요한복음」대신 공관복음서들을 새로운 의지처로 선택한 것인가? 그렇지도 않다. 그 증거로, 공관복음서들에는 없고 오로지「요한복

---

[38] 참고로 밝혀 두면「마태복음」은 21장에서,「마가복음」은 11장에서,「누가복음」은 19장에서, 그리고「요한복음」은 2장에서 이 이야기를 다루고 있다.

음」에만 있는 갈릴리 가나의 혼례식 이야기를 그는 개작본 『사반의 십자가』 속에 여전히 그대로 남겨 두고 있다. 또 <예수가 야이로의 딸을 소생시킨 이야기>의 경우를 보더라도, 공관복음서들 속에서 그 이야기에 배정되어 있는 위치는 반드시 앞쪽이 아닌데,39) 김동리는 개작본 『사반의 십자가』에서 바로 이 이야기를 작품의 앞부분에 도입함으로써, 사건 전개의 순서를 정함에 있어 어떤 특정의 복음서에도 의지하지 않고 작가 스스로의 의도에 따라 자유로운 결정을 행하고자 하는 뜻을 뚜렷이 드러내고 있다.

　이 경우, 김동리 자신의 <의도>란, 구체적으로 말하자면, 예수의 다양한 행적 가운데 특별히 이적(異蹟)의 측면을 집중적으로 부각시키고자 하는 의도이다. 이러한 의도에 따라서 그는 <예수와 니고데모가 문답한 이야기>나 <예수와 사마리아 여인이 대화한 이야기>를 다 빼 버린 것이고, <예수가 갈릴리 가나의 혼례식에서 물을 포도주로 바꾼 이야기>는 그대로 남겨둔 것이며, 공관복음서에 기록되어 있는 수많은 이야기들 가운데서 <예수가 야이로의 딸을 소생시킨 이야기>를 새로이 선택하여 작품의 앞부분에다 집어넣은 것이다. 이러한 방향으로 변모한 김동리의 태도에서 우리는 그가 『사반의 십자가』를 처음으로 쓰던 당시와는 달리 개작을 행하는 단계에 와서는 예수와 관련된 부분의 작품 내용을 구성함에 있어서 자못 강한 자신감을 획득하게 되었음을 간파할 수 있다.

　그러나, 이처럼 개작본에 이르러 김동리는 예수와 관련된 부분의 작품 내용을 구성함에 있어서 <「요한복음」으로부터의 독립>을 이룩하는 모습을 보여준 것이 사실이지만, 앞에서 내가 네 가지 항목으로 정리한 바 있는, 심층적인 차원에서 확인되는 「요한복음」과 『사반의 십자가』 사이의 친연성은, 원작본에서나 개작본에서나 아무런 차이가 없다.

　전체적인 차원에서 『사반의 십자가』의 개작을 살펴볼 때 특별히 눈에

---

39) 「마태복음」은 9장에서, 「마가복음」은 5장에서, 「누가복음」은 8장에서 각각 이 이야기를 다루고 있다.

띠는 현상에 대한 언급은 이 정도로 하고, 이제부터는 다시 예수의 부활과 관련된 부분에로 시선을 집중시키면서 논의를 진행하기로 하자. 그런데 바로 이 부분에서『사반의 십자가』의 개작이 어떻게 이루어졌는가를 정확하게 파악하기 위해서는, 앞서 원작본『사반의 십자가』에서 이 부분에 해당되는 대목을 전부 인용했던 것과 마찬가지로, 개작본『사반의 십자가』에서도 이 부분에 해당되는 대목을 전부 인용하는 것이 바람직하다. 하지만 개작본의 경우에는 그렇게 하는 것이 사실상 불가능하다. 이 부분에 해당되는 대목이 원작본의 경우와는 비교도 되지 않을 만큼 길기 때문이다. 그래서 차선책으로, 내가「세속적 합리주의로의 길」속에서 논의 전개의 편의를 위해 만들어 보았던 개요를 이 자리에 한번 더 옮겨서 제시해 보기로 한다.

 아리마대의 요셉은 점성술사였던 자기 숙부가 죽은 지 이틀 뒤에 소생하여 3년이나 더 살다 간 것을 목격한 경험의 소유자로, 예수에게도 그런 식의 소생이 가능하리라는 생각을 갖고 있던 중, 예수를 매장한 다음날 밤 꿈에 예수를 보고서 더욱 그런 확신이 들어, 하인 둘을 대동하고 무덤에 가 보았더니, 파수 보는 병사들은 잠들어 있고, 무덤 속에는 과연 예수가 일어나 앉아 있었다. 요셉은 예수를 자기 집으로 모셔 온다. 성서에 기록된, 여인들이 예수의 무덤에 찾아갔다가 빈 무덤만을 발견한 사건은 바로 이처럼 예수가 요셉의 집에서 쉬고 있을 때 일어난 일이었다. 여인들은 이 일로 예수의 부활을 확신하게 되고 그 확신은 베드로라든가 요한과 같은 사람들에게도 전파되었는데, 사반의 핵심참모 중 한 사람이면서 예수의 제자이기도 했던 도마는 좀처럼 그러한 확신을 공유하지 못했으나, 며칠 후 예수가 직접 그의 눈앞에 나타나자 더 이상 예수의 소생을 의심할 수 없었다. 그는 예수를 <다볼산의 아무도 없고 아무도 모르는 그들(사반의 혈맹단—인용자)의 본부였던 동굴>로 모실까 하는 생각을 가지며, 도마의 동지인 글로바는 한술 더 떠 예수를 혈맹단의 새로운 지도자로 추대하고 사반의 아내였던 실바아와 그를 결혼시킬 생각까지 하나, 예수는 다시 그들 앞에 나타나지 않고 만다.[40]

---

40) 이동하,『우리 소설과 구도정신』, p. 251.

위의 개요를 보면, 김동리는 『사반의 십자가』를 대대적으로 개작하면서, 예수의 부활이라는 <최대의 수수께끼>와 관련해서는, 다음과 같은 두 가지 원칙에 입각하여 자신의 작업을 진행하였다는 사실을 알 수 있다.

(1) <예수의 부활에 관한 복음서의 기록을 부정할 수밖에 없다>고 한 원작본에서의 결론 자체는 변함없이 그대로 유지한다.

(2) 작가로서의 상상력을 적극적으로 발휘하여, 예수가 무덤에서 사라진 다고 하는 기이한 사건이 일어나게 된 경위와, 그렇게 사라진 예수의 그 후 행적에 대한 이야기를 (다만 얼마만큼이라도) 꾸며 낸다.

위의 두 가지 원칙 중, 이 자리에서 특별한 관심의 대상이 되어야 할 것은, 말할 나위도 없이 (2)의 원칙이다.

김동리는 (2)의 원칙에 입각하여 <아리마대의 요셉에 의한 예수의 구출>에서부터 <예수의 최종적인 은둔>에까지 이르는 일련의 이야기를 그럴 듯하게 꾸며 낸다. 이 일련의 이야기 중에서 아리마대의 요셉이 예수를 구출하여 자기 집으로 모셔 온다는 데까지는 1962년에 발표된 단편 「부활」에서 이미 이야기되었던 바를 그대로 다시 끌어 온 것이요, 도마니 글로바니 하는 인물들과 연관되면서 이어지는 그 후의 사건 전개는 개작본 『사반의 십자가』에서 처음으로 선보인 것이어니와, 아무튼, 이러한 방법에 의거하여 김동리는 예수의 부활이라는 <최대의 수수께끼>를 합리적인 상식의 범위 안에서 얼마든지 설명될 수 있는 사건으로 바꾸어 놓는다. 그렇게 함으로써 그는 원작본 『사반의 십자가』에 엄연히 존재하고 있었던 <어떤 신비의 여백>을 없애 버린다.

물론, 개작본 『사반의 십자가』에서 아리마대 요셉의 안내로 무덤을 **빠져** 나온 후 그의 집으로 간 예수의 그 후 행적이 다음과 같은 방식으로 처리되어 있는 것을 보면, 이 작품에도 역시 <어떤 신비의 여백>이 남아 있는 것이 아니냐라는 반문을 제기할 수도 있을 법하다.

요셉의 집에 당도한 예수는 거기서 얼마 동안 어떻게 지냈는가. 또 어떠한 말을 요셉에게 일러 주었던가. 그리고 거기서 어디로 갔으며, 어디서 언제까지 누구와 더불어 어떤 일을 하고 어떤 말을 했는가. 그것은 영원한 수수께끼로 덮어 두자.41)

하지만, 내가 생각하기에, 이런 정도를 가지고서는 진정한 의미에서의 <신비의 여백>을 운위할 수 없다고 여겨진다. 정말로 초월적인 신의 기적으로밖에는 설명할 수 없는 수준의 부활을 성취한 것이냐 아니냐라는 절대절명의 물음이 일개 점성술사의 소생과 예수의 부활을 동일한 차원에 놓는 <특이 체질> 운운의 논리에 의하여 해소되어 버린 마당에서라면, 더 이상 어떤 <신비의 여백>도 남지 않는 것이다. 그런 <특이 체질> 덕분에 소생한 예수가 그 후에 어디로 가서 누구와 함께 살다가 죽었느냐 하는 물음 같은 것은 <신비의 여백>이 아닌 다른 차원에서 논의되어야 할 문제이다.

이런 식으로 <신비의 여백>이 없어지자, 원작본 『사반의 십자가』의 한쪽 모퉁이에 의연히 남아서 떠돌고 있었던 <곤혹감에 사로잡힌 사람의 표정>도 역시 없어지게 된다. 그 결과, 예수의 부활이라는 <최대의 수수께끼>와 <정면 대결>하는 자리에 나선 김동리의 표정으로는, <확고한 단정> 혹은 <주저하지 않는 모습>이라는 말로 표현될 수 있는 <자신만만한 표정> 한 가지만이 남게 된다.

앞에서 나는 김동리가 개작본 『사반의 십자가』를 쓰면서 예수와 관련된 부분의 작품 내용을 구성함에 있어 원작본의 경우와는 달리 「요한복음」을 포함한 모든 복음서로부터 독립한 면모를 보여주고 있다는 사실을 지적하고, 그러한 사실은 김동리가 개작본을 쓰는 단계에 이르러 <자못 강한 자신감>을 획득하게 되었음을 의미한다고 말한 바 있다. 개작본 『사반의 십자가』 중 예수 부활의 문제를 다루는 대목에서 김동리가 보여주고 있는 <자신만만한

---

41) 김동리, 『사반의 십자가』(개작본, 홍성사, 1982), p. 383.

표정> 일변도의 모습은, 앞서 내가 <「요한복음」을 포함한 모든 복음서로부터 독립한 면모>를 보고서 확인한 바 있는 그의 <자못 강한 자신감>이 그 절정의 단계를 구현한 경우라 할 수 있을 것이다. 여기에 이르러 김동리는, 예수의 부활이라는 <최대의 수수께끼>를 앞에 놓은 자리에서 발해졌던, <세상에 무엇이 쉬우냐? 쉬운 것이 있다고 단정하느냐?>라는 저 김춘수의 탄식으로부터 벗어나는 데 마침내 성공한 것처럼 보인다.

이처럼 그럴 듯한 일련의 이야기를 꾸며냄으로써 예수의 부활이라는 <최대의 수수께끼>를 <합리적인 상식의 범위 안에서 얼마든지 설명될 수 있는 사건>으로 바꾸어 놓고자 하는 시도가 김동리 이전에 전혀 존재하지 않았던 것은 물론 아니다. 꾸며진 이야기의 구체적인 세부는 달랐을지언정, 기본적으로 비슷한 시도는 그 이전에도 얼마든지 있었다.42)

---

42) 서양의 경우를 대상으로 한 콜린 윌슨의 다음과 같은 설명 중 <장미 십자단>에 관한 대목 한 가지만을 보아도 그 점은 금방 확인된다. <역사가 휴 숀필드는 저서 『유월절 축제일의 기도』(1966)에서 다음과 같이 말한다. "예수에게는 필시 죽은 것처럼 보이게 하는 약이 주어졌던 것 같다. 그 후 그는 정상으로 되살아났다." "예수가 십자가에서 내려졌을 때 완전히 죽지는 않았다. 로마인 대장에게 듬뿍 뇌물을 건넨 것이 주효하였다"라는 설 등, 그의 죽음과 부활에 대한 구구한 억측의 진위를 따지기 앞서 커다란 변화를 맞는 종교적 과도기에 있어서 충분히 있음직한 의도적 가설임을 생각해 볼 수 있다. 1982년에 출판되어 커다란 화제가 된 책이 있다. 헨리 링컨과 마이클 베이전트, 리처드 레이의 공저 『성혈(聖血)과 성배(聖杯)』이다. 이 책에서 링컨도 약(藥)의 설을 시사한다. 그는 한 걸음 더 나아가서, 장미 십자단(1484년 독일에서 Christian Rosenkreuz가 창설한 비밀결사단. 연금술을 행하였다고 함―역주)의 두문불출의 전승을 소개한다. "그 후 예수는 결혼하여 막달라 마리아와 함께 유대 땅을 떠나 남은 인생을 갈리아 지방에서 보냈다. 이 땅에서 그의 자손이 태어나 메로빙거 왕조를 열었다"고 하는 전승이다>(콜린 윌슨, 『잔혹』, 1(황종호 역, 하서, 1991), p. 104). 그리고 다음의 예를 들 수도 있다. <19세기 말경 독일에서, 1907년에는 영국에서 모습을 드러낸 『한 목격자가 본 십자가형(The Crucifixion by an Eye—Witness)』이라는 영향력을 빌휘했던 또다른 저작은 엣세네 필사사에 의해 쓰여신 신싸 고대 텍스트인 것으로 주장되었다. 이 책에서 예수는 마리아와 익명의 한 엣세네 교사 사이에 태어난 아들로 묘사되었다. 그 엣세네 교사는 자신의 축적된 의학 지식으로 예수를 십자가형에서 바로 살아나지 않게 한 다음, 그 후에 '죽은 자 가운데서 살아난' 것처럼 제자들에게 나타나도록 했다는 것이다. 조지 무어는 1916년 그의 『케리스 시내(The Brook Kerith)』를 출판할 때, 이것을 인용하여 영어권 세

그러나, 이처럼 기본적으로 비슷한 발상이 역사적으로 그 전부터 이미 존재해 왔음을 확인할 수 있다고 해서, 김동리가 개작본 『사반의 십자가』에서 시도한 <꾸며 내기>의 작업이 원천적으로 그 의의를 상실하는 것은 아니다. 여기서 관심의 대상이 되어야 할 것은 <유사 이래 이것과 비슷한 착상이 존재한 바 있는가, 없는가?>라는 차원에서 논의될 수 있는 <독창성>의 측면이 아니기 때문이다. 여기서 관심의 대상이 되어야 할 것은 그러한 측면이 아니라, 김동리가 개작본 『사반의 십자가』에서 꾸며 내어 제시한 이야기 자체의 논리적 설득력과 문학적 매력이 과연 얼마만한 것이냐 하는 문제일 따름이다.

앞에서도 이미 언급했던 바와 같이, 오래 전 「세속적 합리주의로의 길」을 썼던 당시의 나는, 이러한 기준에 입각해서 볼 때, 개작본 『사반의 십자가』 쪽을 원작본 『사반의 십자가』 쪽보다 더 높이 평가할 수 있다고 생각했었다. 그 글 속에 들어 있는 다음 대목이 그러한 나의 생각을 나타내 주고 있다.

> 나는 작품의 윤곽이 명료해야 한다는 요청과 시적인 울림 또는 함축미가 풍부해야 한다는 요청을 모두 존중하는 입장이지만, 적어도 실험적인 요소를 강하게 띠지 아니한 장편소설의 경우에 한정해서 볼 때, 굳이 경중을 가리자면 전자가 후자보다 좀더 무거운 비중을 가진다고 믿는 터이며, 그런 점에서, 예수의 수난과 부활을 중심으로 한 부분의 개작은 일단 긍정적으로 평가될 수 있다고 생각한다.[43]

그러나, 역시 앞에서 이미 언급했던 바와 마찬가지로, 지금의 나는 김동리가 이 부분의 개작을 통하여 얻은 것보다 잃어버린 것이 더 많다는 쪽으로 판단을 변경하게 되었다.

계의 기독교 독자들을 경악하게 하였다. 무어는 또한 예수를 십자가 처형에서 생존한 다음, 쿰란 근처에 있는 엣세네 공동체로 은둔하게 된 엣세네 사상의 추종자로 그렸다>(마이클 베이전트·리처드 레이, 『예수의 비밀』(최석용 외 공역, 세기문화사, 1992), pp. 229~230).
43) 이동하, 앞의 책, p. 260.

내가 이처럼 판단을 변경하게 된 것은, <실험적인 요소를 강하게 띠지 아니한 장편소설>의 경우에조차도 <작품의 윤곽이 명료해야 한다는 요청>보다 <시적인 울림 또는 함축미가 풍부해야 한다는 요청>에 더 큰 무게를 부여해야 마땅하다는 쪽으로 나의 생각이 달라졌기 때문인가? 그렇지는 않다. 이 문제에 관하여 지금의 내가 가지고 있는 생각은, 위의 두 가지 요청 중 어느 편에 더 큰 무게를 인정하느냐 하는 것은, <실험적인 요소를 강하게 띠지 아니한 장편소설>의 경우이거나 그 밖의 경우이거나를 막론하고 일률적으로 결정될 수 없으며, 개별 작품의 구체적인 양상을 면밀하게 살펴보는 가운데에서 그때그때 판단되어야 한다는 것이다.

그런데, 개작본 『사반의 십자가』의 경우를 보면, 위의 두 가지 요청 가운데 어느 편에 더 큰 무게를 인정하느냐 하는 물음을 놓고 고심하기 이전에, 매우 강하게 시선을 끄는 문제점이 두 가지나 발견된다. 그 두 가지 문제점은 모두 원작본 『사반의 십자가』에서는 발견되지 않는 것들—달리 말해, 김동리가 개작을 행했기 때문에 비로소 발생하게 된 것들—이다. 항목화해서 논의해 보기로 한다.

(1) 개작본 『사반의 십자가』에서 김동리가 꾸며 낸 이야기에 따르면, 십자가에 못박힌 뒤 소생한 예수는 아리마대 요셉의 집에서 며칠을 묵은 후 도마에게 모습을 보이고는 어디론가 떠났으며, 그 후의 행적은 도마를 포함한 제자들 중의 어느 누구도 알 수 없게 되었다고 한다. 달리 말하자면, 예수는 도마를 포함한 제자들 중의 어느 누구에게도 행적을 알리지 않고 숨어 버렸다는 것이다. 제자들 중의 어느 누구에게도 행적을 알리지 않고 숨어 버렸을 정도이니, 예수는 이 세상 전체로부터 도피하여 잠적한 것이라고 해도 지나친 말이 아닌 셈이다. 예수가 마지막으로 도마를 만났을 때 한 말도 <너는 나를 보고야 믿는가?>, <도마여 믿음 없는 자가 되지 말라[44]> 정도뿐이었는데, 개작본에서 예수의 <소생>은 단순한 <특이 체질>의 덕분 이상도 이하도

---

44) 김동리, 『사반의 십자가』(개작본), p. 386.

아닌 것으로 되어 있음을 감안해 보면, 이 말의 이면에 어떤 깊은 뜻이 간직되어 있다는 인상은 전연 들지 않으며, <이래도 안 믿을래?> 하는 식의 치기 같은 것이 느껴질 따름이다.45)

그런데, 예수로 하여금 이처럼 철저하게 그 제자들과의 관계를 단절하게 만들고, 더 나아가 이 세상 전체로부터의 완전한 <도피—잠적>을 선택하게 만들며, 제자 중의 대표격으로 도마를 마지막 만난 자리에서도 그처럼 치기 어린 발언이나 하는 것으로 그치게 만든 결과, 김동리는 예수라는 인물의 소설적 일관성을 결정적으로 파괴해 버리고 말게 된다.

『사반의 십자가』라는 소설 속에 나오는 예수는 본래 어떤 인물이었던가? 자기나름의 확신에 근거하여 세상 사람들을 구원하고자 하는 열정으로 가득찬 인물이었다. 이 점에서는 원작본과 개작본의 구별이 없다. 그런 예수가 자신의 특이 체질 덕분으로 소생한 이후에 보여주는 행동은, 십자가에 못박히게 되기까지의 긴 과정 전체를 통하여 그가 일관되게 보여주었던 저 <세상 사람들을 구원하고자 하는 열정으로 가득찬 인물>의 면모와 너무나 아득하게 동떨어진 것이어서, 어떤 논리로도 그 양자를 연결할 방법을 찾기 어렵다고 느끼게 할 정도이다.

(2) 개작본『사반의 십자가』에서 예수의 부활이라는 문제와 관련하여 김동리가 행한 수정의 작업은 위에서 말한 것처럼 한 작중인물로서의 예수가 갖추고 있어야 할 성격상의 일관성을 심각하게 파괴하였을 뿐 아니라, 작품

---

45) 물론 개작본『사반의 십자가』중의 이 대목에 나타나는, 예수가 도마를 향하여 한 말 자체는, 복음서에 그 전거를 두고 있는 것이다. 구체적으로 말하자면,「요한복음」21장 27절에 도마를 향하여 <믿지 않는 사람이 되지 말고 믿는 사람이 되라>고 한 예수의 말이 나와 있으며, 같은 장 29절에는 역시 도마를 향하여 <너는 나를 보았기 때문에 믿느냐? 나를 보지 않고도 믿는 사람은 복이 있다>고 한 예수의 말이 나와 있다. 내가 개작본『사반의 십자가』에 나오는, 소생한 예수가 도마를 향해 한 말을 두고서 <치기 같은 것이 느껴질 따름이다>라고 한 것은, 오해를 피하기 위하여 밝혀 두자면, 그 말이 개작본『사반의 십자가』라는 소설의 전후 맥락 속에서 발생시키고 있는 효과를 대상으로 삼고 있는 것이지,「요한복음」에 전거를 두고 있는 그 말 자체를 대상으로 삼고 있는 것이 아니다.

속에서 예수와 관련된 부분 자체의 분위기를 다분히 통속적인 방향으로 끌고 가는 결과까지도 초래한다. 김동리가 새로 꾸며낸 이야기에 따르면, 예수가 소생하였다는 사실을 알게 되자 도마는 그를 혈맹단의 본부였던 동굴로 모셔 가려는 생각을 품는다. 그런가 하면 글로바는 아예 다음과 같은 계획을 도마에게 털어놓는 데까지 나아간다.

「이번에 다시 나타나실 때 강제로라도 다볼산으로 모십시다. 그리고 실바아님도……. (…) 예수님이 부활하신 건 사실이나 세상에 나타나 일할 수는 없읍니다. 그렇다면 옛날의 사반님과 하닷님을 합친 것과 같은 우리 단의 새 지도자가 되어 본부에 계신다면 실바아님이 그 곁에서 함께 하셔도 좋지 않나 하는 생각입니다.」46)

이야기가 이런 식으로 전개되면, 개작본 『사반의 십자가』 속에서 예수와 관련된 부분의 분위기는 상당히 통속적인 방향으로 흐르는 것이 불가피해진다. 물론 도마나 글로바의 그러한 착상들은 하나도 실현되지 못하고 말지만, 그렇다고 해서 한 번 통속적인 방향으로 움직인 작품의 분위기가 되돌이켜지지는 않는다.

본래 김동리가 행한 수정 작업의 결과 예수의 부활 이야기 자체가 <사형집행을 당하고서도 특이 체질 덕분에 소생한 후 관헌의 눈을 피해 탈출, 세상과 완전히 인연을 끊고 숨어서 살다가 죽은 한 전과자의 이야기>로 새롭게 태어난 셈인데, 이런 식으로 새롭게 태어난 이야기는 아무리 그럴 듯한 해석을 덧붙여 보았자 기본적으로 통속적인 행운담의 수준을 벗어나기 어렵게 된다. 이런 판에 방금 언급한 도마나 글로바의 저런 착상들까지가 보태어져, 통속화의 경향을 한층 강화시켜 놓고 있는 것이다. 어디 그뿐인가? 예수가 소생한 후의 이야기들 속에서 나타나는 이런 통속적 면모는, 그가 십자가에 못박히게 되기까지의 긴 과정을 다루었던 소설 속 다른 부분들의

---

46) 앞의 작품, p. 387.

자못 비장하고 엄숙한 분위기와 전혀 조화를 이루지 못하고 있으니, 그것 또한 문제가 아닐 수 없다.

이상, 개작본 『사반의 십자가』에서 예수의 부활을 합리적인 상식의 범위 안에서 얼마든지 설명될 수 있는 사건으로 바꾸어 버리기 위하여 김동리가 새롭게 꾸며 낸 이야기를 따라가 볼 때 금방 눈에 뜨이는 두 가지 심각한 문제점을 항목화하여 논의해 보았거니와, 이러한 문제점들의 면모를 인지하고 나면, 『사반의 십자가』에 대한 김동리의 개작은, 적어도 이 부분에 관한 한, 전진이 아닌 후퇴로 평가되어야 마땅하다는 결론을 피할 도리가 없다. 그러고 보면, 김동리가 개작본 『사반의 십자가』에 이르러 마침내 성취하였다고 생각되었던, <세상에 무엇이 쉬우냐? 쉬운 것이 있다고 단정하느냐?>라는 저 김춘수의 탄식으로부터의 해방은, 따지고 보면, 너무나 비싼 대가를 치르고서야 가능하였던 셈이라고 해야 할지 모른다.

가만히 생각해 보면, 김동리가 원작본 『사반의 십자가』를 발표하고 난 후, 그 작품 속에서 자신이 예수 부활의 문제를 다룬 방식에 대하여 새삼스러운 불만을 느끼게 된 것은 충분히 이해할 수 있는 일이다. 그리고 이러한 불만을 해소하기 위한 일차적인 시도로서 1962년에 단편소설 「부활」을 쓰게 된 것도 충분히 이해할 수 있는 일이다. 그러나 김동리는 여기에서 멈추는 편이 좋았던 게 아닐까.

「부활」에서 이미 김동리는 예수 부활의 문제에 대하여 자신이 생각한 <새로운 해답>을 부족함 없이 보여주었다. 따지고 보면, 저 김춘수의 탄식으로부터의 해방은, 김동리의 경우, 「부활」에서 이미 다 이루어진 셈이다. 게다가 「부활」의 경우에는, 앞에서 내가 개작본 『사반의 십자가』의 심각한 문제점으로 지적한 바 있는 두 가지 항목 중 어느 하나도 존재할 자리가 없다. 소생 이후의 예수만을 집중적으로 다룬 독립된 단편소설로 씌어진 것이니만큼, <소생 이전의 예수와 소생 이후의 예수가 서로 아득하게 동떨어진 인물로 그려져 있기 때문에 예수라는 인물의 소설적 일관성이 파괴된다>는 문제가 일어날 까닭이 없다. 오로지 아리마대 요셉과 예수 두 사람에게만 시선을 집중시키면서 시간적으로도 지극히 짧은 범위만을 다루고 있는 작품이니만큼, <도마니, 글로바니, 사반이니, 하닷이니, 또 실바이니 하는 등등의 인물들이 복잡하게 얽혀들면서 통속성이 가일층 강화된다>고 하는 문제가 발생할 까닭도 없다. 다시 말하거니와, 김동리는 이 정도에서 멈추는 편이 차라리 더 좋았던 게 아닐까.

4. 맺는 말

예수의 부활이라는 <최대의 수수께끼>를 한국의 소설가인 김동리가 『사반의 십자가』라는 작품 속에서 과연 어떤 방식으로 다루고 있는가를 검토하는 작업은 이상으로 모두 끝난 것일까? 그렇지는 않다. 한 가지 더 검토해야 할 문제점이 남아 있는 것이다. 그 문제점이란, 내가 이 글의 제2장에서 예수 부활의 사건과 관련된 다양한 논점들을 따져 나가는 가운데 <예수의 부활이라는 교리는 순전한 상징의 차원에 속하는 것으로 간주해 버리기도 어려우며, 쉽게 부정하고 물리치기도 어려운 것>이라고 말할 수 있었던 근거가 도대체 무엇이었던가를 돌이켜 상기하면서 『사반의 십자가』를 다시 읽어 볼 경우, 새삼스럽게 발견되는 문제점이다. 바로 그 문제점에 대한 약간의 논의를 덧붙이는 것으로써 이 글의 마무리를 짓기로 하자.

내가 이 글의 제2장에서 예수 부활의 사건과 관련된 다양한 논점들을 따져 나가는 가운데 <예수의 부활이라는 교리는 순전한 상징의 차원에 속하는 것으로 간주해 버리기도 어려우며, 쉽게 부정하고 물리치기도 어려운 것>이라고 말할 수 있었던 구체적인 근거는, <예수 부활의 사건에 대하여 그런 식으로 결론을 내리고 나면, 예수가 죽은 후 그의 제자들을 비롯한 초기 기독교인들에 의하여 열정적으로 수행된, 확신으로 가득찬, 성공적인 전도 활동이라는 것은 도대체 설명할 길이 없어진다>는 것이었다. 그런데,

이처럼 <예수가 죽은 후 그의 제자들을 비롯한 초기 기독교인들에 의하여 열정적으로 수행된, 확신으로 가득찬, 성공적인 전도 활동>에 주목할 경우, <예수가 부활하였다>는 사실 자체에 못지 않은 중요성을 가진 것으로 인식되어야 마땅한 사실이 한 가지 있게 된다. 그것은 바로, <부활한 예수가 제자들 앞에 분명한 모습으로 나타났으며 감동적인 대화까지 나누었다>고 하는 사실이다. 이 두번째의 사실이 성립되지 않을 경우, 그러니까 <예수의 제자들은 예수 부활의 소식을 그저 단순한 풍문으로만 들었다>는 식으로 이야기가 전개될 경우, <예수가 죽은 후 그의 제자들을 비롯한 초기 기독교인들에 의하여 열정적으로 수행된, 확신으로 가득찬, 성공적인 전도 활동>이라는 것은, <예수가 부활한 사실이 아예 없다>고 하는 경우와 꼭 마찬가지로, 온전하게 설명되기 어렵다. 과연 복음서 기자들은 대부분 이러한 문제에 대하여 무심하지 않았다. 앞에서도 이미 지적했던 바와 같이, 「누가복음」과 「요한복음」에서는 부활한 예수와 그 제자들과의 감동적인 만남이라는 것을 특별히 강조해서 대대적으로 부각시키고 있다. 「마태복음」 기자도 그 정도까지는 아니지만 어쨌든 이 문제에 진지한 관심을 보이고 있다. 그뿐만이 아니다. 사도 바울 역시 이 문제가 얼마나 중요한 것인지를 분명하게 인식하고, 「고린도전서」 15장 3절에서부터 8절까지에 걸쳐 다음과 같은 말을 적어 두고 있다.

　　나는 내가 전해 받은 가장 중요한 것을 여러분에게 전해 주었습니다. 그것은 곧 그리스도께서 성서에 기록된 대로 우리 죄를 위하여 죽으셨다는 것과 무덤에 묻히신 것과 성서에 기록된 대로 사흘 만에 다시 살아나신 일입니다. 이리하여 게바에게 나타나 보이시고 다음에 열 두 제자에게 나타나셨으며 다음에 오백 명이 넘는 형제들에게 동시에 나타나셨는데 그 중에 더러는 세상을 떠났으나 대다수는 지금도 살아 있습니다. 그 다음에 야고보에게 나타나셨고 그 후에 모든 사도들에게 나타나셨습니다. 그리고 맨 나중에 달이 차지 못해서 난 자와 같은 내게도 나타나셨습니다.

그런데, 앞서 내가 원작본『사반의 십자가』를 구체적으로 검토하는 자리에서 지적했던 바와 같이, 원작본『사반의 십자가』에서 김동리는 바로 이러한 <부활한 예수와 제자들과의 감동적인 만남>이라는 것을 아예 언급도 하지 않고 무시해 버린다. 앞에서도 이미 지적하였듯 이렇게 함으로써 김동리는 <예수의 부활을 사실로 인정할 수 없다는 그나름의 확고한 단정>을 보여준 셈이다. 그런데 가만히 생각해 보면, 앞서 이 문제에 대해 논의하는 동안, 내가 한 가지 빠뜨린 것이 있다. 그것은, 원작본『사반의 십자가』에서 김동리는, 그러한 태도를 취함으로써, <예수가 죽은 후 그의 제자들을 비롯한 초기 기독교인들에 의하여 열정적으로 수행된, 확신으로 가득찬, 성공적인 전도 활동>을 설명할 수 있는 길을 스스로 차단한 셈이 되었다는 사실이다.

그러면 개작본『사반의 십자가』의 경우는 어떠한가? 개작본『사반의 십자가』에서도 <부활한 예수와 제자들과의 감동적인 만남>은 나타나지 않는다. 그런데 여기에 이르면, 이 문제에 대하여 전혀 언급조차 없던 원작본『사반의 십자가』와는 상당히 다른 모습이 보인다. <부활한 예수와 제자들과의 감동적인 만남>이 나타나지 않는 대신, <소생한 예수와 도마와의 기묘한 만남>이라는 것이 나타나고 있는 것이다. 개작본『사반의 십자가』에 이르러 발생한 이같은 변화가 작품의 문학적 매력을 크게 떨어뜨리는 결과를 초래하고 있다는 사실은 앞에서 이미 지적한 바 있다. 그렇다면, 지금 내가 문제삼고 있는 논점과 관련해서 볼 때, 개작본에서 이루어진 변화는 어떤 평가를 받을 수 있을까? 원작본에 비하여 더 나빠진 것도 없지만, 더 나아진 것 역시 없다는 평가를 받을 수 있을 법하다. <특이 체질 덕분에 소생한 예수가 도마를 만나 짤막한 문답을 주고받은 후 모든 제자들로부터 완전히 종적을 감추어 버렸다>는 정도의 사건이 <원인>이 되어 <그의 제자들을 비롯한 초기 기독교인들에 의하여 열정적으로 수행된, 확신으로 가득찬, 성공적인 전도 활동>이라는 <결과>가 초래된다는 것은, <예수는 제자들 중의 어느 누구 앞에도 나타난 일이 전혀 없었다>고 하는 사태가 <원인>이 되어 <그의 제자들을 비롯한

초기 기독교인들에 의하여 열정적으로 수행된, 확신으로 가득찬, 성공적인 전도 활동>이라는 <결과>가 초래되는 게 전혀 불가능한 것과 꼭 마찬가지로 불가능한 노릇이기 때문이다.

지금까지 내가 원작본 『사반의 십자가』와 개작본 『사반의 십자가』라는 두 개의 텍스트를 놓고 자세하게 검토한 모든 내용을 종합해서 생각해 보건대, 그 두 개의 텍스트를 무대로 해서 전개된, 예수 부활의 사건이라는 <최대의 수수께끼>에 맞선 김동리의 <정면 대결>은, 그렇게 성공적이었던 것으로 판단되지 않는다. 하지만 이러한 결론 때문에, 김동리에 의해 행해진 <정면 대결> 자체의 의의가 간단히 부정될 수는 없다. <최대의 수수께끼>에 감연히 맞서 <정면 대결>을 벌이기로 결심하고 그 결심을 끝까지 관철시킨 작가적 패기 하나만 가지고서도 김동리는 이미 비범하다는 평가를 받기에 충분하다. 일찍이 원작본 『사반의 십자가』가 처음 발표된 지 수년 후 손우성이 이 작품을 대상으로 해서 썼던 평문을 보면 다음과 같은 말이 나오거니와, 나로서는, 내가 이 글에서 구체적으로 문제삼았던 측면에 대해서도 손우성의 그 말은 고스란히 적용될 수 있는 것이라고 생각된다.

> 그의 의도가 성공하였다고 단정하기는 어렵지만 어떻든 그 장한 기백에 공감이 가지 않을 수 없다. 이 어려운 제재를 취급함에 있어 그는 인생의 수많은 기본문제를 건드려 보며 독자에게 사색의 재료를 제공하고 있다. 그것이 벌써 이 작품의 가치이다.47)   (2002)

(※ 이 글은 2002년 2월 19일에 열린 한국현대문학회의 동계 학술대회에서 발표된 논문이다. 그 학술대회의 전체 주제가 바로 <한국문학과 '죽음'의 의미>였다. 이 글이 <죽음>에 대한 언급으로 서두를 시작하게 된 것은 그러한 사정에 연유한다.)

---

47) 손우성, 「하늘과 땅의 비중」, 유주현 편, 『동리문학이 한국문학에 미친 영향』(중앙대학교 예술대학 문예창작학과, 1979), p. 89. 손우성의 이 글은 원래 『사상계』 1960년 2월호에 발표된 것이다.

예수 부활 문제에 대한 소설적 접근의 몇 가지 유형
—『가롯 유다에 대한 증언』과 『사람의 아들』을 중심으로

1. 머리말

　신학자 한스 큉은, 『왜 그리스도인인가』라는 책 속에서, 예수의 부활에 대한 믿음은 <그리스도 신앙의 중심인 동시에 다른 모든 신조의 기초가 되어 있다[1]>고 말한 바 있다. 이러한 그의 말은 조금도 과장된 것이 아니다.
　사정이 이러하다면, 어떤 작가가 기독교 신앙을 본격적으로 문제삼는 소설을 쓰면서, 예수를 중요한 작중 인물로 등장시켰을 경우, 그가 과연 예수의 부활이라는 사건을 어떤 식으로 처리해 나가는가 하는 점을 따져 보는 것은, 분명히 의미 있는 작업이라고 할 수 있을 터이다.
　한국의 장편소설 중, 기독교 신앙을 본격적으로 문제삼는 작품이면서, 예수를 중요한 작중 인물로 등장시킨 경우로는, 세 편이 있다. 김동리의 『사반의 십자가』, 백도기의 『가롯 유다에 대한 증언』, 이문열의 『사람의 아들』이 바로 그 세 편이다. 이 세 편 가운데 『사반의 십자가』에 대해서는 내가 긴작 「『사반의 십자가』에서 예수의 부활을 다룬 방식」이라는 논문 속에서 자세하게 검토한 바가 있다. 이 자리에서는 나머지 두 편을 대상으로 해서 약간의 논의를 시도해 보기로 한다.

---

1) 한스 큉, 『왜 그리스도인인가』(정한교 역, 분도출판사, 1982), p. 247.

본론으로 들어가기 전에 미리 말해 둘 것이 하나 있다. 이 글에서는, 예수 부활의 사건 자체에 내재해 있는 다양한 문제라든가, 그것이 한국의 소설작품 속에서 다루어진다는 사실로부터 제기되는 문제 같은 것에 대해서는 언급을 생략하고자 한다. 왜냐하면, 이런 문제들을 나는 「『사반의 십자가』에서 예수의 부활을 다룬 방식」에서 이미 자세하게 검토한 바 있기 때문이다.

2. 『가룟 유다에 대한 증언』의 경우

목사이자 소설가인 백도기가 1979년에 단행본으로 출간한 장편소설 『가룟 유다에 대한 증언』은 제목이 말해 주는 바 그대로 가룟 유다에게 초점을 맞춘 작품이다. 다들 아는 바와 같이 가룟 유다는 본래 예수의 열 두 제자 중 한 사람이었으나 스승을 대제사장의 무리에게 넘겨 주는 배반 행위를 저지른 후 자살해 버린 인물로 복음서 속에 기록되어 있다. 백도기는 바로 이러한 가룟 유다에게 집중적인 조명을 가하면서 소설가적인 상상력을 적극적으로 발휘하여 그를 예수와 대비시킨다. 백도기가 창조해 낸 상상의 공간 속에서 가룟 유다는 <사랑>의 이념을 모범적으로 실천하는 예수에게 <정의>의 규범을 가지고 맞서는 존재로 부각된다. 가룟 유다에게 이러한 면모를 부여하고 그를 예수와 맞세움으로써 백도기는 인간을 구원할 수 있는 궁극적 윤리의 지표는 과연 무엇이 되어야 하는가라는 자못 심각한 주제를 탐구하고 있는 셈이다.

그런데 백도기는 『가룟 유다에 대한 증언』에서 실제로 이러한 탐구의 작업을 수행해 나감에 있어 한 가지 흥미로운 소설적 장치에 크게 의존하고 있다. 그 소설적 장치는 바로 시므온이라는 이름을 가진 이 작품의 화자이다. 화자인 시므온은 가룟 유다의 어릴 적 친구로 설정되어 있다. 이 시므온은 성장한 후 예루살렘 성전의 성물(聖物) 판매소에서 일하는 상인이 된다. 그런 그를 대제사장 안나스가 불러 후한 보수를 주면서, 가룟 유다와 접선하라는 밀명을 내린다. 이런 연유로 해서 시므온은 오랜만에 옛친구 유다를 만나게 되며, 더 나아가서는, 그와 예수를 중심으로 한 저 비극적 사건의 전개를 가장 가까운 자리에서 생생하게 목격한 증인의 위치에 서게 되는 것이다. 『가룟 유다에 대한 증언』은 이처럼 가룟 유다와 예수 사이의 드라마에 관한 한 누구보다 권위 있는 증인의 자격을 가진 것으로 인정될 수 있는 시므온이라는 인물이 유다의 자살 이후 근 30년의 세월이 지난 시점에서 과거의 일을 회고하는 형식으로 서술되고 있다. 그 회고담의 내용을 보면, 다양한 소설적 허구가 동원되고 있기는 하지만, 아무리 적극적인 허구를 만들어내고 있는 경우에도, 복음서의 기록과 근본적으로 상치되는 것은 발견되지 않는다. 이 점에서 보면 백도기는 소설과 복음서 사이의 관계를 설정함에 있어서 대단히 조심스러운 자세를 견지하고 있다고 말할 수 있다. 『사반의 십자가』의 김동리보다도 조심스럽고, 『사람의 아들』의 이문열보다도 조심스럽다. 비교의 대상을 더 넓혀서 관찰해 보면, 단편소설 「아겔다마」의 박상륭보다도 조심스럽고, 그리스 작품인 『그리스도 최후의 유혹』의 카잔차키스보다도 조심스럽다는 말을 덧붙일 수 있겠다.

그런데 『가룟 유다에 대한 증언』을 쓰면서 이처럼 복음서의 기록과 근본적으로 상치되는 내용은 단 한 가지도 만들어내지 않고자 노력할 정도의 조심성을 견지하고 있는 백도기가, 정작 <그리스도 신앙의 중심>이자 <다른 모든 신조의 기초>가 되는 예수의 부활에 대해서는 전혀 언급을 하지 않고 있다. 아주 희미한 암시조차도 보여주지 않는다. 다르게 표현하자면, 철저히 도외시하는 태도를 취하고 있는 것이다. 이러한 그의 태도는 과연 어떻게 이해되어야 하는 것일까?

우선, 순전히 소설적인 차원에서의 <그럴 듯함>이라는 측면을 놓고 검토해 보자. 이 소설의 화자인 시므온의 외형적 신분이 어떤 것인가를 생각하면, 작품 속에서 예수의 부활이 암시조차 되지 않는 것이 크게 어색하지 않다는 느낌이 얼핏 들 수도 있다. 위에서 이미 언급되었던 바와 마찬가지로 그는 예루살렘 성전의 성물 판매소에서 일하는 상인이며, 대제사장 안나스의 밀정이기도 한 인물이다. 이런 신분을 가지고 있는 인물이라면, 예수 사후에 그의 제자들을 중심으로 해서 유포되기 시작한, 예수가 부활하였다고 하는 주장에 대해서 무관심한 태도를 취하는 것도 자연스러우며, 더 나아가, 아예 그런 주장을 들은 일조차 없다고 하더라도 그리 부자연스러울 것이 없다는 느낌이 들 수도 있는 것이다.

하지만 이러한 느낌은, 어디까지나 그의 외형적 신분 한 가지만을 주목하는 데서 그쳐 버릴 때에나 자연스러운 느낌으로 인정될 만한 것이다. 시므온이라는 인물의 내면이 과연 어떠한 것인가 하는 점에까지 관심을 확대시켜서 생각해 본다면 이야기는 아주 달라진다.

작품에 나타나 있는 바로는, 이 시므온이라는 사람의 내면은 그렇게 단순한 것이 아니다. 작품의 첫부분에서부터 그는, 한편에 있어서는 냉소적인 허무주의자의 면모를 가지고 있지만, 또 한편으로는 정신적인 구원에 대한 소망을 여전히 간직하고 있기도 한, 다소 복잡한 성격의 소유자로 등장한다. 그리고 작품 속의 여러 가지 사건들이 전개되어 나감에 따라, 그의 내면에서는 전자의 측면보다 후자의 측면이 점점 더 강화되어 가는 양상을 보인다. 이러한 그의 변모는, 그가 예수를 가까운 자리에서 관찰해 보는 경험이 거듭됨에 따라서, 더욱 가속화된다. 그리하여, 마침내 예수가 십자가에서 처형당한 후, 가룟 유다가 자살하였다는 사실을 알게 되는 단계에 이르러서는, 다음과 같은 고백을 하는 모습까지 보여주게 된다.

  그를 마지막으로 만났을 때, 억지로라도 그를 이끌고 골고다로 갔었더라면……그는 스승의 죽음을 통하여 보여준 행동에서 사랑만이 모든 악덕과 불의와 부자유와 고통을 몰아낼 수 있는 영원한 힘임을 깨달았을 것이다. 그리고 인간이란 약한 것이어서 통렬한 회한과 굴욕과 부끄러움과 배반의 과정을 통하여서만 새롭게 존재할 수 있다는 사실도…….
  오, 나의 사랑하는 친구 유다여.2)

위에 인용된 시므온의 고백은 바로 『가롯 유다에 대한 증언』이라는 소설 자체의 맨 마지막 대목을 이루고 있는 것이어니와, 이러한 고백으로부터 우리가 읽어낼 수 있는 시므온의 내면 풍경은, 예수가 모범적으로 구현하고 있는 <사랑>의 이념에 전폭적으로 감화된 사람의 그것에 다름아닙니다.

그런데, 소설의 끝부분에 이르러 이처럼 예수에게 전적으로 감화된 모습을 보여주는 데까지 나아가게 된 시므온이라는 사람이, 예수의 사후에 그의 제자들을 중심으로 해서 유포되기 시작한, 예수가 부활하였다고 하는 주장에 대해서 철저히 무관심한 태도를 취하였다고 하는 것은, 아무래도 자연스러운 일로 납득되지 않는다. 예수가 부활하였다는 주장에 접했을 경우 그가 과연 거기에 동조했을 것이냐 반대했을 것이냐 하는 점은 별도로 생각해 보기로 하더라도, 어쨌든, 그가 이러한 주장에 대해 전혀 아무런 언급도—심지어 희미한 암시조차도—하지 않을 만큼 철저히 무관심한 태도를 취한다는 것은 가능한 일이 아니다.

그렇다면, 그는 그가 가진 외형적 신분에 있어서의 특수성 때문에, 예수가 부활하였다는 주장 같은 것은 아예 들어 보지도 못한 채로 지내게 되고 만 것일까? 그렇게 생각하기도 어렵다. 앞에서 이미 언급하였던 것처럼, 작품 속에서 시므온이 과거의 일에 대한 회고를 행하는 시점은 가롯 유다가 자살하고 난 후 근 30년이 지난 시기로 설정되어 있는데, 이만큼 오랜 세월이 흐르는 동안, 그가 단 한 번도 예수의 부활에 대한 이야기를 들어 본 일조차 없다고 하는 것은 도무지 개연성이 없는 설정이다. 시므온이 어떤 사람인가? 가롯 유다의 가장 오랜 친구였을 뿐 아니라, 말년의 예수를 아주 가까운 자리에서 대하고 지내면서 적지 않은 감화를 받은 경험까지 가지고 있는 인물이 아닌가? 그런 그가 어떻게 무려 30년 동안이나 예수의 부활에 대한 이야기를 단 한 번도 들어 보지 못한 채 지내 올 수가 있단 말인가?

---

2) 백도기, 『가롯 유다에 대한 증언』, 『우리시대 우리작가』, 15(동아출판사, 1987), p. 156.

이러한 점에서 볼 때, 백도기가 『가룟 유다에 대한 증언』을 쓰면서 예수의 부활이라는 문제와 관련하여 아주 희미한 암시조차도 보여주지 않을 만큼 철저히 도외시하는 태도로 일관한 것은, 소설적인 차원에서 <그럴 듯함>이라는 요건을 확보하는 데 실패한 경우로 간주되어야 마땅하다는 결론이 불가피하다.

물론, 이러한 측면에서의 <실패>에도 불구하고, 『가룟 유다에 대한 증언』이라는 소설 자체는 상당한 수준의 문학적 매력을 갖추는 데 성공한 작품으로 평가될 수 있다. 그러한 매력은 무엇보다도 이 작품을 처음부터 끝까지 관류하고 있는 작가적 고뇌의 치열성과 문체의 세련미에서부터 온다. 하지만, 아무리 그러한 <매력>의 존재를 충분히 긍정하는 입장에 선다 하더라도, 내가 위에서 검토한 측면에서의 <실패>를 <실패>가 아닌 다른 것으로 인정해 줄 수야 없는 노릇이다.

이쯤에서 시선을 돌려, 작품에 나타난 주제의식의 측면에 초점을 맞추는 가운데 이 문제를 따져 본다면 어떨까?

앞에서 이미 언급되었던 바와 마찬가지로, 이 작품에서 백도기는 예수와 가룟 유다의 대립을 사랑이라는 이념과 정의라는 규범의 대립으로 설정함으로써, 인간을 구원할 수 있는 궁극적 윤리의 지표는 과연 무엇이 되어야 하는가라는 물음을 작품의 주제로 부각시키고 있다. 그런데, 주지하다시피 복음서 본래의 의미에서 예수와 가룟 유다의 대립은 <스승>과 <제자>의 대립이면서 또한 <부활을 통하여 죽음을 이기는 권세를 입증한 신의 아들>과 <죽음의 권세 아래에 있는 보통 인간> 사이의 대립이라는 두 가지 면모를 지닌다. 그러나 『가룟 유다에 대한 증언』에서 제시되고 있는 예수와 가룟 유다 사이의 대립에서는 이 중 후자의 면모가 완전히 배제된다. 결국 여기서 양자 사이의 대립은 단순한 <스승>과 <제자>의 대립으로 그치게 된다.

물론 이 경우의 <스승>이 일반적으로 이야기되는 스승의 수준을 넘어서는 대단한 존재이기는 하다. 그는 억울한 죄목을 뒤집어 쓰고 사형을 당하는 마당에서 <아버지, 저들의 죄를 사하여 주시옵소서. 저들은 자기들이 무슨 짓을 하고 있는지조차 모르고 있습니다[3]>라는 기도를 올릴 정도로 무한한 <사랑>의 이념을 모범적으로 구현하고 있는 인물이라는 점에서, 우선 대단한 존재이다. 그런가 하면 그는 가룟 유다로 하여금 <고금을 막론하고 이 세상에서 그처럼 능력을 행한 이는 없었으리라[4]>는 믿음을 고백하도록 만들 만큼 대단한 기사(奇事)와 이적(異蹟)을 숱하게 일으킨 인물이라는 점에서, 또한 대단한 존재이다. 하지만 그 두 가지 측면에서 예수가 대단한 존재라는 사실이 아무리 강조되더라도, <부활을 통하여 죽음을 이기는 권세를 입증한 신의 아들>이라는 측면이 예수에게서 배제되면, 그는 어디까지나 인간의 차원에 머무르는 존재로 그칠 따름이며 결코 그 차원을 넘어서는 존재가 될 수 없다. 그러니까 이 경우 예수와 가룟 유다 사이에 대립관계가 설정된다면 그 대립은 어디까지나 <인간인 스승>과 <인간인 제자> 사이의 대립으로 그칠 따름이며 그것 이외의 다른 무엇이 될 수 없는 것이다.

『가룟 유다에 대한 증언』속에서 예수와 가룟 유다 사이의 대립관계를 이런 성격의 것으로 만들어 놓은 결과, 이 작품 속에서 그들 양자 사이의 대립이 함축하고 있는 의미는 초월적인 차원과의 연관성을 대부분 상실하며, 그 대신, 순수하게 인간적인 차원의 윤리적 주제에 집중되는 모습을 보이게 된다. 바로 이러한 점에 있어서, 『가룟 유다에 대한 증언』은 기독교 소설 가운데서도 매우 독특하게 현대적인 한 가지 유형을 대표한다고 말할 수 있을 법하다.

3. 『사람의 아들』의 경우

『사람의 아들』은 1979년도 '오늘의 작가상'을 이문열에게 안겨 준 그의

---

3) 앞의 작품, p. 154.
4) 앞의 작품, p. 135.

출세작이다. 이문열은 『사람의 아들』을 1979년에 처음 선보인 후, 8년이 지난 1987년에 이르러, 이 작품의 대대적인 개작을 행한 바 있다.

『사람의 아들』의 개작은, 주로, 새로운 내용을 만들어서 원작본에다 덧붙여 나가는 방식으로 이루어진다. 반면에, 원작본의 내용 자체에 손을 대는 일은 가능한 한 자제하고 있다. 원작본의 내용 자체에 손을 댄 경우로서 중요한 의미를 갖는 것은, 남경사가 민요섭의 노트를 입수하게 되는 양상을 수정하여 독자들에게 좀더 자연스러운 느낌을 주도록 배려한 것 정도뿐이다. 이문열은 1987년에 개작본을 내면서 이 새로운 텍스트를 <개보판(改補版)>이라고 명명하였는데, 『사람의 아들』의 개작이 위와 같은 방식으로 이루어졌다는 사실을 감안하면, 이러한 명명에는 충분히 일리가 있다는 느낌이 든다.

어쨌든, 이러한 개작의 결과로 『사람의 아들』은 다양한 측면에서 의미의 변화를 겪게 된 것이 사실이다. 예수의 부활이라는 문제에 접근하는 방식에 있어서도, 원작본과 개작본은 주목할 만한 차이를 보여주게 된다. 원작본의 본문 속에서 이미 예수의 부활이라는 문제가 한 차례 다루어진 바 있는데, 개작본을 보면, 한편으로는 원작본의 그 본문이 아무런 수정 없이 그대로 존속하고 있는 상황에서, 다른 한편으로는, 완전히 새롭게 집필되어 추가된 부분 속에, 그 본문과는 상반되는 내용을 담고 있는 문장이 등장하고 있거니와, 이러한 사실 때문에, 원작본과 개작본 사이에는 <주목할 만한 차이>가 발생하게 되는 것이다. 그러면 이제부터는 원작본과 개작본을 차례로 검토하면서 지금까지의 설명을 좀더 구체화시켜 보기로 하겠다.

3-1. 원작본 『사람의 아들』의 경우

『사람의 아들』은 액자소설의 형태를 취하고 있는 작품이다. 민요섭이라는 인물이 피살체로 발견되자 수사에 나선 남경사가 범인을 추적해 가는 과정이 겉이야기[外話]를 이루고, 남경사가 수사 과정에서 발견한 노트의 내용이 안이야기[內話]를 이룬다. 원작본 『사람의 아들』의 경우, 그 <노트>는 민요섭에 의해 씌어진 소설 한 가지로 되어 있다. 그 소설은 예수와 같은 시대에 살았으며 예수의 가르침에 집요하게 대항하였던 아하스 페르츠라는 인물의 일대기를 담고 있다. 아하스 페르츠가 예수의 가르침에 집요하게 대항하였던 인물로 나오기 때문에, 자연, 이 작품 속에서는 예수 자신도 안타고니스트의 위치에서 계속 등장하게 된다.

예수를 이처럼 <한 작중인물에 의해 씌어진 소설 속 허구(안이야기)의 등장인물>이라는 자격으로 출연시키고 있는 점에서, 『사람의 아들』은 『사반의 십자가』와도, 또 『가룟 유다에 대한 증언』과도 선명하게 대비된다. 『사반의 십자가』도, 『가룟 유다에 대한 증언』도 액자소설이 아니다. 작품의 진행을 이끌어 가는 주체가 『사반의 십자가』의 경우에는 전지적 서술자인 반면 『가룟 유다에 대한 증언』의 경우에는 시므온이라는 이름을 가진 일인칭 화자라는 차이는 있지만, 어쨌든 그 어느 작품도 액자소설의 형태를 취하고 있지는 않다. 그런데 이문열은 『사람의 아들』을 쓰면서 이들 두 작품의 경우와 다르게 액자소설의 형태를 선택하였거니와, 이렇게 함으로써 그는, 이야기를 만들어나가는 과정에서 상상력의 자유를 누릴 수 있는 공간을 앞의 두 작품의 경우보다 훨씬 더 크게 가지게 된 셈이다. 이 작품의 경우에는, 앞의 두 작품의 경우와 달리, 어떤 자유분방한 상상에 입각하여 이야기를 만들어나가더라도, <이것은 민요섭이라는 인물이 지어낸 이야기 속에 나오는 내용이니까>라고 해 버리면 다 통하게 되어 있기 때문이다.

이문열이 『사람의 아들』의 안이야기 속에서 실제로 아하스 페르츠를 중심으로 한 이런저런 사건들이나 그 사건들에 대한 해석을 펼쳐 나가고 있는 모습을 보면, 과연 그는 액자소설이라는 형태를 선택한 덕분으로 획득된 이러한 <상상력의 자유를 누릴 수 있는 공간>을 상당히 적극적으로 활용하고 있음을 금방 확인할 수 있다.

하지만 그는 『사람의 아들』의 안이야기 속에서 이처럼 자유분방한 상상력의 날개를 펼치는 데 주저하지 않는 태도를 보여주면서도, 정작 복음서와의 관계를 설정하는 방식에 있어서만은 상당히 조심스러운 자세를 견지한다. 개작본에 이르면 사정이 크게 달라지지만, 최소한 원작본 『사람의 아들』의 경우에는 이처럼 조심스러운 자세가 철저하게 지켜진다. 원작본 『사람의 아들』의 어떤 대목에서도 복음서의 기록 자체와 공존이 불가능할 만큼 상충되는 이야기는 나타나지 않고 있다는 점에서 이런 지적을 할 수 있다.

물론, 원작본 『사람의 아들』에서 우리가 확인할 수 있는 <조심스러운 자세>라는 것은, 『가룟 유다에 대한 증언』에서 보였던 <조심스러운 자세>와는 성격을 달리한다. 『사람의 아들』을 자세히 읽어 보면, 복음서의 기록 자체와 공존이 불가능할 만큼 상충되는 대목은 나타나지 않지만, 복음서의 기록 가운데 대부분을 무시하고 특정한 일부에만 초점을 맞추면서 그 <특정한 일부>에다가 새롭게 꾸며낸 이야기를 갖다 붙인다든지 그 <특정한 일부>로부터 독특한 해석을 끌어낸다든지 하는 작업은 아주 적극적으로 행해지고 있음을 알 수 있거니와, 『가룟 유다에 대한 증언』에서도 이런 작업이 발견되지 않았던 것은 물론 아니지만, 그 작업의 강도나 성격에 있어서는, 양자 사이에서 분명한 차이가 확인되는 것이다.

『사람의 아들』은 이처럼 『가룟 유다에 대한 증언』과 비교해 볼 때 <조심스러운 자세>의 구체적인 양상에 있어서 차이를 보여줄 뿐 아니라, 새롭게 꾸며낸 이야기를 갖다 붙인다든지 독특한 해석을 끌어낸다든지 하는 작업을 통하여 궁극적으로 어떠한 <예수상(像)>을 부조해 내고자 하는가라는 점에 있어서도 뚜렷한 차이를 보여준다. 아니, 차이를 보여주는 정도에서 그치는 것이 아니라, 완전히 반대되는 면모를 보여준다.

앞서 『가룟 유다에 대한 증언』을 대상으로 하여 논의를 전개할 때 지적했던 바와 마찬가지로, 그 작품에 나타나 있는 예수는 <사랑>의 이념을 모범적으로 구현하고 있기는 하되 초월적 차원과의 연관성은 상실된 인물이었다. 달리 말해, <하나님의 아들>로서의 초월적 성격이 배제된 인물이었으며, 그런 점에서 보면, 세상의 평범한 인간들과 동일한 수준에 놓이는 인물이었다. 그런데 『사람의 아들』에 나오는 예수는 이와 정반대이다. 이 작품 속에 그려진 예수에게서는 <하나님의 아들>로서의 초월적 성격만이 강조되고 있다. 그 반면 <사랑>의 이념을 모범적으로 구현하고 있는 인물로서의 예수상은 철저하게 배제되어 있다. 세상 사람들의 슬픔과 불행 앞에서 따뜻한 연민을 느끼고 괴로워하는 예수의 모습은 이 작품 속에 전혀 나오지 않는다. 그런 모습에 대한 희미한 암시조차도 나오지 않는다. 예루살렘 성전에서 예수가 아하스 페르츠와 논쟁하는 장면 가운데 한 대목을 보자.

「그래도 말씀은 한 명의 의인을 위해 아홉 명의 죄인밖에 만들지 않았지만, 이제 당신은 한 명의 의인을 위해 구십 아홉 명을 단죄하게 될 것이오.」
「그러나 내 아버지의 권능은 못 이루실 바가 없오. 그 구십 아홉도 반드시 회개하고 돌아올 것이오. 나는 오히려 그들을 위해 왔오.」
「그렇다면 당신은 더욱 그대로 떠나야 하오. 그들은 이해 못할 죄의식과 거짓 눈물로 괴로운 참회의 길을 걷기보다는 괴롭더라도 자기들의 대지를 지키기를 원하고 있오.」
「그럼 저들을 창조한 내 아버지의 목적은? 저들로 하여 자신의 영광을 더하려던 그분의 뜻은? 그리고 저들이 마땅히 그분에게 바쳐야 할 복종과 찬미는?」[5]

위에 인용된 논쟁 장면 중의 마지막 대사에서 보듯, 이문열이 『사람의 아들』에서 민요섭의 창작소설이라는 매개 장치를 통하여 그려내고 있는 인물로서의 예수가 지니고 있는 관심은 <내 아버지의 영광>이니 <인간들이 그분에게 바쳐야 할 복종과 찬미>니 하는 것들에 압도적으로 쏠려 있으며, 그들의 슬픔과 불행에 대한 따뜻한 연민 같은 것은 그에게서 전혀 발견되지 않는다. 일찍이 이보영도 이 점에 주목하여, <예수는 '소름끼치는 위협'만 한 것이 아니라, 온유하고 겸허하기도 했으며, 때로는 시인적이었고, 베다니의 마리아의 집에서는 라자로의 죽음에 대하여 눈물을 보인 적도 있었다[6]>

---

5) 이문열, 『사람의 아들』(민음사, 1979), pp. 141~142.

는 사실을 지적함으로써 『사람의 아들』에 그려진 예수상의 일방적 편향성을 비판한 일이 있음을 여기서 참고로 지적해 둘 만하다.

그러면, 이처럼 『가룟 유다에 대한 증언』과 정반대되는 입장에서 예수에게 접근하고 있는 『사람의 아들』은, 예수의 부활을 과연 어떤 방식으로 다루고 있는가?

예수가 지닌 바 <하나님의 아들>로서의 초월적 성격을 강조하는 입장에 서서 그에게 접근하는 소설이라면, 예수의 부활에 대해서도, <예수 부활의 사건은 복음서에 기록되어 있는 내용 그대로 비범한 초월적·기적적 면모를 갖춘 사건이다>라고 인정하는 태도에 입각하여 그려나가는 것이 자연스러울 터이다. 과연 『사람의 아들』의 안이야기를 보면 예수 부활의 사건은 그와 같은 태도에 입각하여 그려지고 있다. 이 점에 있어서도 『사람의 아들』은 복음서의 기록 자체와 공존이 불가능할 만큼 상충되는 내용은 포함시키지 않는다고 하는 저 <조심스러운 자세>를 일관되게 견지하고 있는 셈이다.

그렇기는 하지만, 예수의 가르침을 향하여 집요한 비판을 가하고 있는 아하스 페르츠라는 인물을 주인공의 자리에 놓으면서, 예수에게는 안타고니스트의 자리만을 배정해 주고 있는 소설이, 예수 부활의 사건을 평가하는 시각에 있어서조차 복음서의 그것을 수용하리라고 기대할 수는 없는 노릇이다. 과연 『사람의 아들』의 안이야기에 담겨 있는 내용을 구체적으로 검토해 보면, 예수 부활의 사건이 초월적·기적적 성격을 가지고 있다는 점은 고스란히 인정하되, 그것에 대한 평가는 복음서에 나타나 있는 것과 전혀 다르게 내리고 있다는 사실이 확인된다. 『사람의 아들』의 안이야기는 예수가 부활하는 장면을 직접적으로 보여주는 대신 십자가에 못박힌 그가 신을 향해 보내는 호소의 말을 통하여 부활 사건에 대한 작자의 시각을 담아내고 있는데, 바로 그 호소의 말이 다음과 같은 것으로 되어 있다는 사실을 통하여, 부활 사건에 대한 안이야기 작자의 <평가>가 복음서 기자들의 그것과 얼마나 다른가

---

6) 이보영, 『한국소설의 가능성』(청예원, 1998), p. 42.

하는 점이 선명하게 확인되는 것이다.

> 「아버지 저도 저렇게 남고 싶습니다. 사흘 후의 제가 다시 살아나 얼마간 저들의 눈과 귀를 사로잡은들 수천년 땅 위를 떠돌며 저들에게 수군댈 저 사람을 어쩌시렵니까?」[7]

위에 인용된 예수의 대사를 찬찬히 살펴보면, 예수가 십자가에 못박혀 죽은 지 사흘 만에 부활하게 된다는 것은 분명한 사실로 긍정할 수 있으며, 그것이 하나의 초월적·기적적 사건이라는 점도 긍정할 수 있다는 것이 안이야기 작자의 생각임을 확인할 수 있다. 그러나 또 한편으로, 예수 부활의 사건이 갖는 의미는 <겨우 얼마간 일부 대중의 눈과 귀를 사로잡을 수 있는 정도>에서 그치는 것이요, 아하스 페르츠에 의해 대표되는 비판자들의 논리 앞에서는 상당히 무기력해질 수밖에 없는 것으로서, 그렇게 대단한 수준이 못된다는 판단이 안이야기 작자의 생각이라는 사실도 확인할 수 있는 것이다.

3—2. 개작본 『사람의 아들』의 경우

앞에서 이미 언급되었던 바와 마찬가지로, 이문열은 1987년에 이르러 『사람의 아들』을 대대적으로 개작한 바 있다. 역시 앞에서 이미 언급되었던 바와 마찬가지로, 『사람의 아들』의 개작을 행하면서 이문열이 주로 사용한 방법은 새로운 내용을 만들어서 원작본에다 덧붙이는 것이었다. 이러한 작업의 과정을 통하여 처음으로 세상에 모습을 드러내게 된 것으로서 특히 중요한 의미를 갖는 존재는 두 가지이다. 그 하나는, 젊은 날의 아하스 페르츠가 예수와 만나기 전에 자못 다양한 종교들과의 접촉을 가지면서 견문을 넓혀가는 모습을 그린 대목이다. 그 둘은, 아하스 페르츠를 교조로 떠받드는 새로운 종교의 경전으로 쓰여진 것이라고 소개되어 있는 글인데, 이 글은 「쿠아란타리아서(書)」라는 제목을 가지고 있다. 이 둘은 모두 『사람의 아들』의 안이야

---

7) 이문열, 앞의 작품, p. 156.

기 속에 포함되어 있다.

그러면, 『사람의 아들』이라는 소설과 복음서의 기록 사이의 관계가 과연 어떤 것이냐라는 물음에 대하여 관심을 갖고 있는 사람의 입장에서 볼 때, 특별한 주목을 필요로 하는 것은 이 둘 중 어느쪽인가? 후자쪽이다. 전자의 대목은, 상당히 긴 분량을 가지고 있기는 하지만, 그것이 『사람의 아들』이라는 소설 속에 새롭게 도입된 결과로 해서 이 소설과 복음서의 기록 사이의 관계에 변화가 일어났다고 볼 수 있는 측면은 거의 없다. 그 대목 중의 어떤 장면도 복음서의 기록과 공존이 불가능할 만큼 상충되는 요소는 갖고 있지 않기 때문이다. 하지만 후자의 경우는 다르다. 「쿠아란타리아서」라는 제목 아래 소개되는 이 대목이 등장하게 됨으로써, 개작본 『사람의 아들』은 원작본 『사람의 아들』에서 시종일관 유지되었던, 복음서와의 관계 설정에 있어서의 <조심스러운 자세>를 적어도 이 대목에 있어서만은 과감하게 폐기하는 결과에 도달하고 있는 것이다.

그런데, 「쿠아란타리아서」 가운데서도, 독자들로 하여금 이와 같은 사태 변화를 가장 두드러지게 감지할 수 있도록 해 주는 부분이, 바로 예수 부활의 사건을 문제삼고 있는 부분이다. 「쿠아란타리아서」의 이 부분은 다음과 같은 내용으로 되어 있다.

> 이제 저 거짓된 <사람의 아들>은 그가 온 곳으로 돌아갔고, 대지는 다시 너희들의 손에 붙여졌다. 도둑들이 무덤 막은 돌을 굴려 버린 뒤 그 수의를 벗겨가고 다시 승냥이떼가 그의 죽은 몸을 물어 간 일이 입에서 입으로 옮는 사이에 좀 부풀리어졌다손 네가 흔들릴 게 무엇이냐? 거기에 휘말린 줏대 약한 사람들이 헛것을 보고 그가 살아났다고 수근대며 다닌들 네가 두려워할 게 무엇이냐?[8]

개작본 『사람의 아들』의 안이야기를 보면, 위에 인용된 내용을 포함하여,

---

8) 이문열, 개작본 『사람의 아들』(민음사, 1987), pp. 251~252.

「쿠아란타리아서」 전부를 말하고 있는 발화의 주체는 바로 <위대한 지혜>라고 한다. 이 <위대한 지혜>는 본래 야훼와 동등한 지위에 있는 신인데, 야훼가 제멋대로 왜곡・변형・타락시켜 놓은 세상을 바로잡기 위해 <광야에서> 진정한 <사람의 아들>인 아하스 페르츠를 찾아 진정한 계시의 말씀을 전해 준 것으로 되어 있다.

이처럼 <위대한 지혜>에 의해 발해진 참다운 계시의 말씀으로 되어 있는 「쿠아란타리아서」에 의하면, 예수의 부활이라는 것은, 위에 인용된 대목에서 분명한 어조로 이야기되고 있는 바와 마찬가지로, 하나의 우스꽝스러운 <헛소문>에 불과하다. <예수는 분명히 죽었다. 도둑들이 무덤의 돌을 굴려 버리고 그의 수의를 훔쳐 갔다. 그리고 그의 시체는 승냥이들이 물어 갔다. 실상은 이러한 것인 데도 어리석은 인간들은 그의 시체가 없어졌다는 사실만을 알고서는 허황한 픽션을 꾸며 내기에 이르렀다. 이것이 전부다>—「쿠아란타리아서」에서 <위대한 지혜>는 이러한 주장을 펴고 있는 것이다.

이러한 주장이 복음서의 기록과 절대로 공존할 수 없다는 것은 말할 필요조차 없을 터이다. 그리고 이러한 주장이 예수 부활 사건의 초월적・기적적 성격을 원천적으로 부정하고 있다는 것 또한 말할 필요조차 없을 터이다.

그런데, 이문열은 『사람의 아들』을 개작하는 과정에서 새롭게 만들어 추가한 「쿠아란타리아서」에 해당하는 대목 속에 이처럼 예수 부활의 사건에 대하여 극단적인 반(反)복음서적 해석을 담고 있는 주장을 포함시켰으면서, 다른 한편으로는, 원작본 『사람의 아들』 속에 들어 있었던, 예수의 부활에 관한 복음서의 기록과 조금도 상충되지 않는 내용으로 되어 있는 대목 또한, 아무런 수정도 가하지 않은 채 그대로 존치시켰다. 그렇다면, 예수의 부활과 관련된 내용을 담고 있는 이 두 개의 부분, 즉 처음부터 들어 있었던 부분과 새롭게 씌어져 추가된 부분은 바로 그 예수 부활의 사건에 대하여 각각 전혀 상이한 사실인식과 해석을 담고 있는 셈인데, 이런 두 개의 부분이 동일한 소설작품 속에서 나란히 제시되고 있다는 사실로 볼 때, 이 작품 자체가 하나의 중대한 전후 모순을 범하고 있다는 결론이 불가피해지는 것은 아닐까?

그렇지는 않다. 어째서 그렇지 않은가?

앞서 원작본 『사람의 아들』을 검토하는 자리에서 이미 언급했던 바와 같이, 원작본 『사람의 아들』 속에 들어 있는, 예수의 부활과 관련된 장면은, 민요섭이 쓴 <안이야기>의 일부로 제시된 것이었다. 그러면, 개작본 『사람의 아들』에 와서 처음으로 등장한 「쿠아란타리아서」라는 것은 누가 쓴 것인가? 역시 민요섭이 쓴 것인가? 어떤 면에서는 그러하지만, 어떤 면에서는 그렇지 않다. 왜냐하면, 「쿠아란타리아서」의 초고를 처음 쓴 것은 분명 민요섭이지만, 나중에 남경사의 손에 입수된 「쿠아란타리아서」는 민요섭이 원래 썼던 초고가 아니고 조동팔에 의하여 수정된 것이기 때문이다. 민요섭이 원래 썼던 초고는 조동팔이 태워 버린 것으로 되어 있다. 『사람의 아들』의 겉이야기에서 형상화되고 있는 면모로 보건대, 조동팔은 민요섭보다 훨씬 과격한 성격의 소유자임을 알 수 있거니와, 이처럼 과격한 성격의 소유자가 「쿠아란타리아서」를 수정하는 작업에 임했을 때에는 애초의 텍스트에 담겨 있었던 주장보다 훨씬 극단적이고 반복음서적인 방향으로 손질을 가했으리라는 추정이 충분히 가능하다. 그렇다면, 예수 부활의 사건과 관련을 맺고 있는 두 개의 대목 중, 원작본 『사람의 아들』에서부터 들어 있었던 대목에는 민요섭의 생각이나 성격이 주로 반영되고 있는 반면, 개작본에 이르러 「쿠아란타리아서」의 일부라는 형식으로 새로이 추가된 대목에는 조동팔의 생각이나 성격이 주로 반영되고 있으리라는 결론을 내릴 수 있게 된다. 결국, 개작본 『사람의 아들』을 논하면서 우리가 <예수 부활의 문제와 관련하여 전후 모순이 발견된다>고 말할 이유는 전혀 없게 되는 것이다.

바로 이 지점에서 한 걸음을 더 나아가 생각해 보면, 개작본 『사람의 아들』 속에 예수의 부활이라는 문제와 관련하여 전혀 상이한 시각에 입각한 두 가지 이야기가 방금 설명된 바와 같은 방식으로 나란히 제시되어 있다는 사실은, 단지 <전후 모순>이라는 이름으로 비난받을 이유가 없다고 하는 정도에서 그치지 않고, 좋은 의미에서의 <다성성(多聲性)>을 소설 속에 구현한 예로서 적극적인 평가를 받아 마땅하다는 지적도 나올 수 있을 법하다. 작가 이문열은 이 두 가지 이야기 중의 하나는 민요섭에게, 다른 하나는 조동팔에게 각각 배정하여 제시함으로써, 작가 자신은 둘 중 어느 쪽도 드러내어 편들지 않는 중립성을 유지하는 가운데, 독자들로 하여금 예수 부활의 문제 자체에 대한 다양한 상상과 성찰을 시도할 수 있도록 열린 공간을 제공해 준 셈이라고 말할 수 있는 것이다.

그러나 나로서는, 이런 점에서 개작본『사람의 아들』에 대한 적극적 평가가 가능하다는 사실을 충분히 인정하면서도, 정작「쿠아란타리아서」의 해당 대목에서 실제로 제시되어 있는 <도둑>이니 <승냥이>니 하는 투의 설정은 너무나도 통속적이며 또 경박한 것이라는 점에서 불만을 표시해 두지 않을 수가 없다. 나는「『사반의 십자가』에서 예수의 부활을 다룬 방식」에서 예수 부활의 사건이 개작본『사반의 십자가』속에서 어떤 방식으로 다루어지고 있는가를 논의했을 때, 김동리가 개작본을 쓰면서 예수 부활의 사건과 관련하여 새롭게 꾸며낸 이야기의 내용이 다분히 통속적이라는 이유로 비판을 가한 적이 있지만, 개작본『사람의 아들』중「쿠아란타리아서」에 해당하는 대목에서 예수 부활의 사건에 대한 설명을 위하여 <도둑>이니 <승냥이>니 하는 것들을 끌어들이는 모습은 개작본『사반의 십자가』의 경우에 못지 않게 통속적인 것이라고 하지 않을 수 없다. 개작본『사람의 아들』에서 예수 부활의 사건을 다루는 방식은, 또한, <경박성>이라는 면에서 보면, 개작본『사반의 십자가』보다도 더욱 심각한 양상을 보이고 있다는 평가를 받아 마땅하다.9)

---

9) 서양에서는 일찍부터 예수 부활의 사건을 통속적으로 설명하는 이런저런 이야기들이 다양하게 만들어진 바 있지만, 그런 이야기들 가운데서도,「쿠아란타리아서」에 제시되어 있는 설명 방식처럼 경박한 면모를 보이는 것은 흔하지 않은 듯하다. 적어도 내가『잔혹』및『예수의 비밀』과 같은 책에서 찾아내어「『사반의 십

4. 맺는 말

이 글의 서두 부분에서 밝혀 두었던 바와 마찬가지로, 한국인에 의해 써어진 장편소설 가운데 예수를 직접 등장시켜서 이야기를 전개해 나간 작품으로는 『사반의 십자가』, 『가룟 유다에 대한 증언』, 『사람의 아들』 등 세 편을 꼽을 수 있다. 이 글에서 나는 그 세 편 중 『가룟 유다에 대한 증언』과 『사람의 아들』에서 예수의 부활이라는 사건이 어떤 방식으로 다루어지고 있는가 하는 물음에 초점을 두고 논의를 전개해 보았다. 그 점에서 이 글은 같은 물음에 초점을 두되 『사반의 십자가』를 대상으로 해서 논의를 전개하였던 「『사반의 십자가』에서 예수의 부활을 다룬 방식」이라는 논문과 자매편의 관계로 연결된다. 이제 그 동안의 논의를 통하여 밝혀진 사항을 종합하면서 생각을 조금 더 진전시켜 볼 때 자연스럽게 도출되는 결론을 몇 가지 항목으로 나누어 제시하고자 한다.

(1) 『가룟 유다에 대한 증언』은 예수의 부활에 대하여 전혀 아무런 언급도 ―아주 희미한 암시조차도― 하지 않음으로써, 이 문제와 맞닥뜨리는 것을 아예 회피해 버리고 있다. 반면 『사람의 아들』에서는 이 문제가 적극적으로 다루어진다. 그런데 『사람의 아들』에서 흥미로운 점은, 액자소설의 형태를 취하고 있는 이 작품 속에서, 예수의 부활이라는 문제와의 대면은, 바로 그 액자구조의 안이야기에 해당하는 부분에서, 작중인물이 만들어낸 허구의 일부라는 방식으로 이루어지고 있다는 사실이다. 예수의 부활이라는 문제와의 대면이 이러한 방식으로 이루어지는 과정 전체를 통하여, 작가 자신은, 이 문제에 자기 자신의 실존을 걸고 달려드는 것 같지 않다. 달리 말해,

---

자가』에서 예수의 부활을 다룬 방식」 속에 인용한 바 있는 이야기들 가운데서는, 그만큼 경박한 것은 발견되지 않았다.

작가 자신이 이 문제를 놓고 정말 치열한 고뇌의 시간을 가졌다고 하는 인상을 별로 주지 않는다. 원작본의 경우나 개작본의 경우나 이 점에 있어서는 완전히 동일하다. 원작본의 경우, 예수의 부활에 관하여 작품 속에 제시되어 있는 모든 생각은 어디까지나 안이야기의 작자로 되어 있는 민요섭의 생각일 뿐이며 작가 자신은 그것과 절실한 관련이 없거나 있더라도 미미한 관련밖에 없다는 느낌을 주고 있다. 개작본의 경우에는 그 <생각>의 주체가 민요섭과 조동팔 두 사람으로 늘어나 있다는 점에서 원작본과 차이를 보일 뿐, 작가 자신의 내면이 이 문제와 무관하거나 미미한 관련밖에 없다는 느낌을 주고 있다는 점에서는 원작본과 완전히 똑같다.

『사반의 십자가』의 경우는 어떠한가? 예수의 부활이라는 문제와 대결하는 것을 회피하지 않고 정면으로 그것과 맞서고 있다는 점에서, 이 작품은 『가룟 유다에 대한 증언』과 구별된다. 그런가 하면, 작가 자신의 실존을 걸고 이 문제와 대결하고 있다는 느낌을—달리 말해, 작가 자신이 이 문제를 놓고 정말 치열한 고뇌의 시간을 가진 결과로 작품이 씌어지기에 이르렀다는 느낌을—강렬하게 던져 주고 있다는 점에서, 이 작품은 『사람의 아들』과 구별된다.

(2) 『가룟 유다에 대한 증언』에서 작가 백도기는 예수가 지닌 면모 가운데 <사랑>이라는 이념의 모범적 구현자라는 측면을 집중적으로 부각시킨다. 이렇게 하면서 그는 오로지 인간적인 윤리 차원의 쟁점에 대해서만 관심을 기울이는 모습을 보여준다. 이에 반해 『사람의 아들』에서는 예수의 여러 가지 면모 중에서 <사랑>이라는 이념의 구현자라는 측면을 무시하는 대신 <하나님의 아들>로서 그가 가진 초월적 성격에 주목함으로써, 『가룟 유다에 대한 증언』과 선명한 대조를 이루게 된다.

『사반의 십자가』의 경우는 어떠한가? 이 작품에 나타나 있는 김동리의 예수관(觀)은 백도기의 그것보다는 이문열의 그것에 더 가깝다. 즉 예수의 면모 가운데, 인간적인 윤리의 차원에서 찾아볼 수 있는 특징보다는, 그가 가지고 있는 초월적 성격에 더 큰 관심을 기울이는 입장이다. 그렇기는 하지만, 김동리의 예수관은, 이문열의 예수관에 비하면, 극단적으로 한쪽에만 기울어져 있다는 인상을 상대적으로 덜 주는 편이다.

(3) 백도기가 『가룟 유다에 대한 증언』을 쓰면서 예수의 부활을 둘러싼 문제와 정면으로 대결하기를 회피해 버린 것은 패기 부족의 소치로 비판될 가능성이 있다. 하지만 각도를 달리해서 생각해 보면, 그것은, 작가 자신이 평소에 깊이 고민해 온 문제로만 탐구의 범위를 한정하고, 그 범위 바깥에까지 함부로 뛰어나가는 것을 스스로 자제한 신중성의 결과로 높이 평가될 수도 있을 법하다. 이 후자쪽의 평가는, <작가 자신이 평소에 깊이 고민해 온 문제>였음이 확실한 윤리적 차원의 문제와 맞서 씨름하는 마당에서 그가 상당한 치열성과 진지성을 보여주었다는 사실을 감안해 보면, 더 큰 무게를 얻게 된다.

그러면 『사람의 아들』의 경우는 어떠한가? 이 작품에서 작가 이문열은 예수의 부활을 둘러싼 문제와 정면으로 대결하는 모습을 분명하게 보여주고 있다. 그렇다면 <패기>라는 측면에서 볼 때 이 작가는 당연히 높은 점수를 받을 만하다. 그런데 앞에서 이미 지적되었던 바와 마찬가지로, 『사람의 아들』에서 이문열이 이 문제와 대결하는 모습을 실제로 주의깊게 살펴보면, 거기에서는 작가 자신이 지닌 실존의 무게가 잘 느껴지지 않는다. 달리 말해, 작가 자신이 이 문제를 놓고 치열한 고뇌의 시간을 가진 바 있다는 인상이 별로 들지 않는다. 이러한 지적은, 『사람의 아들』 중 예수의 <부활>과 관련되는 부분에 대해서만이 아니라, 이 작품에서 예수가 거론되는 대목 전부에 대해서 예외 없이 해당되는 지적이다.

『사람의 아들』을 주의깊게 읽어볼 때, 작가가 지닌 실존의 무게가 이 작품 속에 걸려 있다는 느낌이라든가, 그 자신이 예수라는 대상과 씨름하면서 치열한 고뇌의 시간을 가진 적이 있다는 느낌 같은 것이 미약한 대신, 독자로서 아주 선명하게 느낄 수 있는 것은, 작가가 지적인 호기심을 강하게 지닌

한 딜레탕트의 자리에 서서 <예수 문제>를 다루고 있다는 인상이다. 이보영이 일찍이 <『사람의 아들』의 작자에게는 종교적 딜레탕트의 요소가 적지 않다10)>고 한 것은 옳은 지적이다. 이처럼, 이문열은 원래 <예수 문제>에 대해서 딜레탕트의 수준 이상으로 진지한 관심을 가지고 있지 않았던 듯한 인상을 주고 있는 만큼, 그가 『사람의 아들』을 처음 발표한 이후 지금에 이르기까지 20년 이상의 세월을 보내면서 세상에 선보인 헤아릴 수 없을 만큼 많은 소설들 중 <예수 문제>를 또다시 정면으로 다룬 소설이 단 하나도 없다는 사실은 조금도 이상한 것으로 보이지 않는다. 이상하기는커녕, 너무나도 당연한 귀결로 여겨진다.

『사람의 아들』은 이처럼 다분히 지적인 호기심으로 가득찬 딜레탕트의 입장에서 씌어진 소설로 보이며, 그 자연스러운 결과로, 한 편의 산뜻한 지적 유희라는 인상을 강하게 주고 있다. 『사람의 아들』의 도처에서 숱하게 튀어나오는, 다분히 작가의 박식을 과시하고자 하는 의도의 소산으로 읽히는 각주들의 존재도 이러한 <지적 유희>의 분위기를 강화시키는 데 크게 기여한다.

지금까지 내가 『사람의 아들』을 대상으로 해서 전개해 온 논의는, 이 작품의 문학적 가치를 낮추어 볼 수밖에 없다는 결론을 필연적으로 동반하는 것인가? 그렇지는 않다. 지적인 호기심으로 가득찬 딜레탕트의 입장에서 씌어진 소설이라 하여, 또 한 편의 산뜻한 지적 유희라는 인상을 강하게 주는 소설이라 하여, 반드시 문학적으로 낮게 평가되어야 마땅하다는 법칙은 어디에도 없다. 이러한 유형에 드는 소설들 가운데에도 얼마든지 수작이 있을 수 있으며, 또 졸작도 있을 수 있다. 그리고 이러한 유형에 드는 소설들 가운데에서 수작으로 인정될 만한 작품과, <작가의 실존을 걸고> <치열한 고뇌의 시간을 거치는 가운데> 씌어진 작품이기는 하지만 불행하게도 졸작으로 판정될 수밖에 없는 작품이 있다고 할 때, 우리는 당연히 전자를 후자보

---

10) 이보영, 앞의 책, p. 60.

다 우위에 두어야 마땅할 터이다.『사람의 아들』은 최소한 <지적인 호기심으로 가득찬 딜레탕트의 입장에서> <산뜻한 지적 유희라는 인상을 주게끔> 씌어진 소설의 유형에 드는 작품들 가운데서는 비교적 수작으로 꼽힐 만한 존재임에 의심의 여지가 없다.

이상에서 언급된『가룟 유다에 대한 증언』및『사람의 아들』의 경우와 비교할 때,『사반의 십자가』는 어떠한가? 우선 이 작품은 예수의 부활을 둘러싼 문제와 정면으로 대결하는 패기를 유감없이 보여주고 있다는 점에서『가룟 유다에 대한 증언』과 반대되며,『사람의 아들』과 동일한 자리에 놓인다. 그런가 하면 이 작품은, 지적인 호기심으로 가득찬 딜레탕트의 입장에서, 산뜻한 지적 유희라는 인상을 주게끔 씌어진 소설이 아니라, 작가 자신이 평소에 깊이 고민해 온 문제를 다룬 작품이며, 그 문제를 다루는 과정을 통하여 상당한 치열성과 진지성을 보여준 작품이라는 점에서는,『사람의 아들』과 반대되며,『가룟 유다에 대한 증언』과 동일한 자리에 놓인다고 말할 수 있다.

(4) 지금까지『사반의 십자가』,『가룟 유다에 대한 증언』,『사람의 아들』 등 세 편의 작품에 대하여 논의한 결과를 종합해서 판단해 볼 때, 이 세 편의 소설은, 예수의 부활이라는 문제와 관련하여, 각각 한 가지씩의 흥미로운 유형을 대표해 주고 있다는 결론을 내리는 것이 가능하다.

그렇다면, 이 세 가지 유형 가운데, 가장 높은 가치를 가지고 있는 것은 어느 유형이라고 보아야 할까? 이 물음에 대한 답은 이 물음에 답하고자 하는 사람들 각자가 지니고 있는 예수관 혹은 기독교관에 따라 서로 다르게 나올 수밖에 없을 것이다.

여기서는 다만,『사반의 십자가』,『가룟 유다에 대한 증언』,『사람의 아들』 등, 서로 다른 세 가지 유형 가운데 한 가지씩을 맡아서 예시해 주고 있는 소설들 모두가, <문학적 성과>라는 기준에서 볼 때 비교적 호의적인 평가를 받을 만한 수준에 도달하고 있다는 점에서는 예외 없이 동일하다는 사실을 지적하는 것으로 그치고자 한다. 물론 이러한 지적은, 그 세 작품을 나란히 놓고 면밀하게 견주어 볼 경우, 그 작품들 상호간에서 어느 정도의 차등관계가 발견된다는 사실을 부정하는 것은 아니다.

이렇게 이야기하면, <과연 어떤 이유에서 그 세 작품 모두의 문학적 성과에 대한 호의적 평가가 가능한가? 그리고 그 세 작품 상호간의 비교에서 발견되는 '어느 정도의 차등관계'란 구체적으로 어떤 것인가?>라는 질문이 곧 이어서 나올 것이다. 하지만, 이 질문에 대한 답은 이 글 속에서 이미 어느 정도 제시된 바 있다고 생각되기에 재론을 피하고자 한다. (2002)

예수의 부활에 대한 엔도 슈사쿠의 생각
― 『사해 부근에서』와 『예수의 생애』 및 『그리스도의 탄생』을 중심으로

일본의 카톨릭 작가로 널리 알려져 있는 엔도 슈사쿠(遠藤周作)의 많은 소설 작품 가운데서도 대표작의 하나로 꼽히는 『사해 부근에서』는 우선 그 독특한 구성방식으로 해서 이채를 발하고 있다. 이 작품은 총 13개 장으로 이루어져 있다. 그런데 그 중 홀수 번호에 해당하는 장들은 일본의 소설가인 일인칭의 화자가 예루살렘을 찾아가 성서 전문가인 옛 동창생의 안내로 예수의 유적지들을 찾아다니며 회상과 사색에 잠기는 모습을 그려나가고 있다. 반면에 짝수 번호에 해당하는 장들을 보면 그것들은 예수 당시에 그를 목격하였거나 그와 어떤 방식으로든 관련을 가졌던 사람들―예를 들면 한 때 예수를 따랐던 사람이라든가, 대사제 안나스, 총독 빌라도, 로마군의 백인대장 등―이 차례차례 시점 주체로 등장하여 예수에 대한 그들 나름의 증언 혹은 기억담을 펼쳐 보이는 형태로 되어 있다. 이들 두 가지 이야기 계열체들 사이에는 아무런 직접적 관계도 설정되어 있지 않다. <짝수 번호의 장들에서 서술되고 있는 이야기들은 홀수 번호의 장들에 나오는 화자가 창작한 작품들이다>라는 식의 설명이 주어져 있을 법도 한데, 그런 것이 전연 없다. 그 양자는 어디까지나 단순한 병치관계로 소설 속에 나란히 자리잡고 있을 뿐이

다.

 그러나 이처럼 외형상 아무런 연관 없이 병치되어 있는 데 불과한 것처럼 보이는 그 두 가지 이야기 계열체는, 내적으로는 아주 뚜렷한 공통성을 보여주면서 확고하게 하나로 통합되어 있다. 그 공통성이란 구체적으로 말하자면 예수를 보는 시각에 있어서의 공통성이다.

 이 작품의 홀수 번호 장들과 짝수 번호 장들 모두에서 완전히 일치된 모습으로 나타나고 있는 예수관(觀)은, <전혀 아무런 기적도 행할 능력을 갖지 못하였던 인물, 그러나 깊은 사랑의 정신으로 충만해 있었기에 많은 사람들에게 잊을 수 없는 감동을 준 인물이 바로 예수다>라는 것으로 요약된다. 이러한 예수관은 홀수 번호 장들에서는 주로 화자의 안내역을 맡고 있는 성서 전문가 도다의 견해라는 형태로, 그리고 짝수 번호 장들에서는 예수를 직접 대한 일이 있고 이 작품 속에 시점 주체로 등장하는 모든 사람들의 일치된 증언이라는 형태로 제시되고 있다. 그 전형적인 예에 해당되는 장면 하나를 다음에 인용해 보기로 한다.

> 한 절름발이가 기다리고 앉아 있다가 갑자기 우는 소리로 외쳐댔다.
> 「나는 이런 몸입니다. 오래전에 다리에 힘을 잃어 걷지도 못하는 신세가 되어 버렸습니다.」
> 그는 자신을 바라보는 예수에게 애원했다.
> 「고쳐주십시오. 제발 불쌍히 여겨주십시오.」
> 절름발이의 외치는 소리를 듣고 물가에서 놀던 아이들이 몰려왔다. 밭에서 김을 매던 여자들도 놀란 얼굴로 이쪽을 돌아보았다.
> 「당신이라면…이 다리를 고쳐주실 수 있습니다.」
> 예수는 잠자코 있었다. 볼이 홀쭉하고 눈이 움푹 들어간 그 얼굴에 절망의 빛이 떠오르는 것이 보였다. 안드레아노 예수가 그 설름발이에게 손을 내밀어 주기를 간절히 기다렸다. 그 손이 절름발이 다리에 닿기만 하면 그 힘을 잃은 다리가 금세 되살아날 것만 같았다.
> 「고쳐주십시오.」

사나이는 다시 한번 되풀이했다.
「당신은 하나님을 사랑이라고 했습니다.」
 호수는 햇빛을 받아 아름답게 반짝였다. 그 빛 속에서 예수의 모습은 어두운 정물처럼 가라앉아 보였고, 아무 움직임도 보이지 않던 예수가 힘없이 고개를 내저었다.
 절망한 절름발이는 예수를 바라보다가 끝내 울음을 터뜨리고 말았다. 손에서 지팡이가 빠져나가면서 몸뚱이가 땅 위로 나뒹굴었다.
「오랫동안 이 다리를 낫게 해 줄 사람이 저 언덕에서 내려올 것이라고 믿고 있었어요. 그리고 그 사람이 꼭 당신인 줄 알았는데…」
 절름발이는 흐느끼면서 더듬더듬 말했다. 더듬거리며 흘러나오는 그 말소리가 안드레아의 가슴을 찔렀다. 절름발이의 호소는 안드레아 자신의 호소였으며, 밭 가운데 서 있는 가엾은 여자들의 호소이기도 했다.
「당신에겐 능력이 없습니까?」
 예수는 지팡이를 주워들고 땅 위에 쓰러져 있는 사나이의 몸을 일으켜 세우려 했다. 그는 자기를 바라보고 있는 안드레아와 여자들에게 말했다.
「내가 할 수 있는 일은 당신들과 함께 고통을 나누는 일입니다. 나는 당신들의 고통을…」
 그러나 그의 다음 말은 절름발이의 울음소리에 지워지고 말았다.
 예수 일행이 떠난 후 잠시 동안 안드레아와 어부들은 그물을 손에 든 채 서 있었다. 밭일을 하던 여자들도 고개를 떨구고 서 있다가 모든 것을 체념한 듯 다시 괭이를 움직이기 시작했다.1)

　위에 인용된 장면은 보다시피 안드레아라는 인물을 시점 주체로 삼고 있는 가운데 전개되고 있거니와, 『사해 부근에서』를 처음부터 끝까지 통독해 보면, 이와 궤를 같이하는 장면들이, 시점 주체를 바꿔 가면서 숱하게 되풀이되는 것을 확인할 수 있다. 바로 이런 식의 장면들 속에 생생하게 나타나 있는, 예수를 <전혀 아무런 기적도 행할 능력을 갖지 못하였던 인물, 그러나 깊은 사랑의 정신으로 충만해 있었기에 많은 사람들에게 잊을 수 없는 감동을

---

1) 엔도 슈사쿠, 『사해 부근에서』(이석봉 역, 열린, 1995), pp. 37~39.

준 인물>로 보는 관점은, 『사해 부근에서』라는 소설을 쓴 작가인 엔도 슈사쿠 자신의 예수관이라고 보아도 좋을까? 그렇다고 생각된다. 『사해 부근에서』를 통독해 본 독자라면 이러한 판단을 내리는 데 아무도 주저하지 않을 것이다.

엔도 자신, 독자들의 이러한 판단을 더욱 확고한 것으로 만들어 주는 데 충분한 자료를 별도로 제공하고 있기도 하다. 그가 『사해 부근에서』를 쓰고 있던 같은 시기에 소설이 아닌 에세이풍의 연구서라는 형태로 내놓은 『예수의 생애』 및 『그리스도의 탄생』이라는 두 권의 연속된 저서들이 바로 그것이다. 이 책들에서 엔도는 소설가 이전의 한 인간 엔도 슈사쿠의 육성을 가지고 자신의 예수관을 신중하게, 그러면서도 열정적으로 개진하고 있는데, 거기서 개진되고 있는 <인간 엔도>의 예수관은 분명 위에서 인용된 『사해 부근에서』의 한 장면 속에 전형적으로 나타나 있는 예수관과 일치하는 방향을 가리키고 있다. 직접 『예수의 생애』로부터 한 대목을 인용해 보자.

<위로담>이 <기적담>보다 리얼리티를 갖고 우리에게 다가오는 것은 <기적담>이 갈릴리 지방에 남아 있는 예수 전설을 모아서 쓰여져 있는 데 반해, 위로담은 아마도 목격자인 제자의 기억에 생생히 남아 있는 그대로를 말하고 있기 때문이 아닐까.
(…) <위로담>이 우리의 마음을 끄는 것은 예수가 위대한 예언자들과는 달리 사람들이 돌보지 않는 이들 남녀의 슬픔을 줍고 다닌 점에 있다. (…) 그는 이 세계의 모든 인간의 슬픔이 하나하나 자신의 어깨 위에 얹혀지는 것을 느꼈다. 마침내 그가 언젠가는 짊어지지 않을 수 없었던 십자가처럼, 그것들은 묵직하게 그의 어깨에 얹혀졌다. <위로담>의 리얼리티는 우리들에게 예수의 모습을 뚜렷하게 느끼게 해 준다.
하지만 이 때 그는 벌써 다른 한 가지도 일고 있있다. 현실에 있어서의 사랑의 무력함이라는 것이다. 그는 이들 불행한 인간들을 사랑했으나 동시에 이들 남녀가 사랑의 무력함을 알았을 때 자기를 배신할 것도 알고 있었다. 왜냐하면 인간은 현실세계에서는 결국 효과를 바라기 때문이다. (…)

그러나 사랑은 현실세계에서의 효과와는 관계가 없는 행위이다. 여기에 예수의 고민이 있었다.
  (…) 성서에 쓰여져 있는 모든 <기적담>의 배후에는 예수의 이 고민이 숨겨져 있다. <기적담>은 우리들에게 예수가 실제로 기적을 행했는지 아닌지에 대한 통속적인 의문보다도, 사람들이 예수에게 결국 사랑이 아니고 표적과 기적밖에 바라지 않았다는 슬픈 결말을 상상케 한다. 그리고 그 바람이 이루어지지 않게 되었을 때 사람들은 얼마나 심하게 노했는지를 「누가복음」 4장 28절이 드러내고 있다.2)

위에 인용된 『예수의 생애』의 본문을 보면, 엔도는 복음서들에 기록되어 있는 예수의 기적 행위에 대하여 <그런 일은 없었다>라고 명시적으로 부정하는 말은 한 마디도 하지 않고 있다. 하지만 단지 명시적인 표현을 삼갔다뿐이지, 그가 위의 본문을 통하여 독자들에게 전달하고자 하는 주장의 실질적인 내용은 너무나 명백한 것이다. 『사해 부근에서』에서 소설적 허구의 의상을 걸치고 나타나 있는 예수관이 알고 보면 인간 엔도 슈사쿠 자신의 예수관 바로 그것이라는 사실을 독자들이 깨닫도록 만들어 주는 자료로서 이것은 조금도 모자람이 없다.

엔도는 이처럼 예수라는 인물에게 <깊은 사랑의 정신>이라는 것만을 남겨주고 <기적을 행할 수 있는 능력>이라는 것은 그로부터 완전히 박탈해 버림으로써, 복음서들에 나타나 있는 예수상(像)과는 전혀 다른 예수상을 만들어 내었다. 이러한 작업을 전개해 나가는 과정에서 엔도가 일관되게 보여주는 태도는 열정으로 가득찬 확신자(確信者)의 그것이다. 『사해 부근에서』의 경우에는 그것이 <거침없으면서 열정적인 태도>요 『예수의 생애』 및 『그리스도의 탄생』의 경우에는 <신중하면서 열정적인 태도>라는 정도의 차이는 있지만, <열정적인 태도>라는 점에서는 그 모든 경우가 동일한 모습을 보여준다.

---

2) 엔도 슈사쿠, 『예수의 생애』(김광림 역, 홍성사, 1983), pp. 56~58.

그런데, 이처럼 예수로부터 <기적을 행할 수 있는 능력>을 박탈해 버리는 일에서 일관되게 열정적인 태도를 과시하였던 엔도로서도, 바로 그 <기적>의 절정 혹은 결정판이라고 할 수 있는 <예수 자신의 부활>이라는 문제 앞에서만은, 도저히 그처럼 열정에 찬 확신자의 면모를 유지할 수 없었던 것으로 보인다. 그는, 바로 이 문제 앞에서만은, 아무래도 풀리지 않는 수수께끼와 대면한 결과 헤어날 길 없는 혼란에 빠진 학생과 같은 표정을 보여주고 있는 것이다.

얼핏 생각하기에, 이것은 이상한 일로 여겨지기 쉽다. 생전에 아주 조그마한 기적조차도 행할 능력을 보여주지 못하였던 예수라면, 죽은 지 사흘 만에 부활한다고 하는 참으로 놀라운 기적을 이룩하기란 도무지 불가능하다고 보는 것이 당연하지 않은가? 이것은 도대체 길게 생각할 필요가 없는 일이 아닌가? 이런 너무나 자명한 일을 가지고 새삼 <헤어날 길 없는 혼란에 빠진 학생과 같은 표정>을 보일 필요가 과연 어디에 있단 말인가?

하지만 조금 더 깊이 생각해 보면, 문제가 그렇게 간단하지 않다는 사실을 알 수 있다. 예수가 죽은 지 사흘만에 부활하였다는 기적이 없었다고 하면, 예수가 처형될 당시 예외없이 절망 속에서 그를 버리고 달아났던 그의 모든 제자들이 예수 사후에 갑자기 불굴의 용기와 신념으로 무장한 <믿음의 영웅들>이 되어 온 세상을 향하여 지칠 줄 모르는 전도활동을 전개하고, 모든 박해를 이겨내고, 마침내는 비극적인 순교의 운명까지도 기쁘게 맞이했던 그 기이한 현상을 도무지 설명할 길이 없어지기 때문이다.

대표적인 예로, 베드로의 경우를 보자. 예수가 처형될 당시에 베드로가 보여주었던 태도와 예수가 처형된 이후부터 시작하여 베드로 자신의 죽음을 맞이하게 되는 날까지 그가 일관되게 보여준 태도 사이에서 발견되는 참으로 놀라운 변화에 대하여 『예수님은 실존 인물인가?』라는 책의 저자들은 다음과 같은 기술을 행하고 있다.

그는 예수가 심문을 당하는 동안 그를 몇 차례에 걸쳐서 부인했다. 그는 마지막에는 그를 버리기까지 하였다. 그러나 이 겁장이에게 어떤 일이 일어났다. 예수가 십자가에 못박혀 죽고 장사된 지 얼마 후에 베드로는 죽음의 위협을 받았음에도 불구하고, 예수가 그리스도였으며 부활했다고 담대하게 설교하면서 예루살렘에 그 모습을 나타냈다. 결국 베드로는 십자가에 거꾸로 매달려 죽었다. 그는 속고 있었는가? 그에게 어떤 일이 일어났는가? 그를 그와 같이 극적으로 예수를 위한 용감한 사자(bold lion)로 변화시킨 것은 무엇이었는가? 그는 그를 위해서 기꺼이 죽었는가? 내가 만족스럽게 받아들일 수 있는 유일한 설명은 「고린도전서」 15장 5절의 내용이다―<게바에게 보이시고>(「요한복음」 1장 42절 참조).3)

이러한 이야기가 적용될 수 있는 대상은 베드로뿐만이 아니다. 가룟 유다 한 사람을 제외한 예수의 제자들 전부인 것이다. 같은 책의 다음과 같은 대목에서 말하고 있는 바 그대로이다.

예수의 추종자들은 그들이 예수의 부활을 확신하지 않았다면 고문과 죽음에 맞설 수 없었을 것이다. 그들의 메시지의 한결같음과 행동 방침은 놀라운 것이었다. 어떤 큰 무리이든 의견의 차이를 보일 가능성은 매우 큰 편이지만, 그들은 모두가 부활이라는 진리에 대해서는 의견의 일치를 보였다. 만일 그들이 사기꾼들이었다면, 그들 중 한 사람도 압박하에서 변절하지 않은 이유를 설명하기가 힘들다.4)

예수의 모든 기적 행위를 일관되게 부정해 온 사람이라면, 이러한 사태를 앞에 놓고, 어떻게 <헤어날 길 없는 혼란에 빠진 학생과 같은 표정>을 짓지 않을 수가 있겠는가?

엔도가 예수의 부활이라는 문제를 앞에 놓고 짓지 않을 수 없었던 그

---

3) 조시 맥도웰・빌 윌슨, 『예수님은 실존 인물인가?』(김진우 역, 생명의말씀사, 1991), p. 181. 이 책의 원제는 He Walked Among Us이다.
4) 앞의 책, p. 183.

곤혹스러운 표정의 일단을, 우리는 우선 『사해 부근에서』 속에서 찾아볼 수 있다. 『사해 부근에서』의 제9장을 보면, 이 소설 속에 엔도 자신의 지적인 분신으로 등장하는 도다가 친구인 화자를 향하여 자신이 피할 수 없이 품게 되었던 의문의 존재와 그 의문 앞에서 또한 피할 수 없이 느끼게 되었던, 자신이 지닌 이해력의 한계를 고백하는 다음과 같은 장면이 나오는데, 바로 이 장면에서 우리는 엔도 자신이 느꼈던 곤혹감의 반향을 읽어낼 수 있는 것이다.

「성서에는 수수께끼가 많이 있어서 말이야.」
「그래, 맞아.」
「첫째로 무력했던 예수, 살아 있을 때는 아무것도 하지 못했던 예수를 위해 왜 제자들이 반평생을 그토록 헌신적으로 뛰었는지 나는 아직 그걸 이해하지 못하고 있다네.」
「성서에 그 이유가 있지 않나?」
「예수의 부활이라는 것밖에 쓰여 있지 않아. 부활 말고는 다른 이유가 어디에도 없어. 예수를 버린 제자들에게 자네는 마음이 끌린다고 했지만, 어떤 제자도 결국은 예수를 버렸다네. 그 사람들이…예수가 죽은 후에 어떻게 다시 일어났는지 그걸 모르겠어. 부활이란 도대체 무엇일까?」
「제자들의 추억이 예수와 그 말씀을 미화한 걸까, 아니면 예수를 떠났다는 그 후회 때문에 그런 창작이 가능했을까?」
그러나 도다는 나의 추측에 동의하지 않았다. 만일 추억만이라면 세례자 요한 역시 제자들로부터 꼭 같은 미화를 받을 만한 인물이다. 그러나 예수뿐이었다. 그것은 학문적으로도 입증되었다. 현실적으로 무력하여 아무것도 못했던, 모두에게서 배척당한 예수만이 제자들의 신앙의 대상이 된 것이다….
「이 나라에 와서 꽤 공부했다네. 그러나 아무리 공부해도 이 수수께끼만은 풀 수가 없어.」
도다의 목소리에는 괴로움이 배어 있었다.5)

---

5) 『사해 부근에서』, pp. 205~206.

위의 장면에 나오는 도다의 모든 고백은, <의문에 대한 고백>과 <한계에 대한 고백>이라는 두 가지 측면 모두에 있어서, 고스란히 엔도 자신의 고백이기도 할 것이다.

그러나 친구와 단 둘이 사적으로 마주앉은 자리에서 위의 인용문에 나오는 것과 같은 말로 자신이 지닌 이해력의 한계를 고백하는 것으로 일단 발언을 멈출 수 있었던 소설 속의 인물 도다와 달리, 한 사람의 연구자로서 두 권에 달하는 에세이풍의 연구서를 쓰는 일에까지 나아간 현실 속의 살아 있는 인간 엔도 슈사쿠는, 바로 이 예수의 부활이라는 문제에 대하여 어떤 형태로든 분명한 자기 주장을 피력하고 넘어가지 않을 수가 없었다. 이것은 그로서는 참으로 힘들었겠지만 결코 회피할 수 없는 일이었다. 그렇다면 과연 엔도가 자신의 저서 속에서 부활의 문제와 관련하여 실제로 피력하고 있는 <자기 주장>이라는 것은 어떤 모습을 띠고 있는가? 우리가 이 물음과 관련해서 우선적으로 살펴보아야 할 대상은 『그리스도의 탄생』의 제2장 「괴롭고 긴 밤」이다. <부활한 예수와 제자들과의 만남>이라는 주제를 직접 정면에서 다루고 있는 장이 「괴롭고 긴 밤」이기 때문이다. 특히 다음과 같은 대목이 「괴롭고 긴 밤」의 핵심을 이루고 있다.

 그리고 제자들은 마침내 소생한 예수를 보았다. 길고 괴로웠던 밤이 물러가고 새아침이 온 것이다. 예수는 베드로에게 나타나고 육친의 한 사람인 야고보를 포함한 다른 제자들에게도 나타나고 또한 가장 오래 된 부활의 보고를 쓴 바울에 의하면 <500명 이상의 형제들에게 한 번 나타났다.> 예수는 예루살렘에 나타나고, 예루살렘에서 엠마오로 가는 길에 나타나고, 갈릴리 호반 기슭에도 나타났다.
 (…) 이 예수의 현현(顯現: 예수의 나타남을 그리스도교 용어로는 이렇게 부른다)은 길고 괴로운 밤을 보낸 제자들의 종교체험이다. 이같은 종교체험이 어떤 것이었는지 우리들은 아무도 모른다. 왜냐하면 이와 같은 체험은 말로써는 결코 표현할 수 없다는 것쯤은 우리들도 알고 있기 때문이다. 신비스러운 것은 인간의 언어로써는 표현할 수 없다. 그것은 시 속에 신비

적인 것을 도입하려고 하는 시인이 제일 잘 알고 있을 것이다. 가령 언어에 의해 신비를 표현하려고 했던 아르튀르 랭보는 그 때문에 시작(詩作)을 포기하고 침묵하고 있다. 마찬가지로 제자들은 긴 고통스러운 밤을 겪은 후 예수를 보았으나 그런 결정적인 체험은 그들로서도 도저히 말로 할 수도 표현할 수도 없었을 것이다. 그들이 이 체험을 구체적으로 이야기하지 않았던 것은 예수 현현의 <구체적>인 묘사가 오랫동안 어느 자료에도 없고 현존하는 최초의 증언인 바울의「고린도인에의 편지」도 예수가 나타났다고 할 만한 묘사를 빼 버리고 이야기하고 있는 사실로도 알 수 있다.

말로써 표현할 수 없는 제자들의 종교체험을 후세의 복음서는 엠마오의 나그네 이야기(「누가복음」24장 13절~35절), 소생한 예수와의 식사(「누가복음」24장 36절~43절,「요한복음」21장 1절~14절) 등에서 구체적으로 썼다. 드로그메 같은 학자는 이것은 <후에 만들어진 일화>라고 주장하고 있다. 아마 이 말은 확실하며 나도 그것에 동의한다. 하지만 이 만들어진 일화는 거꾸로 읽으면 제자들이 저마다 예수 현현의 종교체험에서 무엇인가를 얻어 낸 증거이기도 하다. 왜냐하면 이러한 일화도 말로 할 수 없는 제자들의 체험을 핵으로 삼아 만들어졌을 것이기 때문이다.[6]

이제 위에 인용된 문장들에 나타나 있는 엔도의 <자기 주장>을 분석해 보기로 하자.

위에 인용된 글 속에서 엔도가 피력하고 있는 주장의 핵심은, 요컨대, 예수의 제자들이 경험한 것은 하나의 <종교적 체험>인데, 이 종교적 체험의 실체가 무엇인지는 알 수 없다는 것이다. 그것은 하나의 <신비>이기 때문에 알 수 없다는 것이 엔도의 주장이다.

<알 수 없다>고 말함으로써 한 발 물러서는 것처럼 보이는 가운데서도 엔도가 결코 양보하지 않고 있는 논점이 하나 있다. <분명히, 부활한 예수와 그의 제자들 사이에서 이루어신 '만남'의 구체적인 양상은, 복음서에 기록되어 있는 바 그대로는 아니었다>고 하는 주장이 바로 그것이다. 엔도는, 그

---

[6] 엔도 슈사쿠,『그리스도의 탄생』(김광림 역, 홍성사, 1984), pp. 36~37.

만남의 장면에 대한 복음서 속의 묘사는 모두 <후에 만들어진 일화>라고 주장한 드로그메의 설을 긍정적으로 인용함으로써 이러한 자신의 입장을 분명히 하고 있다.

<만남의 장면에 대한 복음서 속의 묘사는 모두 허구이다. 그러나 어쨌든 만남의 체험은 하나의 '종교적 체험'으로서 분명히 존재했다>—위에 인용된 글 속에서 엔도는 결국 이런 말을 하고 있는 셈이다.

그렇다면 엔도가 말하는 바 그 <종교적 체험>의 성격은 과연 어떤 것일까? 일단 그 체험이 하나의 <심리 체험>으로 분류될 수 있는 것임에는 의문의 여지가 없는 듯하다.

부활한 예수와의 만남이라는 종교적 체험이 심리 체험의 성격을 지니는 것이라면 그것이 하나의 환상 체험인가 아닌가 하는 것이 당연히 문제된다. 그런데 엔도는 바로 이 문제와의 대결이 불가피하게 된 지점에서 <알 수 없는 신비>라는 개념을 끌어들임으로써 해답을 회피해 버리고 있는 것이다. 사실 그로서는 이 물음 앞에서 <환상 체험이다>라는 답을 내놓는 것도, <환상 체험이 아니다>라는 답을 내놓는 것도 똑같이 어렵기 그지없는 일이었을 터이다.

만약 위의 물음 앞에서 <그래, 그것은 하나의 환상 체험에 불과한 것이었다>라는 답을 내놓는다고 해 보자. 그렇게 할 경우에는 참으로 심각한 난제가 계속 제기된다. 도대체 그 환상 체험은 어떤 연유에서 발생한 것일까? 엔도가 『예수의 생애』와 『그리스도의 탄생』의 다른 여러 대목들에서 반복하여 시사하고 있는 것처럼, 제자들 자신이 예수를 버렸던 것에 대한 죄의식과 예수가 마지막 순간까지 보여준 사랑에 대한 감동이 그 발생동기였다고 치자. 그렇다고 해서 일개 환상 체험에 불과한 것이 그 많은 사람들에게 동일한 양상으로 일어날 수가 있을까? 그리고 그 많은 사람들이, 일개 환상 체험에 불과한 것 때문에, 그 당시뿐만 아니라 그 후 오랜 세월이 지난 후까지, 거의 한 사람의 이탈자도 없이, 갖가지 박해 앞에서도 굽히지 않는 용기를 보여주고,

심지어 목숨까지도 기꺼이 내던진다고 하는 것이 가능한 일일까?
 부활한 예수와의 만남이라는 제자들의 체험을 단순한 환상 체험으로 간주해 버릴 경우에 발생하는 난제는 이것뿐만이 아니다. 그러한 체험에 대한 제자들의 증언을 믿지 않으려 드는 사람들 일반을 향하여 신학자 F. F. 브루스가 제기하고 있는 다음과 같은 반론에 대하여는 과연 어떤 답을 줄 수 있을 것인가?

> 초기의 설교자들이 고려해야 했던 것은 우호적인 증인들만이 아니었다. 그 당시에는 예수의 사역과 죽음에 대한 주요한 사실들에 정통하기는 했으나 덜 호의적인 사람들도 있었다. 제자들은 부정확한 내용들(의도적으로 사실들을 왜곡하는 것은 말할 것도 없이)을 전파하는 모험을 할 수 없었다. 그것은 그러한 사실을 폭로하기를 좋아하는 사람들에 의해서 즉시로 폭로될 것이기 때문이었다. 그와 반대로, 원래의 사도적 선포에 있어서의 강력한 요소들 중 한 가지는 청중들의 지식에 확신 있는 호소를 하는 것이었다. 그들은 단지 <우리는 이 일들의 증인들이다>라고 이야기했을 뿐 아니라 그와 동시에 <너희도 아는 바>(「사도행전」 2 : 22)라고 이야기하였다. 그들의 선포 가운데 어떤 자료들의 견지에서 사실들로부터 벗어나려는 경향이 있었다면 적대적인 증인들이 청중 가운데 그들과 함께 자리하고 있는 경우에 그것이 그 이상의 교정 수단으로서의 역할을 감당했을 것이다.7)

 브루스가 지적한 바 그대로, 예수가 죽음을 이기고 부활하였다는 그 제자들의 증언은, 예수에게, 그리고 그 제자들에게 적대적인 입장을 가지고 있으며 제자들의 발언에서 문제점이 발견되면 대번에 그것을 물고 늘어질 태세가 되어 있는 수많은 사람들이 버티고 있는 자리에서 행해진 것이었으며, 그러한 상황의 시련을 극복해 내는 데 성공한 것이었다. 그러한 상황의 시련을 극복해 내는 데 성공하지 못하였더라면 그것은 널리 전파될 수도 없었고 오래 기억될 수도 없었으리라. 예수가 죽음을 이기고 부활하였다는 그 제자들의

---

7) 조시 맥도웰·빌 윌슨, 앞의 책, p. 174에서 재인용.

증언을 단순한 환상 체험의 표백으로 간주하는 입장은, 이런 엄연한 사실을 논리적으로 설명하는 데 한계를 드러내 보일 수밖에 없다.

자 그러면, 위의 물음 앞에서 <그것은 결코 하나의 환상 체험에 불과한 것이 아니었다. 예수는 정말로 육신의 부활을 성취한 것이었고 제자들은 맑은 정신으로 그 엄연한 사실을 목격하였던 것이다>라는 답을 내놓아야 할 것인가?

그렇게 할 경우에는, 엔도가 그의 모든 책들을 통하여 일관되게 주장해 오고 있는, <예수는 전혀 아무런 기적도 행할 능력을 갖지 못한 사람이었다>고 한 근본 명제가 심대한 타격을 받게 된다. <아픈 사람의 질병을 고친다고 하는 비교적 간단한 수준의 능력조차도 보여주지 못하고 주변 사람들에게 계속 실망만 안겨 주던 무력한 사람과, 죽음을 이기고 육신의 부활을 성취한다고 하는 어마어마한 수준의 능력을 보여준 사람이 알고 보니 동일한 사람이었다>는 이야기는 도대체 일관성을 결여한 것으로 간주될 수밖에 없기 때문이다.

이러한 난경에서 벗어날 수 있는 한 가지 방법은, 부활한 예수를 직접 만나 보았다고 한 제자들의 일치된 증언을 <환상 체험의 고백>이 아닌 단순한 <거짓말>로 규정하는 것일 터이다. 하지만 이렇게 되면 사실은 문제가 더 어렵게 된다. <그 많은 사람들이, 단순한 거짓말을 지키기 위해, 그 당시뿐만 아니라 그 후 오랜 세월이 지난 후까지, 거의 한 사람의 이탈자도 없이, 갖가지 박해 앞에서도 굽히지 않는 용기를 보여주고, 심지어 목숨까지도 기꺼이 내던진다고 하는 것이 가능한 일일까?>라는 질문 앞에서 <바로 그것이 실제로 일어났던 일이다>라고 답하기는 정말 어렵기 때문이다. 게다가 이러한 대답은 그 제자 그룹에 속하는 사람들 개개인의 도덕적 성격에 대하여, 그리고 초기 기독교 공동체 전체가 지녔던 도덕적 면모에 대하여 우리가 알고 있는 내용과도 근본적으로 모순된다. 『예수님은 실존 인물인가?』의 저자들이 다음과 같이 말하고 있는 바 그대로이다.

만일 부활이 거짓말이었다면, 사도들은 그것을 알고 있었을 것이다. 그들은 어마어마한 거짓말을 영속화시키고 있었는가? 그 가능성은 우리가 그들의 삶에 관해서 알고 있는 바와 조화가 되지 않는다. 그들은 개인적으로 거짓말하는 것을 정죄했으며 정직을 강조했다. 그들은 사람들에게 진리를 알 것을 권고하였다. 역사가 에드워드 기본은 그의 유명한 저서 『로마제국의 쇠퇴와 멸망사』에서 <최초의 그리스도인들의 보다 순수하고도 엄격한 도덕성>을 기독교가 급속히 성공할 수 있었던 다섯 가지 이유 중 하나로 제시하고 있다.8)

하지만 예수의 부활에 대한 증언을 단순한 거짓말로 규정지어 버릴 경우에 발생하게 될 문제점을 지적하는 수고를, 엔도 슈사쿠 그 사람을 상대로 해서 할 필요는 없다. 엔도는 예수의 부활에 대한 증언을 단순한 거짓말로 규정지을 수도 있으리라는 가능성은 아예 생각지도 않고 있음이 확실하기 때문이다.

<엔도는 부활한 예수와의 만남이라는 종교적 체험은 환상 체험이 아니라고 못박아 말하지 않았다. 하지만 그는 그것이 환상 체험이라고 못박아 말하지도 않았다. 그런가 하면, 그는, 예수의 부활에 대한 증언을 단순한 거짓말로 규정지을 수도 있으리라는 가능성은 원천적으로 배제하였다.>—지금까지의 논의를 통하여 엔도의 입장을 점검해 본 결과를 요약하면 대충 이렇게 되는 셈이다. 그렇다면, 그는 결국 예수의 부활에 대한 긍정론과 부정론 사이의 경계선 위에서 아슬아슬한 줄타기를 하고 있는 형국이라고 보아야 할지도 모르겠다.

하지만 그의 마음 속 깊은 곳에 자리잡고 있는 신념은 결국 부정론의 그것이었다. 지금까지 보아 온 내용만으로도 이 점은 대강 짐작할 수 있는 터이지만, 『그리스도의 탄생』을 끝까지 읽어 보면 그것이 너욱 확실하세 드러나는 것을 느낄 수 있다. 예수를 대상으로 오랫동안 행해져 왔던 그의 탐구가 도달한 전체적 결론을 집약하고 있는 것으로 생각되는 『그리스도의

---

8) 앞의 책, p. 182.

탄생』의 마지막 장(제13장) 「예수의 불가사의, 불가사의한 예수」 속의 다음
과 같은 대목을 읽으면서 그 점을 생각해 보기로 한다.

    예수는 틀림없이 로마 점령 하의 유태의 한 예언자, 한 랍비에 지나지
않았다. 그러나 이 시대, 아니 이에 앞선 오랜 시대, 이러한 랍비는 유태
속에 적지 않게 존재하고 있었던 것이다. 가령 세례 요한이 그러했고 굼란
교단의 의(義)의 랍비도 그러했다. 하지만 그들은 결코 그들의 사후 예수처
럼 신격화되지는 않았다. 이들의 자칭 메시아들은 한때는 사람들의 열광적
인 환영을 받으며 나타났다가 곧 물거품처럼 허무하게 사라져 간 사실이
유태 역사에는 씌어져 있다. 그리고 또한 여러 예언자가 출현하고 그들의
말은 확실히 하나님의 말씀으로 사람들에게 기억되고 전해져 왔으나 그
예언자들도 결코 예수처럼 신격화되지는 않았고 신앙의 대상이 되지도 않
았다. 이러한 사실을 알면 동양인인 우리들에게도 어째서 예수만이 거기까
지 높여졌는지에 대해 당연히 의문을 품게 될 것이다.
    어째서인가. 물론 아무도 이에 대답할 힘을 가지지 못한다.9)

    예수의 부활을 긍정하는 사람들이라면, 위에 인용된 엔도의 글 마지막
부분에 나오는 <물론 아무도 이에 대답할 힘을 가지지 못한다>는 구절에
대하여 단호한 반대의 뜻을 표할 것이다. 그들은 당연히 위의 인용문 가운데
마지막 두 문장을 다음과 같이 바꿔 써야 한다고 주장할 것이다: <어째서인
가. 물론 그것은 오로지 예수만이 육신의 부활을 성취하였기 때문이다.>
    그러나 엔도는 그렇게 쓰지 않았다. 그렇게 쓰는 것을 거부했다. <어째서
인가. 물론 그것은 오로지 예수만이 육신의 부활을 성취하였기 때문이다>라
고 쓰는 것을 거부한 것은 물론이요, 다음과 같이 쓰는 것조차도 거부하였다:
<어째서인가. 물론 그것은 오로지 예수만이 육신의 부활을 성취하였다고
여겨졌기 때문이다.>
    예수의 부활을 믿지 않는 사람이라고 할지라도, 웬만한 사람 같으면, <어

---

9) 『그리스도의 탄생』, pp. 222~223.

째서일까>라는 질문 바로 다음에 올 수 있는 말로, <그것은 오로지 예수만이 육신의 부활을 성취하였다고 여겨졌기 때문이다> 정도는 충분히 가능하다고, 혹은 적절성을 인정받을 만한 것이라고 수용해 줄 것으로 생각된다. 사실은 엔도 자신도 『그리스도의 탄생』의 제2장 「괴롭고 긴 밤」을 써나가던 단계에서는 그렇게 생각하고, 그런 식으로 기술을 진행했던 것으로 보인다. 거기서 그는 어쨌든 예수의 제자들에게 있어서는 <오로지 예수만이 육신의 부활을 성취한 것으로 여겨졌다>는 사실 자체만은 분명 엄연한 사실로서 인정했고, 그러한 사실을 인정한 마당에서 자신의 견해를 개진해 나가지 않았던가?

그런데 엔도는 『그리스도의 탄생』의 마지막 장을 쓰는 단계에 이르러서는 <그것은 오로지 예수만이 육신의 부활을 성취하였다고 여겨졌기 때문이다> 정도의 표현을 써 주는 것마저도 거부한 것이다. 그런 정도의 표현조차 거부한 엔도는 그 대신 <어째서인가. 물론 아무도 이에 대답할 힘을 가지지 못한다>라고 썼다.

엔도가 이렇게 한 것은, 『그리스도의 탄생』의 마지막 장을 쓰는 단계에 와서는 <예수의 부활>이라는 말을 꺼내는 일 자체를 아예 피해 버리기로 작정하였기 때문이라고 볼 수밖에 없다. 그는 예수를 대상으로 한 자신의 사색을 집약하여 하나의 결론을 내놓기로 한 자리에서, 마치 예수의 부활에 대한 이야기는 들어본 적조차 없다는 듯한 태도로 나가기로 결심하였던 듯하다. 다음에 인용되는 문장을 보아도 그 점은 마찬가지로 확인된다.

> 하지만 확실한 것은 예수는 그의 생애에 있어 그가 인생을 가로지른 사람에게 결정적인 흔적을 남기고 갔다는 사실이다. 그렇지 않았다면 싫증을 잘 내는 민중은 나른 자칭 메시아에게도 그러했듯이 예수에 대해서도 언젠가는 잊어버리든가 잊어버리지 않더라도 희미한 추억으로서 기억에 남겨 두는 데 불과했을 것이다.
> 그렇지만 예수의 경우는 달랐다. 그는 단순한 추억만이 아닌 결정적인

무엇인가를 제자나 그와 접촉한 갈릴리의 민중의 마음속에 남겨 놓고 있다. 이 결정적인 X는 불행하게도 글자로 씌어진 복음서만으로는 우리들은 알 수가 없다.10)

위에 인용된 대목은 앞서 내가 제시하였던 「예수의 불가사의, 불가사의한 예수」로부터의 인용문 바로 다음에 곧바로 이어지는 것이다. 여기에서도 여전히 엔도는 <부활>의 <부>자도 꺼내지 않는다. 예수의 부활을 믿는 사람들이라면 위의 대목을 읽으면서 <당신이 말하는 X는 바로 예수가 육신으로 부활하였다는 사실 바로 그것이다>라고 외칠 터이요, 예수의 부활을 믿지 않는 사람들 중에서도 웬만한 사람 같으면 <당신이 말하는 X는 바로 예수가 육신의 부활을 성취한 것으로 믿어졌다는 사실 바로 그것이다>라고 지적해 줄 터이다. 아니, 엔도 자신도 『그리스도의 탄생』의 제2장에서는 그런 입장을 보인 것으로 생각되었던 터이다. 그런데 이제 『그리스도의 탄생』의 마지막 장을 쓰는 단계에 이르자, 아니 예수를 대상으로 한 엔도 자신의 사색을 집약하여 하나의 결론을 내놓게 되는 자리에 이르자, 그는 『그리스도의 탄생』 제2장의 경우로 보아서 예상할 수 있었던 바와 달리, <부활>의 <부>자도 꺼내지 않고, <그 X는 우리들은 알 수가 없다>고 시치미를 떼 버리는 것이다.

결국 엔도는 『그리스도의 탄생』의 제2장을 쓰는 단계에서 보여주었던 내면의 혼란과 고민—그것은 바로 『예수의 생애』 마지막 부분에서 예수의 죽음과 그 후 예수의 제자들에 의해 행해진, 그의 부활에 대한 주장을 언급하지 않을 수 없게 된 단계에 이르러 엔도가 보여준 내면의 혼란과 고민이기도 하며, 『사해 부근에서』의 제9장에 나오는 화자와의 대화 장면에서 도다가 보여주었던 내면의 혼란과 고민 바로 그것이기도 하다—으로부터 벗어나고자 하는 의도에서, 『그리스도의 탄생』의 마지막 장을 쓰는 단계에서는, <부활>의 <부>자도 꺼내지 않는다고 하는 방법을 선택한 것으로 이해된다.

그러나 이것으로 문제가 해결되었다고 할 수 있을까? 이런 식으로 <부활>

---

10) 앞의 책, p. 223.

의 <부>자도 꺼내지 않은 채, 예수의 육체적 부활에 대한 이야기는 아예 들어본 적도 없다는 듯이 시치미를 떼고, 전혀 다른 맥락에서 <결정적인 X>를 거론하며, <이 결정적인 X는 불행하게도 글자로 씌어진 복음서만으로는 우리들은 알 수가 없다>라는 말로 이야기를 끝맺어 버리는 것은 어느 모로 보더라도 문제를 해결하는 방법이라고 할 수가 없다. 그것은 단지 문제를 회피하는 한 가지 방식일 따름이다.

지금까지 나는 엔도 슈사쿠가 쓴 『사해 부근에서』라는 한 권의 소설과 『예수의 생애』 및 『그리스도의 탄생』이라는 두 권의 에세이를 넘나들면서, 그 책들에 나타난, <예수의 육체적 부활>이라는 문제에 대한 엔도 자신의 생각이 어떤 것인가를 따져 보는 작업을 진행해 왔다. 상당한 분량의 지면을 소모한 나의 이 작업을 통하여, 위의 문제에 대한 엔도의 생각은 어느 정도 명료하게 드러난 셈이라고 판단해도 좋을 듯싶다.

예수 부활의 문제에 대한 엔도 슈사쿠의 생각을 추적해 온 나의 작업이 결국 <그것은 단지 문제를 회피하는 한 가지 방식일 따름이다>라는 다분히 비판적인 어투의 문장으로 끝맺게 된 것을 보면서, 그리고 이처럼 다분히 비판적인 어투의 문장으로 끝을 맺게 될 때까지 내가 전개해 온 논의의 전체적인 양상을 되돌아보면서, 독자들은 아마도 엔도 슈사쿠에 대해서—혹은, 적어도, 내가 이 글에서 검토의 대상으로 삼은 엔도 슈사쿠의 세 가지 저작에 대해서—상당히 부정적인 견해를 갖게 되었을지도 모르겠다. 하지만 만에 하나라도 그런 사태가 발생하였다면 그것은 참으로 유감스러운 일이 아닐 수 없다. 내가 이 글에서 검토의 대상으로 삼은 세 권의 책 모두에 대해서, 그리고 더 나아가 엔도 슈사쿠라는 사람 그 자신에 대해서, 나는 진심으로 존경하는 마음을 가지고 있다. 모든 불행한 인간들에 대한 뜨거운 연민의 정, 부조리한 것으로만 보이는 이 세상의 원리를 궁극에까지 따져서 기어이 밝혀 내고자 하는 강렬한 의욕, 장중하면서도 유연하게 흐르는 아름다운 문체를 구사하는 능력—이런 귀중한 미덕들을 엔도 슈사쿠는 지니고 있으며, 내가 이 글에서 검토의 대상으로 삼은 그의 저서들 속에서도 그 미덕들은 잘 살아나고 있다. 이런 점에서 엔도 슈사쿠는, 그리고 내가 이 글에서 검토의 대상으로 삼은 그의 저서들 모두는 나를 포함한 많은 사람들의 마음 속 깊은 곳으로부터 존경심을 자아내기에 모자람이 없다고 생각된다. 내가 이 글에서 드러내 보였듯 그는 예수의 육체적 부활이라는 어려운 문제와의 대결에서 대체로 실패한 것으로 보이지만, 방금 내가 지적한 그의 미덕들은 그 실패에도 불구하고 의연하게 빛나는 것들이다. (2002)

2부

염상섭의 소설에 나타난 기독교 문제

1. 서언

염상섭의 대표작으로 공인되고 있는 장편소설『삼대』(1931)를 읽어 보면 기독교의 문제가 작품 속에서 상당히 큰 비중으로 다루어지고 있음을 알 수 있다. 염상섭은 이 작품 속에서 조의관 집안의 조—부—자(손) 3대 중 제 2대에 해당하는 조상훈을 기독교인으로 설정하고 그를 통하여 다양한 문제를 제기하고 있을 뿐 아니라, 김병화의 아버지와 홍경애의 아버지·어머니에게도 역시 기독교인의 신분을 부여하되, 이들 모두를 각자 나름대로의 뚜렷한 상이점을 가진 기독교인으로 설정함으로써, 결과적으로 보면 당대 기독교인의 다양한 스펙트럼을 두루 검토해 보는 성과를 이룩하고 있는 것이다.

그런데『삼대』에서 이처럼 뚜렷하게 드러나고 있는 염상섭의 기독교에 대한 관심은, 사실 알고 보면, 갑작스럽게 출현한 것이 아니다. 시야를 넓혀서『삼대』이전에 발표된 염상섭의 작품들을 광범위하게 살펴보면, 작가가 기독교의 문제를 의식하고 있는 상태에서 창작에로 나아갔음을 알 수 있게 하는 작품들이 하나 둘이 아닌 것이다. 구체적으로 예를 들어 말하자면,「표본실의 청개구리」(1921), 그리고「제야」(1922),「E선생」(1922),『너희들은 무엇을 어덧느냐』(1923~24) 등이 여기에 해당된다. 이 중에서도 「표본실의 청개구리」를 제외한 나머지 세 편의 경우에는 작품 속에서 이 문제에 할당되고 있는 비중이 사실 그렇게 작은 편이 아니다.[1]

이러한 사실은 우리로 하여금 염상섭 문학에 나타난 기독교의 문제라는 주제를 한번 진지하게 따져보아야 할 필요가 있다는 판단을 내리도록 만들기에 모자람이 없다. 1920~30년대에 있어 염상섭이 당대 한국소설의 수준을 가장 높은 자리에서 대표하고 있었던 작가의 한 사람이라는 사실은 누구나 다 아는 바이다. 그런가 하면 기독교라는 종교는 그 시대의 한국 사회 속에서 분명 막대한 의의를 차지하는 존재이면서, 또한 작지 않은 문제점을 드러내고 있기도 하였다. 그렇다면 그 시대의 상황 속에서 염상섭의 문학정신과 기독교라는 종교가 서로 마주쳤을 때, 거기에서는 어떤 풍경이 빚어지게 되었던가? 그리고 그 풍경으로부터 오늘의 우리가 읽어낼 수 있는 메시지는 무엇인가? 이 글에서 나는, 「제야」로부터 『삼대』에까지 이르는 네 편의 작품들을 대상으로 하여, 위와 같은 문제를 간략하게 다루어 보고자 한다.

---

[1] 「표본실의 청개구리」에서는 기독교와 관련된 문제가 작중인물인 김창억의 대사를 통해서 언급되는 것으로 그치고 있는 반면, 나머지 작품들의 경우에는 그러한 문제가 작품 속의 중요한 사건들을 통하여 구체적으로 제시되는 데까지 나아가고 있다. 그렇기 때문에, 「표본실의 청개구리」와 나머지 작품들은 서로 다른 범주로 구별되어야 한다. 이 글에서 「표본실의 청개구리」를 다루지 않기로 한 것은 그 때문이다. 다만, 「표본실의 청개구리」에서 김창억의 대사를 통하여 제시되고 있는 염상섭의 문제 의식이 당대 기독교인들의 다수에게서 나타나고 있는 속물적 태도에 대한 비판에 집중되고 있다는 점에서 기본적으로 다른 작품들 속에 나타나 있는 그것과 궤를 같이하는 것이라는 사실은 기억될 필요가 있다. 참고로 그 대사의 핵심이 되는 부분을 아래에 제시해둔다.
〈나도 敎會에 좀 단여보앗지만, 그놈들처럼 無識하고, 아첨조하하는 더러운놈은 업겟습듸다. ……헷, 其中에도 牧師인지, 하는것들, 한참때에 大院君이나 뫼신듯이, 西洋놈들이 입다남은 양복조각들을 떨쳐입고, 그더러운 놈들미테서 굽실굽실하며, 돌아단이는것들을 보면, 이주먹으로 대구리들을……〉(『염상섭전집』9(민음사, 1987), p.26)

2. 「제야」의 성윤리와 기독교

염상섭이 「표본실의 청개구리」와 「암야」에 이어 세 번째로 발표한 소설로서 중편의 분량을 갖고 있는 「제야」는 여주인공 최정인이 쓴 유서의 형태를 취하고 있는 작품이다. 최정인은 자유분방한 성생활 끝에 임신을 한 상태에서 아이 아버지가 아닌 다른 남성과 중매에 의한 결혼을 했다가 결국 아내의 임신 사실을 알게 된 남편으로부터 이혼을 당하고 말았으나 자살할 생각은 전혀 없었는데, 남편으로부터 모든 것을 용서하고 받아들이겠다는 편지를 받자 그만 양심의 가책을 느껴 뱃속의 아이와 함께 죽음의 길로 나아갈 것을 결심하고, 남편에 대한 답장의 형식으로 장문의 유서를 쓰게 되는 것이다. 이 작품은 다양한 각도에서 접근해 볼 만한 가치를 가진 문제작으로 기왕에 이미 적지 않은 연구가 이루어진 바 있으나, 기독교의 문제에 초점을 맞추는 가운데 논의된 사례는 드문 듯하다. 하지만, 주인공 최정인이 기독교도라는 점이나 그의 남편 역시 기독교도이며 최정인에 대한 남편의 용서가 신앙의 이름으로 행해진다는 사실로 볼 때, 이 작품을 기독교 문제라는 측면에서 검토해 보는 것은 결코 무의미한 일이라 할 수 없을 것이다.

방금 최정인이 기독교도라는 사실을 지적하였지만, 물론 그의 기독교 신앙이 독실한 것이라고는 할 수 없다. 그 자신의 고백에 따르면, <대개는 군중이 모이는, 더구나 청년남녀가 득시글득시글하는 집회에 참석하는 것이 유쾌하야서 그리하기도 하고, 또 찬양대를 지도하야가는 책임과 자미로>[2] 교회에 출석하였다는 것이다. 그렇다면, 최정인은 외관상으로만 기독교인이었다고 규정해도 좋은가? 그럴 수는 없을 듯하다. 왜냐하면, 최정인은 <간혹은 진정으로 신앙 생활에 들어가야 하겠다고 하느님을 부르짖은 때도 없지않았>[3]다

---

2) 앞의 책, p. 71.
3) 앞의 책, 같은 페이지.

는 말도 하고 있기 때문이다. 물론, 그는 이러한 자신의 심리에 대하여 스스로 <(방종한 생활에 대한) 후회가 시킨 것이 아니>라, <너무 고독하여 무엇에든지 의지하랴는 욕구로거나, 또는 자기의 전정을 생각하고, 일종의 불안과 공포를 느끼기 때문이었>4)다는 분석을 가하고 있기도 하나, 이러한 분석이 그 부르짖음의 진정성을 전적으로 무효화시킨다고 말할 수는 없다(오히려 그러한 분석에서 엿보이는 가차없는 정직성이이야말로 그의 부르짖음에 대한 우리의 신뢰를 높여준다고 말할 수조차 있다).

최정인이 자살을 결심하기까지에 이르는 과정에서 취하는 모든 행동과 그것을 통하여 드러나는 그의 인간적인 면모는 그가 신앙의 측면에서 보여준 위와 같은 모습과 잘 어울리는 것으로 생각된다. 한편으로는 속물적인 허영심과 겉멋에 대한 이끌림을 강하게 보여주면서, 다른 한편으로는 세상의 가식과 기만에 대한 날카로운 비판의식을 드러내며 그러한 비판의식의 연장선상에서 참다운 삶에 대한 열망을 내보이기도 하는 그의 분열된 모습은 신앙의 측면에서 나타나는 그의 이중성과 고스란히 일치하기 때문이다. 최정인을 이러한 인물로 형상화함으로써 염상섭은 당대 기독교인들 중의 어떤 부류를 깊이 있게 통찰하고 정확하게 재현하는 능력이 그에게 있음을 입증하였다고 여겨진다.

그런가 하면, 최정인의 남편은 그와 헤어진 후 한동안 방황을 거듭하다가 마침내 내면의 고통을 극복하고 크리스마스 이브를 기하여 그에게 다음과 같은 편지를 보내기에 이른다.

> 우리는 祈禱하오. ―우리가 우리에게 罪지은者를 赦하야준것가티, 우리의 罪를 赦하야줍시사―고. 그러나 사람은 누구를 赦하야주엇소? 무엇을 赦하야주잇소? 貞仁氏여! 사람은 사람을 赦하야쥴 義務가 잇는 것을 아십니까. 나로하야곰그義務를 履行케하소서. 나에게 貞仁氏를 容赦할權利를 許諾하소서. ……

---

4) 앞의 책, p. 74.

(…) 나에게對한 貞仁氏는 全이요. 愛냐 名譽냐의問題가 아니라, 愛냐 死냐의 문제요. 信仰에徹底하면, 愛나死가 問題가될理가업다고 할지모르나, 나에게對하야는 愛업고는 信仰도업고, 信仰업고는 愛도 업소. ……世上은, 不倫한妻를 爲하야 名譽까지 팔아버린 개 도야지 만도못한놈이라고, 웃으랴거던웃으라고하지요. 罵倒하는자는 할대로 내버려두지요. 나의面上에 唾棄하겟다면, 나는 깃버뛰며 얼굴을 내밀지요. 그러나 나는 살아야하겟소. 굿세게 살아야하겟소. 正말 生에부드쳐보랴하오. 一貞仁氏를엇는것! 그것이 나에게는, 굿세게 그리고 眞正하게 生에부드쳐보랴는最初의努力이요. 나는 弱하오. 그러나 弱하기때문에, 强者가되랴하고, 또될수잇소. 弱한 나는 名譽를버리고,5) 强한나는 愛와信仰을 어드랴고, 全을바쳐서 苦鬪하랴 하오. ……두生命이 救하야집니다. ……6)

최정인의 남편이 보여준 이러한 태도는 한 인간에 대한 사랑과 연민이 사회적 체면에 대한 고려를 누르고 승리한 경우에 해당한다. 그리고 이것은 참다운 기독교 정신의 면모를 드러낸 것이라 평가받기에 모자람이 없다. 이처럼 참다운 기독교 정신을 실천하는 크리스천의 면모가 작품 속에 정면으로 부각된 경우는 염상섭의 전작품을 통하여 이것이 유일한 듯하다.

그런데 남편이 보낸 위의 편지를 받고 최정인은 태아를 뱃속에 지닌 채 자살을 하고 말았으니, <두 생명이 구하여집니다>라고 한 남편의 약속은 헛된 것이 되고 말지 않았는가?라는 물음이 나올 수 있다. 하지만 이 문제는 그렇게 단순한 것이 아니다. 최정인이 자살을 결심하고 쓴 유서의 마지막 부분에 가서 <두 생명은 구하여졌습니다>7)라고 과거형까지 써 가면서 단호한 표현을 구사한 것을 보면 이 문제가 결코 단순하지 않다는 사실을 분명히 알 수 있다. 표면적으로 보면 최정인이나 그의 뱃속에 든 아이나 모두 죽음의

---

5) 이보영은 여기서 <名譽를버리고>의 <버리고>는 <바라고>의 오식으로 보아야 한다고 주장한다. 타당한 주장이라고 생각된다. 이보영, 『난세의 문학』 (예지각, 1991), p. 533.
6) 『염상섭전집』9, pp. 108~109.
7) 앞의 책, p. 110.

길로 가고 남편에게는 두 생명을 잃은 슬픔만 남게 되었으니 결국 최악의 사태가 빚어진 셈이라고 할 수 있으나, 각도를 달리해서 보면 최정인에게는 <나의 눈물은 나를 정(淨)케하였습니다. 나의 눈물은, ……새 생명의 샘이었습니다. 나는 삽니다. 영원히 삽니다. 당신의 품에 안기어, 영원히 삽니다>[8] 라고 한 그의 말에서 엿보이듯 영혼의 정화를 통한 구원이 얻어졌고 남편은 그 구원의 사실을 확인할 수 있었다고 간주될 가능성도 있기 때문이다.

3. 「E선생」의 생명의식과 기독교

염상섭은 「제야」를 발표한 후 그의 첫 장편소설이 되는 『묘지』를 연재하다가 일단 중단하게 된다. 그런 일이 있은 직후에 발표된 단편이 「E선생」이다. 그러니까 「E선생」은 발표 순서로 보면 염상섭의 네 번째 작품에 해당한다.

「E선생」의 무대는 정주의 한 기독교계 사립 중학교이다. 기독교계 학교인 만큼 교장은 물론이요 대부분의 교사가 기독교인이나, 주인공 E선생은 교인이 아니다. 그런데 교인이라고 하는 교사들 중의 상당수가 부정적인 인간형이며, 특히 <권사라는 교직이 있을 뿐안이라 영어 마디 하는 관계로 선교사들과도 가까>[9]운 체조 교사는 타락한 속물의 전형이라고 할 수 있음에 반하여, 교인이 아닌 E선생은 투철한 정의감과 비판의식, 그리고 생명 있는 모든 것들에 대한 깊은 사랑을 간직한 인물로서 서로간에 극적인 대조를 이룬다. 소설은 E선생이 체조 선생과의 첫 번째 대결에서는 교감(그 역시 대부분의 교사와 마찬가지로 기독교인이지만 E선생이 정당하다는 것을 이해하고 후원한다)의 도움에 힘입어 승리를 거두게 되지만, 마지막에 가서는 교감과 함께 학교를 떠나지 않을 수 없게 되는 것으로 끝난다.

대략 이상과 같은 줄거리를 가지고 있는 「E선생」을 기독교 문제의 각도에

---

8) 앞의 책, p. 109.
9) 앞의 책, p. 126.

서 검토한 연구는 지금껏 별로 없었던 것 같지만, 이 작품은 분명 기독교 문제와 관련하여 진지하게 논의될 만한 소지를 갖추고 있다. 체조 선생으로 대표되는 부정적 인간군이 모두 기독교인인 데 반하여, 긍정적 인물로 설정된 인물들 중에서 교감은 교인이지만 정작 주인공인 E선생은 교인이 아니라는 사실 하나만 보아도 그 점을 알 수 있거니와, 실제 작품의 전개 과정에서 부정적인 인물들이 E선생을 향하여 던지는 비난이 주로 다음과 같은 형태를 취하고 있는 것을 보면 그 점이 더욱 분명하게 드러난다.

「그러치만 예수씨의 再臨으로自處하는 거룩한兩班을 넘우攻擊을 해서는 안이될껄, 헤헤헤」(…) 「참을혼말슴입니다. 아까 E先生의 訓話하는態度를보시면 여러분도 짐작은하시겟지만, 예수씨의말슴을걸어가지고, 예수씨는 이러저러하지만 나는 진실로 諸君에게 이르노니……云云한 것은, 確實히 하느님께대하야 無嚴無憚한말씨요 우리들을 蔑視한酬酌이안인가합니다.」10)

E선생이 부정적인 인물들로부터 위와 같은 투의 비난을 듣게 된 직접적인 원인은 체조 선생의 사주를 받은 운동부 학생들이 학교 인근의 배추밭을 일부러 짓밟아 놓은 데 대하여 분개한 E선생이 학교의 아침 기도회 시간에 진행자 역할을 맡게 된 기회를 이용, <식물을 포함한 일체의 생명을 존중해야 한다>는 사상을 담은 훈화를 학생들에게 들려준 일이다. 이 훈화에 담겨 있는 사상은 참으로 소중한 것이므로 여기에 그 훈화의 전부를 인용했으면 하는 것이 나의 희망이나 지면 관계상 일부만을 소개할 수밖에 없다.

「여러분은 孟子에서 穀觫章을 배웟슬것이요, 다음에 여러분은, 自古로國家는 殺人者를 死로써 刑罰함을 잘알것이요, 最終으로, 基督의 聖徒인여러분은, 只今 내가 읽은 十誡命을 어기지안흘만한 信仰이 잇는同時에 殺人하지말라는 至高至尊한 예수의 垂訓을 지킬줄을, 나는 確信하는바이오. 그러

---

10) 앞의 책, p. 131.

나예수의가르친바 殺人이라는것은, 決코 그範圍가 偏狹한 人間界에 限한것이아니라 一般的으로 산자를 죽이지말라는 것은 佛家가 殺生을警戒함과 다를것이업슬것이오. (…) 여러분! 여기어떠한사람이잇서서사람에게 利는될지언정 害는업는, 한폭이의풀을, 아모必要와 意味업시 발로욱그고손으로쥐어뜻는다면, 여러분은 어떠케 생각하겟소. 必也에 여러분은 例常事로 생각할것이요. 산자를 죽임은 罪惡이라고 배운 여러분은, 따리면울줄알고, 찔르면 피흘리는 犬馬에對하야는 오이려 殼觫한 마음을 이기지 못하지만, 한폭이의풀은 밟고뜨들지라도 鳴泣하는소리를 듣지못하고, 鮮血이 임리한光景을 보지못하기 때문에 例常事로 생각하는것이오. 그러나植物이라도 感覺이 업는것이아니오. 存在의理由와權利가업는것이아니오. 어느때든지, 무엇이든지 그存在의理由와權利를主張 하고 抵抗하지안는다고, 우리에게는 그것을 蹂躪할 權利는 업는것이오.

(…) 예수는 富者가 天堂에들어가기 어려움을 譬喩하야, 소가바늘구멍에 들어감갓다 하얏거니와 진실로나는여러분에게, 아모리 微微한 一草一木이라도 그의生命을 無視하고 蹂躪하는者로서, 人類의 幸福을圖謀하고 하느님께 嘉納되랴함은, 泰山을끼고 北海를넘고자 하는 者보다도, 오히려 어리석음을 가르치고자하는바이오.

(…) 만은 今後의여러분으로서 이만한 道德的良心의 自覺이업다하면, 여러분은 祈禱를 아모리 잘하드라도 結局여러분은파리새敎人밧게아니될것이오.」11)

위와 같은 투로 전개되는 E선생의 훈화는 기독교 학교에서 기도회 시간을 이용하여 베풀어진 관계상 예수의 이름을 들먹이면서 진행될 수밖에 없었지만, 사실 그 기저에 깔려 있는 사상, 즉 동물과 식물 사이에 가치의 차별을 두지 않고 다 같은 생명의 주체라 보아 똑같이 존중하는 철두철미한 생명존중의 사상이 과연 기독교의 정신과 일치하느냐 하는 문제는 그렇게 쉽사리 결론지을 수 있는 것이 아니다. 기독교의 정신이라는 것은 결코 하나의 통일된 교리로 명확히 규정지을 수 없는 것이며 자못 다양한 변이형을 거느리고

---

11) 앞의 책, pp. 122~123.

있는 터이기에 더욱 그러하다. 하지만, 적어도 1920년대에 한국인으로 살면서 교회를 다니고 있었던 사람들의 대다수가 볼 때에 E선생의 위와 같은 주장은 참으로 낯선 것, 이질적인 것이 아닐 수 없었으리라고 짐작된다. 그렇다면, E선생의 사상과 1920년대의 한국에서 일반적으로 발견되는 기독교의 정신 사이에는 본질적으로 일단의 긴장 관계가 존재하는 것으로 볼 수 있다. 그리고 앞에서 인용한 바 있는, E선생의 훈화에 대해 비난을 던진 부정적 인물들이 모두 교회에 다니는 사람들이며 또한 운동부 학생들로 하여금 배추밭을 짓밟도록 선동한 체조 선생 역시 기독교인일 뿐 아니라 권사라는 직함까지 지니고 있는 사람이라는 사실을 감안하면, 그러한 긴장 관계는 구체적인 현실세계 속에서 경우에 따라 훨씬 심각한 대립관계로 발전할 소지까지 지닌 것임을 알 수 있다.

그렇다면, 염상섭은 「E선생」을 쓰면서 근본적으로 기독교의 교리에 대해서, 혹은 당대 기독교인들의 일반적인 행태에 대해서, 비판을 가하고자 하는 의도를 지녔던 것일까? 이 물음에 대해 선뜻 분명한 대답을 제시하기는 어렵지만, 아마 그랬을 가능성이 크다는 정도의 말은 해 볼 수 있을 것 같다. 그런가 하면, 「E선생」이 기독교의 교리에 대해서, 그리고 당대 기독교인들의 일반적인 행태에 대해서 진지한 문제제기를 하고 있는 작품이라는 판단은, 주저 없이 내릴 수 있다. 그리고 이 정도만으로도, 「E선생」을 기독교 문제라는 각도에서 검토해 본 우리의 작업이 의미 있는 것이었다는 판단을 내리기에는 모자람이 없을 것이다.12)

---

12) 염상섭은 기독교계 학교인 정주의 오산학교에서 1920년 9월부터 이듬해 봄까지 교사로 근무한 일이 있거니와, 이 때의 경험이 「E선생」 속에 어떤 형태로든 투영되어 있을 것임에 틀림없다. 김종균, 『염상섭연구』(고려대학교 출판부, 1974), p.90 및 김윤식, 『염상섭연구』(서울대학교 출판부, 1987), p.156 참조. 그런가 하면, 기독교도가 아닌 E선생이 그의 직장에서 속물적인 동료 교사 기독교도들과 갈등을 빚고 끝내 학교를 떠나는 모습은, 일찍이 오산학교에서 근무했던 이광수가 나름대로의 이상주의를 견지하면서 속물적인 학교측 기독교도 인사들과 싸운 끝에 결국 학교를 떠나고 마는 과정과 좋은 비교의 소재가 될 만하다. 이광수의 자전적 소설 『그의 자서전』(1936~37)을 참조할 것. 이광수와 오산학교의

4. 『너희들은 무엇을 어덧느냐』의 사회의식과 기독교

『너희들은 무엇을 어덧느냐』는 염상섭의 첫 번째 장편소설이다. 그가 처음으로 장편의 창작을 시도한 것은 『묘지』에서였지만, 그 작품은 일부만 진행되다가 중단된 후 2년 가까운 시일이 지난 다음에야 재개되어 완결을 보았고, 그 사이에 『너희들은 무엇을 어덧느냐』가 쓰여졌기 때문에, 그가 쓴 최초의 장편소설은 『너희들은 무엇을 어덧느냐』라고 할 수 있는 것이다. 이 작품 속에서 작가는 꽤 많은 수의 등장인물을 동원하여 다양한 사건들을 전개시키며, 그런 가운데 자못 진지한 목소리로 몇 가지 중요한 문제를 제기하고 있는 바, 그 중에는 기독교의 문제도 포함되어 있다.

이 작품에 등장하는 많은 인물들 중에서 작가가 비교적 강한 애정을 보이고 있는 사람은 김중환과 라명수이며, 가장 비판적으로 대하고 있는 인물은 안석태이다. 그런데 이 작품에서 기독교의 문제가 특히 집중적으로 부각되는 것은 김중환의 말과 안석태의 행동을 통해서이다. 기독교인이 아닌 김중환의 입을 통해 기독교의 바람직한 존재 양상이 무엇이며 당대 기독교의 일반적인 문제점은 또 무엇인가라는 물음에 대한 답이 설파되는가 하면, 기독교도인 안석태의 행동을 통해서는 타락한 이중인격자의 면모가 그려지는 것이다. 작가인 염상섭 자신의 기독교관(觀)이 어떤 것인지를 선명하게 드러내 보이는 구도가 아닐 수 없다. 그러면 이제부터 김중환의 말과 안석태의 행동, 이 두 가지를 차례로 간단하게 살펴보기로 하자.

속물적 기독교도 인사들 사이에서 빚어졌던 갈등과 비슷한 종류의 갈등이 염상섭과, 같은 오산학교의 속물적 기독교도 인사들 사이에서도 또 빚어졌던 것일까? 염상섭 자신은 이 물음에 대한 답변의 자료가 될 만한 기록을 남겨놓은 바 없다. 하지만, 그가 오산학교를 불과 수개월만에 사직하고 떠나 버렸다는 사실을 염두에 두면서 「E선생」에 나타나 있는 주인공 E선생과 동료 교사들간의 충돌의 전말을 자세히 읽어보면, 아마 그러했을 가능성이 상당히 크다는 결론에 도달하지 않을 수가 없다.

신문기자라는 직업을 가지고 있는 김중환은 서술자의 설명에 따르면 <조치 못한 의미로 스핑쓰 가튼 남자>, <데카당(頹廢傾向)의 기분과 도학적 관념(道學的 觀念) 사이를 올지 갈지 하는자>13)인데, 그러한 인물이면서도 한편으로는 예리한 비판적 의식과 진지한 삶에 대한 뜨거운 동경을 가지고 있기도 하다. 염상섭은 바로 이 김중환이라는 인물에 대해 앞서 말한 바와 같이 강한 애정을 표시하면서, 기독교의 바람직한 존재 양상을 제시하고 당대 기독교의 일반적인 문제점을 비판하는 중요한 역할을 바로 그에게 맡기고 있다. 그가 덕순의 생일 잔치에 모인 한 무리의 남녀를 상대로 해서 이 문제를 가지고 토해 놓는 열변 가운데 일부를 발췌해서 인용해 보기로 한다.

「오늘날가치 종교뎍 사명(宗敎的 使命)에 대하야 놉흔 가치(價値)와 묵어운 짐과 원대한 긔대(期待)를 가지게 된 시대는 업겟지요. 내 생각 가타야서는 이십 세긔의 중엽(中葉)은 실로 종교의 황금시대(黃金時代)라고두 할 것 갓습니다. 종교의 본래의 사명을 성취할 수 잇는 가장 중요한 시긔가 왓다고 하겟지요. 오늘날 사회주의의 견디로서는 종교를 절대로 부인하지만 나 가튼 문외한(門外漢)으로 보아도 그것은 반동뎍(反動的)으로 나타난 한때의 현상이거나 엇더한 목뎍을 성취하야 가는 데에 잠간 필요한 수단이겟지요. (…) 그러나 이러한 현상은 오래 계속될 것은 물론 아니겟지요. 사회주의의 리상이 실현되여서 전 세계가 어떠한 형식으로 변하든지간에 그 새 세계의 새 사람의 생활에 뎍합한 새로운 종교가 또 다시 요구될 것은 분명한 일이겟지요. 하고 보면 종교가로서는 개조사업이 진행되는 동안에도 그 개조의 리상에 합치되는 뎜(合致點)을 발견함에 노력하는 동시에 항상 그 시대의 선구(先驅)가 되기를 이저버려서는 아니 될 것입니다. 다시 말하면 장래에 실현될 리상뎍 새 사회에 뎍합하도록 종교가 개조되어서 예언뎍 태도(豫言的 態度)로 시대에 압서서 인류의 리상을 밝게 보여주어야 할 것이외다. 나는 그것을 곳 텬당 가는 길이요 텬당을 이 땅 우에 세우는 것이라고 생각합니다.14)

---

13) 『염상섭전집』1, p. 213.
14) 앞의 책, p. 216.

위에 인용된 김중환의 주장에 따르면 기독교를 포함한 종교 일반—그러나 김중환의 말을 듣고 있는 청중들 가운데 기독교도는 여러 명이 있으나 다른 종교를 가진 사람은 아무도 없는 만큼 여기서 실제로 문제가 되고 있는 종교는 결국 기독교 하나이다—의 바람직한 존재 양상은 시대의 변화에 대하여 무관심한 태도로 임하지도 않고 그것을 피동적으로 뒤따르는 태도로 임하지도 않으며 차라리 그것을 앞장서서 이끌어 나가고 예언자적인 열정과 지혜를 발휘하는 것이다. 그런데 이러한 기준에 비추어볼 때 당대 한국의 기독교는 과연 어떤 평가를 받을 만한가? 김중환은 위에 인용된 대목에 바로 이어지는 부분에서 이 물음에 대한 그 나름의 해답을 제시한다.

> 「그들은 민족의 리상과 종교의 사명을 혈성을 가지고 생각하야 본 일도 업거니와 더구나 인류의 리상과 종교의 관계를 머리에 두어 본 일도 업겟지요. 그들은 그저 덥허노코 감사감사하면서 빗노리도 하고 집장수도 하고 서양 사람의 거간 노릇도 하야 제 뱃속만 채이면 <감사감사합니다>하며 코 큰 나라 백성에게 땅에 코가 닷도록 절을 하지만 경건한 종교덕 충동에 눈에 보이지 안는 빗과 귀에 들리지 안는 소리에 놀라 본 일은 업섯겟지요. 장래에도 업겟지요. 그리하야 경전은 훌륭한 긔게나 치부책이 되고 교회는 큼직한 공장이나 상뎜이 되고 교인은 어리석거나 그러치 아느면 간교한 흥정군이 되고 그리고 젊은 남녀의 밀회하는 구락부가 되고 마지나 아늘가 넘려올시다.」15)

당대 한국의 기독교에 대한 김중환의 이러한 비판은 우리로 하여금 곧바로 「E선생」에 나오는 저 체조 선생을 비롯한 한 무리의 위선적인 기독교인들을 떠올리게 만든다. 그러나 굳이 「E선생」을 찾아갈 필요도 없도록, 작가는 『너희들은 무엇을 어덧느냐』 자체 속에 바로 위의 비판적 발언에 고스란히 맞아들어 가는 한 사람의 기독교인을 등장시키고 있다. 안석태가 그 사람이다. 그는 <(자기가 다니는—인용자 보충) 교회 속에서 뎨일 유력한 신자로

---

15) 앞의 책, p. 217.

대접을 밧고 순실하고 열심 잇는 호남자로 칭송을 밧느니만치 그 뒤에 섯는 X녀학교의 사무실에서나 학생간에서도 이야기거리가 되고 묘령의 처녀의 흠모를 받게 되>16)는 존재이지만, 알고 보면 간교한 위선자요 호색한에 불과하다. <예배당하고 요리집하고 번가라 가며 번을 드>17)는 것이 그의 일관된 생활 양식이다. 그런가 하면, 그는 <계집이 보는 앞에서 연해 돈 쓰는 생색을 못해하든 꼴>18)을 보이는 속물이기도 하다. 이런 그가 애인이 있는 리마리아를 유혹하여 빼앗아 오는데, 리마리아를 유혹하면서 그는 자신이 상처(喪妻)한 몸이라고 속이지만 사실은 아내가 버젓이 살아 있고 자식도 둘이나 있는 처지이다. 그리고 안석태에게 속은 것을 안 리마리아가 새로 라명수에게 끌리는 모습을 보이자 리마리아에게 <급한 볼일로 평양에 간다. 사오일 후에나 돌아오겠다>는 내용의 편지를 보내 놓고 실제로는 서울에 머무르면서 리마리아의 뒤를 밟는 비열한 꾀를 쓰기도 한다. 바로 이러한 안석태의 행동을 통하여 작가는 타락한 위선적 기독교인의 행태에 대한 신랄한 비판을 가하고 있는 셈이다.

그런데 안석태의 이러한 면모를 주의 깊게 살펴 나가면서, 우리는 또 한편으로 그의 상대자로 등장하는 리마리아라는 여성에 대해서도 한번쯤 시선을 보내지 않을 수 없다. 리마리아 역시 안석태와 마찬가지로 기독교인이다. <쁘라운 교당>이라는 선교사의 총애를 받아 미국으로 유학갈 예정인 것을 보면, 외형상으로는 아주 모범적인 교인인 듯하다. 그러나 리마리아의 내면은 그렇게 모범적이라고 말할 수 없다. 그는 인간적으로 나무랄 데 없는 첫 애인을 버리고 돈과 외관상의 세련미에 끌려 안석태를 선택하며, 그의 기만성을 알고 난 후에는 한동안 순수하고 열정적인 낭만주의자의 풍모를 가진 라명수에게 접근해 가기도 하지만, 결국은 가난한 라명수를 택하지 않고 안석태에게로 돌아가는 것이다. 이로써 보면, 리마리아는 단지 모범적

---
16) 앞의 책, p. 290.
17) 앞의 책, p. 241.
18) 앞의 책, p. 305.

이지 않은 정도가 아니라 부정적인 여성형의 한 표본이라고 말할 수 있을 것 같다. 한데 『너희들은 무엇을 어덧느냐』를 실제로 읽어보면 리마리아에게는 그런 가운데서도 묘한 매력이 존재한다는 사실을 알 수 있다. 그것은 「제야」의 최정인이 지녔던 매력과 비슷한 듯하면서도 다른 것이다. 최정인의 매력이 세상의 가식과 기만에 대한 날카로운 비판의식, 그러한 비판의식의 연장선상에서 솟아나오는 참다운 삶에 대한 열망, 가차없는 정직성을 가지고 자기분석을 감행하는 용기 등등 도덕적으로나 지적으로나 꽤 높은 수준을 보여주는 요소들에 기초한 것이라면, 리마리아의 매력은 보다 더 감각적이고 육감적인 것이기 때문이다. 이처럼 감각적이고 육감적인 매력을 지닌 여성이 외관상 모범적인 기독교인의 의상을 입고 있으며 그것이 미국 유학의 티켓과 무관하지 않은 것으로 설정되어 있다는 사실은 당대 기독교의 실상 가운데 일부에 대해서나 염상섭의 기독교관에 대해서나 시사해 주는 바가 크다고 생각된다.

5. 『삼대』의 기독교 인물

지금까지 살펴본 「제야」, 「E선생」, 『너희들은 무엇을 어덧느냐』 등 세 작품은 모두 1920년대 초기의 수년 동안에 쓰여진 것이다. 「표본실의 청개구리」 역시 이 시기의 작품이다. 그러고 보면, 염상섭은 1920년대 초기의 수년 동안 상당히 지속적으로 기독교 문제에 대한 관심을 소설 속에 담아내었던 셈이다. 그러던 그가, 『너희들은 무엇을 어덧느냐』 이후에는 기독교 문제로부터 멀어지는 모습을 보인다. 하지만, 1930년대 초에 발표된 유명한 장편소설 『삼대』에서 기독교 문제는 다시 그의 소설 세계 속으로 돌아온다. 이 글의 첫머리에서 언급한 바 있듯, 염상섭은 이 작품에서 조덕기의 아버지(조상훈), 김병화의 아버지, 홍경애의 아버지 등 세 사람의 <아버지>와 홍경애의 어머니 등 네 사람을 모두 기독교인으로 설정하되, 그 네 사람 각자가 당대 기독교인의 네 가지 유형 중 하나씩을 대표하도록 만듦으로써, 결과적으로 볼 때, 당대 기독교인의 다양한 스펙트럼을 자못 폭넓게 검토해 보는 성과를 이룩하고 있다.

그러나 『삼대』를 읽어본 사람이면 누구나 다 알다시피, 이 네 사람의 기독교인이 소설 속에서 서로 같거나 비슷한 비중을 부여받고 있는 것은 아니다. 조덕기의 아버지이자 조의관의 아들인 조상훈 한 사람만이 상세한 고찰의 대상이 되고 있을 뿐이며, 김병화의 아버지와 홍경애의 아버지·어머니는 <그런 사람이 있다>는 정도로 간단하게 다루어지고 있을 따름인 것이다(특히, 김병화의 아버지는 김병화와 조덕기 사이의 대화나 서술자의 해설에 의하여 간접적으로 소개될 뿐, 작품 속에 직접 등장하는 일조차 없다). 그러니만큼, 뒤의 세 사람에게 조상훈과 같은 정도의 비중을 인정하여 다룰 수는 없다. 염상섭이 그 세 사람에게 배경적인 존재 정도의 비중만을 부여하는 것으로 그친 대신 조상훈을 크게 다룬 것은 분명 그가 조상훈과 같은 유형의 기독교인들에게 특별한 관심을 기울였던 증거이며, 우리는 그러한 염상섭의 태도를 존중하는 가운데에서 우리의 논의를 진행해야 할 의무가 있기 때문이다. 하지만, 아무리 그렇다고 해도, 이 글의 목적이 염상섭의 소설 속에 나타난 기독교 문제를 포괄적으로 다루는 것인 이상, 뒤의 세 사람을 간단히 무시할 수도 없는 노릇이다. 그러면 방금 말한 비중의 문제를 염두에 두면서, 그 네 사람의 기독교인을 차례로 간단히 검토해 보기로 하자.

이들 중 가장 큰 비중을 차지하고 있는 조상훈이라는 인물은 맨처음에 어떤 생각으로 기독교인이 되기를 결단하였던가? 서술자는 이 물음에 대한 답을 다음과 같은 말로써 제시하고 있다.

> 이삼십년 전 시대의 신청년이 봉건사회를 뒷발길로 차버리고 나서려고 허비적거릴 때에 누구나 그리하였던 것과 같이, 그도 젊은 지사(志士)로 나섰던 것이요, 또 그러노라면 정치적으로는 길이 막힌 그들이 모여드는 교단 아래 밀려가서 무릎을 꿇었던 것이 오늘날의 종교생활의 첫발새였던

것이다.[19]

이처럼 지사의 길을 가고자 하는 갸륵한 뜻을 품고 그 방편으로 교회의 문을 두드렸던 그는 <이태 동안이나 미국 다녀온 사람, 그리고 도도한 웅변으로 설교하는 깨끗한 신사>인 데다 <뒤에는 재산이 있으니> <교회 안의 인기는 이 한 사람의 독차지>[20]라고 이야기될 정도의 성공을 이룩한다. 하지만, 그러한 성공은 어디까지나 외관상의 그것으로 그칠 따름이었고, 그의 내면은 세월의 흐름과 더불어 타락의 길을 일직선으로 치달아가게 된다. 상습적인 음주와 노름, 요정 출입, 젊은 여성 유혹하기……그러면서도 겉으로는 여전히 열심히 교회에 나가서 설교도 하고 기도도 하면서 성자연하는 생활이 이어진다. 이런 그의 모습은 『너희들은 무엇을 어덧느냐』에 나오는 안석태의 모습을 그대로 재현시킨 것 같은 느낌이 있다.

「글쎄 금주 선전 신문인가 무언엔가 글이나 쓰시지 말았으면 좋지 않아요! (…) 밤 열시까지는 설교를 하시고, 그리고 열시가 지나면 술집으로 여기저기 갈 데 안 갈 데 돌아다니시니 그러면 세상이 모르나요, 언제든지 알리고 말 것이오……그것도 거기다가 목숨을 매달고 서양 사람의 돈푼이나 얻어먹어야 살 형편이면 모르겠지만……」[21]

위의 대사는 그의 아들인 조덕기가 자신의 모친을 향하여 내놓는 푸념의 일부이거니와, 여기서 드러나듯 조상훈의 타락은 위선과 기만을 동반한 이중생활이라는 데 더욱 심각한 문제성이 있다. 이러한 그의 타락한 행태는 나중에 가서는 자기 아버지 조의관의 유산 대부분이 조의관의 유언장에 따라

---

[19] 『한국소설문학대계』5(농아출판사, 1995), pp.44~45. 『삼대』의 텍스트로는 해방 후의 개작본이 아닌 1931년도의 연재본을 이용하는 것이 바람직하므로, 연재본을 그대로 살리고 표기법만 1990년대식으로 고친 『한국소설문학대계』 제 5권을 텍스트로 사용한다.
[20] 앞의 책, p. 76.
[21] 앞의 책, pp. 38~39.

자기를 제쳐놓고 조덕기에게로 넘어가자 자기의 한패를 형사로 위장시켜 조덕기네 금고를 탈취해 가는 범죄행각을 벌이다가 들통이 나 검거되는 데까지 나아간다. 이 점에서 보면 그는 『너희들은 무엇을 어덧느냐』의 안석태보다 일보를 더 전진한 셈이다.

『삼대』에 나오는 네 사람의 기독교인들 가운데 가장 큰 비중을 차지하고 있는 조상훈이 이러한 존재라면, 나머지 세 사람은 또 어떤 면모를 보여주는가?

먼저 김병화의 아버지를 보면 그는 아들인 김병화가 자신의 뜻을 이어받아 목사가 되기를 바랬으나, 정작 일본 유학의 길에 오른 김병화가 그것을 거부하고 와세다 전문부의 정경과에 입학하자 학비를 보내 주지 않으며, 할 수 없이 집으로 돌아온 아들이 <밥상 받고 기도 아니 하는> 정도의 무신론자가 되어 있는 것을 보고는 <애비 말 안 듣고 신앙도 빠뜨리고 다니는 자식은 어서 뒈져 버리든지 하라고 야단을> 치는 인물이다. 이렇게 되자, 김병화는 <죽기는 싫으니까 나는 나갑니다> 하면서 가출을 하고, 이후 끝까지 부자의 의를 끊은 채 지내게 된다.[22] 김병화의 아버지는 소설 속에서 이 정도로만 소개될 뿐 더 이상의 언급이 없지만, 이 정도만 보고서도 우리는 그가 융통성 없고 관용을 모르는 종교적 엄격주의의 대표자로서 이 작품 속에 등장한 셈임을 짐작할 수 있다.

그런가 하면, 홍경애의 아버지는 또 다른 유형의 기독교도이다. 조상훈이나 김병화 아버지보다 윗세대에 속하는 그는 문자 그대로의 지사(志士)로서 평생을 일관되게 살다 간 사람이다. <전재산을 사회와 교육계를 위하여 내던진>[23] 인물이며, 일제와 맞서 투쟁하다가 감옥살이를 하고 그 일로 건강을 상한 끝에 세상을 떠나고 마는 인물인 것이다. 그렇다면 그는 조상훈이나 김병화 아버지보다 나이만 더 많은 것이 아니라 진정한 내면적 가치로 따져

---

22) 앞의 책, pp. 55~56.
23) 앞의 책, p. 84.

보아도 한층 높은 자리에 놓이는 인물이라 할 수 있다. 하지만, 그를 완벽한 이상형의 인물로 보기는 어렵다. <우리 아버지는 너무 호활하시고 살림에 등한하셔서 삼사백하던 재산을 모두 학교에 내놓으시고 소작인에게 탕감해 주어 버리시>24)었다고 홍경애가 말하고 있는 것을 들어보면, 이상은 높되 현실에는 어둡고 민족은 위하되 가족은 소홀히 하는 일부 지사형 인사들의 문제점을 그도 공유하고 있었다는 사실을 알 수 있기 때문이다.

한편, 홍경애의 어머니, 즉 방금 살펴본 지사의 아내 되는 사람은 <손에 성경책 넣은 검은 헝겊 주머니를 들고 다니는 전도 부인>25)이다. 그런데 그가 기독교인이 된 것은 기실 남편의 신앙을 따르다 보니 그렇게 된 것뿐이다. 사실 그는 <만일 예수 믿고 사회일 하는 남편을 만나지 않았다면 장거리에서 술구기를 들었을지 딸자식을 기생에 박았을지 누가 알랴>26)는 말이 나올 정도의 인물인 것이다. 하지만, 이런 사실 때문에 그가 당대의 기독교인들 가운데 한 가지 유형을 대표하는 사람이라는 자격을 잃게 되는 것은 아니다. 따지고 보면, 당대의 기독교인들 가운데 상당수가 바로 이 사람과 같거나 비슷한 연유로 해서 교회에도 나가고 전도 부인도 되고 했을 것이 아닌가? 그렇다면, 우리는 홍경애의 어머니를 『삼대』에 나오는 네 번째 유형의 기독교인으로 간주하는 한편, <이러한 인물을 등장시킴으로써 『삼대』는 당대 기독교인들의 다양한 스펙트럼을 두루 포용하는 데 있어 더욱 진전된 성과를 이룩하게 되었다>고 평가하는 데 주저할 이유가 없을 것이다.

6. 기독교 체험과 인물 형상화

지금까지 나는 염상섭이 그의 소설 속에서 기독교를 어떠한 시각으로

---

24) 앞의 책, p. 77.
25) 앞의 책, p. 101.
26) 앞의 책, 같은 페이지.

바라보고 어떠한 태도로 다루었는가 하는 문제를, 「제야」, 「E선생」, 『너희들은 무엇을 어덧느냐』, 『삼대』 등 네 편의 작품을 대상으로 하여, 간략하게 살펴본 셈이다. 실제로 고찰을 진행함에 있어서 내가 주로 택한 방법은 작품 속에 등장하는 기독교인이 긍정적인 인물로 형상화되어 있는가, 아니면 그 반대인가를 따져 보는 것이었는데, 그 결과를 종합해 보면, 기독교인을 부정적인 인물로 형상화해 놓은 경우가 그 반대의 경우보다도 훨씬 많음을 알 수 있다. 「E선생」에 나오는 체조 선생을 비롯한 여러 교사들, 『너희들은 무엇을 어덧느냐』의 안석태와 리마리아, 『삼대』의 조상훈과 김병화 아버지 등이 모두 부정적인 인물의 범주에 들어가는 반면 유보의 여지없이 긍정적인 평가를 받을 수 있는 인물은 「제야」의 최정인 남편 정도인 것이다. 「E선생」의 교감도 긍정적인 인물이라 할 수 있지만, 그는 사실 작품 속에서 아주 작은 정도의 비중밖에 차지하고 있지 않기 때문에 잘 눈에 띄지도 않는다. 한편, 「제야」의 최정인과 『삼대』의 홍경애 아버지 및 어머니는 완전한 긍정의 대상도, 완전한 부정의 대상도 되기 어려운 중간적 존재라 할 수 있다. 그런가 하면, 기독교인이 아닌 존재로서 기독교인들과 갈등을 일으키거나 기독교인에 대한 비판론을 전개하고 있는 인물들 즉 「E선생」의 E선생이나 『너희들은 무엇을 어덧느냐』의 김중환, 『삼대』의 김병화 같은 인물은 예외없이 긍정적인 인물로 형상화되고 있는 셈인데, 이러한 현상 역시 염상섭의 소설 속에 나오는 기독교인들 가운데에서 부정적인 인물이 긍정적인 인물보다 더 많다는 사실과 궤를 같이하는 것으로 이해된다.

이와 같은 사실은 결국 「제야」에서부터 『삼대』에까지 이르는 일련의 소설들을 토대로 해서 판단할 때, 염상섭과 기독교 사이의 관계는, 비록 부분적인 예외나 유보 사항은 있지만, 전체적인 성격에 있어서는 결국 비판을 가하는 작가와 비판을 당하는 종교 사이의 관계로 규정될 수 있다는 결론을 불가피하게 한다.

그렇다면, 왜 양자간의 관계는 그런 식으로 맺어질 수밖에 없었는가. 달리 말해, 왜 그 관계는 신뢰를 보내는 작가와 신뢰를 받는 종교 사이의 관계로 맺어질 수 없었는가. 이제 우리는 이 물음에 대한 답을 탐색해 보지 않으면 안 된다.

그런데 위의 물음에 대한 답을 탐색해 보고자 할 경우 우리가 먼저 확인하고 넘어가야 할 것은 염상섭이 그 자신의 삶 속에서 당대의 기독교와 구체적으로 어떤 관계를 맺고 있었던가 하는 문제이다. 이 문제에 대한 기본적인 답은 지극히 명백하다. <염상섭은 그 무렵의 한국 소설계를 대표할 만한 리얼리스트 가운데 한 사람으로서 한국 사회 전반에 대하여 예리한 관찰을 행하고 있었던 만큼, 당대의 기독교계에 대해서도 예외없이 예리한 관찰자의 자격으로 임했다. 그러니까 염상섭과 당대 기독교의 관계는 기본적으로 예리한 관찰자와 관찰 대상 사이의 관계이다>라는 것이 그 대답이다.

하지만 그것은 기본적인 답이고 또 옳은 답임에 틀림없지만 완전한 답은 되지 못한다. 위의 문제에 대한 완전한 답을 얻고자 한다면, 혹은 적어도 완전한 답에 가까이 가고자 한다면, 염상섭이 성학원(聖學院)이라는 이름의 미션 스쿨에 편입했을 당시(1914년) 세례를 받은 일이 있다는 사실[27]과, 앞에서 「E선생」을 논하는 가운데 언급한 바 있듯 역시 기독교계 학교인 오산학교에서 교사 노릇을 한 일이 있다는 사실, 이 두 가지를 고려에 넣지 않으면 안 된다.

그러면 방금 말한 두 가지 사실은 염상섭으로 하여금 기독교에 더 가까이 가도록 만들었을까, 아니면 오히려 반대로, 기독교에 대한 비판적 시각을 더 강화하게끔 만드는 방향으로 작용하였을까. 쉽게 단정하기 어려운 문제이기는 하지만, 아무래도 전자보다는 후자 쪽으로 작용하였을 가능성이 크지 않을까 싶다. 오산학교에서의 체험이 후자 쪽의 방향으로 작용하였을 가능성이 크다는 사실은 앞서 「E선생」을 다루는 자리에서 이미 지적한 바 있거니와, 성학원 시절에 세례를 받은 일 역시 그와 비슷한 맥락에서 살펴볼 수 있을

---

[27] 김윤식, 앞의 책, p. 25 참조.

것 같다. 염상섭이 하필 미션 스쿨인 성학원에 편입했던 것부터가 기독교에 남다른 관심이 있었던 까닭이 아니라 <기숙사를 이용하는 편의가 있고 우등생은 학비면제의 특전이 있기 때문에 그것을 노린 것>28)에 불과하였고, 거기서 그가 세례까지 받은 것도 교장이 <4, 5삭도 못되어 세례를 받으라고 또 강권>한 결과였고 본인은 오히려 주저하였던 것29)이라고 술회하는 데에서, 그리고 성학원을 떠난 후에는 더 이상 교회에 출석하지 않은 것으로 보인다는 점에서 이러한 추측이 가능하다.

그런데 사실 방금 내가 제시한 추측을 일단 접어놓고 생각해 보더라도, 정식으로 기독교의 세례를 받은 경험이나 기독교 계통의 학교에서 교사 생활을 한 경험을 염상섭이 가졌다는 사실은 그로 하여금 당대의 한국 사회에서 소재를 구한 소설을 쓰면서 기독교의 문제를 외면할 수 없게 만드는 동인으로 작용하였다는 정도의 지적은 누구나 할 수 있을 것이다. 그리고 보면, 염상섭이 왜 특히 1920년대 초기의 수년 동안에 기독교 문제를 많이 다루었던가, 『삼대』 이후로 가면 기독교 문제가 그의 소설 속에 나타나는 일이 왜 드물어지는가 하는 점도 쉽게 이해될 수 있을 것 같다. 1920년대 초기로 말할 것 같으면 세례를 받았던 일이나 오산학교에 근무했던 일이 모두 그의 기억 속에 생생히 살아 있었던 반면, 『삼대』를 쓴 1931년 이후의 시기로 가면 그 모든 기억들이 차차 희미해질 수밖에 없는 것이 아닌가? 물론, 그와 같은 개인적 기억의 요소만으로 이 문제를 모두 설명할 수는 없겠지만, 그것이 이 문제에 대하여 최소한 부분적인 해답을 제공하고 있다는 사실만은 의심의 여지가 없는 것이다.

그러면 다시 본래의 주제로 돌아가서, 염상섭이 가진 탁월한 리얼리스트로서의 예리한 관찰자적 안목에다 지금까지 설명한 개인적 체험의 요소가 결합된 결과로 나타난 것이 그의 소설 속에서 기독교의 문제를 다루는 방식들이었

---

28) 염상섭, 「별을 그리던 시절」, 『지성』, 1958. 겨울, p. 83.
29) 염상섭, 「내가 잊지 못하는 여자」, 『별건곤』, 1928. 2, p. 113.

다고 할 때, 그것들은 왜 신뢰보다 비판을 주조로 할 수밖에 없었던가 하는 점을 조금 구체적으로 따져 보기로 하자. 그렇게 하고자 할 경우, 논의의 출발점으로 삼기에 적당한 것은 『너희들은 무엇을 어덧느냐』에 나오는 김중환의 연설 중 기독교의 바람직한 존재 양상이 무엇인가를 설파한 대목(즉, 각주 14)의 인용문)이라고 여겨진다. 기독교의 바람직한 존재 양상이 무엇인가라는 문제에 대한 김중환의 견해는 이 문제에 대한 염상섭 자신의 견해를 그대로 대변하고 있는 것으로 보이기 때문이다. 그리고 당대의 기독교계에 대한 염상섭의 시각이 신뢰보다 비판 쪽으로 크게 기울게 된 것은 결국 당대 기독교계의 현실이 바로 그 바람직한 존재 양상으로부터 상당한 거리를 두고 있다는 판단 때문이 아니었겠는가?

그러면 이 문제에 대한 김중환의 발언이 담고 있는 메시지는 무엇인가. 그것은 앞에서 이미 밝힌 대로 <시대의 변화에 대하여 무관심한 태도로 임하지도 않고 그것을 피동적으로 뒤따르는 태도로 임하지도 않으며 차라리 그것을 앞장서서 이끌어 나가고 예언자적인 열정과 지혜를 발휘해 달라>는, 당대의 기독교계를 향한 주문이었다. 그리고 이러한 주문을 행하면서 김중환이 <시대의 변화>라는 것을 말할 때 그것은, 그가 <세계를 개조하려는 사회주의 이상>을 특히 주목하여 논한 데서 입증되듯, 현세적인 측면, 정치적인 측면에 큰 비중을 둔 것이었다.

그런데 당시 한국 기독교계의 주류는, <그런 현세적 측면, 정치적 측면에 대하여 거의 관심을 기울이지 않는 종교, 차라리 그 반대쪽 방향을 향하여 열정적으로 나아가는 종교, 다시 말해 타계지향적(他界指向的)이고 탈정치적인 종교가 바로 기독교이다>라는 자기 규정에 입각해 있었다. 그것은 한국에 기독교를 전파한 선교사들에 의해서 처음부터 확고하게 정립된 것이었다. 차성환의 설명에 따르면 이들 선교사들의 성격은 다음과 같은 것이었다.

> 한국의 초기 선교사들 대부분은 19세기 후반기 미국 출신이다. 이들은 물론이고, 뒤를 이은 거의 모든 선교사들도 얼마간의 정도 차이야 있겠지만

심령 부흥에 지향된 신학 및 심령 부흥 운동의 영향권 아래 있었다. 한국의 개신교는 미국에서 있었던 제 2차 심령대부흥 운동 추종자들의 선교 활동 결과로 건립되었다. (…) 제 2차 심령 대부흥 운동은 유럽 계몽주의의 사상적 유산이 미국에 유입되는 것에 저항하고 있는 독특한 특징을 지니고 있었다. (…) 제 2차 부흥 운동은 대중의 영적 회심 운동으로서 18세기 중반 이후로 지식인층에서 전개되고 있던 합리주의적 지성 운동에 대립하여 발전되었다는 사회적 배경을 갖고 있다. 영적 부흥 운동을 이끌었던 지식인들은 <자유주의 신학>에 대항하여 정통적 기독교 신앙을 반이성적 방식에서 방어하고자 했다.[30]

이처럼 반계몽주의적이고 반이성적인 선교사들의 보수주의적 신학은 필연적으로 타계지향성과 탈정치성을 그 기본적인 특징으로 삼을 수밖에 없는 것이었다. 이들로부터 기독교를 받아들인 한국의 진보적 지식인들 가운데 일부가 이러한 타계지향적·탈정치적 보수주의에 대해 비판적인 의식을 드러냈던 것은 사실이나, 그들은 결코 한국 기독교계의 주류가 될 수 없었다. 다시 차성환의 설명을 조금 더 들어보자.

    (1907년의 심령 부흥 운동에 의한—인용자 보충) 집합적 체험은 교회 안의 강력한 비판 세력이었던 진보적 지식인들의 대중적 지지 기반을 송두리째 허물어 버리고, 절대 다수의 교인들이 선교사들의 가르침에 진리가 있다고 확고부동하게 믿는 계기가 되었다는 의의를 지니고 있다. 이로써 개신교 공동체 안에 상존하던 영혼의 구원과 세속적 영역의 합리적 장악이라는 이중적 과제 사이의 불안한 관계는 청산되었다. 진보적 지식인들은 한국 개신교 공동체에 대한 창조적 비판 세력으로서의 역할을 하는 데 실패한 것으로 귀결되었다. 이들은 교회 공동체의 주요한 자리로부터 배제되어 버렸다.
    대부흥 운동을 기점으로 하여 대중 운동의 지도권은 선교사들로부터 신흥의 한국인 종교 지식인들에게로 이전되었다. 1910년경 이후로 몇몇 한국 개신교 공동체는 선교사들의 직접적인 지배권으로부터 벗어났고, 한

---

30) 차성환,『한국 종교 사상의 사회학적 이해』(문학과지성사, 1992), pp. 224~225.

국인 부흥 운동 지도자들은 이 운동을 성경 공부 중심의 <사경회>로부터 <회개 운동>으로 그 중점을 바꾸어 독자적인 것으로 만들어 갔다. 이와 같은 부흥 운동은 1930년대까지 계속되었고, 한국 개신교 공동체 안에서 강력한 전통으로 발전되었다. (…) 바로 이 전통이 한국 개신교에서 가장 크고 영향력 있는 종파를 형성했음에 틀림없다. 이로부터 한국 개신교 공동체 안에는 하나님의 것과 세상의 것을 각각 구분하는 특유의 이원론적인 태도가 분명한 모습을 드러내게 되었다. (…) 그래서 개신교 공동체는 완전히 타계적인 성향을 갖게 되었다. 모든 세상적인 것들, 이와 관련하여 모든 사회정치적 문제에 대해서 어떤 관련도 맺지 않게 되어 버렸다는 말이다.31)

당시 한국 기독교의 주류가 위의 글에서 설명되고 있는 바와 같은 성격을 띠고 있는 것이었다면, 김중환의 발언을 통하여 염상섭이 기독교계에 주문한 사항이 실현되기를 바라기란 전혀 불가능한 노릇이 아닐 수 없었다. 오히려 당대의 기독교는 염상섭이 주문한 내용과는 백팔십도 반대되는 방향으로 달려가는 데에서 보람과 긍지를 느끼는 형국이었다. 이런 판인지라, 당대의 기독교계를 바라보는 염상섭의 시각이 신뢰보다 비판 쪽으로 크게 기울게 된 것은 지극히 자연스러운 일, 아니 불가피한 일이었다.

이처럼 당대의 기독교계를 다분히 비판적인 시각으로 바라본 염상섭은, 그와 같이 타계지향적이고 탈정치적인 종교는 이제 더 이상 한국 사회에서 지난날처럼 큰 세력으로 존재할 이유가 없으며 시대착오자의 낙인을 지닌 채 퇴장해야 마땅하다는 생각을 갖기에까지 이른다. 이러한 그의 생각은 사회주의의 문제가 새로운 시대의 핵심적 주제로 떠오르고 있다는 판단과 표리의 관계를 이루면서 형성되어 간다. 앞서 언급한 김중환의 발언에도 이미 <사회주의의 리상이 실현되여서 전세계가 어떠한 형식으로 변하든지간에……> 운운의 말이 나오고 있어서 이 점을 알 수 있게 하지만, 『삼대』에 이르면 <사회주의의 문제를 둘러싼 논란=새로운 시대의 핵심적 주제; 타계지향적·탈정치적 기독교=시대착오적인 과거의 유물>이라는 판단이 더욱

---

31) 앞의 책, pp. 235~236.

분명한 모습으로 제시된다. 다음의 인용문들을 보라.

(1) 이삼십년 전 시대의 신청년이 봉건사회를 뒷발길로 차버리고 나서려고 허비적거릴 때에 누구나 그리하였던 것과 같이, 그도 젊은 지사(志士)로 나섰던 것이요, 또 그러노라면 정치적으로는 길이 막힌 그들이 모여드는 교단 아래 밀려가서 무릎을 꿇었던 것이 오늘날의 종교생활의 첫발새였던 것이다. 그것도 만일 그가 요새 말로 자기 청산을 하고 어떤 시기에 거기에서 발을 빼냈더라면 그가 사상적으로도 더 새로운 시대에 나오게 되었을 것이요, 실생활에 있어서도 자기의 성격대로 순조로운 길을 나가는 동시에 그러한 위선적 이중생활이나 이중성격 속에서 헤매이지는 않았을 것이다.
「(…) 너희들은 한걸음 나아갔고 나는 그만치 뒤떨어진 것은 사실이다. 그러나 너희 시대에서 또 한걸음 다시 나아가면 그때에는 내 시대 사상, 즉 지금 내가 가지고 있는 사상의 어떠한 일부분이라도 필요하게 될지 누가 아니? 나는 그것을 믿고 그것을 찾는다…….」
이번에 덕기가 돌아와서 부친과 병화의 이야기를 하다가 사회사상 문제와 실제 운동 문제에까지 화제가 돌아갔을 때, 덕기가 부친에게 종교를 내던지라고 하니까 부친은 이와 같은 대답을 하였던 것이다.
(…) 어쨌든 부친은 봉건시대에서 지금 시대로 건너오는 외나무다리의 중턱에 선 것 같다고 생각하였다. 마침 집안에서도 조부와 덕기 자신의 중간에 끼여서 조부 편이 될 수도 없고 아들인 덕기 자신의 편도 못 되는 것과 같은 어지중간에 선 사람이라고 새삼스러이 생각하였다.32)

(2)「(…) 자네 부친—그이는 자네 조부에게는 기독교도로서 이단이었지마는, 자네에게는 시대의식으로서의 이단일 것일세. 그에게는 얼마 동안 술잔과 십구세기의 인형의 무릎을 맡겨 두는 것도 좋은 일이나, 아편을 정말 자시지나 않게 주의를 하게. (…)」33)

위의 두 인용문 중 (1)은 조덕기의 시점에서 제시되고 있는, 조상훈에

---

32) 『한국소설문학대계』5, pp. 44~46.
33) 앞의 책, pp. 322~323.

대한 관찰의 보고요, (2)는 김병화가 조덕기에게 보낸 편지의 한 구절이다. 이들 양자 모두, 조상훈이 믿고 있는 것과 같은 종교는 과도기에나 일시적으로 존재 이유를 가졌던 것일 뿐이며 이제는 조덕기나 김병화와 같은 젊은이들이 맞붙어 씨름하고 있는 새로운 시대의 주제에 자리를 물려주고 사라지는 것이 마땅하다는 판단을 기저에 깔고 있다. 물론 『삼대』에 제시되고 있는 조덕기나 김병화의 여러 가지 생각들이 다 염상섭 자신의 생각이라고 단정하는 것은 잘못일 테지만,34) 적어도 지금 여기서 논의되고 있는 문제에 관해서만은 조덕기와 김병화 두 사람이 한 목소리로 내놓고 있는 주장이야말로 바로 염상섭 자신의 주장과 일치하는 것이라는 결론을 내리는 데 우리가 주저할 이유가 없다.35)

이상에서 충분히 드러난 바와 같이 염상섭은 당대 기독교계의 주류가 타계지향적이고 탈정치적인 성격을 강렬하게 보여주고 있다는 사실 때문에 그것을 자못 못마땅하게 여겼고 심지어 그것이 당대에 과연 존재할 가치가 있느냐라는 물음에 대해서 부정적인 해답을 내리기까지 했다. 그런데 그가 실제로 소설 작품 속에서 부정적인 기독교인들을 등장시켜 비판할 때 즐겨 취한 방식은, 겉으로 경건한 체하면서 속으로는 타락한 행동을 일삼는 그들의 위선적·비도덕적 이중 생활을 부각시키는 것이었다. 「E선생」에 나오는 체조 선생의 경우, 『너희들은 무엇을 어덧느냐』에 나오는 안석태나 리마리아의 경우, 『삼대』에 나오는 조상훈의 경우 등이 모두 그러하며, 「제야」에 나오는 최정인의 경우도 이와 동일한 맥락에서 이해할 수 있다. 그러면 그는 왜 이처럼 위선적·비도덕적 이중 생활이라는 것을 주로 문제삼고 집요하게

---

34) 누구나 다 알다시피, 조덕기와 김병화 사이에는 또 얼마나 커다란 입장의 차이가 존재하는가?
35) 이러한 결론은, (1)의 인용문 속에 들어 있는 조상훈 자신의 <나는 그것을 믿고 그것을 찾는다> 운운하는 발언이 진지한 실천적 모색을 전혀 동반하지 않은 공허한 변명에 불과하다는 사실(그 발언이 공허한 변명 이상의 아무것도 아님은, 『삼대』가 끝날 때까지 조상훈이 보여주는 모든 행적을 종합해서 판단해 보면, 도무지 의심의 여지가 없다)을 감안하면 더욱 분명한 것으로 굳어지게 된다.

천착하는 태도를 보이게 되었을까? 그것은 아마 일차적으로는 염상섭의 눈에 실제로 비친 많은 기독교인들의 생활이 그런 문제점을 지닌 것이었기 때문이었을 것이다. 하지만 이와 더불어 우리는, 모든 행동이 원하건 원하지 않건 간에 정치적인 의미를 띨 수밖에 없는 식민지의 상황에서 높은 목소리로 타계지향성과 탈정치성을 표방하고 나오는 것은 그 자체로서 위선적・비도덕적 이중 생활의 성격을 지닐 수밖에 없다는 점을 그가 깊이 통찰하고 있었다는 사실도 여기에 함께 작용하고 있지 않은가 하는 생각을 해보지 않을 수 없다. 일제 강점기의 한국 작가들 가운데에서 <모든 행동이 원하건 원하지 않건 간에 정치적인 의미를 띨 수밖에 없는> 것이 바로 식민지의 상황임을 투철하게 인식하고 자신의 창작 속에서 일관되게 그러한 인식을 살려나간 존재로 단연 타의 추종을 불허하는 작가가 염상섭이라는 사실을 감안하면 위와 같은 생각이 무리한 것이라고 하기는 어려울 터이다. 위선적・비도덕적 이중 생활의 극치를 보여주는『삼대』의 조상훈이 처음 기독교계에 입문한 과정을 이야기하는 자리에서 그가 <정치적으로는 길이 막힌 그들이 모여드는>이라는 표현을 사용한 것—그렇게 함으로써, 정치적 투쟁을 구차하게 회피하면서 그럴 듯한 도생(圖生)의 길을 찾은 결과가 조상훈의 경우에는 바로 기독교단에 귀의하는 결정이었음을 은근히 강조하는 효과를 얻어낸 것—도 이러한 맥락에서 이해해 볼 수 있을 법하다.

7. 결어

이제 마지막으로, 네 가지 정도의 이야기를 간략하게 덧붙이면서 이 글을 끝내기로 하겠다.

(1) 염상섭이 당대 기독교계의 주류에 대해서 다분히 비판적인 시각을 견지한 또 한 가지 이유가 더 있다. 그것은 적어도 염상섭이 판단하기에는

당대 기독교계의 주류가 다분히 서양 숭배적인 태도를 보이고 있는 것으로 여겨졌으며, 그로서는 이러한 태도에 대하여 강한 반감을 갖지 않을 수 없었다는 사실이다. 다음 몇 개의 인용문이 그 증거가 된다.

「其中에도 牧師인지, 하는것들, 한참때에 大院君이나 되신듯이, 西洋놈들이 입다 남은 洋服조각들을 떨쳐입고, 그더러운놈들미테서 굽실굽실하며, 돌아단이는것들을 보면, 이주먹으로 대구리들을……」(「표본실의 청개구리」에 나오는 김창억의 대사. 각주 1) 참조)

「그들은 그저 덥허노코 감사감사하면서빗노리도 하고 집장수도 하고 서양 사람의 거간 노릇도 하야 제 뱃속만 채이면 <감사감사합니다>하며 코 큰 나라 백성에게 땅에 코가 닷도록 절을 하지만 경건한 종교덕 충동에 눈에 보이지 안는 빗과 귀에 들리지 안는 소리에 놀라 본 일은 업섯겟지요.」(『너희들은 무엇을 어덧느냐』에 나오는 김중환의 대사. 각주 15)의 본문)

「그것도 거기다가 목숨을 매달고 서양 사람의 돈푼이나 얻어먹어야 살 형편이면 모르겠지만……」(『삼대』에 나오는 조덕기의 대사. 각주 21)의 본문)

(2) 염상섭이 『삼대』 이후에 쓴 작품들을 보면 기독교 문제를 다루는 도수가 현저히 줄어든 것을 발견할 수 있다. 여기에는 앞에서 지적한 바 있는, 기독교와 관련된 개인적 기억의 점차적 감퇴라는 현상이 부분적으로 작용하였으리라 추측된다. 그리고 또 한편으로는 염상섭 자신이 『삼대』에서 조덕기와 김병화 두 사람의 입을 통하여 주장한 바 있는 <타계지향적이고 탈정치적인 당대의 기독교는 시대착오적인 과거의 유물이다>라는 명제도 아울러 작용하였으리라 짐작된다.

(3) 지금까지 보아 온 것처럼 「표본실의 청개구리」에서 『삼대』에까지 이르는 일군의 작품들에서 그 시대의 기독교계에 대하여 대체로 비판적인 시각을 보여주었고, 『삼대』 이후에는 그나마의 관심도 거두어 들이는 듯하였던

염상섭은 그가 서거하기 2년 전인 1961년에 천주교 신자가 된다. 영세명은 바오로이다. 그는 왜 65세의 노인이 된 마당에서 천주교의 영세를 받았을까. 이 물음에 대하여 김윤식은 다음과 같이 말하고 있다.

> 어째서 염상섭은 가톨릭에 입교했을까. 지금 그 이유를 밝힐 만한 근거는 별로 없다. 작품「임종」에서모양 가족・친지들의 비논리적 측면(애정・성의・동정)에서 말미암았는지도 모른다. 그러기에 여기에서 논리를 캔다는 것은 부질없는 일이다. 그렇다면 우리는 논리를 버리고 그의 죽음 앞에 서볼 필요가 있을 것이다.36)

김윤식의 이러한 태도야말로 위의 문제에 대한 가장 올바른, 그리고 바람직한 접근 방식인지도 모른다. 하지만, 그런 생각이 드는 한편으로, 나는, 최남선이 말년에 이르러 천주교에 귀의한 데 대하여 홍사중이 <대결의식의 결여>라는 말로 비판을 가했던 사실37)이 여기서 문득 연상되는 것을 또한 막을 수가 없다.

(4) 염상섭은「표본실의 청개구리」에서『삼대』에까지 일군의 작품들에서 기독교를 다루는 동안 형이상학적이고 실존적인 차원의 문제에 대하여서는 그렇게 큰 관심을 표한 일이 없다. 기독교의 입장에서 보자면, 혹은 더 넓게 말해서 종교 일반의 입장에서 보자면, 이것은 기독교적 문제 의식의 핵심적인 부분에 대한 염상섭의 이해가 그다지 깊지 못하였다는 사실을 의미하는 것으로 이해될 수도 있을 법하다.38) 하지만, 만약 그것이 염상섭의 한계라고 한다면, 그것은 염상섭 개인의 한계이기 전에 기본적으로 그가 속한 세대 전체의 한계가 아니었을까 하는 생각을 가져볼 필요가 있다.39) 염상섭은

---

36) 김윤식, 앞의 책, p. 894.
37) 홍사중,『한국지성의 고향』(탐구당, 1966), p. 74.
38) 바로 위에서 내가 문제 삼았던 것—염상섭이 말년에 이르러 천주교 신자가 된 것—도 이러한 맥락에서 보면 의외로 쉽게 이해될 수 있는 일인지 모른다.
39) 이상섭은 기독교 문제에 대한 이광수와 김동인의 접근 방식을 비판적으로 검토하면서 <어떻게 보면 기독교적인 문학의 형성을 위해서는 이광수, 김동인이 너

그가 속한 세대의 한계 내에서는 그래도 가장 멀리까지 나아갔던 인물로 평가될 만한 자격을 갖추고 있는 것이다.40)   (1997)

무 일찍 세상에 나왔었다〉는 말을 하고 있는데(이상섭, 『언어와 상상』(문학과지성사, 1980), p. 246.), 이러한 표현이 일리 있는 것이라면 그것은 이광수, 김동인과 동일한 세대에 속하는 염상섭에 대해서도 그대로 적용될 수 있을 터이다. 그런가 하면 홍사중에 의해 <대결의식이 결여되었던 인물>로 비판 받은 최남선 역시 염상섭과 거의 동일한 세대에 속하는 사람이라는 사실을 여기서 아울러 상기해 볼 만하다.
40) 이러한 평가를 구체적으로 입증하기 위해서는 이 글에서 다룬 염상섭의 여러 작품들을 이광수나 김동인의 작품 중 기독교 문제를 다룬 것들과 대비시켜서 새롭게 검토하는 작업이 필요하지만, 그 일은 별도의 자리로 미루어둘 수밖에 없다.

김은국의 『순교자』에 나타난 진실의 문제

재미 한인 소설가 김은국이 1964년에 영어로 써서 발표한 장편소설 『순교자(The Martyred)』를 보면, 대학 강사 출신의 육군 정치정보장교 이대위가 화자로 등장한다. 때는 국군과 유엔군이 북진을 계속, 마침내 평양을 점령했던 시기이다. 이대위는 상관인 장대령으로부터, 북한군이 14명의 목사를 체포했다가 그 중 12명만을 처형하고 두 명은 남겨두고 간 사건의 진상을 조사하라는 지시를 받는다. 사건의 개요만을 듣고 보면, 처형된 12명은 순교자로서 떳떳하게 죽었고, 살아남은 두 사람은 혹독한 고문과 죽음의 공포 앞에서 배교를 했기에 처형을 모면했으리라는 추측이 금방 내려질 수 있는 상황이다. 그런데 살아남은 두 사람 중 젊은 한목사는 미쳐 버린 상태이기 때문에 배교와 관련된 의심의 초점은 또 다른 한 사람인 신목사에게로 집중된다. 그러나 조사가 진행되면서 진상은 그 정반대임이 드러난다. 포로로 잡혀온 북한군 장교 정소좌에 의해 뜻밖의 진실이 밝혀지는 것이다.

「내가 당신네의 그 위대한 영웅, 위대한 순교자들이 꼭 개처럼 죽어 갔다는 얘길 들려줄 수 있게 된 것은 큰 기쁨이오. 꼭 개새끼들처럼 훌쩍거리며, 낑낑거리며, 엉엉 울면서 죽어 갔어! 살려 달라 아우성을 치고, 자기네 신을 부정하고 동료들을 헐뜯는 꼬락서닌 과연 보기만 해도 즐거웠어.」1)

물론 그가 추가적으로 밝힌 바에 따르면, 12명 모두가 예외없이 이런 식으로 죽어간 것은 아니며, 그들 중 가장 원로였던 박목사 같은 사람은 나름대로 위엄있는 풍모를 견지한 채―그러나 신에 대한 믿음만은 완전히 잃어버린 상태로―최후를 맞이했다고 한다.

그 점은 어찌되었든, 그렇다면 정소좌는 왜 한목사와 신목사만은 처형하지 않았는가라는 의문이 남게 된다. 정소좌는, 이들 중 한목사에 관해서는, <난 야만인은 아니거든, 미친 놈을 쏘진 않아>라는 설명을 제공한다. 그리고 신목사에 대해서는 다음과 같은 말을 들려준다.

「그는 내게 감히 대항해 온 유일한 친구였어. 난 당당하게 싸우는 걸 좋아해. 그 자는 용기가 있더군. 네 얼굴에 침을 뱉을 만큼 배짱 있는 친구는 그 자 하나뿐이었어. 난 내게 침을 뱉을 수 있는 자를 존경해. 그래서 그 자만은 쏘지 않았던 거야.」2)

그러나 평소에 목사들을 믿고 따르던 일반 기독교인들은 이러한 진상을

---

1) 김은국, 『순교자』(을유문화사, 1990), pp. 116~117. 참고로 밝히자면 1990년에 출간된 을유문화사판 『순교자』는 영어로 씌어진 원작을 김은국 자신이 한국어로 다시 옮긴 것이다. 『순교자』의 국역판은 그 이전에 두 차례 나온 바 있다. 첫번째는 장왕록의 번역으로 1964년 삼중당에서 나왔고, 두번째는 도정일의 번역으로 1978년 시사영어사에서 나왔다. 이미 두 차례나 국역본이 나온 바 있음에도 불구하고 작가 자신이 또다시 새로운 한국어 번역을 시도한 이유에 대해 김은국은 을유문화사판 『순교자』의 서두에 붙인 「독자에게 드리는 글」 속에서 다음과 같이 이야기하고 있다. <두 분 다 심혈을 기울여 번역을 해 주셨으나 군데군데 작가가 전달하고자 했던 뜻과는 약간 다른 번역도 없지 않았습니다. 그래서 두 분의 번역본을 기초로 하여 작가의 뜻이 정확히 전달된 한국판 정본(定本)을 갖고 싶었습니다. 그러한 필자의 뜻을 헤아려 주신 을유문화사에서 쾌히 이 작품의 출판을 맡아 주어 이 작품이 다시 나오게 된 것입니다.> 그런데 실제로 을유문화사판 『순교자』를 그 전에 나온 번역본들과 자세히 비교해 보면 김은국은 많은 부분에서 도정일의 번역을 따르고 있음을 알 수 있다.
2) 위의 작품, p. 117.

모른다. 그러면 이들에게 진상을 알려줄 것인가?

장대령은 그렇게 할 의사가 없다. 아니, 진상과 반대되는 이야기를 계속 널리 퍼뜨려야 한다는 생각을 갖고 있다. 정치 정보 장교로서 그는 세상 사람들로 하여금 12명의 목사들이 용감하게 영광스러운 순교자의 길을 걸어 갔다고 믿도록 만드는 것이야말로 선전 효과를 극대화할 수 있는 방법이라는 사실을 무엇보다 중요시하기 때문이다. 장대령은 고군목, 박대위, 이대위 등 세 사람과 함께 한 일종의 비공식 회의 석상에서 자신의 이러한 입장을 개진한다. 이들 중 고군목은 신목사의 친구이며, 박대위는 이대위의 친구이자, 처형된 12명 중 대표자격인 박목사의 아들이기도 하다. 장대령의 발언을 듣고 나자 고군목과 이대위는 즉각 <진실은 반드시 존중되어야 한다>는 명제에 입각하여 반론을 제기하며, 박대위는 침묵을 지킨다. 그러나 이들 모두는, 어쨌든 신목사의 의사를 알아 보면서 최종적인 방침을 결정해야 한다는 데에는 동의한다.

그렇다면 신목사는 이 문제에 대하여 어떠한 태도를 취하는가? 그의 생각은 곧 밝혀진다. 그 역시 장대령과 마찬가지로 세상 사람들이 잘못된 인식을 그대로 유지하도록 만드는 편이 바람직하다는 생각을 가지고 있음이 드러나는 것이다. 그리고 신목사는 이런 잘못된 인식을 더욱 강고한 것으로 만들기 위해 적극적으로 앞장서서 노력하는 모습까지 보여준다. 그 잘못된 인식은 곧 <살아남은 신목사 자신은 유다와 똑같은 배교자의 행태를 보였기 때문에 살아남을 수 있었다>고 하는 오해로 직결되고, 그런 오해 때문에 그에게 온갖 억울한 비난과 공격이 가해지게 되는데도, 그는 그렇게 한다. 왜 그는 그렇게 하는가? 이대위와의 대화에서 그는 다음과 같은 말로 자신의 행동을 설명한다.

「고통이 그들의 희망과 믿음을 움켜쥐고는 그들을 절망의 바다로 떠내려 보내고 있소. 우린 그들에게 빛을 보여주고 그들을 기다리는 영광과 환영이 있다는 것, 그리고 하느님의 영원한 왕국에서 마침내 승리를 거둘 것이라는 확신을 줘야 합니다. (…) 절망은 이 피곤한 생의 질병이오. 무의미한 고통으로 가득찬 이 삶의 질병입니다. 우린 절망과 싸우지 않으면 안 돼요. 그 절망을 때려부수어 그것이 인간의 삶을 타락시키고 인간을 단순한 겁쟁이로 위축시키지 못하게 해야 합니다.」[3]

위의 설명을 읽어 보면 알 수 있는 것처럼, 신목사가 사람들로부터 진상을 은폐하는 쪽으로 결심을 굳히게 된 구체적인 동기는 장대령의 그것과 상당히 다르다. 하지만 어쨌든 진상을 은폐하는 편이 바람직하다는 판단을 내리고 그러한 판단을 실천에 옮긴다는 점에서는 장대령과 신목사 두 사람이 완전히 일치하는 셈이다.

진상을 은폐하고 사람들의 환상을 유지시키고자 하는 신목사의 노력이 본격화되면서, 고군목과 박대위는 모두 거기에 동조하는 추종자가 되고 만다. 반면 이대위는 끝까지 자신의 생각을 바꾸지 않는다. 진실은 그것이 진실이기 때문에 존중되어야 한다는 신념을 고수하는 것이다. 하지만 그는 이러한 자신의 신념을 행동으로까지 발전시키지 못한다. 장대령과 신목사가 뜻을 모아 12명의 순교자를 기리기 위한 합동 추모 예배를 거행하고, 그 자리에서 고군목이 성경 낭독을 맡으며, 박대위가 유가족 대표로 연단에 서는 사태까지 벌어지지만―다만 그 자리에서 박대위는 연설을 하는 대신 「욥기」의 몇 구절을 읽는 데서 멈추는 것으로 자제하는 모습을 보여주기는 했다―이대위는 그 모든 사태 진전을 그저 무기력하게 방관하기만 한다.

『순교자』라는 소설은 이 합동 추모 예배 장면이 나오고 난 이후에도 조금 더 이어지지만, 이 작품에서 주목에 값하는 부분은 내가 지금까지 정리해 본 내용 속에 전부 포함되어 있다고 보아도 좋다.

내가 지금까지 정리해 본, 『순교자』라는 소설 중 주목에 값하는 부분과 관련해서, 나름대로의 입장과 역할이 제시되어 있는 사람은 고군목, 박대위,

---

3) 위의 작품, p. 208.

신목사, 이대위, 장대령 등 다섯 명이다. 이들은 진실을 은폐할 것이냐, 밝힐 것이냐라는 한 가지 쟁점과 관련하여, 각자 나름대로 구별되는 입장과 역할을 하나씩 맡아서 보여주는 것이다. 하지만 이 다섯 사람이 만들어내는 관계의 구도는 결국 신목사와 이대위의 대결로 압축된다. 장대령은 이 관계 구도의 본질적 측면에서 보면 신목사의 생각과 실천을 보조하는 위치에 서게 되는 셈이고, 고군목과 박대위는 처음에는 신목사―장대령의 입장과 대립되는 면모를 보여주는 듯하지만 금방 무너져 버리고 마는 만큼, 큰 관심을 끌 만한 존재가 못되기 때문이다.

그런데 이처럼 『순교자』라는 소설의 근본축을 이루고 있는 신목사와 이대위의 대결 구도는, 위에서 제시된 소설의 개요만 일별해도 금방 알 수 있듯, 그다지 치열하지 못한 면모를 보여주는 데서 그치고 있다. 처음에는 신목사―장대령의 축과 반대되는 자리에 섰던 세 사람 중 고군목과 박대위가 얼마 안 가 무너지는가 하면, 끝까지 무너지지 않는 모습을 보여주는 이대위조차 겨우 내면적으로만 반대파의 입장을 지킬 뿐 자신의 뜻을 현실 속에서 관철시키기 위한 어떤 행동도 보여주지 못하고 말기 때문이다.

그렇다면 우리는 자기의 신념을 적극적인 행동으로 발전시키지 못했다는 이유로 이대위를 신랄하게 비판해도 무방할 것인가? 선뜻 그렇다고 말하기는 어렵다. 그가 적극적인 행동으로 나아가지 못한 데 대해서 변호의 논리를 제공해 줄 수 있는 사정이 여러 가지 있기 때문이다. 우선, 이 작품 속에서 이야기되고 있는 사건이 발생하고 있는 시점에서는 한창 전쟁이 진행중이며, 이대위는 현역 장교의 신분으로 그 전쟁에 참가하고 있는 처지이다. 게다가 이대위는 장대령의 부하로서, 장대령과는 상명하복의 관계에 있다. 장대령이 일단 어떤 방침을 확정하고 그것을 강력하게 추진할 경우, 이대위는 내심으로야 어떤 생각을 갖든 행동의 차원에서는 거기에 복종할 수밖에 없다는 신분상의 제약 아래에 놓여 있는 셈이다. 그뿐만이 아니다. 소설 속에서 사건이 전개되어 가는 상황을 보면, 합동 추모 예배가 열린 시기는, 중공군의 참전으로 인해 국군과 유엔군이 또다시 평양을 포기하고 철수해야만 하는 사태가 임박한 시점으로 되어 있다. 이처럼 전황이 극도로 불리하게 된 상태에서라면, 이대위로서는, 장대령이 내세우는 선전 효과에 치명적인 손상을 입힐 수 있는 행동으로 나아가는 데 있어서 더욱 큰 주저를 느낄 수밖에 없게 되는 것이 당연하다.

 방금 지적한 여러 가지 사정들은, 이미 말했던 바와 마찬가지로, 이대위가 자신의 비판적 입장을 끝내 적극적인 행동으로 옮기지 못하고 만 것을 변호하는 논리의 근거로 제시될 수 있는 것들이다. 결국 우리는, <자기의 신념을 적극적인 행동으로 발전시키지 못했다는 이유로 이대위를 비판하는 것은 잘못이다>라는 결론에 도달하게 된다.

 이 점을 인정하고 나면, 우리에게는 다시 한 가지 새로운 질문이 제기될 수 있다. 그것은 신목사와 이대위 사이의 대결 구도를 지금 우리 눈 앞에 놓여 있는 『순교자』라는 작품 자체 속에서 나타나고 있는 것과 같은 정도의 미약한 수준에서 그치게 한 작가의 조치 자체를 정당한 것으로, 혹은 불가피했던 것으로 인정해 줄 수 있는가라는 질문이다.

 나로서는, 이 질문에 대해서는 긍정의 답을 주기 어렵다고 생각한다. 위에서 지적했던 바와 같은 사정으로 볼 때 이대위가 그 자신의 비판적 입장을 적극적인 행동으로까지 발전시켜 나아가는 방향으로 소설을 전개하기가 어려웠으리라는 점은 충분히 인정되지만, 비록 그러한 방향으로 나아가지는 않는다 하더라도, 또 다른 방식으로 신목사—이대위의 대결 구도에 치열성을 부여할 수 있는 길은 얼마든지 있었을 터이기 때문이다.

 이제는 논의의 초점을 바꾸어, 이 소설에 나오는 신목사라는 인물을 검토해 보기로 하자.

 신목사가 어떤 인물이냐 하는 것은 이 글의 앞 부분에서 내가 제시한 작품 요약을 통하여 이미 어느 정도 드러난 셈이다. 하지만 그에 대한 보다 심층적인 이해를 기하기 위해서는 거기에 다시 덧붙여서 언급해 두어야 할 사항이 몇 가지 있다.

우선, 이 신목사가 비록 목사의 신분을 가지고 있지만 사실은 기독교의 성서에서 말하는 신을 믿지 않는 사람이라는 사실이 주목되어야 한다. 물론 처음에 목사가 되었을 당시에야, 신을 믿고 있었을 것이다. 그러던 것이, 그 후 어느 시점에서인가, 북한 공산군에 의한 체포와 집단 처형의 사건이 일어나기 오래 전부터, 그는 신에 대한 믿음을 버린 것으로 되어 있다. 구체적으로 언제, 어떤 경위를 밟아서 그런 엄청난 변화가 일어나게 되었는가에 대한 설명은 나와 있지 않다. 어쨌든 그는 이런 내적 변화를 겪고 난 이후에도 목사직을 계속 유지해 왔으니, 따지고 보면 그는 스스로는 신을 믿지 않으면서도 대중들을 상대로 해서는 신에 대한 믿음을 설교하는 생활을 상당 기간 지속해 온 셈이다. 목사 치고는 참 별난 목사라고 하지 않을 수 없다. (나중에 가서 그가 스스로 진실이 아님을 잘 알고 있는 사항—즉 12명의 목사가 한 점 부끄러움 없이 영광스러운 순교의 길을 갔다고 하는 주장—을 사람들에게 열심히 들려주면서 전혀 어색해하거나 주저하지 않는 모습을 보여주게 되는 것도 그의 이런 전력을 감안하면 좀더 쉽게 이해가 간다.)

그런데, 이런 신목사가, 자신의 마음 속에 들어 있는 불신앙을 자기 아닌 남에게 드러내 보인 적이 한번 있었다. 자기의 어린 아들이 병으로 죽었을 때, 아내가 <애를 잃어버린 것이 자기 잘못이요, 자기 죄 때문이라 생각하고는 온종일 기도하고 단식>하는 것을 보고는, <우리가 죽어 이 세상을 떠나면 다시 만나는 게 아니다, 우리 아이들도 다시는 만날 수가 없고 저승이란 존재하지도 않는다4)>는 말을 해 주었던 것이다. 그런데 목사인 남편으로부터 이런 말을 듣게 되자 그의 아내는 진정으로 깊은 절망에 빠진 나머지 몇 주일이 안 가서 죽고 말았다.

신목사가 12명의 순교자에 대한 진실을 교인들에게 알리지 않고 은폐하면서 그들의 환상을 유지 내지 강화시키는 일에 열성적으로 나선 이유의 일단이

---

4) 위의 작품, p. 214.

이처럼 스스로 진실이라고 믿는 바를 이야기했다가 아내를 절망 속에 일찍 죽도록 만들었다고 하는 체험의 기억에 놓여져 있다는 사실은, 작품의 본문 속에 직접 설명되어 있지는 않지만, 이 작품을 읽는 독자라면 누구라도 금방 짐작할 수 있다.
　앞서 『순교자』의 내용 요약에서 드러났던 신목사의 면모에다가 방금 언급된 내용까지를 추가해서 검토해 보면 그의 인간상은 대충 파악이 되는 셈이다. 그렇다면 이러한 인물을 우리는 과연 어떻게 평가해야 할 것인가?
　신목사는 교인들이 신의 섭리를 믿고 목회자들을 진심으로 존경하는 가운데 마음의 행복을 누릴 수 있도록 하는 것을 최상의 목표로 삼고 있는 사람이다. 그는 이러한 목표를 달성하기 위해서 필요하다면 자신이 억울한 누명을 쓰고 온갖 비난을 한몸에 받으며 고난의 길을 가는 것도 기꺼이 감수하고자 한다. 여기까지만으로 보면 신목사는 참으로 존경할 만한 인물이라는 생각이 들 수도 있다.
　그런데 문제는 신목사의 그러한 결단과 실천이 명백한 허위를 진실이라고 적극 선전하는 행위로 나타난다는 사실이다. 이것까지를 존경의 대상으로 삼기란 아무래도 불가능하다.
　이 점 말고도, 신목사의 중요한 결함으로 지적되어야 할 사항은 한 가지가 더 있다. 모든 교인들을 오로지 <위안>만을 필요로 하는 익명의 우중(愚衆)으로 간주하는, 오만한 엘리트주의의 문제점이 바로 그것이다. 신목사가 이대위를 상대로 해서 나누는 다음의 대화를 보면 이 점이 선명하게 드러난다.

「당신은? 당신의 절망은 어떡하고 말입니까?」
「그건 나 자신의 십자가요. 나 혼자 그걸 짊어져야 하오.」
나는 그의 떨리는 두 손을 쥐었다. 「용서하십시오, 목사님. 그 동안 제가 지나쳤던 것 같습니다. 용서하십시오.」
「용서할 건 아무 것도 없소. 당신도 져야 할 십자가를 지닌 사람이니까!」

「다른 사람들은?」
「모두가 다 십자가를 질 수 있는 건 아니잖소?」 그는 갑자기 부드러운 어조로 말했다.
「그들은 십자가를 질 수 없는 사람들이오 그래서 그리스도가 필요한 사람들이오. 우린 그들에게 그들의 그리스도와 그들의 유다를 주어야 합니다.」
「그리고 육체의 부활도?」
「그렇소, 육체의 부활도!」
「하느님의 영원한 천국도?」
「그렇소, 그 천국도!」
「그리고 정의는?」
「물론이오. 정의—얼마나 그리운 이름이오? 그 정의를, 하느님의 이름으로 궁극적인 정의를 주어야 하오..」
「당신은?」
「계속 고통받아야겠지요. 다른 길은 없습니다.」
「얼마 동안이냐? 도대체 얼마 동안이나 고통받아야 하는 겁니까?」
「죽을 때까지, 우리가 다시 만날 수 없을 때까지.」[5)]

위에 인용된 대사 속에 나타나 있는 신목사의 생각은 엘리트와 우중을 철저하게 나누어 놓고 그 양 집단 사이에 넘을 수 없는 벽을 세워 두는 극단적 이분법이다. <엘리트 집단에는 나 자신이나 이대위 같은 사람이 포함된다. 이들에게는 자기의 십자가를 지고 갈 능력이 있다. 그러나 익명의 우중에게는 그렇게 할 능력이 없다. 그렇게 할 능력이 없는 자들에게는 천국의 환상, 12명 순교자의 환상 같은 것이나 제공해 주면 된다. 그 환상 속에서 그들은 대충 만족하며 살아갈 것이다. 환상이 깨어진 자리에서 그 면모를 뚜렷이 드러내는 참담한 진실은 소수의 엘리트들만이 독점적으로 알고 있으면 된다. 소수의 엘리트들만이 독점적으로 알고 괴로워하면 된다.>—이런

---

5) 위의 작품, pp. 208~209.

것이 신목사의 생각인 것이다. 이것은 놀랄 만큼 오만한 엘리트주의라고 하지 않을 수 없다. 이런 엘리트주의를 신념으로 간직하고 있는 사람을 존경의 대상으로 삼을 수 있을까? 다른 사람은 어떨지 모르나 나로서는 불가능하다.

신목사가 지니고 있는 것과 근본적으로 동일한 생각을 웅변조로 설파하는 인물이 이미 오래 전, 19세기 후반기에, 도스토예프스키의 소설 속에서 참으로 인상적인 표현의 광채를 동반하면서 등장하였던 것을 우리는 알고 있다. 도스토예프스키의 마지막 대작 『카라마조프가(家)의 형제들』 제5부에서 이반이 알료샤를 상대로 해서 들려주는 극시 속에 등장하는 대심판관이 바로 그 사람이다.

주지하다시피 『카라마조프가의 형제들』 속에서 대심판관이라는 인상적인 인간상을 창조해 냈던 도스토예프스키 자신은 바로 그 대심판관을 준열하게 비판하는 자리에 서 있는 사람이었다. 그렇다면 『순교자』에서 신목사를 창조해 낸 김은국은 신목사에 대하여 어떤 생각을 가지고 있는 것인지 궁금해지지 않을 수 없다. 『순교자』의 말미 부분에서 고군목이 이대위를 향해 들려주는 이야기를 읽어 보면 이 문제에 대한 암시를 얻을 수 있다.

「아시겠지만 여긴 문자 그대로 북한 구석구석에서 밀려온 기독교 신자들이 모여 있소. 이젠 서로를 알게 된 터라 나는 그들을 하나하나 붙들고 물어 보았소. 신목사가 어찌 됐는지 혹시 아느냐고 말요. (…) 내가 신목사 안부를 캐고 있다는 소문은 이제 온 천막촌에 다 퍼져 있소. 한데 이상한 것은 내가 지금까지 얘길 해 본 사람 중에 신목사를 보았다는 사람이 열두엇 된다는 사실이오. 평양에서 온 사람 가운데는 신목사가 살아 있다고 말하는 사람도 서넛 있어요. 그 사람들 얘긴 별로 놀라운 게 아닙니다. 어쩌면 그늘 얘기가 사실인지도 모르니 말요. 하지만 장대령이 한 얘기(신목사는 평양이 다시 공산군에게 점령당한 후, 중한 병을 앓고 있는 상태에서 체포, 투옥되었기 때문에 결국 죽었을 가능성이 높다고 한 얘기—인용자)가 있지 않소? 또 내가 제일 어리둥절한 건, 평양 출신 아닌 사람들 중에도 신목사를 보았다고 주장하는 사람이 꽤 많다는 점이오. 내가 말하는 것과 똑같은 사람을 만주 국경의 한 소읍에서 보았다는 사람이 있는가 하면 서해 안에서 보았다는 사람도 있고 동해안 어느 어촌에서 보았다는 사람도 있소. 그 사람들 말은 믿기 어려워요. 하지만 그들은 자기네가 본 사람이야말로 내가 묘사한 그 사람과 구구절절 들어맞는다고 주장하고 있으니 당신은 이걸 어떻게 생각하오? (…) 공산당이 그를 이리저리 끌고 다닌다는 얘기일 까요? (…) 인민의 적이니 조국의 적이니 하며 말요. 한데 또 난민들은 대부분 그가 자유롭다고들 얘기하고 있거든. 생각할 수 있겠소? 살아 있을 뿐 아니라 자유롭다니, 이거 원. 그들의 얘기를 모두 다 믿자면 신목사는 북한 도처 방방곡곡에 있다는 것이 되오. 물론 우리가 처한 이런 입장에선, 피난민들은 그들이 남겨 두고 온 건 딴 때보다 더 기억하고 싶어할 뿐 아니라 상상해 보고 싶어하는 법이지만. (…) 그들의 주장을 내가 무슨 수로 반박하거나 의심할 수 있겠소? 신목사가 이러이러한 사람이니 본 일이 있느냐고 물으면 그들은 모두 자기들이 그를 알고 있다고 생각하거든.」6)

이 대목에 이르러서 제시되고 있는 신목사의 모습은 명백히 부활한 예수를 연상시킨다. 부활한 예수가 이곳저곳에 나타났다는 소문을 접하고서는 그것의 의미를 해석해 보고자 애쓰고 있는 사람의 표정 같은 것이 위에 인용된 대목을 읽다 보면 선명하게 느껴져 오는 것이다. 그렇다면 결국 김은국은 여기에서 신목사를 예수의 반열에 올려 놓고자 하는 욕망을 드러낸 것이 아니겠는가? (한 가지 덧붙여서 지적해 둘 것은, 여기에서도 엘리트 이외의 다수 사람들이 익명의 우중으로 나타난다는 점 자체에 있어서는 별다른 변화가 없다는 점이다.)

우리는 『카라마조프가의 형제들』에 나오는, 이반이 이야기하는 극시 속의 대심판관이 예수의 재림이라는 사태에 접하자 재림한 예수를 즉각 체포하여 사형 선고를 내린 후 은밀하게 추방함으로써 자신의 사상을 가까스로 관철시켰던 것을 기억하고 있다. 그런데 바로 그 대심판관의 정신적 형제라고 할

---

6) 위의 작품, pp. 250~251.

수 있는 신목사는 『순교자』 속에서 그 스스로 부활한 예수가 되어 세상을 누비고 있는 셈이다. 참으로 흥미로운 대비를 보여주는 사태라고 말하지 않을 수 없다. 대심판관 이야기에 나오는 재림한 예수가 신목사를 본다면 과연 무슨 말을 할 것인가? (2002)

김은국의 『순교자』와 알베르 카뮈

여러 책을 읽다 보면, 가끔, 그 책을 어떤 특정한 사람에게 바친다는 내용의 문장, 즉 헌사(獻辭)에 해당하는 글을 저자가 책의 서두에다 붙여 놓은 경우를 대하게 되는 수가 있다. <주연(柱演)에게, 기독교를 둘러싼 너와의 오랜 토론이 이 책으로 나를 이끌었기 때문에, 이 책을 너에게 바친다[1]>, <문학의 진정한 의미에 대해서 생각할 겨를이 없으셨지만, 누구보다도 문학적 삶을 살아오셨던 부모님께[2]> 등등이 그 좋은 예이다. 그런가 하면, <부모님께 바칩니다[3]>라는 식으로, 아주 간결한 한 마디를 적어 놓은 경우도 볼 수 있다.

방금 든 몇 가지 실례를 통해서도 알 수 있는 바와 같이, 이런 헌사는 저자 자신이 개인적으로 잘 알고 지내 온 사람을 그 헌사의 수령자(이 말이 적당한지 모르겠지만 더 나은 표현이 생각나지 않기 때문에 이 말을 쓰기로 한다)로 해서 씌어지는 것이 보통이다.

---

1) 김현, 『르네 지라르 혹은 폭력의 구조』(나남, 1987), p. 8.
2) 권성우, 『비평의 매혹』(문학과지성사, 1993), 페이지 없음.
3) 우찬제, 『욕망의 시학』(문학과지성사, 1993), 페이지 없음.

그런데, 이런 일반적인 관행에 비추어 보면, 김은국이 『순교자』의 서두에 붙여 놓은 헌사는 매우 이례적인 것이라고 할 수 있다. 여기에서 김은국은 프랑스의 저명 작가인 알베르 카뮈를 헌사의 수령자로 삼고 있기 때문이다. 김은국은 카뮈와 개인적으로 잘 알고 지내 온 사이가 아니다. 아마 단 한 번 대면한 일조차 없을 것이다.

그렇다면 김은국은 어떤 연유에서 단 한 번 대면한 일조차 없는 카뮈라는 사람을 헌사의 수령가로 삼았을까? 이 물음에 대한 답은 한 가지일 수밖에 없다. 김은국은 카뮈의 책을 읽고 특별히 깊은 감동을 느낀 일이 있으며 바로 그 카뮈의 책으로부터 받은 감동을 바탕으로 해서 김은국 자신의 책이 씌어진 셈이기 때문에 김은국으로서는 자신의 책을 내게 된 기회에 카뮈를 향한 감사의 뜻을 밝히고 싶은 생각이 간절했다는 것, 이 한 가지일 수밖에 없는 것이다.

그런데, 설령 이 유일한 답을 고스란히 타당한 것으로 수용한다 하더라도, 우리는 이 헌사의 문제와 관련하여 약간의 질문을 더 제기해 볼 수가 있을 것이다.

우선, 김은국이 굳이 세계적으로 저명한 작가를 수령자로 하는 헌사를 붙인 데에는 혹시 현학 취미나 허영, 또는 그 저명 작가의 명성에 조금이라도 편승해서 자신의 이미지를 높이는 효과를 얻어 보려는 심리가 작용하고 있지는 않은가라는 질문을 우리는 던져 볼 수 있다.

그러나 이러한 질문은 사실 그다지 좋은 질문이라고는 할 수 없을 것이다. 왜냐하면 이런 질문은 그 본질상 정확한 답을 얻어내기가 처음부터 불가능한 질문이기 때문이다.

반면, 다음과 같은 질문은 성격이 다르다: <김은국이 『순교자』의 서두에다 카뮈에게 바치는 헌사를 붙여 놓은 것이 적절한 조치였던 것으로 인정되려면, 『순교자』는 카뮈의 사상과 근본적으로 일치하는 면모를 지니고 있어야만 한다. 정말로 『순교자』는 카뮈의 사상과 근본적으로 일치하는 면모를 지니고

있는가?> 이러한 질문은 『순교자』를 자세히 읽고 거기에 담겨 있는 내용을 카뮈의 책들에 담겨 있는 내용과 비교해 보기만 하면 정확한 답을 얻어낼 수 있는 질문이다. 또한 그것은 매우 흥미로우며, 나름대로 상당한 무게를 지니고 있는 질문이기도 하다. 그렇다면 이 질문은 우리로서는 한번쯤 붙잡고 씨름해 볼 만한 가치가 있는 질문임에 틀림없다.

김은국은 카뮈의 책을 읽고 어떤 면에서 깊은 감동을 느꼈기에 『순교자』의 서두에다 카뮈에게 바치는 헌사를 쓰는 데까지 나아가게 되었을까? 그 점을 알기 위해서는 김은국이 써 놓은 헌사의 문면을 직접 읽어 보아야 한다. 그 헌사는 다음과 같은 문장으로 되어 있다.

> 알베르 카뮈, 그의 <이상한 형태의 사랑>에 대한 통찰이 필자로 하여금 한국 전선의 참호와 벙커에서의 허무주의를 극복케 해 주었기에 이 책을 바친다.4)

방금 인용된 헌사의 문면을 보면, 김은국은, 그로 하여금 깊은 감동을 느끼게 한 것은 카뮈의 책에 나타나 있는, <'이상한 형태의 사랑'에 대한 통찰>이었다는 고백을 하고 있다. 바로 그 <'이상한 형태의 사랑'에 대한 통찰>을 발견하고 깊은 감동을 받았던 기억을 가진 덕분에 그는 <한국 전선의 참호와 벙커에서의 허무주의>를 극복할 수 있었다는 것이다. 김은국이 6. 25에 현역 군인으로 참전하여 사선(死線)을 넘나든 체험의 주인공이라는 사실을 알고 있는 독자라면 그의 위와 같은 고백을 들으면서 상당한 감명을 받지 않을 수가 없다. 그리고 또 한편으로, 『순교자』라는 소설을 처음으로 읽게 되는 독자들은, 위에 인용된 헌사를 대하면서, 이 작품이 6. 25를 배경으로 삼고 있는 소설이라는 사실을 상기하고, 이 소설과 카뮈의 사상 사이에서는 무언가 근본적으로 일치하는 점이 발견될 수 있으리라는 기대를 품게 되기도 할 것이다.

---

4) 김은국,『순교자』(을유문화사, 1990), 페이지 없음.

그렇다면, 위에 인용된 헌사에서 이야기되고 있는, <이상한 형태의 사랑>에 대한 카뮈의 통찰이란, 구체적으로 무엇을 말하는 것일까? 이 물음에 대한 답을 찾는 가장 빠른 길은 카뮈가 남겨놓은 많은 책들 중에서 특히 『페스트』라는 소설에 주목하고 그것을 읽어 보는 길이다. 소설, 희곡, 수필, 시론(時論), 철학적 연구서 등 다양한 영역에 걸쳐 있는 카뮈의 수많은 저작들 가운데서도 그가 1947년에 발표한 장편소설 『페스트』야말로 <이상한 형태의 사랑>에 대한 그의 통찰을 가장 뚜렷하게 담고 있는 텍스트임에 의문의 여지가 없기 때문이다.

주지하다시피 카뮈의 『페스트』는 알제리의 항구 도시 오랑에 페스트가 만연되었다고 하는 가상의 상황을 설정한 다음 그것을 전제로 해서 이야기를 진행시켜 나가고 있는 작품이다. 페스트가 도시를 점령하고 수많은 사람들을 죽음으로 몰아넣는 사태가 벌어지자 많은 사람들이 나름대로 최선을 다하여 페스트와 대결하는 모습이 이 소설을 가득 채우고 있다. 이러한 내용으로 되어 있는 소설을 통하여 카뮈가 개진하고 있는 생각의 요지는 대략 다음과 같은 말로 정리될 수 있을 것이다.

<이 세상은 너무나 부당한 고통을 겪고 있는 사람들로 넘쳐나고 있다. 인간에 대한 사랑을 지닌 사람이라면, 이러한 사람들의 고통을 볼 때, 신을 부정할 수밖에 없다. 신을 부정한 상태에서, 그러한 고통을 없애기 위해, 혹은 적어도 줄이기 위해, 최선을 다하여 투쟁할 수밖에 없다. 그 투쟁은 고독한 개인의 자리에서 행해지는 투쟁이 아니라, 인간에 대한 사랑을 지닌 모든 사람들이 연대하여 전개하는 투쟁이 되어야 한다. 그런데, 이미 신을 부정한 마당이니만큼, 그 투쟁의 목표로서 '궁극적인 구원'을 거론하는 것은 가당치 않다. 궁극적인 구원 같은 것을 염두에 두지 말고, 그때그때의 실제적인 당면 과제와 대결하는 데 전념하는 자세가 필요하다. 예컨대, 페스트와 대결하고 있는 상황 아래에서라면, 그 당면 과제는, '사람들의 건강을 지키는 일'이 된다. 투쟁의 과제를 이런 식으로 설정하고 나면, 그 투쟁은 결국 패배

할 수밖에 없는 투쟁이 된다. 설령 일시적으로 페스트를 퇴치하고 사람들의 건강을 지키는 데 성공한다고 해도 모든 사람은 결국 다 죽게 되는 것처럼 말이다. 하지만 투쟁에서 결국은 패배할 수밖에 없다는 사실을 받아들이면서도 투쟁 자체를 중단하지 않는 가운데서만 인간에 대한 사랑은 의미와 생명력을 가질 수 있다.>

김은국은 『페스트』를 읽으면서 그 작품 속에 담겨 있는 카뮈의 위와 같은 메시지를 확인했을 것이다. 그리고는 그 메시지로부터 깊은 감동을 받았을 것이다. 그에게 그처럼 깊은 감동을 안겨 준 카뮈의 메시지에 대하여 <'이상한 형태의 사랑'에 대한 통찰>이라는 표현을 붙이고 싶다는 생각도 그때 했을 것이다. 자신이 그러한 표현을 붙인 카뮈의 메시지로부터 전해 받은 감동의 힘으로 그는 <한국 전선의 참혹과 벙커에서의 허무주의>를 이겨낼 수 있었을 것이다. 그러한 체험이 있었기에 그는 후일 『순교자』를 쓰게 되었을 때 위에 인용된 바와 같은 내용의 헌사를 카뮈에게 바치지 않고서는 견딜 수가 없는 마음의 상태가 되었을 것이다. 여기까지는 누구에게나 지극히 자연스러운 것으로 이해될 수 있고, 또 받아들여질 수 있다.

그런데 그 다음 단계로 오면, 어려운 문제가 제기된다. 왜 그런가? 위에서 언급된, 누구에게나 지극히 자연스러운 것으로 이해될 수 있고 또 받아들여질 수 있는 내용이 다 살펴지고 난 다음에는, <그렇다면 카뮈에게 바치는 헌사를 서두에 내세우고 있는 『순교자』라는 작품 자체는 과연 『페스트』에 나타나 있는 카뮈의 사상과 근본적으로 일치하는 면모를 지니고 있는가?>라는 질문과 맞부딪치지 않을 수가 없는데, 『페스트』와 『순교자』를 모두 읽어 본 사람이라면, 이 질문 앞에서 선뜻 간단하게 긍정의 답을 내놓기가 어렵다는 것을 느끼지 않을 도리가 없기 때문이다. 『페스트』에 나타나 있는 카뮈의 생각이 어떤 것인지는 이미 보았으니, 이번에는 『순교자』의 내용을 점검해 보면서 이 문제를 살피기로 하자.

『순교자』의 중심 인물은 신목사와 이대위 두 사람이다. 이 두 사람은 모두

신을 믿지 않는 사람들이다. 두 사람 모두 원래는 세례를 받은 교인이었고 그 중에서도 특히 신목사는 계속 신앙생활에 정진하여 마침내는 목사까지 된 사람이지만 언젠가부터 두 사람 모두 무신론자가 된 것이다. (그들 각자가 구체적으로 언제, 어떤 경위로 무신론자가 되고 말았는가 하는 점에 대한 설명은 소설 속에 나타나 있지 않다.) 어쨌든 신을 믿지 않는 사람들이라는 점에서 그들은 카뮈와 뚜렷하게 공통되는 면모를 지니고 있다.

이 두 사람 가운데 우선 신목사의 경우를 조금 더 구체적으로 보자. 그는 부당하게 고통받는 인간들에 대한 강렬한 사랑을 지니고 있는 사람이다. 그런가 하면 자기에게 주어진 상황 속에서 바로 그 <사랑의 정신>을 실천하기 위하여 나름대로 열성적인 노력을 기울이고 있는 사람이기도 하다. 신을 믿지 않는 사람으로서 그는 궁극적인 구원에 대한 희망 같은 것은 갖고 있지 않는 셈이지만 그런 가운데서도 그가 자신의 노력에 쏟는 열의는 지극한 편이다.

『순교자』에 나오는 신목사라는 인물은 바로 이러한 면모를 갖고 있는 사람이거니와, 이만하면 우리는 그가 『페스트』에서 제시되고 있는 카뮈의 사상과 부합하는 면모를 보여주는 인물이라고 간주해도 좋지 않을까?

위에서 언급된 신목사의 면모만을 가지고 판단한다면 이런 생각이 들 수도 있을 것이다. 그리고 이런 생각을 근거로 하여, <김은국의 『순교자』는 카뮈의 사상과 근본적으로 일치하는 면모를 지니고 있다>는 결론을 내려도 무방하겠다는 느낌을 가질 수도 있을 것이다.

하지만 앞에서도 이미 시사했던 바와 마찬가지로, 문제는 그렇게 간단하지가 않다. 왜냐하면, 신목사의 그 강렬한 <사랑>이라는 것은 그것을 현실 속에서 실천하기 위한 구체적 방법으로서 <대중으로 하여금 거짓된 믿음을 유지하고 강화시키도록 만들기 위한 책략>을 동반하고 있기 때문이다. 이런 책략은 어느 모로 보나 카뮈의 사상과 일치하는 것이라고 볼 수 없다. 이미 오래 전에 정명환이 다음과 같이 신랄한 어투로 지적했던 바 그대로이다.

『순교자』는 『흑사병』과는 대단히 먼 거리에 있다. 왜냐하면 류우(『페스트』 속에서 카뮈의 사상을 대표하고 있는 주인공—인용자)는 생활의 습관과 허구가 무너진 것을 하나의 엄연한 사실로 받아들이고 그런 것의 재현을 바라지 않는 반면에 신목사는 속중(俗衆)들에게 환상을 유지시키기를 바라기 때문이다. <우리는 그들에게 빛을 주고 찬연한 미래가 그들을 기다리고 있다고 이야기해 주고 영원한 하나님의 천국 속에서 승리를 거둘 것이라는 확신을 주어야 해!> 그러면 자신은 이미 신과 천국을 내던졌으면서도 교인들에게는 그런 것을 여전히 믿게 하는 신목사를 우리는 어떻게 이해해야 할 것인가? 인생은 본질적으로 고해(苦海)이니까 다소라도 괴로움을 잊어버리게 할 수 있다면 좋다는 말인가? 그렇다면 종교는 아편이며 신목사는 아편의 해독을 스스로 잘 알면서도 그것을 팔기를 주저치 않는 장사꾼이다. 혹은 아직도 지적 수준이 낮은 한국 사회에서는 광신적인 속중들에게 신이 없다는 지나친 충격을 주어서는 안 되니까 십자가를 지듯 이런 괴롭고 어려운 제스처가 불가피하다는 것일까? 그러나 아편상인도 제스처 게임도 그것이 아무리 과감하고 절망적인 노력의 표시일 망정 카뮈와는 아무런 상관도 없다. 상관이 없을 뿐만 아니라, 그와는 정확하게 대척적이다. 왜냐하면 신목사가 성립될 수 없는 구제의 허구를 그대로 유지해 나가는 데 반해서 『흑사병』의 류우는 지성의 절대적 우위를 주장하기 때문이다. <이 세상에서 악은 거의 언제나 무지로부터 옵니다. 그리고 지성이 따르지 않는 선의는 악의와 똑같은 해를 끼칠 수 있습니다.> 이 표현을 빌자면 신목사는 바로 무지 속에 중생을 감금시키고 따라서 악을 행하는 입장에 있다고까지 극언할 수 있을 것이다.5)

위에 인용해 본 글 속에서 정명환이 설득력 있게 지적해 주고 있듯 대중으로 하여금 거짓된 믿음을 유지하고 강화시키도록 만들기 위해 책략을 구사하는 일을 서슴지 않는 신목사의 면모는 카뮈의 사상과 일치하는 것이라고 보기 어려울 뿐 아니라 더 나아가서 그것과 대척적인 것이라고까지 볼 수 있는 형편인데, 이런 신목사를 두고서 『순교자』라는 소설과 카뮈 사상 사이

---

5) 정명환, 『한국작가와 지성』(문학과지성사, 1978), pp. 212~213.

의 일치를 논할 수는 없는 것이다.

그러나 우리는 이러한 사실을 확인했다고 해서『순교자』와 카뮈 사상 사이의 관계에 대하여 최종적인 결론을 내리고 이야기를 끝낼 수는 없다. 앞에서 이미 말했던 바와 같이『순교자』의 중심 인물은 신목사와 이대위 두 사람인데, 우리는 그 중 이대위에 대해서 그가 무신론자라는 점 말고는 아직 아무 것도 제대로 살펴본 바가 없기 때문이다. 이대위는 어떤 인물인가?

그는 대중들로 하여금 거짓된 믿음을 유지하고 강화시키도록 만드는 것이 옳다는 신목사의 주장에 대하여 끝까지 찬성하지 않는 인물이다. 그는, 진실은 진실이기 때문에 존중받아야 한다는 신념을 시종일관 견지한다. 그는 신목사의 친구인 고군목을 향해 <진리는 뇌물을 먹일 수 없는 겁니다[6])>라는 말을 한다. 처음에는 이대위 자신과 마찬가지로 진실을 밝혀야 한다고 주장하던 고군목이 혼란에 빠져 <어째야 할지 모르겠어>라고 중얼거리는 모습을 보이자 즉각 <저라면 진실을 얘기하겠습니다[7])>라고 맞받는다. 또 신목사가 <난 그들에게 내 신앙의 진리를 말하겠소>라는 말로 자신의 행동을 정당화하려 들자, <진리는 목사님 혼자만의, 혹은 장대령 혼자만의 것이 아닙니다[8])>라고 응수함으로써 진실의 보편성에 대한 자신의 충성을 재확인한다. 신목사와 장대령이라는 두 명의 중요 인물이 처음부터 대중에게 환멸을 주는 진실보다는 그들에게 위안을 주는 거짓을 선택하여 일관되게 밀어붙이고, 고군목과 박대위라는 또다른 중요 인물들이 처음에는 앞의 두 사람에게 반대하는 태도를 취하다가 결국은 동조하는 태도로 바뀌어 버리는 상황 속에서 이대위는 고립무원의 처지로 떨어지면서도 그러한 신념을 포기하지 않는다. 이만하면 우리는 신목사 대신 이대위를『순교자』라는 소설의 중심에 놓고 그와 카뮈 사상과의 일치점을 강조함으로써『순교자』라는 작품 자체와 카뮈 사상 사이의 내적 연계성 내지 동질성을 확인하고, 그것을 근거로 하여, 김은국이

---
[6]) 김은국, 앞의 작품, p. 71.
[7]) 위의 작품, p. 127.
[8]) 위의 작품, p. 147.

『순교자』의 서두에 붙여 놓은 저 헌사가 적절한 것이었음을 인정해도 무방한 것이 아닐까?

하지만 유감스럽게도 그러한 방향으로 결론을 내리는 것은 올바른 태도라고 판단되지 않는다. 그러한 방향으로 결론을 내리기에는 『순교자』 속에서 이대위가 너무나 약한 존재로 그려져 있기 때문이다. 그는 비록 내면적으로 자신의 신념을 끝까지 견지하기는 하지만, 그러한 신념을 현실 속에서 구현하기 위한 행동은 아무 것도 하지 않는다. 진실과 허위의 문제를 놓고 이대위가 신목사와 가장 격렬하고 본격적인 논쟁을 벌이는 장면을 보면, 나중에 가서 그는 여러 가지로 착잡한 감회에 젖은 나머지 눈물을 쏟고 마는데, 이러한 그의 모습은, 그가 지닌 바 청년다운 순수성과 미숙성을 보여주는 것으로서 소설적으로 자연스러운 느낌을 주는 것이기는 하되, 지금 우리가 갖고 있는 관심의 방향과 관련시켜서 생각해 보면, 신목사를 대신하여 『순교자』라는 소설의 중심적인 자리를 차지할 만한 인물로 이 이대위를 추천하기는 아무래도 어렵겠다고 하는 결론을 불가피한 것으로 만들어 주는 모습이 아닐 수 없다. 그것뿐만이 아니다. 『페스트』에 나오는 주요 인물들과 그들을 창조해 낸 카뮈 자신, 그리고 『순교자』의 신목사에게서 한결같이 발견되는 중요한 공통점, 즉 <부당하게 고통받는 인간들에 대한 강렬한 사랑>과 <그 사랑의 정신을 실천하기 위하여 열성적으로 노력하는 모습>이 그에게서는 보이지 않는다. 물론 그는 양심적인 지식인이자 휴머니스트로서의 기본적인 자질은 훌륭하게 갖추고 있으나, 그 이상은 아닌 것이다. 그는 근본적으로 침착한 관찰자 혹은 비판자이지 열정적인 행동인은 아니다. 앞에서 말한 것처럼 그는 무신론자이지만 카뮈나 『순교자』의 신목사처럼 신에 대한 특별한 문제의식을 가지고 씨름하는 처지는 아닌데, 이런 점 역시 카뮈 사상과의 관련성을 문제삼는 자리에서나 소설 자체의 주제의식을 따지는 자리에서나 간에 우리로 하여금 그를 『순교자』의 중심에 놓지 못하도록 만드는 요인으로 작용한다.

지금까지 내가 해 온 이야기를 종합해 보면, 결국『순교자』는 어느 모로 보더라도 카뮈의 사상과 일치하는 면모를 보여주는 작품으로 간주되기 어려우며, 따라서, 김은국이『순교자』의 서두에 붙여 놓은 헌사는 그의 순전히 개인적인 감회를 피력한 것으로서는 충분히 존중받아 마땅하지만 작품 자체의 성격을 논하는 자리에서 본다면 적절성을 결여한 것으로 판정될 수밖에 없다는 결론이 불가피하게 된다.

김은국이 카뮈에게 바치는 헌사를 서두에 붙인 상태로『순교자』를 출간한 것은 1964년의 일이었다. 1964년이라면 카뮈가 세상을 떠난 지 4년 후의 시점이다. 그러니까 카뮈는 한국 출신의 한 미국 소설가가 그 자신에게 바친 헌사를 직접 들어 볼 기회를 가지지 못했던 것이다.

만약 카뮈가 1964년까지 죽지 않고 살아서『순교자』를 읽어 보았더라면 어떤 느낌을 받았을까? 무엇보다도, 소설 속의 핵심 인물인 신목사를 어떻게 생각했을까? 이 물음에 대한 설득력 있는 답을 제시하기란 쉬운 일은 아니지만 그렇다고 반드시 불가능한 노릇도 아니다. 우리는 도스토예프스키의 소설『카라마조프가의 형제들』에 나오는 이반 카라마조프와, 바로 이 이반 카라마조프가 쓴 것으로 소설 속에 제시되어 있는 극시의 주인공인 대심판관이라는 인물에 대하여 카뮈가 어떤 이야기를 하고 있는가 하는 점을 짚어봄으로써, 위의 물음에 대한 간접적인, 그러나 상당히 명확한 답을 찾아낼 수 있기 때문이다.

『카라마조프가의 형제들』에 나오는 이반 카라마조프는 세상의 수많은 사람들이 부당한 고통을 겪어야 한다는 사실에 대한 분노 때문에 신을 거부하는 인물이다. 이 점에서 보면 그는 카뮈 및 그의 작품『페스트』의 주인공인 류우와 상통하는 면모를 지니고 있다. 하지만 신을 거부한 다음에 구체적으로 어떤 길을 선택하느냐 하는 점에 있어서 카뮈는 이반 카라마조프와 뚜렷이 대조되는 모습을 보여준다. <신의 질서를 거부하고 스스로의 법칙을 발견하려고 기도하는 순간부터 살인의 정당성을 인정하게 되는[9]> 이반의 경우와 대조적으로, 카뮈는 끝까지 살인의 정당성을 인정하는 것을 거부한다. 한쪽의 극단에서 다른 쪽의 극단으로 금방 치닫는 이반의 과격주의에 맞서서 카뮈는 힘들지만 그러나 고귀한 중용의 정신을 마지막까지 관철하자고 주장하며, 거기에다 <정오의 사상>이라는 이름을 붙인다. 그 <정오의 사상>을 구체적으로 실천하는 길이 그에게 있어서는 <궁극적인 구원 같은 것을 염두에 두지 않고, 그때그때의 실제적인 당면 과제와 대결하는 데 전념하는 길>이었던 셈이다. 그리고, 이러한 입장에 서서 그는, 이반이 만들어낸 주인공인 대심판관에 대하여 다음과 같은 언급을 남긴다.

  대심판관들은 오연하게 천국 빵과 자유를 거부하고, 자유 없는 지상 빵을 제공하고 있다. <십자가에서 내려와 보란 말이다. 그러면 우린 널 믿어줄 테니까>라고 골고다 언덕에서 이미 그들의 형리(刑吏)들이 외쳤던 것이다. 그러나 그는 내려오지 않았고, 오히려 임종의 가장 고통받는 순간, 그는 신이 자기를 저버림을 원망했던 것이다. 그러므로 이젠 더 이상 증거를 바랄 수는 없다. 반항자들이 거부하고 대심판관들이 조롱하는 믿음과 신비가 있을 뿐이다. 일체가 허용되고, 그리하여 이 와해의 순간에 범죄의 세기가 준비된 것이다. 황제를 선정했던 교황들은 스스로를 선정하는 황제들에게 이르는 길을 마련하여, 바울과 스탈린을 연결해 놓았다. 신과 더불어서는 이루어지지 못했던 세계의 통일을, 이후 신에 대항하여 이루려고 기도하게 된다.10)

위에 인용된 대목에서 선명하게 드러나는 바와 같이, 카뮈는 신도 거부하고 그 거부의 연장선상에서 예수도 거부하지만, 재림한 예수를 사형장으로 보내고자 한 대심판관에 대해서도 엄격한 비판적 태도를 견지한다. 바울과 스탈린을 연결하는 길이 바로 대심판관의 길이라는 그의 인상적인 단언 속에 이 문제에 대한 그의 견해가 선명하게 압축되어 있다. 바로 이 지점에서,

---

9) 알베르 카뮈·장-폴 사르트르, 『반항인/문학이란 무엇인가』(김붕구 역, 을유문화사, 1965), p. 64.
10) 앞의 책, pp. 66~67.

내가 「김은국의 『순교자』에 나타난 진실의 문제」 속에서 이야기했던 바와 마찬가지로 『순교자』의 신목사야말로 바로 이반 카라마조프가 말하는 대심판관의 정신적 형제에 다름아니라는 사실을 상기해 본다면, 이 신목사에 대하여 카뮈가 과연 어떤 평가를 내릴 것인가라는 질문에 대해서는 곧바로 답이 나오는 것이다. (2002)

소설과 종교
―『움직이는 성』의 인물들을 중심으로

1. 서 론

좋은 소설은 우리들로 하여금 자신의 삶을 다시 한번 돌아보고 그것의 의미와 방향을 성찰할 수 있는 기회를 가지게 한다. 아마도 이것은 소설이 우리에게 줄 수 있는 가장 귀중한 선물의 하나이리라. 아무리 극단적인 형식론을 고집하는 논자라도 이 점을 부정할 수는 없으리라고 생각된다.

그런데 우리 인간들이 영위하고 있는 삶이란 것은 실로 엄청나게 광대하고 다층적인 것이어서 도저히 한두 마디로 요약할 수가 없다. 이러한 사실은 아무리 많은 소설 작품이 쏟아져나온 후에도 여전히 새로운 소설이 씌어질 수 있도록 해주는 원동력이 되고 있으며, 그런 점에서 참으로 고마운 조물주의 선물이라고 해도 지나친 표현이 아닐 것이다.

이와 같은 상황에서 개개의 작품 하나하나는 어쩔 수 없이 삶이라는 광대 무변한 소재 가운데에서 어느 특정한 일부분에다가 초점을 두어 이야기를 엮어갈 도리밖에 없다. 그 일부분이라는 것은 경우에 따라 사회적인 측면이 될 수도 있고 심리적인 측면이 될 수도 있으며, 사랑의 측면이 될 수도 있고 죽음의 측면이 될 수도 있을 것이다. 물론 이 모든 경우에 있어서 어떤 한 측면이 초점에 놓인다 하여 다른 측면들이 죄다 무시되는 것은 아니고 또 그렇게 되어서도 안 되겠지만, 그래도 일정한 초점의 존재 자체는 반드시 정립될 필요가 있을 것으로 판단된다.

대략 이상과 같은 전제를 가지고 한국의 근대 소설을 살펴볼 경우, 거기에서는 사회적 생활의 측면이 초점에 놓이는 경우가 단연 압도적으로 많았음을 쉽게 확인할 수 있다. 이것은 특히 장편의 경우에 더욱 두드러지는데, 여기에 대해서는 조금도 이상하게 생각할 필요가 없다. 인간의 삶 자체에 있어서 사회적 측면이라는 게 차지하는 비중으로 보나, 소설(특히 장편) 장르가 본래부터 가지고 있는 미학적 성질로 보나, 근대 한국사 자체가 내포하고 있는 특수한 성격으로 보나 위의 사실은 백 번 지당한 것으로 인정받고도 남음이 있는 것이다.

그러나, 여기에서 약간 각도를 바꾸어 생각하면, 사회적 생활의 측면이 아닌 다른 쪽에 초점을 맞춘 소설들을 좀더 적극적으로 주목하고 그 의미를 천착해야 한다는 생각도 들게 된다. 우선, 대다수의 소설들이 동쪽을 향하고 있는데 굳이 서쪽으로 눈길을 돌리겠다는 그 패기가 기특한 느낌을 주기도 하거니와, 우리의 삶 자체를 좀더 다양하게, 폭넓게, 융통성 있게 보고, 그럼으로써 편협성의 함정을 벗어나게 만드는 데에도 위와 같은 소설들은 기여하는 바가 크기 때문이다.

소설가 황순원은 바로 이러한 뜻에서 우리가 각별히 주목해야 할 인물이다. 물론 오늘날 거의 모든 논자들이 인정하고 있는 것처럼 그는 우리 근대 문학의 한 고전적 위치를 차지하고 있는데, 여기에는 결코 한 가지 혹은 두 가지의 논리만으로 설명할 수 없는, 실로 다채로운 원인들이 복합적으로 작용하고 있을 것이다. 그러나 이 사실을 인정한다고 해서 나의 위와 같은 표현이 그 의미를 잃거나 감쇄당하리라고는 생각되지 않는다. 왜냐하면 사회적 생활의 측면이 아닌 다른 곳에다 대부분 작품의 초점을 맞추었다는 것은 분명히 황순원 문학의 면모를 개성적이자 인상적인 것으로 만든 하나의 요인이 되고 있으며, 특히 장편의 경우 이 점은 더욱 두드러지기 때문이다. 내가 이 글에서 살피고자 하는 『움직이는 성』도 예외가 아니다.

그러면, 『움직이는 성』이 사회적 생활의 측면을 초점으로 삼지 않는 대신에 정작 역점을 두어 추구한 바는 무엇인가? 이 물음에 대하여는 두 가지로 답변할 수가 있을 것이다. 그 하나는 인간의 존재론적 고독이라는 문제요, 다른 하나는 현대 한국인의 삶에서 종교의 세계가 어떠한 모습으로 나타나고 있는가 하는 문제이다. 이 두 가지는 모두 그 자체로서도 대단히 흥미있는 것이며, 작가 황순원이 이 문제들을 다루어가는 태도도 매우 진지한 것이어서 우리의 주목을 끌기에 모자람이 없다.

그런데 내가 이 글에서 특별히 관심을 갖고 고찰해보려 하는 것은 이 두 가지 가운데서도 후자 쪽의 문제이다. 전자에 대해서도 흥미가 가지 않는 것은 아니나, 별로 길지 않은 이 글에서 두 가지를 한꺼번에 다루기란 아무래도 벅찬 노릇이어서 그것은 부득불 다음 기회로 미루고 우선 더 관심을 끄는 후자만을 살펴보기로 한 것이다.

내가 이 후자의 문제에 대하여 특히 강한 관심을 갖고 있는 개인적인 이유를 간단히 설명해보면 이러하다. 나는 일찍부터 인간을 <호모 렐리기오수스> 즉 종교적 존재로 파악한 엘리아데의 견해나, 인간은 한마디로 <궁극적 관심>을 갖는 존재로 규정될 수 있다고 한 틸리히의 입장에 동의해왔다. 명시적·제도적으로 정립되어 있는 형태의 종교를 믿는 축에 속하거나 그렇지 않거나를 막론하고 모든 인간은 신앙의 문제를 비켜갈 수 없다는 그들의 확신을 나도 공유해온 것이다. 그런데, 나로서는 이러한 문제의식을 가지고 삶을 바라봄에 있어서, 내가 태어나 살고 있는 이 한국의 문화사적·정신사적 지평을 잠시도 고려에서 제외할 수가 없었다. 그러한 지평을 제대로 살펴보고 거기에서 오는 고민으로 몸살을 앓는 체험이 없이 허공중으로 날아올라가 추상적 이념형으로서의 어떤 기성 종교와 랑데부를 즐기는 것은 결코 삶을 진지하게 사는 태도가 아니라고 믿어졌기 때문이다.

이상과 같은 입장을 전제로 가진 상태에서 한국의 현대 소설을 두루 섭렵

해보았을 때, 가장 큰 울림을 동반하며 다가온 것이 바로 『움직이는 성』이었다. 그것은 이 작품이 나에게 반드시 만족스러웠다는 뜻은 아니다. 뒤에 가서 상세히 논급하게 되겠지만, 나는 이 소설에 대하여 여러 가지 아쉬운 느낌을 분명히 가지고 있다. 그럼에도 불구하고 이 작품이 나의 종교적인 문제의식에 대하여 <가장 큰 울림>으로 응답해주었다는 사실은 확실하며 또 중요하다(적어도 나에게는).

이 소설이 현대 한국인의 종교적 체험을 문제 삼으면서 구체적으로 겨냥한 것은 무속 신앙과 기독교라는 두 가지 종교 형태이다. 이 점에서 우선 그것은 이문열의 『사람의 아들』이나 조성기의 『야훼의 밤』과 구별되며, 김동리의 여러 작품들이나 한승원의 『불의 딸』과 하나의 범주로 묶인다.

이문열이나 조성기의 경우는 그들이 위의 작품들을 쓸 때에 가졌던 창작 의도 자체가 현대 한국인의 종교적 상황을 폭넓게 검토하는 것이 아니었으리라고 짐작되기 때문에 이 글의 주제와는 별 관계가 없다고 할 수 있다. 이와 대조되는 자리에 놓이는 황순원과 김동리, 그리고 한승원의 작품들은 바로 <현대 한국인의 종교적 상황을 폭넓게 검토하려는 의도>를 많건 적건 함유하고 있음이 분명한데, 이들이 하나같이 무속 신앙과 기독교를 논의의 중심에 놓은 것은 바로 오늘의 우리를 둘러싸고 있는 종교적 상황 자체가 이 두 가지 입장의 만남과 갈등을 주축으로 삼고 있는 현실을 반영하는 것으로서 지극히 당연한 일이라고 하겠다.

그러면 이처럼 서로 닮은 점을 갖고 있는 세 작가의 소설들은 또 어떤 점에서 서로 구별되는가? 이 물음에 대한 답은 관계된 모든 작품을 자세히 검토한 다음에나 자신있게 내놓을 수 있는 것이며 지금 섣불리 제시할 게 못 된다. 그러나 한 가지 분명한 것은 이들 중에서 『움직이는 성』이 가장 큰 스케일을 갖고 있으며, 사상적인 문제를 다루기 위하여 설정한 인물들의 면모도 이 작품에서 가장 다양하게 나타난다는 사실이다. 우선은 이런 점만으로도 『움직이는 성』이 남다른 주목을 받기에는 충분하다고 여겨진다.

방금 인물들의 면모가 다양하다는 이야기를 했지만, 사실 종교의 문제를 떠나서 순수하게 형식적인 차원에서만 생각해보더라도 인물을 배치하는 방식에 있어서의 특수성은 『움직이는 성』의 가장 먼저 눈에 띄는 측면을 이룬다. 무엇보다도 이 작품에는 단일한 주인공이 없다. 나타나는 양으로 보면 준태·성호·민구가 거의 대등한 위치에 있으며, 내용면으로 보아 좀 비중이 떨어지는 민구를 일단 제외하더라도 준태와 성호 둘은 서로 막상막하의 관계에 있다. 그런데 이처럼 주인공을 단수로 하지 않고 복수로 내세울 경우 그들 상호간에는 무언가 긴밀한 관계가(갈등의 관계이든 조화의 관계이든) 맺어지는 게 통례인데, 이 작품은 그러한 관습에서도 벗어나 있다. 이 긴 소설에서 준태와 성호는 겨우 단 두 차례의 짧은 만남을 가질 뿐이다. 그 두 번의 만남에서 제법 심각한 토론이 오고간 것은 사실이지만, 단순한 토론의 차원을 넘어서 그들이 서로 상대방에 의해 삶 자체에 어떤 영향을 받는 일은 일어나지 않는다. 소설 작품의 중심 인물들을 이런 방식으로 처리한 경우는 모르긴 해도 다른 데서는 그 예를 찾기가 별로 쉽지 않을 것이다.

　작가가 소설의 중심 인물들을 이처럼 복수로 설정해놓고 그들 상호간의 관계조차 희박하게 만들어버린 데 대해서는 그 결과로 작품이 구조적 통일성을 제대로 갖추지 못하게 되지 않겠느냐라는 비판이 가능하다. 그러나, 적어도 내가 보기에는, 그러한 인물 배치 방식은 이 소설을 위하여 긍정적으로 기능한 측면이 더 강한 것으로 판단된다. 무엇보다도 그것은 이 작품이 주는 현실감, 달리 말해 <그럴 듯한 느낌>을 강화하는 데 크게 기여하고 있다.

　앞에서 이미 드러난 바와 같이 이 소설은 사회적 생활의 측면에 초점을 맞춘 것이 아니다. 그런데 소설이 사회적 생활의 측면을 초점으로 삼지 않게 되면, 그 소설은 이른바 리얼리티라는 것을 제대로 갖추지 못하게 되기가 십상이다. 소설에서 우리가 찾을 수 있는 리얼리티란 대부분 사회적 요인에 근거를 두고 있는 것이기 때문에 그것은 당연한 결과라고 할 수 있다. 이럴 경우, 작가는 대략 두 가지 길 중의 하나를 선택할 수 있다. 그 첫째는 아예 리얼리즘을 포기하는 쪽으로 나가는 것이며, 다른 하나는 리얼리티의 감각을 보강할 수 있는 다른 장치를 마련하는 것이다. 『움직이는 성』은 이 가운데 후자의 방법을 선택하여 여러 가지 다양한 기법적 장치를 동원하고 있거니와, 작품의 중심 인물들을 위에 말한 바와 같은 방식으로 운영한 것도 그러한 장치의 하나—특히 비중이 크고 효과적인 장치의 하나—로 간주될 수 있는 것이다.

어째서 위와 같은 설명이 가능한가? 그 답은 어렵지 않다. 우리가 실제의 현실에서 겪고 있는 삶의 모습이 대부분 이런 것이기 때문이다. 월터 스코트는 일찍이 이 점을 간파하고 다음과 같이 말해 놓은 바 있다.

> 실인생에는 (모든 솜씨있는 소설가들의 목표인) 결합된 플롯, 즉 현실보다 훨씬 흥미있는 등장인물 개개인이 파국(catastroph)을 가져오는 데 있어서나 파국 그 자체의 진행에 있어서 제각기 적절한 몫을 하게 되는 그런 플롯이란 없다. 소설 속에서의 다양하고 격심한 운명의 변화보다도 바로 이 점에 소설의 비(非)개연성이 있는 것이다.

이러한 논리를 정당한 것으로 승인할 때, 『움직이는 성』의 인물 처리 방식은 바로 소설 장르에 일반적인 치밀한 플롯의 창조를 포기하고 그 대신 실인생의 모습에 가까이 감으로써 개연성의 느낌을 강화한 것으로 파악할 수 있을 것이다.

그러나 『움직이는 성』의 독특한 인물 구조가 가져오는 효과는 이러한 측면만으로 그치지 아니한다. 동시에 그것은 종교의 문제와 관련하여 오늘의 한국인들이 보여주고 있는 다양한 삶의 양식을 어느 한 쪽에 치우치지 않고 고루 드러내면서 성급한 결론을 제시하지 않는 대신 개방된 논의의 지평을 열어놓으려는 작가의 의도를 위해서도 효과적으로 기여하고 있는 것이다.

실제로 우리가 이 작품을 찬찬히 읽어보면, 주인공격인 준태·성호·민구는 물론 주변 인물에 해당하는 사람들도 대부분 종교의 문제와 관련하여 어떤 특징적인 의미를 띠고 나타나는 것을 볼 수 있다. 모든 인간이 많건 적건 <호모 렐리기오수스>의 면모를 지니고 있게 마련이라는 일반론을 떠나서 종교의 문제를 의식적·명시적으로 껴안고 있는 사람만으로 관찰의 범위를 한정하더라도 창애, 미스터 강, 전주댁 모자 등 소수의 예를 제외하면 중심 인물에서 단역에 이르기까지 『움직이는 성』의 거의 모든 출연진들이 여기에 해당되고 있는 것이다.

　사정이 그러한 만큼, 종교의 문제와 관련하여 이 소설이 말하고 있는 바를 제대로 건져올리기 위해서는, 이와 연관이 있는 인물들을 하나씩 검토해나가는 것이 매우 효과적일 수 있을 것으로 판단된다. 이 글은 바로 그러한 방법을 택하여 앞으로의 논의를 전개해가려고 하는 바, 다루는 순서는 꼭 정확하지는 않으나 대체로 보아 비중이 크다고 여겨지는 인물에서부터 비중이 덜한 인물 쪽으로 내려가는 방식을 취하기로 한다.

　여기서 한 가지 유념해두어야 할 것은, 비록 이 글이 인물을 중심으로 논의를 전개해가기는 하나, 엄격한 의미에서의 작중 인물 연구와는 반드시 같지 않다는 사실이다. 여기서는 논급된 인물들의 전모를 파헤치는 것이 목적이 아니고, 어디까지나 종교의 문제와 관련해서 이야기될 수 있는 측면만을 다루는 데 그치기 때문이다. 논의를 위하여 사용하는 텍스트는 문학과지성사에서 1980년에 황순원 전집 제 9권으로 나온 『움직이는 성』이다. 앞으로 이 작품을 직접 인용할 때에는 위 책의 면수를 괄호에 넣어 밝히기로 한다.

2. 인물 분석

(1) 함준태

　성호와 함께 『움직이는 성』의 명실상부한 중심축을 이루고 있는 농업기사 함준태는 앞에서 내가 이 작품의 테마로 지적한 바 있는 두 가지 사항 즉 인간의 존재론적 고독과 현대 한국인의 종교적 갈등 가운데에서 어느 편이냐 하면 전자 쪽에 더 많이 기울어져 있는 인물이다. 창애와의 관계, 지연과의 관계, 일찍 찾아온 죽음 등 그와 관련된 어떤 측면을 살펴보아도 여기엔 예외가 없다. 그러나 후자의 영역에서도 그는 상당히 중요하고 인상적인 역할을 담당하고 있다. 그 역할은 한마디로 표현하자면 지적인 차원에서 문제를 제기하는 자의 그것인데, 이는 주로 민구·성호 및 지연과의 대화를 통하여 수행된다.

지연과의 대화에서 그가 밝힌 바에 의하면, 그는 <중고등학생 땐 한동안 교회에 꾸준히 나갔>고, <새벽예배두 빠지지 않>(p. 173)았던 사람이다. 그러던 그가 언젠가부터 교회 출석을 그만두게 되고 내적인 신앙도 버리게 되는데, 그 이유는 딴 게 아니고 <약자의 신앙밖에 못 가진 자신을 깨달았기 때문>이라고 한다.

이러한 준태의 진술을 읽으면서 우리가 일차적으로 느끼게 되는 것은, 신앙의 포기라는 사실 자체가 지니는 비중에 비하여 그 동기의 설명이 너무나 막연하고 추상적으로 처리되고 있다는 불만감이다. 사실 이것은 한편의 소설로서 『움직이는 성』이 내포하고 있는 가장 큰 약점 가운데 하나이다. 앞으로 보게 되듯이 기독교 혹은 신앙 일반의 문제와 관련된 준태의 문제의식은 상당히 집요하고 완강하며, 이것이 이 소설 전체의 지성적인 측면을 가장 선두에서 대표하고 있는 것인데, 그가 왜 그처럼 강렬한 문제의식을 갖게 되었는가 하는 점이 모호하게 얼렁뚱땅 지나쳐짐으로 해서, 준태라는 인물 자체의 인상도 다분히 막연한 것이 되어버렸고, 작품 전체의 지성적인 측면도 적잖이 손상을 입은 것이다. 탁월한 창작 기술의 소유자인 황순원이 왜 이런 아쉬운 구석을 남겨놓고 말았는지, 유감스러운 일이다.

아무튼 준태는 그런 식으로 해서 지금은 기독교와 거리를 두고 있는 입장인데, 그렇다고 해서 종교의 문제에 냉담하냐 하면 전혀 그런 것은 아니고, 오히려 그런 테마가 화제로 등장하기만 하면 누구보다 열을 올려 이야기를 끌어나가는 쪽이다. 그런데 이 경우 그가 하는 이야기의 내용은, 요컨대 한국인은, 적어도 지금과 같은 상태로는, 기독교를 믿을 <자격>이 없다는 것이다. 그가 이와 같은 주장을 내세우는 이유는 여러 가지이다. 논점을 분명히 하기 위하여 우선 본문 가운데서 몇 대목을 인용해본다.

(1)「저루서는 (……) 니체의, 신은 죽었다는 말이 우리에겐 실감있게 받아들여지지 않는다구 보는데요. 신은 죽었다구 말할 때, 그전까지는 신이 살아 있었다는 걸 전제하는 게 아니겠어요? 그런데 우리에겐 일찍이 니체가 말한 신이란 게 살아 있어본 일이 없거든요. 그러니 신이 죽었다는 말이 생소할 밖에 없죠.」(p. 64)

(2)「3천 명이 넘는 신도들이 북과 나팔소리에 맞춰서 템포 빠른 찬송가를 부를 때면 거의 반미치광이가 된다는 겁니다. 대부분이 여잔데, 70노파로부터 여남은 살 난 어린애까지 손뼉을 치면서 춤을 추기가 예사랍니다. 목사라는 사람이 붉은 십자가를 들구서 응원단장처럼 그걸 리들 하는데, 그러다간 신도들이 허공을 향해 별별 고갯짓 손짓 몸짓을 하면서 울부짖는다는 겁니다. (……) 그 기사에 목사의 얘기가 또 걸작이에요. (……) 세상에는 모두 미친 사람으루 가득차 있지 않은가, 돈에 미친 사람, 정치에 미친 사람, 그러나 자기는 이왕 미칠 바엔 예수에게 미치기루 했다는 겁니다. (……) 이러한 것과 기독교 정신과 무슨 상관이 있단 말입니까.」(p. 172)

(3)「첨성대 둘레에다 장미를 심었더니 며칠 안 가서 다 파가버리드래요. 그리구 계림의 나무들이 하두 늙어 외국에서 나무를 들여다 심었더니 이것 또한 1년두 되기 전에 모주리 떠갔대지 뭡니까. (……) 이렇게 옛것을 사랑할 줄 모르구 내일을 생각할 줄 모르는 족속이 어떻게 영원을 바랄 자격이 있습니까?」(p. 254)

준태가 한국인과 종교의 관계를 주제로 자신의 견해를 말하는 대목은 이 밖에도 여럿이 있으나, 위에 인용한 정도만으로도 그 윤곽을 밝히기에 모자람이 없다고 판단된다. 그러면 이상과 같은 윤곽을 갖고 있는 준태의 생각을 우리는 어떻게 평가해야 옳을 것인가?

우선 (1)의 인용문을 보면, 서구와 다른 한국의 특수성을 그가 상당히 정확하게 파악하고 있다는 인상을 받을 만하다. 니체가 염두에 두었던 기독교적 의미에서의 신이 우리 민족에게 일찍이 존재한 바 없었다는 것은 확실히 부인할 수 없는 진실인 것이다. 그러나 이 점에 대한 통찰이 함준태의—또는 작가 황순원의—특출하게 뛰어난 면모라고 인정할 것까지는 없다. 왜냐하면 1960년대 중엽에 나온 최인훈의 『회색인』 같은 문학 작품에서 이미 그 점이 강력하게 거론되었을 뿐 아니라, 기독교계 자체 내에서도 벌써 오래 전부터 그것을 문제로 의식하고 심각한 사상적 모색을 전개해온 터이기 때문이다. 다른 것은 다 제쳐두고라도 기독교 토착화론을 철저하게 밀고 나간 윤성범의 저서 『기독교와 한국 사상』이 1964년에 모습을 나타내었다는 점 하나만을 들어보아도 이 사실을 입증하기에는 충분할 것이다.

그런데 여기에서 우리가 준태의 발언을 좀더 주의 깊게 읽어보면, 기독교적인 의미에서의 신을 우리 민족이 일찍이 가져본 적이 없다는 사실을 그가 우리 민족의 <열등성>과 연관시켜 이해하고 있음이 드러난다. (2)와 (3)의 인용문까지 곁들여서 살피면 그것은 의심의 여지가 없다.

(2)의 대목에서 준태는 한국의 일부(준태의 판단으로는 대다수) 교회에서 보여주는 맹목적·반지성적인 열광주의와 <진정한 기독교 정신>을 대비시키며, (3)에서는 한국인의 조악한 찰나주의·이기주의와 <영원>에 사는 정신(아마도 <진정한>기독교에 연결된 정신)을 대비시킨다. 그리고 이 두 쌍의 대비에서 전자는 전적으로 부정적인 평가를 받으며, 후자는 아무런 유보 없이 긍정된다. 이처럼 한국인 대 <진정한> 종교의 관계가 흑 대 백, 열등성 대 우월성의 관계로 굳어져버릴 때, 준태가 다음과 같은 결론에 이르는 것은 지극히 자연스러운 귀결이다.

「우리나라 민족은 진정한 의미에서 종교적인 신앙을 받아들일 만한 바탕을 갖지 못했다구 봅니다.」(p. 253)

거의 절망의 부르짖음과도 같은 느낌을 던져주는 준태의 이러한 선언을 우리는 어떻게 받아들여야 할 것인가?

먼저, 준태라는 인물이 소설의 공간 속에 거주지를 갖고 있다는 점, 달리 말해, 『움직이는 성』이 무슨 논문이 아니라 어디까지나 한 편의 소설이라는 점을 감안하면, 우리는 당연히 준태가 걸어온 삶의 궤적과 연관지어 이 문제를 해명하도록 노력해야 할 것이다. 그러나 앞에서 이미 언급했듯이 이러한 방향에서의 노력을 제대로 열매 맺게 해줄 만한 자료가 불행하게도 이 작품 속에는 거의 들어 있지 않다. 그렇기 때문에 우리는 어쩔 수 없이 순수한 논리의 차원에서 위의 발언들을 검토하지 않으면 아니 될 처지에 놓이게 된다. 한데 이처럼 이야기의 초점을 논리의 차원에 맞출 경우, 준태의 견해는 대부분 수긍될 수 없다는 결론이 금방 나오고 만다.

우리가 준태의 주장을 받아들일 수 없는 이유는, 그의 기본 전제부터가 이미 틀려 있기 때문이다. 그는 한국인의 민족성이라는 것도 고정 불변의 존재요 진정한 기독교 정신이라는 것도 역시 고정 불변의 존재라고 보아서 논의를 전개하고 있는데, 사실인즉슨 한국인의 민족성도 결코 고정된 것이 아니며, 기독교 정신도 역시 불변하는 물건이 아닌 것이다. 그가 한국인의 민족성이라고 생각한 것은 실인즉 역사의 흐름을 따라 얼마든지 다양하게 변모하며 한 시대 속에서도 얼마든지 다면적일 수 있는 한국인의 얼굴 가운데 한 작은 모퉁이에 지나지 않으며, 기독교 정신 혹은 참된 종교 정신의 본질이라고 생각한 것 역시 기독교 내지는 종교 일반이 갖고 있는 복합적인 면모 중의 일부에 불과하다.

준태의 주장에 대한 우리의 이러한 비판은, 그러나 그가 (2)와 (3)에서 문제삼은 현상 자체의 존재를 부정하는 것은 아니다. 그러한 현상 자체는 실제로 우리의 주위에서 발견되고 있지만, 그것을 설명하기 위하여 민족성이라는 추상 개념을 끌어들이는 것은 부당하며, 역사의 현장을 면밀히 살핌으로써 충분히 적절한 설명을 마련할 수 있다고 우리는 보는 것이다.

물론 준태 자신도 역사의 측면을 완전히 무시하고 있는 것은 아니다. 그가 <유랑민 근성>이라고 하는 기묘한 조어를 만들어내면서 우리의 민족성을 그쪽으로 몰아붙이는 데에도 나름대로의 역사적 설명은 수반되어 있다.

「우리 민족이 북방에서 흘러들어올 때 지니구 있었던 유랑민 근성 (……). 우리 민족이 반도에 자리를 잡구 나서도 진정한 의미에서 정치적으루나 정신적으루 정착해본 일이 있어? (……) 우리나라처럼 외세의 침략이 그치지 않은 데다가 나라를 다스리는 사람의 폭넓은 영구적인 자주성이 결여된 나란 없거든. 신라 통일만 해두 그렇지 뭐야. (……) 옛날부터 우리 생활 밑바탕은 정착성을 잃구 살아온 민족야.」(p. 156)

이상과 같은 준태의 역사관은, 그러나 별반 설득력을 갖지 못한다. 그의 논리는 제법 역사에 토대를 두고 있는 것 같지만 사실은 한국 민족성의 다른 이름인 유랑민 근성이라는 고정 개념을 절대적인 전제로서 미리 깔아놓고 거기에 역사적 사실들을 적당히 갖다 맞춘 데에 불과하며, 게다가 한국 역사의 지배적인 특성이 <유랑>의 측면에 있다고 보는 관점 자체도 명백히 잘못된 것이기 때문이다. 유랑은커녕 대지에 뿌리를 박은 농경민들로서 몇 대를 내려가도록 한번도 마을을 떠나는 일이 없을 정도로 철저한 정착민의 생활 양식이 한국사 오천년을 지배해온 것이 아닌가. 한국 정신사의 두드러진 특징 역시 유랑이라는 낱말로 설명하기에는 아무래도 부적절하다.

그러면 다시 앞의 이야기로 돌아가서, 준태가 (2)와 (3)에서 지적한 현상들에 대한 역사적 설명을 제대로 한번 찾아본다면 그것은 어떤 모습이 될 것인가? 우선 (2)의 문제부터 검토해보자. 이것은 간단히 말하자면 한국 기독교의 일부에서 지나친 광신적 태도가 나타나고 있다는 이야기가 될 것이다. 그리고 이런 이야기는 흔히 <기독교가 샤머니즘에 오염되었다>라는 투의 논리로 표현되어 오기도 했음을 우리는 익히 알고 있다. 그러한 논리를 내세우는 사람들은 보통 우리 민족의 종교적 바탕을 샤머니즘으로 파악하면서, 기독교 일부의 열광주의적 경향을 그러한 샤머니즘의 유산으로 보되,

소설과 종교 193

거기에 대한 가치 판단은 <오염>이라는 어휘에서 이미 짐작되듯 극히 부정적인 방향으로 내리는 게 통례로 되어 왔다.

이와 같은 통념은 그러나 내가 보기에는 매우 중요한 여러 가지 오류를 포함하고 있는 듯하다. 첫째, 이 경우에 샤머니즘이라는 어휘를 사용하는 것은 타당하지 않다. 샤머니즘이라는 말과 무속이라는 말은 많은 점에서 서로 겹치기도 하지만 엄격하게 따지면 분명하게 구별되는 것인데, 한국 문화의 특징과 관련하여 보다 절실한 의미를 띠는 쪽은 단연 무속인 것이다. 둘째, 무속 사상이 우리 민족의 종교적 바탕이라고 보는 것은 근거가 희박하다. 조홍윤도 이 점을 지적하여 <무를 우리의 고유한 전통 신앙이니 기층 신앙이니 하여 특별히 의미를 부여하는 일은 무를 바르게 보지 못하는 일일 뿐 아니라, 한국인 심성의 올바른 이해를 그르치게 한다>고 말한 일이 있다(「문학과 무와 종교 체험」, 『문예중앙』, 1985. 봄). 셋째, 무속의 유산을 온통 싸잡아 부정적인 것 일변도로 처리함은 잘못이다. 무속은 우리의 전통 사회에서 일정한 사회적 기능을 담당해왔을 뿐 아니라 오늘날에도 그 사명을 반드시 다했다고 속단할 수 없다. 이를 많은 서구 지향적 근대주의자들처럼, 혹은 『움직이는 성』의 함준태처럼 별 생각 없이 <미신>이라는 한마디로 처리해버리는 것은 사실의 측면에서도 당위의 측면에서도 정당하지 않다.

그러면 이제 (2)의 문제에 관한 우리 자신의 입장을 정리해보자. 내가 보기에 이 문제에 대한 해답의 실마리는 조선 시대의 문화 양태에서부터 찾아야 옳을 듯하다. 주지하다시피 조선 시대의 지배족 문화 규범은 남성적이고 철학적이며 근엄한 얼굴을 가진 유교이었다. 그러면 인간 정신 속에 들어 있는, 여성적이고 감정적이며 끓어오르기 쉬운 측면은 어떻게 처리되었는가? 그것은 유교에 의해서 철저히 탄압되었으나, 그래도 영 죽지 않고 살아남을 수 있었던 것은 빈약하나마 무속 신앙이라는 도피처가 있었기 때문이었다. 결국 우리의 전통 사회에서 무속 신앙은 지배적 규범 문화에 의해 억압당한 요소를 감싸 보호해온 존재였던 셈이다.

그런데 과도한 억압이 결국 격렬한 반발을 불러일으키게 되는 것은 정치의 세계에서나 종교적 심성의 세계에서나 마찬가지이다. 19세기말의 개국과 거기에 바로 뒤이은 조선의 멸망을 기점으로 유교의 힘이 급격히 쇠퇴한 기회를 타서 그 동안 억압되어 왔던 여성적·감정적·충동적 측면은 강렬하게 분출해 올라왔다. 그런데 이미 이 때는 서양의 근대 문명이 재래의 무속을 미신으로 몰아붙이면서 그 대신 기독교를 새로운 시대의 바람직한 신앙 형태로 널리 선전하고 있는 판이었고, 바로 이 서양 근대 문명은 그 실질적인 위력으로써 이미 대다수의 한국인들에게 강력한 감명을 던져주고 있던 참이므로, 이 새로 분출해 올라온 여성적·감정적·충동적 측면은 쉽게 기독교와 결부될 수 있었던 것이다. 1907년을 전후하여 한국을 휩쓴 길선주의 부흥회 운동이나 1930년대의 이용도 선풍은 그 가장 두드러진 예에 지나지 않는다.

역사의 맥락을 이상과 같이 파악하고 보면, 오늘날 한국 기독교의 상당한 부분이 무속 신앙과 닮은 모습을 드러내고 있는 것은 어렵지 않게 이해가 갈 것이다. 그리고 그것이 민족성이니 무어니 하는 모호한 추상 개념과 별 관련을 갖고 있지 않다는 점도 납득이 될 것이다.

그러면 이러한 현상에 대하여 우리는 어떠한 태도로 임하는 것이 바람직한가?『움직이는 성』의 준태처럼 비난 일변도로 나가는 것은 명백히 부당하다. 그것은 사태를 정확히 파악한 것도 되지 못하며, 문제를 바람직한 방향으로 해결하는 데 도움이 되지도 않는다. 그렇다고 오늘의 기독교 일부 집단이나 지금도 잔존하고 있는 무속 신앙의 일부가 보여주는 열광주의적 경향을 덮어놓고 긍정할 수도 없다. 그것은 분명히 문화에 필요한 균형을 상실한 모습이기 때문에 언제든 극복은 되어야 한다.

여기서 결국 우리에게 요청되는 것은, 크게 보아 두 가지라고 할 수 있다. 그 하나는 전통 사회의 엄청난 문화적 불균형이 낳은 피할 수 없는 반작용의 표현 형태로 오늘의 열광주의를 이해함으로써, 그것이 어차피 한번은 거쳐야 할 홍역과 같은 존재임을 긍정하는 자세이다. 말하자면 우리는 그것을 일단 역사의 한 단계로 인정하고 들어가야만 하는 것이다.

이와 더불어 이야기될 수 있는 또 하나의 요청 사항은, 남성적·철학적·엄숙주의적 요소와 여성적·감정적·충동적 요소가 균형과 조화의 관계로 만나는 세계를 끊임없이 추구하는 진지한 태도이다. 물론 이러한 경지라는 것은 한 개인에 있어서나 한 사회에 있어서나 결코 쉽게 도달될 수 있는 것이 아니다. 그리고 설령 어떤 사회가 힘든 노력 끝에 어느 정도 이런 경지를 이루었다 하더라도 그 세계 안의 어느 구석인가에는 여전히 경직된 엄숙주의가 지속되고, 반지성적인 열광주의도 살아남는 법이다. 우리는 이것까지를 멸종시키려고 애쓸 필요는 없다. 또 그러려고 애써 보았자 성공할 리도 없다. 하지만, 이런 유보 조건을 충분히 인정하면서도, 어쨌든 균형과 조화의 세계를 향한 노력만은 기울여야 한다. 그것이 눈에 보일 만한 성과를 거두기까지에는 상당한 시일이 걸리겠지만, 그래도 이 노력 자체를 포기하거나 소홀히 해서는 안 될 것이다.

(2)의 문제에 대한 언급은 이 정도로 해두고, 이제는 (3)의 문제로 넘어가보자. 여기에 관해서는 비교적 간단한 고찰로도 충분하리라 생각된다. 구체적으로 밝히자면 여기에는 주로 세 가지의 원인이 걸려 있는 것으로 보인다.

그 첫째는 우리 민족의 삶을 오랫동안 지배해온 가난의 현실이다. 생존 자체가 항상 위협을 받을 정도로 가난하였기 때문에 나만이라도 살고 보자는 식의 이기주의가 쉽게 만연될 수 있었다고 여겨지는 것이다.

다음 두 번째로 언급할 수 있는 것은 앞에서 언급했던 것처럼 대략 19세기 말을 기점으로 하여 유교 이데올로기가 붕괴한 이후 그것에 대신할 만한 규범이 아직 정립되지 못하였다는 사실이다. 정신분석학에서도 증명해주고 있듯이 법이니 규범이니 하는 것은 주로 인간 정신의 남성적 측면과 관련되어 있는 것인데, 현대 한국의 사회는 앞에서 이미 설명했던 바와 같은 연유로 해서 남성적 문화의 영역이 위축된 상태에 있으며, 거기에 따라 규범 문화도 매우 부진한 수준을 면치 못하고 있다. 유교의 몰락 이후 새로운 규범 체계가 그것을 대신하여 금방 정립되지 못한 데에는 이러한 사정이 그 이유의 적어도 일부분을 차지하고 있다고 판단된다.

마지막 세 번째로 지적할 것은 준태의 주장과는 정반대로 우리 민족이 수천 년 동안 한 지역에 붙박힌 정착민의 삶을 영위해왔다는 사실이 여기에도 하나의 원인을 이루고 있다는 점이다. 이러한 사실은 이규태의 표현을 빌면 <남들이나 딴 마을, 딴 고을, 딴 나라 사람과의 대화나 설득이나 교류나 교제나 타협 없이도 살 수 있는 생업 체계>를 낳았고, 그 결과 사회의식이라든지 공중도덕이라든지 하는 것이 발달할 수 없었던 것이다. 차라리 준태의 주장처럼 우리 민족이 각지로 떠돌아다니며 어쩔 수 없이 낯선 타인들과 어울려야 하는 유랑민이었더라면 사회의식이나 공중도덕은 크게 발전하였을 것임에 틀림없다.

(3)의 문제가 발생하게 만든 원인을 이처럼 세 가지로 나누어 이해하고 나면, 우리는 우리의 장래에 관해 다분히 낙관적인 전망을 획득할 수 있게 된다. 왜냐하면 가난의 굴레도, 남성적 규범 문화의 지나친 위축이라는 현상도, 극단적인 정착 일변도의 생활 양식도 모두 오늘날에는 개선의 희망이 뚜렷하게 보이는 단계에 와 있기 때문이다.

이상으로 준태의 사상적 발언에 대한 우리의 검토는 모두 끝난 셈이다. 지금까지의 논의에서 충분히 드러난 바와 같이, 준태의 견해에 대한 우리의 평가는 거의 전적으로 부정적인 것이었다. 그러나 이 사실 때문에 준태라는 인물 자신이 지니는 의의를 낮게 평가할 수는 없다. 대략 두 가지의 이유 때문에 그러하다.

첫째로 그는 앞에서도 이미 한번 언급했던 바와 같이 <지적인 차원에서 문제를 제기하는 인물>로서 중요성을 갖는다. 그가 나름대로의 시각에서 그만큼이라도 문제를 제기했기 때문에 우리가 지금까지 제법 생산적인 논의를 전개할 수 있었던 것이다. 우리는 준태의 주장을 조목조목 비판할 수는 있어도, 그를 전연 무시할 수는 없다. 그에 대한 비판을 계기로 하여 우리의 종교 문화를 다시 한번 돌아볼 수 있었다는 점만으로도 그는 우리에게 중요한 존재인 것이다.

다음 둘째로 우리는 그가 종교 문제보다도 존재론적 고독의 문제에 더 많은 무게를 두고 있는 인물이라고 한 앞서의 지적을 다시 한번 되새겨볼 필요가 있다. 그가 지적인 사고의 차원에서 어떤 오류를 범하더라도, 존재론적 고독의 문제를 숙명처럼 껴안고 고뇌하다가 죽어가는 그의 모습은 우리에게 압도적인 인상으로 다가오고 남는다. 그리고 앞에서 우리가 비판했던 그의 그릇된 사고들 가운데 상당 부분도, 논의의 초점을 존재론적 고독의 문제에로 돌릴 때에는 새로운 의미를 띠고 살아나는 경우가 있다. 예를 들면 유랑민 근성의 문제만 해도 그렇다. 그가 수원에서 강원도로, 다시 전라도의 깊숙한 오지로 흘러가 외딴 초막에서 떠돌이 무당과 동거하다가 홀로 외롭게 죽어가는 모습은 그 자신이 바로 한 사람의 유랑자임을 인상 깊게 드러내거니와, 이 사실에 대한 인식을 실마리로 삼아 유랑민 근성에 관한 그의 발언들을 거꾸로 되짚어 나가보면, 그것이 결국 그 자신의 개인적 자아를 우리 민족 전체의 자아상으로 확대 투영한 것임을 깨닫게 되는 것이다. 그리고 이 경우, 그러한 확대 투영의 결과로 배태된 논리 자체에 대해서는 얼마든지 엄격한 비판을 가할 수 있지만, 그 같은 확대 투영의 작업을 수행하지 않고는 배기지 못하는 심리의 메카니즘에 대해서는 그저 고개를 끄덕일 도리밖에 없음을 깨닫게 된다. 그러면 이와 같은 두 개의 차원 중에서 어느 편이 더 중요한가? 얼른 보기에는 전자의 측면이 압도적으로 중요하고, 후자의 측면은 문제도 안 될 것같이 여겨지기 쉽다. 그러나 『움직이는 성』이 한 편의 소설 작품이지 결코 무슨 이론서가 아니라는 사실을 감안한다면, 오히려 후자의 측면이 더 중요하다고 보아야 할 것이다.

(2) 윤성호

『움직이는 성』에서 준태와 함께 또 하나의 중심을 이루고 있는 성호라는 인물은 준태와는 대조적으로 독실한 기독교인의 얼굴을 가지고 있다. 그는 사실 여러 가지 측면에서 현대 한국의 양심적인 기독교인들이 지니고 있는 고민과 의지를 대표하는 인물이다. 내가 『움직이는 성』을 대하고서 커다란 울림을 느꼈다고 할 때에도 그 느낌의 주된 부분은 이 성호로부터 유래된 것이었다.

그러한 느낌 때문에, 나는 진작 이 인물을 놓고 한 편의 글을 쓴 바 있다. 나의 『현대문학』 추천 완료 작품이었던 「한국 소설과 구원의 문제」(1983. 5)가 바로 그것이다. 거기에서 나는 한국인이 쓴 소설 가운데서 구원에의 탐색이 가장 인상 깊게 드러난 예로 김은국의 영문소설 『순교자』와 이 『움직이는 성』을 들고, 전자에서는 그 주인공 신목사를, 그리고 후자에서는 바로 윤성호를 집중적으로 분석하였던 것이다. 그러한 분석의 작업을 진행하면서 내가 일관되게 표명한 것은 이 성호라는 인물에 대한 아낌없는 지지와 찬양이었다. 실제로 위의 글은 다음과 같은 웅변조의 결론으로 끝나고 있다.

> 지금까지의 이야기를 통하여 대충 드러난 것처럼 『움직이는 성』의 주인공 윤성호는 한국의 근대 소설에 있어서 구원의 문제를 진지하게 탐구하고 실천 속에서 가능성의 빛을 발견한 가장 대표적인 인물의 초상으로 인정될 수 있다. 그는 여러 가지 면에서 『순교자』의 신목사를 연상시키는 바 있지만 신목사가 지닌 가장 큰 약점—허위와의 타협이라는 약점을 갖고 있지 않다는 점에서 우리 독자들에게 보다 순수하고 완전한 감동을 전달해준다. 황순원의 『움직이는 성』에서 한국의 소설은 구원의 테마를 성공적으로 형상화한 최초의 범례를 얻은 것이다.

이처럼 단호한 결론은 그러면 실제로 어떠한 관찰에 바탕을 두고 내려진 것이었던가? 「한국 소설과 구원의 문제」를 다시 자세히 읽어보면 그것은 다음과 같은 몇 가지로 요약될 수 있다.

첫째, 성호와 목사 미망인 홍여사 사이에서 이루어진 사랑의 사건은 그로 하여금 기독교에서 말하는 죄의 문제에 깊이 들어서도록 만드는 계기가 된다.

그리고 실제로 그는 이 사건을 통하여 파스칼이 말한 바 <스스로를 죄인이라고 생각하는 의인>의 풍모를 띠게 된다.

둘째, 그 비밀이 폭로됨으로써 목사직에서 추방당하는 시련이 닥쳐왔을 때 그는 의연한 자세로 그것을 받아들이면서 기독교적인 의미에서의 <거듭남>을 모범적으로 체현해 보여준다.

셋째, 그는 목사직에 있을 때나 그 자리에서 물러난 후에나 변함없이 겸허하고 진실한 이웃 사랑의 실천자로 살아간다. 「한국 소설과 구원의 문제」에서 썼던 표현을 그대로 빌면, <그가 행하는 모든 일들은 결코 요란스럽지도 않고 거창하지도 않지만 언제나 넉넉한 여유와 따뜻함을 지닌 사랑의 실천으로 나타난다.>

넷째, 그는 목사직을 그만둔 후부터 종교의 전도를 일체 하지 않고 가난한 사람들의 현실적인 삶 자체를 개선하는 데에만 전력하기로 하는데, 이것은 얼핏 보면 신앙인으로서의 후퇴를 의미하는 것 같지만, 사실은 결코 그렇지 않다. 반대로 그것은 『옥중서간』에 나타난 본회퍼의 사상을 연상시키는, 성숙한 기독교적 결단의 소산이다.

대략 이상과 같은 내용이 내 나름으로 내려본 성호에 대한 긍정적 평가의 근거를 이룬 것이었거니와, 그 글이 발표된 지 4년이 지난 오늘에 이르러서 다시 생각해보면, 그때의 내 판단이 전적으로 타당하기만 했던 것 같지는 않다. 물론 윤성호라는 인물이 우리의 긍정적인 시선을 받을 만하다는 생각 자체에는 변화가 없으나, 4년 전의 내 글을 지배했던 열광적인 톤은 아무래도 정도를 지나쳤던 것으로 여겨진다. 성호가 전도를 포기한 사실을 두고 본회퍼를 끌어들인 데에도 무리가 있었던 듯하며, 성호라는 인물이 아무런 비판의 여지도 없는 완결무결한 인간인 것처럼 논했던 것도 반성될 필요가 있다고 본다. 사실은 성호에게도 인격적인 측면에서 약간의 문제점은 존재하고 있는 것이다.

그러한 문제점을 우리에게 단적으로 시사해주는 예를 하나 들어본다면,

다음과 같은 대목이 있다.

> 그 뒤로 성호와 홍여사 사이의 상황이 달라졌다. 둘이는 주위 사람들을 경계하게 되었고, 다음은 넉 달쯤 된 태아를 지워야 하는 일이 생기게 되었다. (……) 성호는 왜 그런지 차차 그 지워버린 핏덩어리와 커가는 대식이에게 죄책감 같은 걸 느끼게 되었다. (p. 38)

여기에서 내가 문제 삼아야겠다고 느끼는 것은 맨 마지막 문장이다. 성호가 정말로 <스스로를 죄인이라고 느끼는 의인>이라는 칭호에 값하려면, 태아를 없애려고 마음먹은 그 순간부터 가슴을 찌르는 죄책감으로 잠을 못 이루며 괴로워해야 옳다. 그런데 위의 본문을 보면 진정한 죄책감이 아니라 <죄책감 같은> 그 무엇이, 그것도 당장이 아니라 <차차> 생겨났을 따름이다. 그걸로도 부족해서 <왜 그런지>라는 말까지 붙어 있다. 이로 볼 때 낙태라는 사실 자체에 대하여 성호가 느낀 가책은 지극히 미미한 것이었다는 결론을 피할 도리가 없다. 이것은 우리의 마음 속에 많건 적건 실망의 그늘을 안겨주기에 족한 사실이다.

작품 속에서 성호와 홍여사와의 관계를 언급한 대목들을 두루 종합하여 검토해보면, 성호가 지녔던 죄의식의 핵심은 결국 홍여사와의 관계가 세상에 알려질까 두려워하는 마음이었음을 알 수 있다. 이것은 한국에는 원래 <죄의 의식>이 박약했고 그 대신 <수치의 의식>이 강했다는 철학자들의 지적을 참조할 때, 그리고 우리의 주인공 윤성호도 엄연히 한국인이라는 점을 감안할 때 어느 정도 납득이 가능한 사실이기는 하지만, 그래도 억울하게 생명을 잃은 태아 때문에 괴로워하는 마음이 거기에 비해 상대적으로 약했다는 사실은 분명 유감스러운 일로 남는다.

윤성호의 인품에 대한 언급은 이 정도에서 멈추기로 하고, 이번에는 그가 목사직을 그만둔 후 전도를 하지 않기로 작정한 일을 과연 본회퍼와 결부시켜 긍정적으로 평가할 수만 있는가, 다르게 해석할 가능성은 없는가 하는 문제를 검토해보자. 먼저 이 문제와 관련된 성호 자신의 발언을 인용하면 그것은 다음과 같다.

> 「나는 이번 교직에서 쫓겨났지만, 원은 진작 떠났어야 했어. 생존의 밑바닥에서 허덕이구 있는 사람들에게 종교란 한갓 사치에 지나지 않는다는 걸 여기 와서야 깨달았거든. 일체 사적 전도를 하지 않기루 했어. 애최 먹혀들어가지두 않지만 말야.」(pp. 347~348)

이 말을 곰곰 새겨보면, 거기에 대한 가능한 해석이 결코 내가 4년 전에 시도했던 바와 같은 것 한 가지만으로 한정될 수 없음을 분명히 깨닫게 된다. 실인즉 그것은 극도로 긍정적인 평가에서부터 극도로 부정적인 파악에 이르기까지 실로 엄청나게 다양한 해석의 스펙트럼을 허용해주고 있는 것이다.

이 지점에서 우리가 생각할 수 있는 가장 긍정적인 평가를 제법 그럴듯한 신학적 배경 설명까지 곁들여서 개진해본 것이 바로 「한국 소설과 구원의 문제」에 나타난 내 해석이었다고 할 것이다. 그럼 이와는 정반대로 우리가 떠올릴 수 있는 가장 부정적인 해석을 적어보기로 한다면 그것은 어떤 모습이 될까. 이 물음 대한 해답은 금방 찾아낼 수 있다. <목사직에서 불명예스럽게 쫓겨난 것을 스스로에게 합리화시키고 정당화시킴으로써 마음의 위안을 얻으려는 얄팍한 시도>라는 게 바로 그 해답이 될 것이다. 그리고 이러한 해석을 가능케 하는 가장 유력한 근거로서는 본문 속에 들어 있는 <원은 진작 떠났어야 했어>라는 구절이 제시될 수 있으리라. 그것은 마치 실연을 당하고 난 뒤에 <에잇, 그런 사람하고 헤어지게 되어서 오히려 다행이다>라고 중얼거린다든가, 취직 시험에 떨어진 후 <그 따위 시시한 회사에 들어가지 않기를 잘했지>하고 스스로를 달래는 것과 흡사하다고 여겨질 수 있기 때문이다.

혹자는 이와 같은 해석이 지나치게 악의적인 것이라고 비난할지 모른다.

그러나 이 해석이 전적으로 부당한 것이라고는 아무도 말하지 못할 것이다. 특히 위에서 상정해본 바와 같은 심리의 작용이 반드시 본인 스스로가 의식적으로 깨닫고 있는 가운데서만 일어날 수 있는 것이 아니고 무의식적으로 진행될 수도 있다는 사실까지 감안하면 더욱 그러하다.

만약 성호가 의식적이 아니고 무의식적인 상태에서 위와 같은 심리의 흐름을 따라간 것이라면, 우리는 그 점을 가지고 그를 마냥 비난만 할 수는 없다. 왜냐하면 그것은 인간이 그 자신의 생존을 위한 본능적 무기로 갖고 있는 요소를 잠시 활용한 것일 따름이기 때문이다.

그러나, 이러한 유보 조건을 달아준다고 해도, 그것이 위에서 이미 밝힌 것처럼 <우리가 떠올릴 수 있는 가장 부정적인 해석>임에는 변화가 없다. 그리고 이처럼 부정적인 측면에서의 극단을 이루고 있는 논리를 갖고 너무 길게 시간을 끄는 것은 성호를 위해서나 우리 자신을 위해서나 좋을 게 없을 듯하다. 그러니까 이 이야기는 여기서 그만 접어두고, 보다 더 근본적인 문제에로 넘어가 보자. 그보다 근본적인 문제란, 위의 인용문에 나타난 것처럼 <말씀>의 세계와 <밥>의 세계를 철저하게 구별되는 서로 다른 세계로 갈라놓고 그 중 후자에다 강조점을 찍는 태도가 기독교의 시각에서 볼 때 과연 인정될 수 있느냐라는 문제이다. 여기에서 하필 기독교의 시각이 기준으로 떠오르는 것은 말할 나위도 없이 성호 자신이 여전히 개인적으로는 기독교인의 위치에 머물러 있기 때문이다.

이 지점에서 우리에게 생각의 실마리를 열어주는 것은 「마태복음」 4장 4절의 말씀이다. 여기에서 예수는 분명한 어조로 말하고 있다—<사람이 빵만으로 사는 것이 아니라 하나님의 입에서 나오는 모든 말씀으로 살리라>라고. 내가 생각하기에 이것은 기독교가 존립할 수 있는 최소한의 전제조건이다. 이것이 전제되지 않으면 기독교는 말씀 따위는 무시한 채 밥만을 찾는 사람들로 가득한 이 세상에서 제대로 그 독자적인 모습을 지속시켜 나가기 어려울 것이다.

하지만 이렇게 이야기한다고 해서 기독교가 밥의 문제를 무시하고 있는 것은 결코 아니다. 위에 인용한 구절을 보아도 그렇다. <사람이 빵으로만 사는 것은 아니다>라고 말할 때, 밑줄 친 <만>이라는 말 속에는, 빵의 중요성에 대한 일단의 인정이 전제되어 있는 것이다. 그리고 예컨대 주기도문과 같은 데서는 밥의 문제에 대한 기독교의 이해와 관심이 더욱 적극적으로 나타난다. 두루 아는 바와 같이 주기도문 가운데는 <오늘날 우리에게 일용할 양식을 주옵시고>라는 구절이 있다. 어떤 사람은 여기서 말하는 일용할 양식을 순전히 정신적인 의미로 해석하기도 하지만, 그것은 타당한 생각이라고 보기 어렵다. 이 구절은 분명히 밥을 중심으로 한 현세적인 삶의 중요성에 대한 인식을 함축하고 있을 것이다. 그래서 레오나르도 보프 같은 사람은 이 구절을 근거로 삼아 다음과 같이 논하기도 했던 것이다.

    우리는 우리의 필요에 대하여 결코 부끄럽게 생각할 이유가 없다. 하나님은 굶주림에 관심을 기울이신다. 우리의 간청을 듣고 굶주린 배를 채워주는 것이 그의 뜻이다. 이것이 생명의 보증이다. 그리고 이것은 우리가 하나님으로부터 받은 가장 값진 선물이다.

이러한 견해에 일말의 타당성이 있음을 승인한다면, 성호처럼 말씀과 밥을 서로 어울릴 수 없는 대극에 놓고, 밥의 문제에 충실하기 위하여 말씀의 전파를 포기한다는 것은 수긍하기 어려운 태도라고 생각된다. 그의 그러한 결단 속에 나름대로의 인간애가 깔려 있다는 점은 인정할 수 있지만, 그처럼 중요한 두 가지 중의 하나를 선뜻 포기하기 전에 그 양자를 다 살릴 수 있는 길을 좀더 끈기 있게 모색하는 게 필요하지 않았을까 하는 아쉬움을 누르기 힘든 것이다. 앞에 인용한 보프의 말에서도 드러나듯이 그것은 얼마든지 가능한 일인데 말이다.
    한데 여기에서 한 가지 우리의 주목을 끄는 것은, 성호가 신학교 시절부터 예수교 장로회, 그 중에서도 <성서의 교리나 신조를 그대로 순수히 지켜야

한다>(p. 189)고 주장하는 합동측에 소속되어 왔다는 사실이다. 작품 속에서는 이러한 신념에 입각해 있는 합동측과 <교리의 사회적 적용에 관심을 두어 현실적인 적응을 해야 한다>고 주장하는 통합측이 서로 합칠 것인가 말 것인가 하는 문제가 제기되어 회의가 열리고, 이 회의에서 <성호의 힘이 적잖이 작용>한 결과 합치기로 결론이 내려졌다고 서술되어 있는데, 여기서 두 교파가 합친다 어쩐다 하는 문제에 관한 서술은 작가가 왜 이런 이야기를 이처럼 무근거하게 자의적으로 꾸몄는지 납득이 안 갈 만큼 이상한 모습을 띠고 있다. 우선 역사적으로 볼 때 합동측과 통합측 사이에서는 몇 차례 다시 결합하려는 시도가 있긴 했지만 그것이 정말로 실현된 바는 없다. 그러므로 이 소설에서 양자의 결합이 완전히 이루어지게 된 것처럼 서술한 것은 사실에 어긋난다. 또 하나 지적해야 할 것은, 소설 속에서 이 문제로 회의가 열렸을 때에는 성호는 아직 목사 안수도 받기 전으로 일개 전도사의 신분에 불과했는데, 그런 그가 교파 전체의 근본 방향을 가름하는 중대 문제를 결정짓는 데 적잖은 영향력을 행사한다는 게 도대체 상식적으로 가능할 수가 없는 것이다. 소년봉사단 시절의 인연으로 알게 된 중진 목사들이 찬성해주었기 때문이라는 설명이 붙어 있기는 하지만, 사안 자체의 중대성을 감안한다면 그 정도의 얘기로는 납득이 가지 않는다. 하지만 어쨌든 이 대목의 존재로 말미암아 성호가 합동측의 정신적 풍토 속에서 성장하였다는 사실이 확인된 것은 의미있는 일이라 할 것이다. 성호가 말씀과 밥을 상호 대척적인 위치에 놓고 생각하게 된 것이 이러한 성장 환경과 전혀 무관하지는 않을지도 모른다는 조심스러운 짐작이 가능하기 때문이다.

이상에서 전개해본 두 가지 논의, 즉 성호의 인간성에 관한 논의와 사적 전도를 포기하기로 한 그의 결단에 관한 논의를 종합해보면, 그에게도 많은 결함과 오류가 있으며 따라서 우리는 그를 덮어놓고 우리의 모범으로 삼을 수는 없다는 결론을 피할 수 없다. 하지만 이러한 결론은 성호에 대한 우리의 관심을 감소시키는 요인으로는 결코 작용하지 아니한다. 반대로 그에 대한 우리의 관심은 이러한 결론으로 하여 더욱 증대되고 강화되어야 마땅하며, 또 실제로도 그렇게 될 수 있다. 왜냐하면 그는 이제 우리가 도저히 따를 수 없는 천사와 같은 존재가 아니라 우리와 똑같이 약점과 과오를 지닌 인간의 모습을 갖추고 있으면서 그래도 지칠 줄 모르고 구원을 탐구하는 자로 나타나기 때문이다. 말하자면 그는 구원에의 지향을 그대로 간직하고 있으면서, 인간적으로 볼 때에는 우리와 좀더 가까운 자, 친근한 자가 된 것이다.

지금까지 우리는 「한국 소설과 구원의 문제」에서 성호를 다루었던 부분 중 수정을 필요로 하는 대목들이 무엇인가를 살펴왔거니와, 이제는 이야기의 방향을 돌려, 미처 거기서 검토하지 못했던 것으로서 그냥 흘려버릴 수 없는 문제 한 가지를 언급하기로 한다. 그것은 다름이 아니라 우리의 전통 신앙에 대하여 성호가 어떤 태도를 취하고 있는가 하는 문제이다.

『움직이는 성』을 잘 읽어보면, 이 문제는 구체적으로 두 가지 측면으로 나타난다. 그 첫째는 한국 재래의 제사를 기독교에서도 인정해야 한다는 글을 성호가 발표한 사실이요, 그 둘째는 성호가 시무하는 교회의 반사로 있던 명숙이 무병(巫病)을 앓던 끝에 결국 내림굿을 하게 된 상황과 결부된 사건의 전개이다.

여기서 먼저 제사 문제에 대한 성호의 견해를 조금 더 자세히 소개한다면, 제사란 조상에 대한 추모의 표현이지 어떤 신에 대한 신앙 행위는 아니므로 교회에서 금할 이유가 없다는 것이다. 그러면서 그는 처음에 기독교를 한국에 가지고 왔던 서양 선교사들의 편파적인 안목을 한국 기독교 자신이 그대로 답습하는 것은 부당하다는 주장을 개진한다.

「아마 상례나 제례를 미신으로 규정한 건 처음 서양 선교사들이 와서 우리나라를 미개 민족으로 본 데서 비롯됐을 거라는 거야. 서양 사람 자기네의 의식하구 다르다구 해서 우리나라 사람의 고유한 풍습을 무시해 버려선 안 된다는 거지. 그러니 이제부터라두 시정해야 한다는 거야.」(p. 189)

위의 인용문은 민구가 성호의 글을 요약하여 준태에게 들려주고 있는 대목의 일부인데, 이것으로 일단 이 문제에 대한 성호의 견해는 선명히 드러난 것으로 보아도 좋을 듯하다. 그러면 이것을 우리는 어떻게 평가해야 할 것인가?

한국 신학계가 걸어온 길을 어느 정도 알고 있는 사람이라면, 여기에 나타난 성호의 견해와 같은 것이 1960년대에 토착화론의 이름 아래 활발히 논의되었던 사실을 기억할 것이다. 기실 위에 소개된 성호의 견해는 그 당시의 가장 진취적인 토착화론자들이 표명하였던 입장을 그대로 반영하고 있는 것이다.

오늘 우리의 시각에서 이들의 입장을 돌이켜보면, 서구 제국주의와 결부된 기독교의 편견을 인식하고 그 시정을 요구한다는 것이 결코 쉽지 않았을 그 시대에 이만큼 주체적인 안목을 획득할 수 있었던 그들 진취적인 토착화론자들에게 일단은 긍정의 시선을 보내지 않을 수 없다. 선교사들이 뿌려놓은 서양 중심적 사고의 독소가 실로 엄청나게 강력한 것이었던 만큼, 그것으로부터 이 정도라도 벗어나는 데에는 남다른 용기와 지혜가 필요하였을 것으로 판단되며, 그 점에서 이들의 탁월성을 인정하지 않을 수 없는 것이다.

그러나 위에 소개된 내용에서 보이듯 그들이 제사란 신앙적 요소가 없는 단순한 추모 행위라고 간주하고 그런 한에서 기독교와의 공존이 가능하다고 본 것은 아직도 결정적인 한 걸음을 내디디지 못했다는 미흡감을 느끼게 한다. 그것은 적어도 본격적인 신앙의 차원에서는 역시 기독교만이 유일한 정당성을 주장할 수 있다고 하는 고집에서 그들이 벗어나지 못하였음을 입증하기 때문이다.

오늘의 세계를 지배하고 있는 다종교적 상황은 그러한 고집 속에 기독교인들이 안주하는 것을 더 이상 허용하지 않고 있다. 참으로 열린 마음을 가지고 진실을 추구하는 기독교인이라면, 자신의 신앙은 그대로 지키면서, 다른 신앙의 가치와 진실성 역시 인정해야만 하는 것이다. 궁극적인 신비 혹은 실재를 정상으로 비유하고 종교를 그 정상에 오르는 길로 비유할 경우 그 길은 결코 하나만일 수 없고 또 하나이어서도 안 된다고 갈파한 라이문도 파니카의 통찰을 오늘의 기독교인들은 깊이 새겨들어야 한다. 그러니까 제사는 신앙 행위가 아니기 때문에 허용된다라는 논리에서 한 걸음 더 나아가, 제사는 그것이 신앙 행위이든 아니든 존중되어야 한다는 논리에까지 이르러야 마땅한 것이다. 그런데 성호는 아직 이러한 지점에까지는 도달하지 못하고 있다.

성호가 드러내고 있는 이와 같은 한계는, 명숙과 관련된 사건에서도 분명히 나타나 문제를 일으킨다. 명숙이 무당이 되려고 하는 사태에 임하여 성호가 그것을 막으려 든 것 자체야 기독교 목회자로서 당연한 일이라고 하겠지마는, 거기에 깔려 있는 것이 무속을 단순한 미신으로 보고, 명숙의 무병 역시 <한갓 신경의 과로 아니면 정신적인 불안 같은 데서 온 게 분명>(p. 152)한 것으로 치부하는 태도, 다시 말해 기독교 신앙에 대한 독단적 우월감에 입각한 태도라면 문제가 그리 간단하지 않다고 생각되는 것이다.

(3) 송민구

『움직이는 성』의 세 번째 중요 인물인 송민구는 준태와는 군대 생활을 같이한 인연으로, 그리고 성호와는 대학 동창의 관계로 각각 맺어져 있는 사이이다. 그는 한장로의 딸 은희와 약혼을 하고 교회에도 착실히 나가는 기독교인이지만 정작 그의 주된 관심은 자신의 학문적 전공 분야로 삼고 있는 무속의 세계에 쏠려 있다. 황순원은 민구에게 이와 같은 양면적 성격을 부여함으로써 한편으로는 우리 주변에서 많이 볼 수 있는 기독교인의 한 유형을 제시하고, 다른 한편으로는 무속의 세계로 독자를 안내한다는 두 가지 효과를 동시에 기하려고 한 듯하다.

먼저 기독교인으로서의 민구를 관찰해보자. 그는 무슨 생각에서 세례를 받고 교회를 다니는가? 신앙심이 돈독해서 그런 것은 결코 아니다. 예수의 사랑에서 감동을 받았기 때문도 아니다. 그가 기독교의 신앙에 대해서 흥미를 느끼고 있는 것은 사실이나, 그것은 무속에 대해서 느끼는 흥미와 조금도 차이가 없다. 즉, 호기심의 차원에서 멈추는 것이다. 그럼에도 불구하고 그가 기독교를 자신의 종교로 선택한 것은 결국 은희 때문이며, 더 나아가서는 한 장로 때문이다. 은희라는 매력있는 여자를 손에 넣을 수 있고, 그와 동시에 돈 많고 세력 있는 한 장로의 사위가 될 수도 있다는 사실이 그를 교회로 끌어당긴 주된 원인인 것이다. 작가는 다음과 같은 대목에서 그 사실을 직접 독자에게 알려주고 있다.

「나두 거기 동감이야.」민구가 두 사람 사이에 끼어들었다. 「교리의 참다운 뜻을 터득하기 위해서라기보다 무슨 실리적인 것을 바라구 교회에 나가는 사람이 많은 것 같애. 마치 샤먼에게서 무엇인가를 바라듯이 말야.」
「예를 들면 너 같은 사람두 그 중의 하나지.」 하이볼 친구가 턱으로 슬쩍 은희 쪽을 가리키고는 민구에게 눈을 찡긋해 보인다. 너는 저 여자 때문에 교회 나가는 거 아냐? 하는 뜻이다.
민구가 하이볼 친구를 향해, 이자식이! 하는 눈빛을 해보이고 큰 입에 웃음을 띠우면서,
「천만에, 나야 다르지.」(p. 65)

이 장면에서 민구가 보여주는 부정의 답은 사실에 있어서는 가장 강한 긍정의 뜻을 담은 것으로 해석된다. 결국 민구야말로 <실리적인 것을 바라고 교회에 나가는 사람>의 전형이며, 그 자신 이 점을 의식하고 있다는 이야기가 된다.

민구의 출신 배경이 어떠한 것인지는 작품 속에서 확실하게 밝혀져 있지 않다. 그러나 모저림의 약혼식에 참석한 집안 사람이 <시골서 올라온 형> 한 명뿐인 것을 보면 어지간히 한미하다는 사실만은 족히 짐작할 수 있을 법하다. 이런 민구에게 은희네 집안과의 연결이라는 것은 분명 상당한 사회적 상승을 이룩하는 일이 아닐 수 없는 것이다.

작가는 민구라는 인물을 이처럼 전형적인 속물로 설정함으로써 한국 기독교의 문제점 가운데 하나를 드러내려 한 것으로 판단된다. 그것은 바로 많은 경우에 기독교 신앙이 세속적 성공의 방편으로 이용당하고 있다는 사실이다.

민구와 기독교와의 관계가 이처럼 다분히 실리적인 판단에 입각한 것이라면, 그와 무속과의 관계는 좀 다르다고 할 수 있다. 여기에서 지배적인 것은 취미 혹은 도락의 측면이다. 민구가 무속 연구에 열성적으로 종사하는 것은 거기에서 무슨 이득을 바라기 때문도 아니요, 그렇다고 어떤 사명감을 느껴서도 아니다. 그냥 그것이 재미있기 때문이다. 그렇기 때문에 무속에 관하여 열을 올려 이야기할 때의 민구는 기독교인의 얼굴로 나타날 때의 그와는 달리 상당히 순진하다는 인상을 독자에게 준다.

민구의 무속 연구가 근본적으로 이러한 성격을 띠고 있는 만큼, 소설의 마지막 가까운 부분에 이르러 그가 당굴교의 창설을 운운하는 대목은 상당히 어색하고 갑작스러운 느낌을 준다. 물론 그러한 발상은 민구 자신이 처음으로 한 게 아니고 월남에 갔다 왔다는 청년의 음험한 계략에 넘어간 결과로 나타나 있지만 아무리 그렇다고 하더라도 청년의 돌연한 제의에 민구가 금방 고개를 끄덕이고 나온다는 것은 말이 되지 않는다. 차라리 신내림을 경험하고 한 사람의 무당이 되고 싶은 욕망을 느꼈다고 한다면 그래도 조금은 덜 이상스러울지 모른다. 민구의 현실주의적인 성격으로 볼 때 그것 역시 독자를 납득시키기 어렵기는 마찬가지이지만, 난데없는 교주 운운의 이야기에 비하면 위화감이 약간은 덜할 것이라는 말이다.

여기에서 우리를 더욱 당혹케 만드는 것은 민구가 그 당굴교를 <샤먼 세계를 하나로 묶은 교>(p. 403)로 생각한다는 점이다. 한국 무속의 성격상 그런 통일적인 교의 존재는 아예 성립이 불가능한 것인데, 명색이 무속 전문가라고 하는 민구가 이 점을 도무지 생각하지 못하고 엉뚱한 꿈을 품는다는 것은 어불성설도 이만저만이 아니다.

여기서 어떤 사람은 다음과 같은 변론을 시도할지 모른다. <민구는 청년과

그런 대화를 주고받을 당시에 거의 엑스터시에 가까운 상태에 있었다. 그리고 그의 생각은 샤먼 세계를 하나로 묶은 교를 꼭 만들어야겠다는 것이 아니라, 그런 게 있으면 나쁘지 않겠다는 정도의 미온적인 것이다. 이런 사실들을 고려하면 그의 태도가 다소 이해될 법도 하지 않은가?>

그러나, 내가 보기에는 위와 같은 이야기는 그다지 효과적인 반론으로 성립하기 어려울 듯하다. 왜냐하면 첫째로 당굴교 창설에 대한 민구의 관심은 엑스터시가 지나간 후에도 지속되고 있으며, 둘째로 종교를 만든다는 문제를 생각하면서 그런 게 있어도 나쁘지 않겠다는 식의 미지근한 태도를 취한다는 것은 오히려 부자연스러운 느낌을 강화시킬 뿐이기 때문이다. 물론 민구가 그런 엉뚱한 생각을 한 것은 소설의 사건 전개라는 측면에서 볼 때 그와 변씨와의 관계를 파탄시킨 결정적인 계기가 되고 있으며 더 나아가서는 그로 하여금 무속 연구 자체를 그만두도록 만들기까지 함으로써 나름대로 일정한 의미를 획득하고 있음이 사실이다. 그러나 민구로 하여금 변씨로부터, 또 무속 연구로부터 손을 떼도록 만들기 위해서는 꼭 이 방법밖에 없었을까? 결코 그렇지 않을 것이다.

이처럼 부분적으로 불만스러운 구석을 남기고 있기는 하지만, 그래도 어쨌든 작가가 민구를 무속 전문가로 설정해놓고 거기에 상당한 비중을 부여한 것은 독자들을 위하여 여러 가지로 도움이 되고 있다. 우선 독자들은 민구의 말을 통하여 한국의 무속에 대한 지식을 적지 않게 얻을 수 있다. 또 만일 무속에 대하여 제대로 알지도 못하면서 부정적인 편견만 잔뜩 지니고 있었던 독자라면 그 편견을 교정 받을 수도 있을 것이다. 민구가 기독교의 여러 가지 풍습과 무속을 비교하여 설명하는 대목(pp. 286~90) 같은 것은 그런 점에서 특히 의의가 크다고 하겠다. 이 부분은 비단 무속에 대한 그릇된 선입견을 바로잡는 데에만 소용되는 것이 아니라, 기독교 토착화론과 관련해서도 의미 있는 시사를 담고 있다. 이를테면 다음과 같은 말이 그러하다.

「언젠가는 예수의 화상이 지금과 같은 서양식 모습이 아닌 우리나라 사람의 모양으루 바뀌리라구 봅니다. 성모 마리아상은 벌써 우리나라 것으루 바뀌지 않았어요?」
「우리는 현재 있는 예수의 그림으루 족합네다.」
「그렇지만 지금 우리가 보구 있는 예수의 화상이 사진은 아니잖아요. 서양사람들이 상상으루 그린 그림이지. 실제루 예수가 어떻게 생겼었는지는 우리가 모르는 거죠. 아시다시피 회랍에선 예수의 화상을 양치는 목자의 모습으루 그리구, 곳에 따라선 검둥이의 모습으루 그리구 있지 않습니까. 앞으룬 얼굴두 우리의 거구, 옷두 우리의 것인 예수의 화상이 나온다구 해서 안될 일은 없다구 보는데요. 그렇게 되면 우리들에게 더 친근감을 주겠죠.」(p. 288)

민구의 이러한 발언이 전혀 새롭거나 특이한 것만은 아니다. 성호가 들고 나왔던 제사의 문제와 마찬가지로 기독교계 내부의 토착화론자들이 이미 많이 언급해온 내용인 것이다. 하지만 그렇다고 해서 『움직이는 성』의 이 대목이 그 의의를 감쇄당하지는 않는다. 왜냐하면 기독교계 내부에서의 토론은 어디까지나 소수의 전문가들 사이에서만 진행되는 것인 반면, 『움직이는 성』의 이 대목은 수많은 독자 대중을 상대로 해서 무엇이 문제인가를 알려주고 함께 해답을 모색하게 만드는 힘을 가지고 있기 때문이다.

민구를 이야기하면서 마지막으로 한 가지 살펴야 할 것이 있다. 그것은 바로 같은 남성인 변씨와의 성관계이다. 그러나 이 관계는 어디까지나 변씨의 주도에 의하여 이루어진 것이니만큼, 변씨를 중심의 자리에 놓고 다루는 편이 나을 듯하다.

(4) 남지연

방직회사 전무의 딸이고 준태의 연인이며 성호의 친근한 대화 상대자인 지연은 여러 가지 점에서 호감을 느끼게 하는 인물이다. 그녀는 카리에스를

앓아 아이를 가질 수 없는 처지이면서도 정구를 즐기는 건강성을 갖고 있으며 사나운 개들을 잘 다룬다는 사실에서 드러나듯 자연과 잘 어울리는 면모를 보여주기도 한다. 그녀는 준태나 창애처럼 깊은 고독을 앓고 있지도 않으며, 민구나 은희, 혹은 한 장로처럼 속물 근성에 사로잡혀 있지도 않다. 타인과의 사이에 벽을 쌓지도 않지만 삶을 대함에 있어서 허식적인 태도를 취하지도 않는 것이다.

이런 지연이 소설 속에서 종교와 관련된 발언을 하는 장면은 두 번 나온다. 한 번은 준태에게 이야기하는 것으로, 자신이 교회에 다니는 이유에 대한 설명이 그 내용이다.

「선생님은 이런 차 앞을 지나갈 때 운전사가 타구 있을 때하구 없을 때하구 어느 쪽에 더 위험을 느끼세요?」
(……)
「그야 운전사가 탔을 때 더 위험을 느끼죠.」
「그럴까요. 전 그렇지 않은데요. 빈 차일수록 저게 굴러오면 어쩌나 하구 겁이 날 때가 있어요. 운전사가 탔으면 설마 마구 굴러나지는 않을 거 아녜요?」
「하지만 사고를 내는 차가 빈 차든가요?」
「그야 사정이 다르지만……만약 이 우줄 말예요, 아무도 주관하는 이가 없다구 생각할 때하구 있다구 생각할 때하구 어느 쪽에 안전감을 느낄 수 있을까요?」
「굉장한 비약이시군요. 결론부터 말하면 신이 있어야 한다는 거죠?」(pp. 170~171)

지연의 생각은 결국 신이 존재하는지 그렇지 않은지를 확실하게 알 수는 없다, 그러나 어차피 그 어느 쪽이든 과학적인 증명이 불가능한 노릇이라면 신이 존재한다는 쪽으로 결론을 내리는 편이 좋다, 왜냐하면 그 편이 우리에게 보다 더 유리하기 때문이다라는 것으로 정리될 수 있겠다. 이러한 견해는 우리들에게 당장 파스칼이나 윌리엄 제임스의 사상을 연상시킨다. 그들 역시 신의 존재를 믿느냐 부정하느냐 하는 것은 어느 쪽으로든 선택이 가능한 문제라고 보면서, 이 경우 현명한 사람이라면 주저하지 않고 전자를 택할 것이라고 주장했던 것이다. 말하자면 그들에게 있어서 종교의 문제는 하나의 내기로 규정되며, 이 내기에서 많은 이득을 보는 길은 신앙을 가지는 것이라고 단정되고 있는 셈이다.

엄격하고 정통적인 종교인들이라면 신앙을 내기에 비유하는 이들의 발상 자체가 신성 모독적인 것이라고 비판할 수도 있으리라. 하지만 신의 문제를 앞에 놓고 선뜻 결론을 내리지 못하면서 망설이고 있는 많은 사람들에게 위와 같은 논리가 상당한 매력을 발휘할 수 있음도 사실이다. 더욱이 피터 버거처럼 종교의 본질 자체가 우주를 의미 있는 것으로 만들려는 시도라고 보는 입장에 선다면 위와 같은 파스칼식의 발상은 종교를 옹호하는 논리치고는 가장 정직한 것이라고 평가할 수도 있을 법하다.

그러나, 설령 이러한 각도에서 내기 이론이 일단 승인될 수 있다고 치더라도, 그것으로 문제가 다 해결되는 것은 결코 아니다. 신을 믿지 않을 때보다는 믿을 때에 더 안전감을 느낄 수 있으니까 일단 믿고 보자는 생각은, 신앙 자체로 보면 겨우 첫걸음을 떼어 놓은 데 불과하기 때문이다. 거기서 더 나아가 자신이 믿는 종교의 가르침을 깊이 이해하고 내면화시키는 과정이 제대로 이어져야만 성숙한 신앙인으로서 완성될 수가 있는 것이다. 그런데 유감스럽게도 지연은 전혀 그런 단계에 도달하지 못하고 있음이 곧 드러난다. 아내가 있는 남자인 준태를 사랑하게 되었다는 죄책감 때문에 교회를 떠나야겠다고 성호에게 말하는 대목을 보면 그 점을 알 수 있다.

「저 교회에 안 나가기루 했어요.」 지연의 마른 입술이 떨렸다. 「하나님은 저 같은 건 필요치 않을 거예요. (……) 하나님은 외롭지 않을 거예요. 저 같은 건 문제두 안 될 수많은 사람들이 헌신적으루 받들구 있잖아요?」(p. 247)

여기에서 지연을 사로잡고 있는 죄의식의 무게는 일단 이해할 수 있으나, 그 죄의식 때문에 신을 버리고 교회를 떠나겠다는 것은 참으로 답답한 노릇이 아닐 수 없다. 이것은 그녀가 기독교 복음의 근본 정신을 도무지 이해하지 못하고 수박 겉핥기로 교회를 다녔다는 증거 이외에 아무 것도 아니기 때문이다.

그러면 기독교 복음의 근본 정신은 무엇인가? 그것은 스스로를 죄인으로 느끼고 괴로워하는 자야말로 가장 구원에 가깝게 있다고 하는 믿음이다. 한 예로 「누가복음」 18장 10절에서 14절까지를 보자.

> 두 사람이 기도하러 성전에 올라갔는데 하나는 바리사이파 사람이었고 또 하나는 세리였다. 바리사이파 사람은 보라는 듯이 서서 「오, 하나님! 감사합니다. 저는 다른 사람들과는 달리 욕심이 많거나 부정직하거나 음탕하지 않을뿐더러 세리와 같은 사람이 아닙니다. 저는 일주일에 두 번이나 단식하고 모든 수입의 십분의 일을 바칩니다.」하고 기도하였다. 한편 세리는 멀찍이 서서 감히 하늘을 우러러 보지도 못하고 가슴을 치며 「오, 하나님! 죄 많은 저에게 자비를 베풀어주십시오.」하고 기도하였다. 잘 들어라. 하나님께 올바른 사람으로 인정받고 집으로 돌아간 사람은 바리사이파 사람이 아니라 바로 그 세리였다.

지연이 복음서의 이러한 정신을 조금이라도 이해했다면, 그녀가 가진 죄의식은 오히려 기독교 신앙을 더욱 강렬하게 불붙이는 결과로 나타나야 옳다. 그것이 소설 속에서 거꾸로의 모습으로 나타나고 있는 것은, 작가로서는 지연의 정신이 얼마나 결백한가를 보여주기 위한 수단으로 취한 조치인지도 모르나, 기독교가 진정 어떤 종교인지를 조금이라도 알고 있는 독자에게는 그녀에 대한 실망감만을 안겨줄 따름이다.

지연의 이러한 고백을 기왕 문제 삼은 김에 한 가지 더 따져볼 것이 있으니 그것은 바로 그 고백을 들었을 때 성호가 보여주는 태도이다. 성호로 말할 것 같으면 당당한 목사님이요, 그것도 보통 목사가 아니라 타의 모범이 될 만한 존재임을 작가와 독자 모두로부터 승인받고 있는 터가 아닌가? 그러니만큼 이 자리에서 그는 응당 많은 이야기를 지연에게 들려주고 신앙을 지키게끔 설복해야 옳다. 또한 그것은 별로 어려운 일도 아닌 것이다. 그런데 소설 속에서 실제로 일어나고 있는 상황은 그렇지가 않다. 한번 본문을 읽어보자.

성호는 가슴이 답답해왔다. 어쩌면 과거에 자기가 남자로서 걸은 길을 지연이 여자로서 걷고 있는 것만 같았다. 그저 자기는 한 여인으로 하여 지금 목사까지 됐지만, 지연은 한 남자로 인해 교회를 떠나려고 하는 게 다르다면 크게 다른 점일 것이다. 하지만 그 두 사이의 거리는 아주 멀면서도 또 전혀 멀어 뵈지가 않았다. 성호는 지연에게 할 말이 있었다. 아흔아홉 마리 양과 길 잃은 한 마리 양의 비유였다. 그러나 이 말이 지금의 지연의 마음 속에 비집고 들어갈 틈이 있을까. 지난날 자기도 이 말이 들어올 만한 자리를 내주지 않았었다. 한 여인의 일로 가슴이 넘칠 만큼 꽉 차 있었던 것이다. 그렇다고 지연을 이대로 내버려둘 수만도 없었다. 성호는 말 대신 지연을 향해 되도록 크게 고개를 좌우로 저었다. (pp. 247~248)

여기서 보다시피 성호는 지연에게 단 한마디의 실속 있는 조언도 해주지 못하고 있다. 왜 그렇게 되었는가? 지연이 당면하고 있는 문제가 너무 어려운 것이어서 그랬는가? 천만의 말씀이다. 성호가 무능한 목사여서 그랬는가? 그렇게도 볼 수 없다. 그렇다면 그 진정한 이유는 무엇인가?

이 물음에 대한 답은 앞에 인용된 글을 잘 읽어보면 쉽게 얻어진다. 문제는 다른 곳이 아니라 바로 성호의 에고이즘에 있는 것이다. 물론 여기서 말하는 에고이즘이란 자기의 이익만을 추구하는 이기주의라는 뜻은 아니고, 자기 딴에는 남을 위해 일한다고 하면서도 결국 자기 본위로밖에는 생각을 하지 못하는 태도를 가리킨다.

앞의 장면에서 성호는 자기와 홍여사 사이에 맺어졌던 관계를 그대로 준태와 지연의 관계에 대입시키고 있다. 그 두 개의 관계는 전혀 다른 것이며 지연의 고민에는 그것대로의 엄연한 독자성이 존재한다는 사실을 그는 제대로 직시하지 못하고 있는 것이다. 이러한 태도를 에고이즘이라 부르지 않는다면 달리 무어라고 일컬을 수 있을까. 결국 이 에고이즘의 너울이 성호의 눈과 입을 막은 셈이며 그 결과 그는 지연에게 한마디의 조언도 줄 수가 없었던 것이다.

그러나 이러한 사실 때문에 성호에게 우리가 너무 실망할 필요는 없을 것이다. 왜냐하면 성호 자신 훗날에 가서 그러한 자신의 과오를 깨닫고 반성하는 발언을 하고 있기 때문이다.

「어떠한 인간관계이건 동일한 건 없어. 남녀간의 문제는 더더욱 그렇다구 봐. 내 경우에 비춰서 남양을 보다니 그건 말두 안되는 소리지.」(p. 352)

성호가 이처럼 자신의 내부에 도사린 에고이즘의 함정을 간파하고 각자의 개별성을 인정할 줄 알게 된 것은 분명히 하나의 성숙이라고 볼 수 있다. 그가 이만한 성숙을 이룩할 수 있었던 데에는 목사직에서 추방당하는 시련의 힘이 적지 않게 작용하였을 것으로 짐작된다.

(5) 변씨와 여자 무당(돌이 엄마)

무속의 문제가 큰 비중을 차지하고 있는 『움직이는 성』에는 당연히 여러 사람의 무당이 등장한다. 변씨는 그 중에서도 대표적인 인물이다. 그리고 돌이 엄마라는 여자는 비록 소설의 끝부분에서 잠시 얼굴을 보였다가 사라지는 정도의 단역에 불과하지만 그래도 무시될 수 없는 존재이다.

우리는 이들 무당의 모습을 살펴봄으로써 한국의 무속에 관하여 많은 흥미로운 지식을 얻을 수 있다. 민구가 우리에게 무속에 관련된 이론적 지식을 제공한다면, 작품 속에 나오는 무당들은 그 이론을 실연하여 보여주는 셈이다.

그런데 작가는 이 사람들을 소설 속에 등장시키면서 그들이 정상적인 일반 사람들과는 무언가 다른, 어딘가 병적이고 신비로운 인상을 갖도록 여러 가지 독특한 배려를 해두고 있다.

첫째, 애펠레이션의 방식이 색다르다. 돌이 엄마는 잠깐 나왔다 사라지니까 그렇다 치더라도 변씨의 이름이 끝까지 밝혀지지 않고 있는 것은 분명히 이 인물에게 남다른 신비적 분위기를 부여하려는 작가의 의도가 작용한 결과라고 판단하지 않을 수 없다. 비슷하게 이름을 드러내지 않고 있는 또 하나의 중요 인물로는 홍여사가 있는데, 그녀의 경우에도 마찬가지로 신비로운 분위기가 휘장처럼 둘러쳐진다. 그러나 물론 이 두 경우가 꼭 같지는 않다. 홍여사의 경우에는 <여사>라는 호칭 자체에서 이미 느껴지듯 존경의 시선이 개입하고 있는데 변씨 쪽에는 그런 게 전혀 없기 때문이다. 말하자면 홍여사가 지니고 있는 신비로운 분위기는 존중하는 마음을 자아내지만 변씨의 그것은 단지 낯설고 야릇하다는 느낌을 줄 따름이다.

둘째, 이미 앞에서 잠시 언급했던 변씨의 동성애가 문제로 된다. 변씨는 생긴 것이나 행동거지가 모두 여자 같은 인물로서 남자에 대해서만 성욕을 느낀다. 그는 성관계를 맺고 지내던 청년이 월남전에 소집되어 자기 곁을 떠나게 되자 외로움을 못 견디어하던 중 자주 만나게 된 민구에게 접근하여 결국 자신의 욕망대로 하는 데 성공한다. 민구는 처음에는 변씨가 남자인지 여자인지 분명하게 알지 못하는 상태에서 성관계에 응하는데, 나중엔 결국 그가 비정상적이기는 해도 어쨌든 남자임을 알게 되지만 별반 혐오감을 느끼지 않고 그냥 관계를 유지한다. 월남에서 돌아온 청년이 끼어들어 훼방을 놓지 않았더라면 이 관계는 언제까지 지속되었을지 모를 일이다.

작가는 왜 이처럼 변씨라는 인물에게 동성연애자의 면모를 부여했을까? 이것은 쉽게 풀리지 않는 문제이다.

여기서 한 가지 생각해볼 수 있는 것은, 한국의 무속이 다분히 여성 중심적인 성격을 띠고 있어서 무당 가운데에도 여자가 많으며, 남자 무당도 굿을 할 때에는 여자 옷을 입거나 여성적인 동작을 취하는 사례가 흔하다는 사실이다. 그러나 이 점은 변씨의 용모나 행동거지가 여자 같다는 사실은 설명해줄 수 있을지 몰라도 동성애까지를 독자에게 납득시키지는 못한다.

　아무려나, 여기에서 우리가 한 가지 분명하게 말할 수 있는 것은, 동성애자라는 특징을 갖고 있음으로 해서 변씨는 대다수 독자에게 더욱 이상하고 병적인 인물로 비치게 된다는 점이다. 그의 이름이 밝혀지지 않기 때문에 일말의 거리감과 낯설음을 느꼈던 독자들은 그가 우리 사회에서 정상적인 것으로 인정되지 않는 욕망을 가진 것을 보고 더욱 강한 이질감을 느끼게 되는 것이다. 바로 이 점이야말로 작가가 변씨를 동성애자로 설정한 근본 이유일지도 모른다.

　민구가 변씨의 정체를 알고 난 후에도 별다른 충격을 받지 않고 성관계를 지속하는 것 역시 이러한 각도에서 볼 때 어느 정도의 설명이 가능할 것 같다. 건전한 일상인의 전형이라고 할 민구가 어느새 동성애를 즐겁게 받아들이게까지 된 것은, 동성애를 하나의 병적 현상으로 볼 경우, 그 병에 저도 모르게 전염된 결과라는 판단이 가능하다. 민구를 전염시킬 만한 힘을 가진 병이라면 그 병은 꽤나 강력한 것이라고 말하지 않을 수 없다. 이는 결국 변씨의 이미지에 깃들여 있는 병적인 요소가 보통 심각한 게 아니라는 뜻이 되며, 따라서 독자가 느끼는 거리감·이질감도 그만큼 강화되는 결과를 빚는다.

　셋째, 작품의 끝부분에 잠시 등장하여 준태와 지연과의 사이를 결정적으로 갈라놓는 돌이 엄마라는 여자 역시 수수께끼 같은 존재이다. <오랜 동안 과부로 혼자 살다가 별안간 무당이 내리면서 몸에 실린 신이, 어디로 가면 귀인을 만나리라고 하여>(p. 437) 준태를 찾아왔다는 그녀는 준태와 지연의 만남을 방해하는 역할만 하고는 돌이까지 팽개친 채 어디론가 사라지고 만다. 이처럼 그 정체를 알기 어려운 존재인 채로, 그녀가 독자에게 주는 전반적인 인상은 상당히 부정적인 것이다. 지연에게 거짓말을 함으로써 그녀와 준태를 못 만나게 하는 것도 그렇고, 쇠약해서 다 죽어가는 준태와 성관계를 맺으려고 치근덕거리는 것도 그렇고, 자식을 버린 채 사라지는 것도 그렇다. 따라서 대부분의 독자는 변씨에 대하여 느꼈던 바와 비슷한 거리감·이질감 혹은 혐오감을 가지고 이 여인을 대하게 된다.

이상에서 살펴본 바를 종합하면, 『움직이는 성』에 나오는 무당의 이미지는 다분히 병적이고 낯설며 사람들에게 거부감을 주는 성격의 것이라는 결론을 내릴 수 있다. 이는 김동리나 한승원이 묘사한 무당의 모습과는 엄청나게 다른 것이다.

예술적인 효과의 문제는 별도로 하고, 한국 무속의 실상이 소설 작품 속에 얼마만큼 충실하게 반영되어 있느냐 하는 물음을 기준으로 해서 생각할 때, 『움직이는 성』의 이와 같은 인물 설정 방식은 상당한 아쉬움을 느끼게 한다. 대부분의 무당은 그렇게 병적이거나 낯설거나 거부감을 일으키는 존재가 아니기 때문이다.

조흥윤이 지적한 대로 무당은 신령과 접촉을 한다는 점을 제외하면 보통 사람들과 다를 바 없다. 보통 사람들 가운데 병적인 인간이 가끔 있듯이 무당 가운데서도 병적인 인간이 가끔 있는 것이지 그 이상은 아닌 것이다. 이러한 시각에서 볼 때 『움직이는 성』의 변씨나 돌이 엄마는 무당으로서의 전형성을 결여하고 있다는 평가가 가능하다.

(6) 명숙

명숙은 성호가 목회하는 교회의 주일학교 반사로 있던 소녀인데, 이름도 알 수 없는 병에 걸려 시름시름 앓기 시작한 것이 아무리 해도 낫지를 않는다. 이는 바로 무병을 앓는 사람의 전형적인 모습에 다름아니다. 그래서 결국 내림굿을 하기로 했으나, 한창 열기가 고조되고 있는 순간에 성호가 나타나 방해를 했기 때문에 그것은 소용없이 되고 만다. 그 후 명숙은 완전히 정신이 상자가 되어버린다.

착실하게 교회를 다니던 명숙이 무병을 앓게 된 것은 여러 가지 이유로 설명될 수 있을 법하다. 아버지가 사업에 실패하고 죽어버린 까닭에 갑자기 집안이 영락한 것, 여러 집이 잇달아 있는 판자촌의 극히 불건강한 환경, 사춘기의 상처받기 쉬운 심리 상태, 교회에 다니면서 자기도 모르게 죄의식에 짓눌리게 되었을지 모른다는 점 등등. 하지만 그런 걸 따지는 일은 부차적인 문제이고, 어쨌든 내림굿은 끝까지 하고 보아야 했을 것이다. 성호가 그 자리에 뛰어든 것은 앞서 성호를 다룰 때 언급했듯 그로서는 당연한 행동이었을지 모르나, 명숙에게는 아무래도 불운이었다.

(7) 한은희와 한 장로

민구의 약혼녀로 등장하는 은희와 그녀의 아버지 한 장로는 모두 모범적인 기독교인이라고 자부하고 있는 인물들이다. 교회에 착실히 나가고, 금연 따위의 계율을 철저하게 지킨다. 뿐만 아니라 교회 내에서의 지위도 상당해서, 한 장로로 말할 것 같으면 조그마한 교회가 아니라 서울 중심부에 있는 큰 교회의 장로요, 그 교회의 여러 장로들 중에서도 제일 발언권이 센 인물이다.

그러나 좀더 자세히 살펴보면 이들은 결코 진정한 신앙인이 아니다. 한 장로나 그 딸이나 사실은 앞서 인용했던 「누가복음」 18장 10절 이하에 나오는 바리사이파 사람 같은 존재인 것이다. 그들은 율법만 알았지 사랑은 모르며, 자만심만 높았지 겸허와는 인연이 없는 인간들이다. 그 점을 단적으로 보여주는 것이 한 장로가 자기에게 돈을 빌리고 갚지 못한 사람을 닦달하는 장면이다.

「그 돈이 어떤 돈일 줄 아오? 하나님의 돈이오 내 돈이 아니라 하나님의 돈이란 말이오.」
「제발 젊은놈 하나 살려주시는 셈치시구 얼마 동안만 참아주세요.」 30대의 사내가 무릎을 꿇고 벌겋게 달아오른 얼굴도 들지 못한 채, 「어떻게든 재기해서 꼭 갚아드리겠습니다.」
「아니, 몇 번을 말해야 알아듣겠소? 그 돈은 내가 하나님한테서 맡아둔

것뿐이란 말요. 그 돈이 제날짜에 들어오지 않는 걸 하나님은 원치 않구 있소. 만약 그 돈을 제날짜에 받아들이지 않으면 하나님께서 노하셔서 내게 맡긴 전재산을 거둬가실 거요. 그래두 좋단 말이오? 어림없는 소리! 제날짜에 갚지 않을 땐 별수없이 법적으루 처리하는 도리밖에 없소.」(pp. 330~331)

이 대목에서 한장로는 자기의 이익을 지키는 데 누구보다도 철저하고 냉혹한 사업가의 모습으로 나타난다. 이 사실 자체만으로도 문제가 있는데, 더욱 가증스러운 것은 그러한 냉혹성을 정당화하는 근거로 하나님을 끌어대고 있다는 사실이다. 이런 사람은 하나님 따위에는 관심도 없이 오로지 돈만 아는 인간보다도 더 무서운 존재라고 할 수 있다. 은희 역시 그러한 자기 아버지의 태도를 단연 지지하고 있는 것으로 보아 똑같은 부류의 인물임이 판명된다.

작가는 이와 같은 한장로 부녀의 모습을 제시함으로써 한국 기독교 내부에 깊숙이 스며들고 있는 바리사이적 독선과 자기 기만을 날카롭게 비판하고 있는 셈이다.

(8) 신목사

신목사는 피난 시절 성호로부터 많은 도움을 받았던 인물이다. 이 당시에 신목사나 그 동료 목사들이 성호에게 준 인상은 결코 좋은 것이 아니었다.

> 이 세 사람 중의 누군가는 식량배급의 인원수를 늘리기도 하고, 누군가는 배급받은 담요가 좀 낡았다고 새것과 바꿔가기도 하고, 누군가는 구호물자 중에서 조금이라도 값나가는 걸로 고르느라 혈안이 되기도 했던 것이다. 보통피난민보다 더하면 더했지 나을 게 없었다. 도리어 교역자들의 특전을 노골적으로 강요하려 들었던 것이다. (p. 293)

이러한 신목사가 다시 성호에 대한 재판을 주재하는 위치에 서게 되어,

성호로 하여금 목사직을 그만두게 만든다. 물론 신목사가 성호의 사직을 입 밖에 내어 강요한 바는 없지만, 실질적으로는 강요나 다름없는 행동을 취한 것이다. 과연 그의 태도가 타당했는가? 다시 말해, 성호는 도저히 유죄의 판결을 면하지 못할 존재였는가? 율법의 눈으로 보면 그럴지도 모른다. 그러나 기독교 복음의 참다운 정신으로 보면 결코 그렇지 않다. 그런데도 여기서 신목사는 아무런 망설임도 없이 유죄라는 쪽으로 재판을 몰고 간다. 그는 성호와 홍여사 사이에 있었던 사건 자체에만 집착할 뿐 성호의 내면에 대해서는 관심을 갖지 않고 있는 것이다. 그러면서도 그가 「아시다시피 이 시간은 사람이 주관하는 시간이 아니요 하나님이 주관하는 시간입네다」(p. 291)라고 말하는 것을 보면 묘한 아이러니를 느끼게 된다. 작가는 결국 이러한 신목사의 모습을 제시함으로써 일부의 목회자들이 갖고 있는 율법주의적인 태도와 <형제의 눈 속에 있는 티는 보면서 제 눈 속에 들어 있는 들보는 깨닫지 못하는>(「마태복음」 7장 3절) 과오를 한꺼번에 비판하고 있는 셈이다.

(9) 최장로

최장로는 성호가 목사로 시무하던 교회의 장로인데, 나이 예순둘에 남부럽지 않은 재산을 가지고 있으면서도 더 잘 살아보겠다고 작명 잘 한다는 노인에게 부탁해서 이름을 간다. 말하자면 그는 기독교와 성명철학 양쪽에 다리를 걸치고 사는 인물이다. 그가 성호에게 들려준 바에 의하면, 성호네 교회의 창설자로서 역시 장로를 지낸 그의 조부가 처음에 귀신을 버리고 예수를 믿게 된 동기도 딴 데 있는 게 아니라 그러는 편이 돈이 적게 든다는 이유 때문이었다고 한다.

> 「봄 가을 날잡아 굿하구, 음력 정초와 칠월 칠석엔 빼놓지 않구 치성을 드리구, 크흠, 그뿐인가요, 무슨 일이 있을 적마다 살풀이를 한다, 푸닥거리를 한다, 그야말루 무당집 문지방이 닳두룩 드나들었죠, 크흠. 굿을 한번

하자면 줄잡아두 지금 돈으루 몇만원 풀어야 하구, 치성 한번 드리는 데두 사오천원 들여야 했답니다, 크흠. 그게 예수를 믿으면서부터는 술 담배까지 끊게 됐으니 더 절약될 밖에요, 크흠.」(p. 192)

결국 이런 사람들에게 있어서 기독교와 무속과는 그 가치에 있어서 하등의 차이가 없는 것이다. 그렇기 때문에 비용 문제 하나를 가지고 종교를 바꿀 수도 있고, 양다리를 걸치는 식의 신앙 생활을 할 수도 있는 것이겠다. 그렇다면 왜 아예 종교를 버리지는 않는가? 그 이유는 종교가 이네들에게는 일종의 보험과 같은 의미를 띠기 때문일 것이다. 어느 회사에 보험을 드느냐 하는 것을 정할 때와 같은 기분으로 그들은 자신의 종교를 정하고 있는 셈이다. 작가는 이러한 최장로네 집안의 태도가 바로 많은 종교인들의 태도를 대변하는 게 아니겠느냐고 묻고 있는 듯하다.

3. 맺는 말

지금까지 우리는 『움직이는 성』에 나오는 인물들 중 열 한 사람을 선택하여 그들의 면모를 종교와의 관련이라는 측면에서 상세하게 검토해보았다. 그러한 작업을 통하여 우리가 새삼스럽게 확인할 수 있었던 것은 황순원의 이 소설이 참으로 다채로운 문제를 제기하고 있으며, 참으로 넓은 폭을 갖고 있다는 사실이었다. 본론에서 필요할 때마다 지적했던 것처럼 이 작품은 비판받을 만한 요소도 적지 않게 지니고 있지만, 그 점 때문에 문제 제기에 있어서의 다채로움과 폭의 광대함이라는 미덕이 손상 받는 것은 아니다.

이 글의 성격에 비추어, 명시적인 요약이나 결론을 제시하는 일은 필요하지 않다고 생각된다. 독자들이 이 글을 읽어 오면서 종교의 문제에 대하여, 그리고 종교와 소설과의 관련이라는 문제에 대하여 조금이라도 새로운 인식을 가질 수 있다면 그로써 이 글의 보람은 다한 것이다. (1987)

신앙인의 길, 자유인의 길
―조성기의 『에덴의 불칼』

1

오늘날 우리가 서점에서 찾아볼 수 있는 조성기의 연작소설 『에덴의 불칼』 일곱 권은 상당히 복잡한 경로를 거쳐 오늘과 같은 형태를 갖추게 된 것이다. 『에덴의 불칼』 연작 중 제 1부를 이루고 있는 『갈대바다 저편』은 『소설문학』 지의 1983년도 장편소설 공모 입상작인 『자유의 종』을 그 원형으로 삼고 있다. 그보다 12년 전인 1971년도의 『동아일보』 신춘문예에 단편소설 「만화경」이 당선한 것을 계기로 소설가로서의 첫발을 내디디긴 했으나 그 후 오랫동안 신앙의 세계에 몰입하면서 절필 상태에 있었던 그는 이 『자유의 종』을 통하여 소설계로 돌아오게 된 셈이다. 그리고 다시 2년이 흐른 후인 1985년, 그의 문단 복귀를 더욱 화려하게 장식하는 사건이 일어났다. 그가 두 번째로 쓴 장편 『라하트 하헤렙』이 '오늘의 작가상' 수상작으로 결정된 것이다. 『라하트 하헤렙』이 '오늘의 작가상' 수상작이라는 휘장을 두르고 발표되자, 갑자기 많은 사람들이 그에게 관심을 보이기 시작했다. 그리고 이 작품의 성공을 출발점으로 하여, 조성기의 창작 활동은 그 동안의 침묵을 보상하고도 남을 만한 열기를 동반하면서 정력적으로 전개되었다. 그런데 이처럼 정력적으로 창작 활동을 전개하기 시작한 초기 단계에서 조성기가 특별한 의욕을 보인 것이 바로 『자유의 종』의 후속편을 쓰는 일이었다. 그 후속편이 실제로 모습을 드러낸 것은 1986년이었다. 이 해 7월에 『길갈』이 나오고, 다시 두 달이 지난 뒤에 『하비루의 노래』가 연이어 나온 것이다. 이렇게 하는 과정에서 조성기는 『자유의 종』을 대폭 손질하면서 거기에다 『갈대바다 저편』, 『길갈』, 『하비루의 노래』 세 편을 총괄하는 명칭으로 『야훼의 밤』이라는 제목을 설정했다. 그러니까 1986년에 그 모습을 독자들 앞에 드러낸 『야훼의 밤』 연작은 3부작의 구조를 갖고 있었던 셈이다. 그런데 이로부터 다시 2년이 지난 후인 1988년, 조성기는 『하비루의 노래』의 뒷이야기로 『회색 신학교』라는 작품을 써서 출간하였다. 그 결과 『야훼의 밤』은 4부작의 구조를 가진 작품으로 그 면모가 달라졌다. 이런 상태로 또 4년이 지나간 다음, 조성기는 그 동안 『야훼의 밤』 4부작과 별개의 작품으로 존재해 왔던—그러나 적어도 부분적으로는 자전(自傳)의 면모를 느끼게 한다는 점에서 『야훼의 밤』 4부작과 분명히 유사한 성격을 보여주며, 『야훼의 밤』 4부작에서 제외되고 있는 군대 시절의 이야기를 내용으로 삼고 있다는 점에서 그 4부작과 상호 보완적인 관계를 갖고 있는—『라하트 하헤렙』을 『갈대바다 저편』 바로 다음의 자리에 놓으면서 연작의 구조 속에 편입시키는 한편 그 작품들 모두에 조금씩 손질을 가하는 작업을 행하였다. 그 결과 『야훼의 밤』 4부작은 『에덴의 불칼』 5부작으로 바뀌게 된 것이다. 그리고 그는 다시 그가 기왕에 출간했던 많은 작품들 중 구체적인 내용에 있어서는 이 5부작과 전혀 다른 모습을 보여주지만 기독교 신앙의 문제를 다루고 있다는 점으로 보면 뚜렷한 공통점을 인정할 수 있는 두 편의 장편소설—『베데스다』와 『가시둥지』—을 각각 『에덴의 불칼』 제 6부, 제 7부로 가져왔다. 이렇게 해서 오늘날 우리가 보는 바와 같은 『에덴의 불칼』 일곱 권의 형태가 갖추어진 것이니, 이 글의 첫머리에서 내가 이 연작의 성립 과정을 두고 <상당히 복잡한 경로>라는 표현을 쓴 것이 조금도 과장이 아님을 이제는 누구라도 쉽게 수긍할 수 있으리라.

조성기가 처음으로 『자유의 종』을 발표한 시점으로부터 계산해 보면 이처럼 복잡한 경로를 거친 과정이 현재 보는 바와 같은 상태로 마무리를 짓게 되기까지에는 만 9년의 세월이 소요된 셈이다. 여기서 우리는 작가 조성기가 이 연작에 얼마나 뜨거운 애정을 품어 왔는지를 족히 짐작할 수 있다. 그러면 이처럼 뜨거운 애정의 산물로서 오늘의 독자들 앞에 주어져 있는 『에덴의 불칼』 연작에 대한 간략한 답사를 이제부터 시작해 보기로 한다.

구체적인 논의에 들어가기 전에, 미리 한 가지 말해 둘 것이 있다. 이 글은 『에덴의 불칼』 연작 일곱 권 중에서 적어도 부분적으로는 자전의 면모를 느끼게 하는 다섯 권만을 대상으로 삼을 것이다. 기독교 신앙의 문제를 다루고 있다는 점에서 그 다섯 권과 공통된 면모를 보여주는 두 장편 즉 『베데스다』와 『가시둥지』까지를 연작의 범주에 포함시킨 작가의 의도를 이해하지 못하는 바는 아니지만 작품의 구체적인 성격으로 볼 때 그 두 편까지를 여기서 하나로 묶어서 논하는 것은 아무래도 무리라고 여겨지기 때문이다.

2

위에서 방금 말했던 바와 같이 『에덴의 불칼』 연작 중 『갈대바다 저편』에서 『회색 신학교』에까지 이르는 다섯 편의 작품들—이제부터 이 다섯 편의 작품들을 통틀어서 가리킬 경우에는 『에덴의 불칼』 5부작이라는 명칭을 쓰기로 하겠다—은 적어도 부분적으로는 자전의 면모를 느끼게 한다는 점에서 분명한 통일성 혹은 연속성을 보여준다. 다른 말로 표현하자면, 그 다섯 편의 작품들을 읽어나가는 동안 독자들은 그 작품들의 주인공인 신성민이 만들어 가는 삶의 궤적으로부터 작가인 조성기 자신이 걸어 온 길을 끊임없이 떠올리지 않을 수 없게 되어 있다.

물론 이 다섯 편의 작품들에 나타나 있는 신성민의 삶 가운데 과연 무엇무엇이 작가의 실제적인 체험과 일치하는 것이며 무엇무엇이 순전한 허구인지를 빠짐없이 판별해 내는 것은, 작가 자신에게 직접 문의해 보기 전에는, 전혀 불가능하다. 그러나 아무리 신중한 태도를 견지한다고 해도 우리가 <이 작품들은, 적어도 부분적으로는, 자전의 면모를 느끼게 한다>라는 정도의 결론에서 다시 더 후퇴할 필요까지는 없을 것이다. 아주 간단한 일별만으로도 우리는 이 작품들에 나타나 있는 신성민의 삶 가운데 최소한 외관상으로 볼 때 중요한 의미를 지닌다고 판단되는 것들—달리 표현하자면 조금 자세하게 이력서를 쓴다고 할 경우 거기에 적어 넣어야 할 사항으로 간주될 만한 것들—이 작가인 조성기 자신의 전력과 거의 완전하게 일치한다는 결론을 내릴 수 있기 때문에 그렇다. 부산중학교와 경기고등학교를 졸업한 후 서울대학교 법학과에 입학했다는 것, 고등학교 시절부터 남달리 뛰어난 문학적 자질을 드러냈다는 것, 대학에 다니는 동안 기독교 신자가 되었다는 것, 신자가 되기는 했으되 일반 교회의 신자가 된 것이 아니라 대학생 선교를 주된 목적으로 삼고 있는 꽤나 독특한 모 선교단체에 들어가 열성적으로 활동했다는 것, 대학 초년생 시절에는 다른 법대생들과 마찬가지고 고시공부에 관심을 가지기도 했지만 신앙생활에 몰두하면서부터 고시공부에서는 손을 떼게 되었다는 것, 그 때문에 가족—그 중에서도 특히 젊은 시절 고시공부에 몰두한 일이 있고 4·19 직후에는 열성적으로 교원노조 활동을 벌이다가 5·16 이후 감옥살이까지 한 경력을 가졌으며 아들이 법조인이 되기를 정말 간절히 원했던 아버지—과의 사이에서 심한 갈등이 벌어졌으나 결국 자신의 뜻을 관철시키고 말았다는 것, 군대 시절에는 군종사병으로 복무하며 여러 가지 특이한 체험을 했다는 것, 군에서 제대한 후 복학을 하는 한편 다시 선교단체에서의 활동을 계속했다는 것, 계산 착오로 인해 단 1학점이 모자라게 나오는 바람에 졸업을 앞두고 한 학기를 더 등록해야 했다는 것, 선교단체에 대하여 깊은 회의를 느끼고 탈퇴했다는 것, 자기 자신이 지도하는 소규모 그룹을 이끌다가 그것도 여러 가지 갈등으로 인해 해체하고 말았다는 것, 신학대학원에 입학하여 공부했다는 것 등등이 신성민의 행적 중 이력서에 기재될 만한 내용인데, 이 모든 것이 조성기 자신의 행적과 정확하게 일치하는 것이다.

그렇다면, 이 다섯 편의 작품들에 나오는 이야기 중 이력서에 기재될 만한 사항을 제외한 보다 개인적이고 세부적인 차원의 내용들은 과연 얼마만큼이나 작가의 실제 이력에 부합하는 것일까? 그것은, 위에서 이미 한 차례 언급되었던 바와 마찬가지로, 작가 자신을 제외하고는 그 누구도 알 수 없는 일이다. 그러니 만큼 이력서에 기재될 만한 사항에서 보이는 일치점들만을 고려에 넣은 상태에서 성급하게 이 다섯 편의 작품을 <문자 그대로 조성기 자신의 자전에 해당하는 존재>로 규정하는 것은 올바른 태도로 여겨지지 않는다.

하지만, 이 다섯 편의 작품을 위와 같은 방식으로 규정하는 것은 분명 잘못이라 하더라도, 이력서에 기재될 만한 사항들에서 보이는 일치점이 너무나 현저하고 또 전면적이라는 사실을 단서로 해서 생각해 볼 때, 이 다섯 편의 작품에 나타나 있는 개인적이고 세부적인 차원의 내용들 속에 최소한 <실제의 작가 조성기가 살아 온 개인적이고 세부적인 차원의 삶과 내적으로 긴밀하게 통하는 현실—허구 복합체적인 어떤 것>이 담겨 있다고 말하는 것은 잘못이 아닐 듯하다. 그렇다면 결국 앞에서 제시되었던 <이 작품들은, 적어도 부분적으로는, 자전의 면모를 느끼게 한다>라는 판단의 보다 구체적인 의미는 <이력서에 기재될 만한 내용의 차원에서는 엄격한 의미에서의 자전에 가까운 성격을 지니며, 그 밖의 좀더 개인적이고 세부적인 차원에서는 작가의 삶과 내적으로 긴밀하게 통하는 어떤 현실—허구 복합체적 인간의 기록이라는 성격을 지닌다>라는 것으로 정리될 수 있으리라.

3

『갈대바다 저편』에서부터 『회색 신학교』에까지 이르는 『에덴의 불칼』 5부작이 갖는 기본적인 성격을 위와 같이 규정하고 나서 다시 이 작품들을 찬찬히 들여다볼 때 금방 발견되는 그것들의 두드러진 특징은 다음 세 가지로 정리될 수 있다: 첫째, 이 5부작을 하나의 전체로 놓고 볼 때 그것은 분명하게 완결되어 있지 않으며 앞으로도 얼마든지 더 씌어질 수 있는 열린 구조를 갖고 있음이 눈에 띈다는 점. 둘째, 그 다섯 작품들 상호간의 연계성이 매우 느슨한 편이며, 이 작품과 저 작품 사이에서 구조상 분명한 차이가 발견되기도 하기 때문에, 전체적으로 볼 때, 통일성 혹은 일관성을 결여하고 있다는 느낌이 강하다는 점. 셋째, 자기미화를 철저히 배격하는 작가의 정직성이 인상적으로 다가온다는 점. 이제부터 이 세 가지 항목 하나하나에 대하여 좀더 상세한 부연 설명을 붙여 보기로 한다.

(1)『에덴의 불칼』5부작은 처음부터 5부작으로 구상되어 씌어진 것이 아니다. 작가가 처음『자유의 종』을 썼을 당시에는 그 작품 하나로써 <최소한 부분적으로 자전적인 성격을 갖는 소설>을 끝내려 했던 것 같다.『자유의 종』이 비교적 완결에 가까운 구성을 갖추고 있다는 사실을 볼 때 그러한 판단이 가능하다. 그랬다가 3년 후에 생각이 바뀌어서 다시『자유의 종』(이제는『갈대바다 저편』)의 후속편으로서『길갈』과『하비루의 노래』까지를 쓰게 된 듯하다.『하비루의 노래』까지를 쓰고『갈대바다 저편』·『길갈』·『하비루의 노래』세 편에다가『야훼의 밤』3부작이라는 명칭을 붙여 출판했을 때 작가가 <이것으로써 이 3부작은 완결된 것이다>라고 생각했는지는 알 수 없다.『자유의 종』이 비교적 완결에 가까운 구성을 갖고 있는 것과 대조적으로『하비루의 노래』의 결말 부분을 보면 반드시 이 부분에서 작품이 종결되어야 할 이유, 아니면 적어도 이 부분에서 작품을 끝맺는 것이 적당하겠다고 여겨질 만한 이유를 별로 찾을 수 없기 때문에 이러한 얘기가 가능하다. 그러나 당시에『야훼의 밤』을 읽은 독자나 이 작품을 논한 평론가들은 대부분 그것을 완결된 3부작으로 생각했던 것이 사실이다. 그랬었는데 다시 2년 후에『하비루의 노래』의 뒷이야기를 담은『회색 신학교』가 나온 것이다. 그리고 실제로『회색 신학교』를 읽어 보면, 이 작품의 결말 부분이 주는

인상도 『하비루의 노래』의 결말 부분이 주는 인상과 동일하다는 결론이 금방 나온다. 그렇다면 『하비루의 노래』 다음에 다시 『회색 신학교』가 씌어진 것과 마찬가지로 『회색 신학교』 다음에 다시 그 뒷이야기가 씌어질 가능성은 언제나 열려 있다고 단정지어도 무방할 것이다. 실제로 작가인 조성기 자신이 『회색 신학교』가 처음 나왔을 당시 그 머리말 속에 다음과 같은 말을 적어 두고 있기도 하다.

> 『야훼의 밤』이 계속 제 5부, 제 6부로 이어질지 작가 자신도 아직 잘 모른다. 다만 분명한 것은 작품의 주인공과 더불어 작가 자신의 정신적인 순례는 죽음의 문턱에 이르기까지 계속되리라는 사실이다.

물론 그 후 조성기가 『야훼의 밤』 4부작을 『에덴의 불칼』 5부작으로 개편하는 작업을 행할 때 『베데스다』와 『가시둥지』를 가져와서 『에덴의 불칼』 제 6부, 제 7부의 자리에 놓은 것을 보면 『회색 신학교』의 뒷이야기를 다시 쓸 생각은 일단 없어진 것으로 추측할 수 있다. 하지만 그것이 우리로 하여금 『회색 신학교』의 뒷이야기는 앞으로도 영영 씌어지지 않으리라고 단정짓게 하는 근거가 될 수는 없다. 『야훼의 밤』 4부작의 형태가 결국 영속성을 갖지 못하고 해체되었듯이 『에덴의 불칼』 7부작의 형태도 앞으로 언젠가는 해체되고 또 다른 새로운 형태로 대체될 가능성이 얼마든지 존재하기 때문에 이런 말을 할 수 있다. 그리고 위에서 이미 언급했듯 『회색 신학교』의 결말부분 자체가 완결된 작품의 결말이라는 인상을 전혀 주지 않기 때문에도 이런 말을 할 수 있다.

(2) 『에덴의 불칼』 5부작을 이루고 있는 작품들 상호간의 연계성이 매우 느슨하게 된 것은 이 5부작 전체의 성립 과정을 감안해 보면 거의 필연적인 일이었다고 할 수 있지만, 부분적으로는, 성립 과정에 있어서의 특수성과 관계없이 그러한 현상이 생겨나게 된 측면도 있다. 이 중에서 우선 성립 과정에 있어서의 특수성과 직결되어 있는 측면부터 살펴보면, 그것은 두

가지로 정리될 수 있다. 첫째, 5부작의 첫부분을 이루고 있는 『갈대바다 저편』은 그것 자체로서 비교적 완결에 가까운 구성을 갖고 있기 때문에 후속 작품들과 부분적으로 겹치거나 어긋나는 것을 피할 수 없게 되어 있다. 둘째, 5부작 중 두 번째 자리에 놓이는 『라하트 하헤렙』은 그것이 다루고 있는 시기가 주인공의 군복무 기간이라는 점에서 나머지 네 편과 상호 보완적인 관계에 있기는 하지만 오랫동안 그 나머지 네 편과는 별개의 작품으로 존재해 오다가 『야훼의 밤』 4부작이 『에덴의 불칼』 5부작으로 개편되면서 처음으로 그 나머지 네 편과 합쳐진 것이기 때문에 그 나머지 네 편과 역시 부분적으로 어긋나는 면모를 갖지 않을 수 없게 된 것이다. 그 다음, 성립 과정에 있어서의 특수성과 관계없이 발생한 작품들 상호간의 비연계성이라는 것은 무엇보다도 『길갈』·『하비루의 노래』·『회색 신학교』의 세 작품을 잇대어 놓고 읽어볼 때 다양하게 발견되는 현상이다. 이 세 작품은 그 성립 과정을 보면 분명 긴밀한 상호 연관성을 갖고 있는 것이지만, 작품의 구체적인 내용을 보면, 예컨대 『길갈』에서 상당히 비중 있는 인물로 등장했던 주희가 『하비루의 노래』 및 『회색 신학교』에서는 흔적도 찾을 수 없게 된다든가, 『회색 신학교』를 보면 성민에게는 아내가 있을 뿐 아니라 딸도 둘이나 있는 것으로 나오는데 『하비루의 노래』가 끝나는 순간까지도 성민의 결혼은커녕 아내가 될 사람과의 교제에 대한 이야기 혹은 암시조차 없다든가 하는 점에서 확인되듯, 순탄하게 잘 이어지지 않는 구석이 많다. 여기에서 우리가 알 수 있는 것은, 성립 과정에 있어서의 특수성이 문제되지 않는 경우에조차도 작가 자신은 이 5부작에다 치밀한 유기체적 구조를 부여하는 일에 대하여 별다른 관심을 가지지 않은 채 그 작품들 하나하나를 자유롭게 써 나갔다는 사실이다.

그 다음으로, <이 작품과 저 작품 사이에서 구조상 분명한 차이가 발견되기도 한다>라는 이야기 역시, 두 가지로 나뉘어 설명될 수 있다. 첫째, 『갈대바다 저편』과 『라하트 하헤렙』이 각각 그 개별적인 존재 자체로서 상당히 높은 수준의 완결성을 갖추고 있으며 『길갈』도 얼마쯤 거기에 접근해 있는 느낌을 주는 반면 『하비루의 노래』와 『회색 신학교』는 전혀 그렇지 않다는 점에서 위와 같은 지적이 가능하다. 둘째, 『갈대바다 저편』과 『라하트 하헤렙』에서는 젊은 시절의 작가 자신을 최소한 부분적으로 반영하고 있는 한 사람의 주인공이 집중적으로 부각되는 반면 『하비루의 노래』와 『회색 신학교』에서는 이와 대조적으로 주인공이라 할 신성민이 더 이상 집중적인 조명을 받는 위치에 있지 못하고 다른 몇 명의 등장인물과 비중에 있어 큰 차이가 없는 위치에 놓이며 『길갈』은 이 두 가지 유형의 중간쯤 되는 모습을 보여준다는 점에서 위와 같은 지적이 가능하다. 이 두 가지 사항 중의 첫 번째 것은 아마도 『에덴의 불칼』 5부작의 성립 과정이 갖고 있는 특수성에서 주로 연유하는 것이고, 두 번째 것은 아마도 성립 과정에 있어서의 특수성이 문제되지 않는 경우에조차도 작가 자신이 이 5부작 전체에 통일성 혹은 균일성을 부여하는 일에 대하여 별다른 관심을 갖지 않은 채 그 작품들 하나하나를 자유롭게 써 나갔다는 사실에서 주로 연유하는 것으로 짐작된다.

  (3) 『에덴의 불칼』 5부작은 앞에서 이미 자세하게 논의했던 바와 같이 어떤 차원에서는 엄격한 의미에서의 자전에 가까운 성격을 지니며, 어떤 차원에서는 작가의 삶과 내적으로 긴밀하게 통하는 어느 현실―허구 복합체적 인간의 기록이라는 성격을 지닌다. 『에덴의 불칼』 5부작의 자전적 성격을 논하는 자리에서는 이처럼 두 개의 차원을 나누어서 접근하는 것이 필요하고 또 정당한 일이다. 그런데, 이 중 첫 번째의 차원에서 <인간 조성기의 고백>이라는 것이 관심의 초점으로 대두된다는 사실은 새삼 말할 필요조차 없는 노릇이지만, 두 번째의 차원에서도 <인간 조성기의 고백>이 관심의 대상에서 제외될 수는 없는 일이다. 두 번째의 차원에서 문제될 수 있는 <고백>이라는 것은 물론 액면 그대로의 의미에 있어서의 고백이 아니라 훨씬 더 심층적이고 내면적이며 상징적인 의미에 있어서의 고백이 될 터이지만 하여튼 그것 역시 고백이라는 말이 거느리는 연상대로부터 완전히 벗어날 수는 없는 것이

다. 그런데 이러한 <고백>의 개념을 염두에 두면서『에덴의 불칼』5부작을 읽어나가다 보면, 자기 미화를 철저히 배격하는 작가의 정직성을 도처에서 느끼며 깊은 인상을 받지 않을 수가 없다. 체험적 자아(즉 작품 속에서 그려지고 있는 젊은 날의 신성민)와 서술적 자아(일인칭 혹은 삼인칭으로 젊은 날의 신성민을 그려나가고 있는 나이 먹은 서술자)를 구분해서 따져 볼 경우에도 이러한 판단은 변경되지 않는다. 자기 미화를 철저히 배격하는 정직성이 체험적 자아에 대해서뿐 아니라 서술적 자아에 대해서도 그대로 관철되고 있다는 결론을 내리지 않을 도리가 없기 때문이다.

자기 미화를 철저하게 배격하는 정직성을 서술적 자아에 대해서까지 관철시키고 있기 때문에, 이 작품에서 서술적 자아가 체험적 자아를 대하는 태도는 젊은 날의 여러 가지 한계를 이제는 다 넘어선 자리에 고고하게 올라서서 초연하게 그 한계투성이였던 젊은 날을 관조하는 태도가 될 수 없다. 한계점의 세목에 있어서는 젊은 날의 자신으로부터 조금 달라진 점이 있을지 모르나 어쨌든 지금도 여전히 자기 나름의 갖가지 한계들을 끌어안고 있는 존재로서 회의하고 방황하고 실수하는 사람의 입장을 떠날 수 없다. 바로 이러한 사실로부터『에덴의 불칼』5부작의 크게 불안정하면서도 생동감 넘치는 독특한 면모가 배태되어 나오는 것이다.

4

『에덴의 불칼』5부작의 주인공 신성민의 젊은 날을 한 마디로 요약한다면 온전히 기독교의 제단에 바쳐진 날들이라고 할 수 있다. <기독교의 제단에 바쳐진 날들>이라고 하면 평화와 축복으로 가득찬 삶을 연상하는 사람이 있을지 모른다. 그러나 실제에 있어서 신성민이 보낸 그 <기독교의 제단에 바쳐진 날들>은 평화니 축복이니 하는 것들과는 전혀 거리가 멀다. 그것은 처음부터 끝까지 회의와 고뇌와 방황의 연속으로 이루어져 있다. 따지고 보면 그것은 당연한 일이요, 바람직한 일이다. 신성민이 언제나 깨어 있는 자의 자리를 떠나지 않기 때문에, 그리고 깨어 있는 자가 기독교의 제단에 자신의 삶을 바칠 경우 회의와 고뇌와 방황의 세계로부터 면제된다는 것은 불가능하기 때문에, 그것은 당연한 일이라고 해야 마땅하다. 그런가 하면 이처럼 연속되는 회의와 고뇌와 방황을 통하여 비로소 신성민의 삶이 진정한 의미에서의 내적인 풍요를 획득할 수 있었기 때문에, 그리고 이러한 신성민의 내적 풍요에 근거하여 비로소 『에덴의 불칼』 5부작이라는 소설작품의 무게와 긴장감이 생겨날 수 있었기 때문에, 그것은 바람직한 일이라고 해야 마땅하다.

『에덴의 불칼』 5부작의 작가 조성기는 이처럼 자신의 젊은 날을 온전히 기독교의 제단에 바친 신성민의 삶을 그리면서, 그리고 『길갈』과 『하비루의 노래』와 『회색 신학교』에서는 신성민과 가깝게 만나는 여러 기독교인들에게까지 적극적으로 시선을 확대하면서, 한국 기독교의 이런저런 측면들을 두루 폭넓게 살펴 나간다. 한 마디로 <한국 기독교>라고 일컬어지는 것도 다시 자세하게 들여다보면 실로 다양하고 복잡하며 많은 경우 상호 모순되는 요소들을 포괄하고 있는 하나의 작은 <우주>임을 알 수 있거니와, 그 여러 요소들 중의 상당 부분이 『에덴의 불칼』 5부작 속에서 본격적인 관심의 대상으로 등장하고 있는 것이다. 예를 들면, 성민이 오랫동안 열성적으로 참여했던 선교단체의 교리, 방언의 은사라는 것에 큰 비중을 두는 신비주의자 집단의 입장, 한국의 무교회주의를 대표하는 김교신의 사상, 『성서』가 <영감된 책>이 아니라 <상이한 이해관계를 가진 인간들이 각자 자기의 관점에서 기술해 놓은 자료들을 종합적으로 편집한 책, 그러니까 인간의 작품일 수도 있다>고 보고 이러한 전제 아래 그 실체를 정밀하게 분석 · 검증 · 비판하는 새로운 신학의 노선, 당대 한국의 정치적 · 사회적 현실에 대하여 적극적인 관심을 가지고 시위를 비롯한 다양한 형태의 실천적 비판운동에 나서는 이른바 민중신학의 주장 등등 꽤나 다채로운 면면들이 『에덴의 불칼』 5부작 속에 골고루 등장하면서 제각기 본격적인 조명을 받고 있다. 방금 나열된 것들만 가지고 생각하더라도 우리는 그것들에 대하여 <실로 다양하고 복잡하며 많은 경우 상호모순된다>는 표현을 쓸 수 있음에 의문의 여지가 없거니와, 『에덴의 불칼』 속에서 그것들을 대하는 작가의 태도는 그 중 어느 것에 대해서도 성급하게 비판을 가하지 않고 우선 차분하게 그 주장을 경청하며 그것의 의미를 적극적으로 찾아보려 애쓰는 겸손한 탐구자의 그것이다. 물론 신성민이—그리고 작가인 조성기 자신이—오랫동안 열성적으로 참여하여 활동하다가 탈퇴해 나온 선교단체를 대상으로 하는 자리에서는 불가피하게 어느 정도 예외적인 현상이 나타나게 되지만 거기에서도 가능한 한 신중을 유지하려는 정신은 변함없이 살아 있다. 그렇다면 이처럼 선교단체를 포함한 모든 대상에 대하여 최대한 신중한 태도를 유지하며 비판보다 경청과 의미 부여를 앞세우는 작가의 이러한 태도는 어떻게 평가될 수 있는가? 이 물음에 대한 답변은 아마 답변자 자신이 서 있는 자리가 어디인가에 따라서 크게 달라질 수밖에 없을 것이다. 여기서 논의의 대상이 되고 있는 것이 다른 문제가 아니라 종교 문제이기 때문에 더욱 그러하다. 그러나, 위의 물음에 대하여 어떤 답변을 제시하든 간에 누구도 부정할 수 없으리라고 여겨지는 한 가지 명백한 사실이 있다. 그것은 작가가 『에덴의 불칼』 5부작 속에서 한국 기독교의 이처럼 다채로운 면면들을 두루 폭넓게 다루었고 또 그것을 실제로 다루는 과정에서 비판보다 경청과 의미 부여를 앞세우는 태도를 견지한 결과 이 『에덴의 불칼』 5부작이 한국 기독교의 이런저런 면모를 많은 사람들—특히 기독교 신자가 아닌 사람들—에게 실감 있게 알려주는 자료 혹은 안내자로서 작지 않은 의미를 지닐 수 있게 되었다는 사실이다.

5

앞에서 나는 『에덴의 불칼』 5부작의 주인공 신성민의 젊은 날을 한 마디로 요약한다면 온전히 기독교의 제단에 바쳐진 날들이라고 할 수 있다는 얘기를 하고, 그러한 단정을 실마리로 해서 약간의 논의를 시도해 보았다. 그런데 조금 각도를 바꾸어서 생각해 보면, 신성민의 젊은 날을 한 마디로 요약해 주는 표현은 하나가 더 있음을 알 수 있다. 그 표현은, <권위에 순종하는 모범생에서 권위를 거부하는 자유인으로 변모해 가는 과정>이라는 표현이다. 어떤 근거에서 이러한 이야기를 할 수 있는가? 두 가지, 혹은 세 가지 근거에서 이러한 이야기를 할 수 있다.

첫째, 신성민은 어린 시절부터 공부를 열심히 해서 우등생이 될 것을 요구하는 아버지의 권위―그리고 더 나아가서는 한국 사회 전체의 지배적인 통념이 갖는 권위―에 기꺼이 복종했으며 대학에 들어간 후에도 한동안은 고시에 합격해서 출세할 것을 강요하는 아버지의 권위에 순종하는 모범생으로 지냈으나, 나중에 가서는 그러한 아버지의 권위에 복종하는 것을―그리고 더 나아가서는 한국 사회 전체의 지배적인 통념이 가지는 권위에 복종하는 것을―단호히 거부하는 자유인으로 변모하였다. 이것이 한 가지 근거이다. 둘째, 신성민은 선교단체에 들어가 활동하던 대부분의 기간 동안 그 선교단체의 지도자가 갖는 권위에 대해 진심으로 순종하는 태도를 가졌으나, 나중에 가서는 그 지도자의 권위에 복종하는 것을 단호히 거부하는 자유인으로 변모하였다. 이것이 다른 한 가지 근거이다.

신성민의 젊은 날이 <권위에 순종하는 모범생에서 권위를 거부하는 자유인으로 변모해 가는 과정>이라는 말로 요약될 수 있다고 보는 근거를 방금 두 가지로 설명해 보았거니와, 이런 두 가지로 설명이 다 된 것이라면 두 가지로 설명이 된 것이고, 거기에 다른 한 가지를 더 붙여서 세 가지로 설명이 된다면 세 가지로 설명이 되는 것이지, <두 가지 혹은 세 가지 근거에서 이러한 이야기를 할 수 있다>는 것은 또 무슨 애매모호한―혹은, 괴상한―소리인가? 하고 묻는 사람이 있을 것이다. 그러나 이 물음에 대해서는 별로 어렵지 않게 답변을 할 수가 있다. 구체적으로 말하자면 다음과 같은 답변을 할 수가 있는 것이다.
 <논리적으로 생각해 볼 경우 앞서 말한 두 가지 항목 다음에 세 번째의 항목으로 등장할 가능성이 있는 것이 존재한다면 그것은 "오랫동안 신의 권위에 순종하는 모범생으로 지내 오다가 마침내 신의 권위를 거부하는 자유인으로 변모하였다"라는 것이 될 수밖에 없는데, 실제로『에덴의 불칼』5부작을 차례로 읽어 나가다 보면 제 5부『회색 신학교』에 이르러 드디어 그러한 가능성이 분명한 현실성으로 전환될 조짐이 보이기 시작한다. 그러나 작가는 이러한 조짐을 살짝 보여주기만 했을 뿐 독자로 하여금 확실한 단정을 내릴 수 있게 할 만한 단서를 하나도 남겨 놓지 않고 서둘러『회색 신학교』를 끝맺어 버렸으므로, 우리는 이 문제에 관하여 애매모호한 태도를 취할 수밖에 없다. 조금 이상한 말 같지만, 이 경우에 있어서는 애매모호한 태도를 취하는 것이 정답을 대는 것이 된다.>
 하지만, 시야를 넓혀서 보다 광범하게 살펴보면, 작가가 단서를 정말 단 하나도 남겨 놓지 않은 것은 아님을 알 수 있다. 작품의 본문 속에는 정말 단 하나의 단서도 나오지 않는다 해도 지나친 말이 아닐 정도이지만, 시선을 돌려서 작품의 서문을 읽어 보면 꼭 그렇지만도 않은 것이다. 작품의 서문에 실제로 무슨 얘기가 쓰여져 있기에 이런 판단이 가능한가? 해당되는 대목을 직접 인용해 두는 것으로써 복잡한 설명을 대산하기로 하자.

> 제1부, 2부, 3부에서 주인공은 여러 가지 회의들을 겪지만 그것은 어디까지나 시대상황과 공동체에 대한 회의의 범주에 속하였지, 신 그 자체에 대한 회의는 아니었다. 주인공은 거기로까지 회의가 진행되는 것을 은근히 주저하고 있었다. 그러나 4부에서 주인공은 드디어 신과 신의 말씀이라고 하는 성경에 대한 회의로까지 나아간다. 그것도 신학적인 사고(?)를 기초로 그런 회의로 빠져든다. 어쩌면 정통적인 신의 개념과 성경관에 대한 회의라고 할 수 있다. 그렇다고 적절한 대안이 있는 것도 아니다. 그저 대책 없는 회의를 반복한다. (…) 제 4부에서는 주인공이 더욱 큰 확신으로 나아가기를 기대했던 독자들은 크게 당황할지도 모른다. 그 반면에 주인공이 이상한

확신으로 빠져드는 것이아닌가 염려했던 독자들은 오히려 안도의 숨을 쉬게 될지도 모른다. 독자들의 반응이 어떻게 엇갈릴까 조마조마해지는 기분이다. 하지만 독자들은 이것을 꼭 기억해야만 할 것이다. 회색에는 흰색에서 검은색으로 가는 도중의 회색이 있고 검은색에서 흰색으로 가는 도중의 회색이 있다는 사실을.『회색 신학교』가 어떤 종류의 회색인지는 아무도 속단할 수 없을 것이다.

『회색 신학교』의 서문에 들어 있는 위와 같은 발언을 읽으면서 곰곰이 생각을 거듭하다보면, 앞에서 이미 여러 차례 언급했듯이 작품의 구조로 보아『회색 신학교』의 뒷이야기가 계속 씌어질 가능성은 얼마든지 넓게 열려 있는데도 불구하고 왜 정작 작가는『회색 신학교』를 출간한 지 8년이 지난 지금까지도 그 뒷이야기를 쓰지 않고 있는지, 1922년에『야훼의 밤』4부작을『에덴의 불칼』5부작으로 개편할 때 왜 굳이 직접적인 연속성이 없는 작품들을 가져다가『에덴의 불칼』제 6부와 제 7부로—다시 말해 외관상으로 보면『회색 신학교』의 다음 차례에 놓여, 장차 만일『회색 신학교』의 진짜 후속편이 나오더라도 가서 놓일 곳이 없도록 만듦으로써, 마치『회색 신학교』의 진짜 후속편이 세상에 나오지 못하게끔 미리부터 방어선을 쳐 두는 것 같은 형상을 보여주는 존재로—만들었는지, 조금쯤 짐작이 될 것 같기도 하고, 그러다가 또다시 <에이, 짐작은 무슨 짐작> 하는 기분이 되기도 하고, 그렇다. 이러한 상념들이 오고가는 한편으로, 내 마음의 또 다른 어느 한쪽에서는, 만약 그 실현 가능성을 의문시하는 사람들의 예상을 오연히 비웃어 주면서『회색 신학교』의 후속편이 어느날 정말로 세상에 나타난다면 그것이 갖는 문학사적·정신사적 의의는 아마 지금까지 나온『에덴의 불칼』5부작 중 어느 작품의 경우보다 더 큰 것이 될 수 있으리라는 생각이 슬며시 떠오르기도 한다.

6

『에덴의 불칼』 5부작 가운데서도 특히 『길갈』과 그 이후의 작품들을 읽어가는 동안 내내 나의 머리 속에서 떠나지 않았던 생각 한 가지를 적어 두고 이 글을 끝내기로 한다. 그 생각이란 한국의 기독교인들 사이에서 오랜 옛날부터 무반성적으로 애용되고 있으며 그 자연스러운 반영으로 『길갈』에서부터 『회색 신학교』에까지 걸쳐 줄기차게 반복해서 등장하고 있는 <양>의 비유가 안고 있는 문제점을 한번 철저하게 검토해 보는 것이 반드시 필요하다는 생각이다. 한국인의 심성 및 한국의 풍토와는 전혀 동떨어진 유목민의 세계에 그 기반을 두고 있는 이러한 비유 속에 내재된 문제점을 제대로 검토해 보는 일은 『에덴의 불칼』 5부작의 심층에 깔려 있는 정신의 본질을 드러내는 일로 곧장 연결될 수 있기 때문에 그러한 생각을 갖지 않을 수 없는 것이다. 그러나 이 문제를 상세하게 다루는 것은 이미 문학론의 범주로부터 멀리 벗어나는 일이 되므로 여기에서는 더 이상의 논의를 피할 수밖에 없다. 새삼 말할 필요도 없는 일이지만, 작가인 조성기 자신은 나의 이러한 발언이 가리키고 있는 바와 같은 종류의 문제를 이미 오래 전부터 깊이 숙고해 왔을 것이 틀림없다. 『회색 신학교』 본문의 저 애매모호한 전개 방식과 그 작품 서문에서 엿보이는 깊은 고뇌의 흔적이 나의 이러한 추측을 뒷받침해 준다. 조성기가 만약 『회색 신학교』의 뒷이야기를 실제로 쓴다면 그것은 이제까지 그가 발표한 『에덴의 불칼』 5부작 중의 어느 것보다 더 큰 의의를 가질 수 있을지 모른다고 한 나의 앞에서의 발언은 이러한 각도에서 볼 때에도 한번쯤 음미될 만한 것이 아닐까 한다. (1996)

김원일의 「믿음의 충돌」에 대하여

「믿음의 충돌」은 김원일이 1994년에 발표한 중편소설이다. 이 작품의 화자 겸 주인공은 성문규라는 소설가이다. 어머니의 입장에서 보면 그는 외아들이다. 그가 외아들이라는 사실을 언급하면서 <어머니의 입장에서 보면>이라는 단서를 붙인 이유는, 그의 아버지가 딴 여자를 보아서 낳은 이복 누이동생이 하나 있기 때문이다.

성문규는 기독교에서 흔히 쓰는 말로 <모태 교인>에 해당한다. 어머니가 열성적인 기독교 신자였던 결과이다. 성장기에는 늘 어머니를 따라 교회에 다닌다. 고향을 떠나 서울대학교에 입학한 후에도 기독교 학생회에 들어가 활동한다. 하지만 그는 2학년 때에 교회를 떠난다. 마음 속의 신앙도 역시 버리고 만다. 어떤 연유로 이런 과감한 결단을 내리게 되었을까? 그 자신은 이 점에 관하여 다음과 같은 술회를 들려주고 있다.

> 그즈음부터 신앙에 회의가 싹터 다니던 교회와 차츰 발길이 멀어졌다. 구체적으로 말한다면 신앙에 회의했다기보다 교회란 신앙공동체의 무기력함에 회의했다. 교회는 절망적인 현실에 눈감았고 타 종교의 향수권을 철저히 배격하며 오직 예수, 아니 교회를 통한 개인의 기복과 하나님 나라만

읊었다. 공동체 삶을 외면하고 사랑의 실천에도 소극적인, 종교집단 이기주의에 나는 정나미가 떨어졌다.[1]

하지만 그의 이런 주장은 전혀 설득력이 없다. 그가 대학 2학년이던 해라면 1973년인데, 그 당시 한국 기독교계의 상황을 보면, 물론 성문규가 규탄하는 바 <종교집단 이기주의>에 많은 교회가 함몰되어 있었다는 사실을 부정할 수는 없지만, 또 한편으로, 성문규와 같은 내용의 고민을 가지고 있는 젊은 이상주의자들의 마음을 사로잡고도 남음이 있을 만큼 열렬하게 <절망적 현실의 타파, 공동체적 삶의 회복, 사랑의 실천>을 추구하는 교회도 적지 않게 존재하고 있었음이 엄연한 사실이기 때문이다. 특히 대학 주변에 그런 교회들이 많았다. 성문규의 고민이 위에 나타나 있는 바와 같은 것뿐이었다면, 그런 교회를 찾아 들어가면 되는 것이지, 교회를, 그리고 더 나아가 기독교 신앙 자체를 버릴 이유는 전혀 없는 것이다.

그런데, 사실은 성문규 자신도 위에 인용된 바와 같은 말을 하고 난 후, 금방, 우리가 제기한 바와 같은 내용의 반론이 가능하다는 사실을 깨달은 모양이다. 하긴 그럴 만도 한 것이, 그와 함께 기독교 학생회 활동을 하면서 비슷한 문제의식을 공유하였던 신주엽이라는 친구는 얼마 안 가서 <"그 나라의 의(義)와 자유를 구하라"는 성경 말씀을 좇아 군사 독재정권을 상대한 투쟁에 적극적으로 나>섰다니 말이다. 그래서 그는, 위에 인용된 바와 같은 말을 하고 난 다음, 몇 줄 안 가서, 다시 다음과 같은 말을 서둘러 덧붙이고 있다.

> 그렇다고 주엽처럼 <그 나라의 의(義)와 자유를 구하라>는 성경 말씀을 좇아 군사독재정권을 상대한 투쟁에 적극적으로 나서기엔, 그럴 만한 정의감과 열정이 끓어오르지 않았다. 단호한 의분심과 치열한 공격성이 결여된 내 성격적 성향 탓으로 돌릴 수밖에 없었으니, 현실이 극악할수록 나는

---

[1] 『김원일 중단편전집』5(문이당, 1997), pp. 237~238.

내면화되어 심해어처럼 수면 아래로 깊이 침잠했다.2)

이번에는 자신의 <성격>을 들고 나오는 것이다. 이러한 이야기는 설득력이 있다고 평가될 만한가? 앞서서 당대 기독교 교회 전체의 문제점도 아닌 <종교집단 이기주의>라는 것을 들고 나와서 신앙 포기의 이유로 내세웠던 것에 비하면야, 훨씬 설득력이 있다. 아니, 설득력이 있다기보다, 반론을 제기하기가 어렵다. 자신의 성격이 그러해서 그렇게 되었다는 데야, 남이 뭐라고 자신있게 반론을 제기할 수 있겠는가? 하지만 그렇다 해서 위와 같은 발언을 액면 그대로 받아들이고, <성격이 그랬으니 아무래도 교회를 떠나고 신앙 자체까지 버릴 수밖에 다른 도리가 없었겠군> 하고 수긍해 줄 수는 없다. 수긍하다니, 어림도 없는 소리이다. 생각해 보라. 1973년 당시의 한국 기독교인에게, <종교집단 이기주의>에 함몰되어 반성할 줄 모르는 다수 교회 집단 속에 그대로 머무르느냐, 아니면 <단호한 의분심과 치열한 공격성>을 가지고 반독재 투쟁의 최전선(最前線)에 나서느냐 하는 두 가지 선택지(選擇肢) 중 어느 하나를 고르는 것 이외에는 다른 어떤 진로도 열려 있지 않았다고 한다면야, 성문규의 말을 수긍해 줄 수 있을 것이다. 하지만 실제로, 1973년 당시의 한국 기독교인에게는, 그 두 가지 선택지 말고도 얼마든지 다양한 진로가 열려 있었다. 그것이 엄연한 사실이었다. 그러니 만큼, 위에서 살펴본 성문규의 말은, 첫 번째 인용문이나 두 번째 인용문이나 모두, 한마디로 말해, <평계>에 지나지 못한다. 그렇다면, 그 평계 아래 깊숙한 곳에 도사리고 있는 진상은 무엇인가? 그것은 성문규가 가볍게 던지고 지나간 다음 한 마디 속에 들어 있다.

    내밀하게 숨긴 부분을 털어놓는다면, 사실 나는 그제서야 어머니 영향권
    에서 벗어났다.3)

---

2) 앞의 책, p. 238.
3) 앞의 책, 같은 곳.

어린 시절 자신의 삶을 압도적으로 지배한 독재자였던 어머니의 영향권으로부터 탈출하고자 하는 열망, 그것이 교회로부터 떠나고 기독교 신앙 자체까지를 버리는 일로 나타난 것이다. 그것이 진실의 전부이다. 다시 말하지만 <종교집단 이기주의에 정나미가 떨어진 결과>라느니 <단호한 의분심과 치열한 공격성이 결여되어 있는 성격 탓>이라느니 하는 말은 전부 어거지로 끌어다 댄 핑계에 지나지 않는다.

그러나 성문규는 어머니의 영향권으로부터 탈출한다는 과제를 수행하는 데 절반밖에 성공하지 못했다. 그가 기독교 교회를 떠나고 기독교 신앙을 버리는 일대 결단을 성공적으로 수행해 냈는데도 우리가 그것을 <절반의 성공에 불과한 것>으로 평가하는 이유는 무엇인가? 이 물음에 대한 답은 다음의 구절 속에 들어 있다.

> 내 소설은 인간과 믿음의 관계에 매달려 있었고, 마치 이교도가 비판 구실을 찾아내듯, 소설이란 틀에 성경 말씀의 비유를 꼼꼼하게 읽고 이를 후기 자본주의 시대의 현실 관계망으로 얽어 담아냈다. 그 작업은 뻔히 질 줄 아는 싸움이었고, 그렇게 암중모색하긴 지금도 마찬가지이다.[4]

성문규는 후일 소설가가 되었는데, 소설가가 된 이후 그가 자신의 작품세계 속에서 줄기차게 다루어 나간 일관된 주제는 <인간과 믿음의 관계>라는 문제였다는 이야기이다. 심지어 그가 쓴 유일한 장편소설의 제목도 『믿음에 관한 질문』이다. 그가 말하는 <믿음>이란 <기독교 신앙> 이외에 다른 것이 아니고 보면, 그는 교회를 떠난 이후에도, 기독교 신앙을 버린 이후에도, 바로 그 기독교 신앙의 문제를 마음 속의 중심에 놓고 고민하는 신세에서 벗어날 수 없었다는 이야기가 된다. 그리고 이런 생활은 소설 속의 현재 시점, 즉 그가 기독교 신앙을 버린 지 무려 20년이 지난 시점(20년이라면 얼마나 긴 세월인가!)까지도 변함없이 이어지고 있다는 이야기가 아닌가?

---

4) 앞의 책, p. 241.

아무리 왕년에 어떤 특정의 종교를 믿은 적이 있었다 하더라도, 일단 그 종교를 버린 입장이라면, 게다가 그 종교를 버린 상태로 이미 수십 년간을 살아 온 마당이라면, 그 종교적 신앙의 문제를 여전히 마음 속에 중심에 놓고 고민하면서 세월을 보낸다는 것은 아무래도 부자연스러운 노릇이 아닌가 말이다. 그렇다면 결국 성문규의 경우가 이렇다는 것은 어떤 사실을 의미하는 것으로 보아야 하는가? 그가 어머니의 영향권으로부터 벗어나고자 하는 싸움에서 <일차적으로는> 성공했지만, <궁극적으로> 성공하는 데까지 이르지는 못하였다는 것, 다시 말해 그의 성공은 단지 <절반의 성공>으로 그치고 말았다는 사실을 의미하는 것으로 볼 수밖에 없다.

어머니의 영향권으로부터 절반은 진작 탈출했지만 세월이 많이 흘러간 소설 속 현재의 시점에서도 아직 절반은 탈출하지 못한 상태에 머물러 있는 성문규는, 소설 속 현재의 시점에서는, 새로운 한 편의 소설을 구상, 집필 중에 있다. 그 소설에서 성문규는 자신의 어머니를 허구적으로 변형시킨 한 여성을 그려내고자 한다. 그 변형의 구체적인 내용은 모두 성문규 자신의 어머니가 가진 면모 가운데 성문규 자신에게 특히 못마땅하게 여겨진 부분들을 마음에 드는 방향으로 수정하는 것들이다. 성문규 아버지와 극렬한 가정불화로 시종했던 것이 못마땅하니, 소설 속에서는 아예 아버지가 죽고 난 후에 교인이 된 것으로 바꿔 버린다. 죽음을 앞두고 병석에 누웠을 때 <온몸이 불에 탄다며 자꾸 속옷까지 몽땅 벗겠다 해서 임종을 지키던 외삼촌네 식구와 교인들이 애꺼나 먹었던>5) 것이 불만스러우니, 임종을 앞두고 <죽음에 순복(順服)하는 노친네의 침착하고 화기로운 태도>6)를 보임으로써 남들의 모범이 된 것으로 바꿔 버린다. 맨날 모여서 떠들썩하게 노래하고 손뼉치며 기세를 올리곤 하던 행태가 못마땅하니, <집단 종교의식의 최면에서 철저히>떨어져 나와 <오로지 단독자로서 예수와의 만남을 통해>7) 구원의 길로 나아가

---

5) 앞의 책, p. 230.
6) 앞의 책, p. 220.
7) 앞의 책, p. 312.

는 것으로 바꿔 버린다.8) 대체로 이런 식이다. 그런데 이런 전략에 기초하여 쓰여지는 소설은, 실제로는 좀처럼 진척을 보지 못한다. 하긴 그것도 당연한 일이다. 성문규가 소설 속에서 행하고 있는, 자신의 어머니를 허구적으로 변형시키는 작업은, 어머니와 관련된 진실을 더 철저하게 파고 들어가려는 것도 아니요, 어머니의 진실에 대한 탐구를 토대로 하여 어떤 보편적 진실의 발견으로 나아가려는 것도 아니며, 단지 진실을 회피하고 외면하려는 노력에 불과한 것이기 때문이다.

그러면 성문규로 하여금 끝끝내 완전한 탈출을 이루지 못하고 최소한 절반쯤은 자신에게 묶여 있도록 만든 그 어머니는 어떤 사람인가. 앞에서 이미 언급된 대로 그는 열성적인 기독교 신자로 살다가 간 인물이다. 그가 처음 교회에 출입하게 된 계기는 6·25 직후의 저 혹독하게 가난했던 시절, 교회에서 나누어 주는 구호품에 이끌린 결과였다. 그런데 한 번 두 번 교회의 문을 드나들더니 어느샌가 열광적인 신자가 되어 버린 것이다. 그는 교회의 일에 얼마나 큰 비중을 두었던지 <집보다 교회와 관계된 일로 보내는 시간이 더 많>9)을 정도가 된다. 아니, 그 정도만으로는 성문규 어머니의 사람됨을 실감하게 만드는 데 충분하지 못하다. 다음의 대목을 주목해 보아야 한다.

> 어머니는 성령의 은사만으로도 능히 육신을 지탱할 수 있다는 확신에 차 있었고, 무엇을 먹을까 입을까……, 또는 오늘 걱정은 오늘로 족하다는 성경 말씀대로 자기 자식 끼니마저 챙겨 주지 않는 분이셨다.10)

자식의 끼니조차 챙겨 주지 않을 정도로 생활에 대한 책임을 소홀히 하는

---

8) 이 마지막 항목에 관한 성문규의 생각은 직접적으로는 신주엽을 따르는 열광적 신도들의 행태를 보고 느낀 역겨움에서 발원하고 있으나, 성문규 어머니의 신앙 행태 역시 떠들썩한 집단주의의 통례에 충실한 것이었던 만큼, 성문규의 자기 어머니에 대한 반발심리와 관련시켜 이 항목의 의미를 이해하는 것도 충분히 가능하다고 생각된다.
9) 『김원일 중단편전집』5, p. 263.
10) 앞의 책, p. 243.

어머니의 모습은 「세월의 너울」, 「깨끗한 몸」, 「마음의 감옥」과 같은 김원일의 다른 많은 소설들에 나오는 어머니들의 모습과는 정반대의 극점에 놓이는 것이다. 물론 김원일 자신의 어머니가 보여준 모습과도 정반대의 극점에 놓인다.

성문규 어머니가 이처럼 교회만 찾으며 돌아다닌 결과, 그와 남편의 사이는 앞에서 이미 언급된 바와 같이 불화로 시종하게 된다. 함경도에 고향을 둔 반공 포로 출신으로 본의 아니게 천리 타관에 떨어져 외로움을 타고 있던 성문규 아버지는 결혼 초기에는 교회에 더러 나가보기도 하지만 결국 아내의 광신이 지겨워진 나머지 철저한 반교회주의자가 되고, 걸핏하면 집을 나가버리곤 하더니, 외도를 해서 딸을 낳는가 하면, 맨날 술만 마시는 생활을 거듭한다. 급기야는 교회 건물에 불을 지르고 구속되어 감옥살이를 하기까지 한다. 이런 남편에 대해 성문규 어머니는 온갖 저주와 악담을 퍼붓는 것으로 시종한다. 어울리는 짝을 만났더라면 그런 대로 잘 살 수도 있었을 성문규 아버지는 결국 폐인이 되다시피 한 모습으로 44세에 일생을 마감한다.

여기에 나타나 있는 성문규 아버지의 모습은, 유약함, 가출벽, 이른 나이에 찾아온 죽음 등등의 측면에서, 「세월의 너울」의 김명식 아버지를 연상시키는 바 있다. 「세월의 너울」에 나오는 김명식 아버지의 모습은 김원일 자신의 아버지를 소설적으로 변형시킨 결과 만들어진 것이어니와, 「믿음의 충돌」에 나오는 성문규 아버지의 모습 역시 이 점에서는 「세월의 너울」의 김명식 아버지와 동궤에 놓인다. 그리고 성문규 아버지의 경우, 그 소설적 변형의 과정에서 특히 강하게 작용한 것은, <기독교 열광주의로 인한 피해자를 형상화해 보고자 하는 의욕>이었음에 틀림없다. 김원일은 성문규의 어머니와 아버지 사이의 관계 양상에 대한 묘사를 통해, 자기 자신의 가족부터 고통에 빠뜨리고 마는 열광적 종교 형태에는 도대체 무슨 가치가 있는가라는 질문을 제기하고 있는 것으로 보인다.

이제 마지막으로, 「믿음의 충돌」 속에서 상당히 큰 비중을 가지고 등장하는 신주엽이라는 인물을 검토해 보기로 하자. 앞에서 잠깐 소개된 바와 같이 그는 성문규의 친구이다. 성문규와 그는 서울대학교 신입생 시절 기독교학생회에서 처음 만난다. 신주엽의 부모는 평북 출신의 실향민이다. 성문규와 신주엽은 당대 기성 교회에 대한 비판 의식을 공유하지만, 앞서 언급된 바와 같이 성문규가 아예 교회를 떠나는 쪽으로 결단을 내리는 반면 신주엽은 해방신학에 심취, 현실과 정면 대결하는 길을 선택한다. 민청학련 사건에 연루되어 체포되기도 한다. 여기까지만 보면, 신주엽은 「마음의 감옥」의 박현구와 아주 닮은 존재라는 판단이 가능하다. 하지만 그 다음 단계로 넘어가면, 신주엽의 길과 박현구의 행로는 확연히 갈라진다. 신주엽은 출감한 후 새로 입학시험을 치르고 신학대학에 입학한다. 그러면서 그는 <착실한 복음주의자로 돌아>[11] 가는 듯한 모습을 보인다. 신학대학을 졸업한 후에는 <여러 특별기도회나 부흥집회에 초청받기 시작>[12]한다. 인기 있는 부흥목사로서 성공의 길을 간다. 그러다가, <하나밖에 모르는 자는 아무것도 모르는 자와 같다며 불교·이슬람교·힌두교·유대교, 심지어 도교까지, 종교는 상대적 가치관을 지닌다는, 기독교와 동격론을> 펴고, <종교는 지역과 민족에 의해 나누어지나 어느 믿음이든 본질은 같다는 논조의 종교 다원주의>를 주장하며, <공자의 인, 불교의 자비, 기독교의 '사랑'을 상호보완 관계로 설파하며 그 역시 동격에 놓>[13]는 등의 언동을 보였다는 이유로, 교단에서 제명당한다. 하지만 그가 설교하는 자리에는 여전히 많은 군중이 모여든다. 성문규도 한번 그의 설교를 들어본 적이 있다. 그가 가 본 집회에서 신주엽은 다음과 같은 내용의 설교를 한다.

「어린이는 폭력을 싫어합니다. 힘이 없으므로 누구를 이길 수 없습니다. (…) 요컨대, 세상때가 묻지 않은 천진스럽고 순결한 마음을 가진 시기가

---

11) 앞의 책, p. 240.
12) 앞의 책, p. 270.
13) 앞의 책, p. 271.

바로 어린 시절입니다. 순결한 마음이라 함은 이 세상에 보이는 것, 보이지 않는 것까지 포함하여 그 모든 것에 대한 욕심이 없는 깨끗한 마음입니다. 재산에 대한 욕심, 출세에 대한 욕심은 성인에 이르지 않았으므로 관심이 없습니다. 어린이는 남을 이기려는 마음, 거짓말로 속이겠다는 마음, 남의 것을 빼앗겠다는 마음, 남을 투기하는 마음도 없습니다. (…) 주님 말씀대로 먼저 자기를 낮추어야 합니다. 재물을 가졌다면 재물을, 권세를 가졌다면 권세를, 명예를 가졌다면 명예를 낮추어야 합니다. 낮춘다는 것은 겸손을 뜻합니다. 겸손은 뽐내지 않는 것입니다. 겸손은 자랑치 않는 것입니다. 겸손은 나보다 못한 사람을 도와주는 데 있습니다. (…) 높은 자리에 앉았다가 그 자리를 내놓으라면 부끄러워질 테니 낮은 자리에 앉으라는 말씀 역시 겸손의 가르침입니다. 그러나 보십시오. 오늘의 이 세상이 어디 그러합니까? 재물을 가진 자는 더 치부하고, 권세를 가진 자는 그 권세로 낮은 자를 억압하고, 명예를 가진 자는 그 명예를 높여 세속적인 황금 면류관을 씁니다…….」14)

우리가 보기에 이런 식의 설교는 어처구니없을 정도로 소박하고 부정확하며 비현실적인 도덕주의를 사람들에게 강요하는 행위에 불과하다. 신주엽은 인간이 어떤 존재인지 전혀 모르고 있다. 물론 아동이 어떤 존재인지도 전혀 모르고 있다. 그가 아무리 뜨거운 정열과 신념을 가지고 웅변을 쏟아놓더라도 그것이 인간의 진실에 대한 무지, 아동의 진실에 대한 무지에서 출발한 것인 이상 우리에게는 아무런 감동도 줄 수 없다.

그 후 신주엽은 다양한 편력과 모색의 과정을 거치면서 자기 나름의 조직을 만들고 그 지도자가 된다. 그리고 장애인들을 위한 봉사활동에 주력하면서, 문자 그대로 성자와 같은 면모를 보여주기도 한다. 하지만 그런 가운데서도 소박하고 부정확하며 비현실적인 도덕주의의 한계는 끝내 극복하지 못한다. 그리고 이런 한계 속에 머물러 있는 상태에서, 상당히 괴이한 행동을 보여주게 된다. 자신의 성기를 절단하는 것이다. 성문규는 신주엽의 그런

---

14) 앞의 책, pp. 274~275.

행위를 접하고 충격에 사로잡히는데, 신주엽의 한 열렬한 추종자는 다음과 같은 말로써 성문규를 납득시키려 든다. <이번 의식은 이 세상 사람들의 타락한 욕망을 대속하여 어느 특정인에게가 아닌, 하나님에게 자신의 몸 일부를 바치신 겁니다.>15) 그러나 성문규는 이런 설명에 승복하지 못한다. 작가인 김원일 자신도 승복하지 않고 있다. 물론 우리 독자들도 승복할 생각이 없다. 그렇다면 과연 우리는 신주엽의 성기 절단 행위를 어떻게 이해해야 하는가? 이 물음 앞에서 우리는 다양한 견해를 말해 볼 수 있다. 우선, 잘못된 신앙관을 가진 인간이 반기독교적인 교만에 빠져서 함부로 대속(代贖)을 자청하고 나오는 태도의 문제점을 잘 보여주는 것이라는 견해가 가능하다. 그런가 하면, 그것은 어떤 사람이 갖고 있는 종교적 확신이 그 자신의 온전한 삶을 심각하게 훼손한 경우의 좋은 실례로서, 성문규 어머니의 종교적 확신이 그 가족의 온전한 삶을 심각하게 훼손하였던 것과 비교된다는 지적도 가능하다. 인간의 욕망이 갖고 있는 무서운 면모를 생생하게 드러낸 예라고 평가하는 것도 가능하다. 아마 이 밖에도 다양한 이야기가 가능하리라. 그런데 정작「믿음의 충돌」의 화자요 보고자인 성문규 자신은 이 문제에 대하여 분명한 자기 주장을 피력하지 않고 있다. 늘 자신없이 머뭇거려 온 그의 과거 행적으로 보아 충분히 예상할 수 있었던 바 그대로이다. 하지만 그것은, 또 한 편으로 보면, 이 어려운 문제에 대하여 독자들이 아무런 제약 없이 자유로운 토론의 광장을 마련하도록 해 주고자 하는 작가의 배려가 작용한 결과이기도 할 것이다.

어쨌든, 지금까지 살펴본 바에 따르면, 작가 김원일은 이「믿음의 충돌」이라는 작품 속에 여러 명의 기독교인을 등장시키되 그 가운데 어느 한 사람에게도 선뜻 긍정적인 평가를 내리지 않고 있는 것이 사실이다. 아마도 그는 종교에 따를 수 있는 여러 가지 문제점을 비판적으로 검토하는 데에 초점을 맞추면서 이 소설을 쓴 것이 아닐까? 그렇다면 여기서 혹자는 다음과 같은

---

15) 앞의 책, p. 320.

질문을 제기할 수도 있을지 모른다 : <작가의 의도가 그런 것이었다면, 주인공이자 화자인 성문규를 불신자로 만들기보다는 여전히 신앙을 갖고 간혹 교회를 드나들기도 하는 가운데서 심각한 회의에 시달리는 인물로 형상화하는 편이 더 효과적이지 않았을까?> 하지만 앞에서 자세히 살펴보았듯 성문규의 신앙 포기란 기본적으로 어머니에 대한 독립 선언의 성격을 띠는 것이었고 바로 그런 점에서 나름의 절실성 혹은 필연성을 갖고 있었음을 감안하면, 이런 질문은 「믿음의 충돌」이라는 작품에 대한 강력한 비판론으로 성립되기 어려울 듯하다. (1997)

3부

한국 현대소설에 나타난 기독교 비판

1

한국 현대소설에 대한 정신사적 접근을 시도하는 사람이라면 그 누구도 기독교의 문제를 회피하고 지나갈 수 없을 것이다. 한국 사회가 근대로 진입하는 문턱에서 고통스러운 갈등과 직면하고 있을 무렵에 들어온 기독교는 그 도입 초기부터 많은 사람들에게 커다란 정신적·사회적 충격을 던졌으며, 그 후 지금까지, 좋은 의미로든 나쁜 의미로든, 한국 정신사의 가장 중요한 흐름 가운데 하나를 형성해 온 것이 사실이다. 이러한 사실은 당연히 소설 장르에도 반영되었으니, 구한말에 씌어진 안국선의 「금수회의록」(1907)에서부터 최근에 나온 조성기의 『회색신학교』(1988)에 이르기까지 실로 수다한 소설들이 기독교를 하나의 문제로 의식하고 그것과 어떤 형태로든 대결하는 모습을 보여주고 있는 것이다. 그러니 만큼, 한국 현대소설의 정신사적 탐구가 기독교의 문제를 건너뛴 채로 이루어질 수 없다는 것은 의심의 여지가 없는 일이다.

그러면, 한국 현대소설에 대한 정신사적 접근을 시도하면서 특별히 기독교의 문제에 초점을 맞추어 성과를 거둔 기왕의 업적으로는 어떤 것을 꼽을 수 있는가? 이 물음에 답하기는 어렵지 않다. 적지 않은 수의 글이 있지만 그 중에서 비교적 높은 수준을 보여주고 있는 것으로는 금방 셋을 지목할 수 있기 때문이다. 그 셋은 김병익의 「한국소설과 한국기독교」(1976), 송상일의 「부재하는 신과 소설」(1979), 이보영의 「기독교 문학의 가능성」(1981)이다. 이 세 편의 글은 각각 그 입지점을 달리하며 거기서 다루어진 작품들의 목록도 조금씩 다르지만 기독교와 문학 양자에 대한 탁월한 통찰을 기초로 해서 만만치 않은 성과를 올리고 있다는 점에서는 모두 일치한다.

그러나, 이런 글들이 이미 씌어졌다 해서, 한국 현대소설과 기독교라는 주제를 가지고 새로운 이야기를 펼칠 수 있는 여지가 없어진 셈이냐 하면 결코 그렇지는 않다. 주제 자체가 워낙 방대한 규모의 것이니 만큼, 우수한 글이 아무리 많이 쏟아져 나온다고 해도, 새로운 논의를 전개할 수 있는 미개척의 공간은 여전히 남게 마련인 것이다.

나는 이 글에서 바로 그러한 미개척의 공간 가운데 하나를 간략하게 답사해 보고자 한다. 내가 답사에 임하면서 검토하고자 하는 자료는 신채호의 「용과 용의 대격전」(1928), 박화성의 「한귀(旱鬼)」(1935), 김동리의 「부활」(1962), 이문열의 『사람의 아들』(1979) 등 네 편의 소설이다. 이 네 편의 소설은 씌어진 시기와 작가의 개성이 모두 상이함에도 불구하고 매우 중요한, 그리고 분명한 공통점을 갖고 있다. 그것은 다름이 아니라 기독교에 대하여 날카로운 비판 혹은 심각한 회의의 시선을 던지고 있다는 사실이다. 또 한 가지 흥미로운 것은, 그 비판과 회의의 구체적인 내용이 네 작품 각각에 있어서 조금씩 겹치는 점도 있기는 하지만 대체로 보면 그 초점이 각각 다르며, 그 결과 이들은 기독교 비판이라는 공통의 과제를 두고 상호보완하는 관계에 놓인다고 말할 수도 있다는 점이다.

지금까지 한국 현대소설과 기독교라는 주제를 가지고 글을 쓴 사람들은 기독교를 옹호하는 입장에서 씌어진 작품과 비판하는 입장에서 씌어진 작품을 구별하지 않고 검토하는 태도를 취해 왔다. 그러나 그 무게중심은 대개의 경우 역시 전자 쪽에 놓여 온 것이 사실이다. 반면에 기독교 비판의 메시지를 담고 있는 작품들만을 모아서 검토의 대상으로 삼은 경우는, 적어도 내가 아는 한에서는, 그 예가 없다. 이런 점을 고려할 때 나의 이번 시도는 분명히 새로운 면모를 지니는 것이라고 판단된다.

2—1

신채호가 1928년에 쓴 「용과 용의 대격전」은 그가 생애의 후기에 도달한 무정부주의 사상의 진수를 선명하게 보여주는 우화소설이다. 여기서 그는 부정한 권위의 총화인 상제(上帝)에게 빌붙어 세도를 누리는 미리라는 용과 분노한 민중의 선두에 서서 활약하는 드래곤이라는 용을 대비시키고 끝내는 후자의 자랑스러운 승리로 이야기를 마무리짓는다. 그런데 상제에게는 아들이 하나 있으니 그가 바로 야소기독(耶蘇基督)이다. 이 야소기독은 어떤 인물인가? 소설의 본문에는 다음과 같이 적혀 있다.

> 야소기독은 그 성부(聖父)인 상제를 빼쏘듯한, 간휼 험악한 성질을 골고루 가지신 성자(聖子)이었겠다. 그 출생후에 성부의 도를 펴려다가 겨우 30이 넘어 예루살렘에서 유태인의 흉수(兇手)에 걸리었었다. 그러나 그때의 유태인은 너무 얼된 백성이었던 때문에 다 잡히었던 야소를 다시 놓쳐 십자가를 진 채로 도망하여 <부활>한다 자칭하고, 구주(歐洲) 인민을 속이시사 모두 그 교기하(敎旗下)에 들게 하셨다. 십자군 그 뒤에 <십자군 동정(東征)><30년 전쟁> 같은 대전쟁을 유발하여 일반 민중에게 사람이 사람 잡는 술법을 가르쳐 주셨으며, 늘 <고통자가 복받는다, 핍박자가 복받는다>는 거짓말로 망국민중과 무산 민중을 거룩하게 속이사 실제의 적을 잊고 허망한 천국을 꿈꾸게 하며 모든 강권자와 지배자의 편의를 주셨으니 그 성덕신공(聖德神功)은 만고역사에 쓰고도 남을 것이다.[1]

위의 문장을 차분하게 검토해 보면, 기독교에 대한 비판으로서 실질적인

---

1) 『단재신채호전집』별집(형성출판사, 1977), p. 283. 원문의 한자는 모두 한글로 바꾸고 꼭 필요한 경우에는 병기하였음.

의미를 갖는 것은 그 후반부임을 알 수 있다. 그러면 그 비판의 요점은 무엇인가? 이 물음에 대해서는 두 가지로 대답할 수 있다. 그 첫째는 기독교가 <사람 잡는 술법을 가르쳐 주>는 종교, 즉 다분히 호전적인 종교라는 것이며, 그 둘째는 억압받는 민중의 저항정신을 약화시킴으로써 지배자의 이익을 지켜 주는 종교, 즉 체제유지적인 종교라는 것이다.

기독교에 대한 신채호의 이상과 같은 비판은, 그 나름의 역사적 관찰과 체험에서 연유한 것으로 이해된다. 우선 첫 번째로 지적된 기독교의 호전적 성격은, 본문에서는 십자군전쟁이라든가 30년전쟁과 같은 사례를 통하여 거론되고 있지만, 신채호에게 좀더 직접적으로 그 점을 실감케 한 것은, 기독교를 앞세운 서양 제국주의자들의 아시아 침략이었으리라고 짐작된다. 다음 두 번째로 언급된 기독교의 체제유지적 기능이라는 문제는, 일제에 대한 저항투쟁을 평생의 과제로 삼고 그 방법으로는 민중에 의한 폭력혁명을 내세웠던 그에게 특히 절실한 문제였을 것이다. 예수의 산상수훈에 들어 있는 이른바 8복의 가르침이라든가 천국의 비전과 같은 것이 모두 민중의 투쟁정신을 잠재우는 일종의 마취제에 불과하다고 보는 그의 관점은 종교는 곧 인민의 아편이라고 한 마르크스의 태도와 동궤에 놓이는 것이면서 또한 그 나름의 역사적 배경을 등에 업고 있는 것이기도 하다. 그 배경이란, 일제 치하에서의 한국 기독교 운동 가운데 적지 않은 부분이 민족적 요구에 대한 선교사들의 인식 부족이라든가 이른바 부흥운동의 극단적인 타계지향성과 열광주의라든가 서양과 일본이 대표하는 근대문물에 대한 동경의 심리라든가 하는 요인에 의하여 영향받음으로써 사실상 체제유지적인 기능을 수행하는 모습을 보여주었다[2]는 사실이다.

물론, 이처럼 신채호의 기독교 비판이 그 나름의 역사적 근거를 갖고 있다 해서, 그것이 곧 기독교의 본질 자체를 위협할 만한 힘을 지닌다고 단정하는

---

[2] 이 문제에 관해서는 박순경, 『민족통일과 기독교』(한길사, 1986), pp. 70~127의 이 곳저곳을 참조할 것.

것은 무리다. 우선, 십자군전쟁이라든가 서양 제국주의의 아시아 침략과 같은 것이 기독교의 깃발을 내걸고 행해진 것은 사실이지만, 그것이 바로 기독교의 본질을 고스란히 드러낸 사건이냐, 아니면 기독교의 이름만 빌렸을 뿐 실인즉 기독교의 본질에 역행해서 벌어진 사건이냐 하는 문제는 재론의 여지가 충분히 있는 것이다.3) 기독교의 체제유지적 기능이라는 문제에 관해서도 같은 이야기가 성립된다. 기독교가 어떤 부정한 체제의 유지에 기여하는 모습을 보일 경우, 그것이 바로 기독교의 본질을 폭로하는 현상이라고 단정하는 태도는 성급하다는 비판을 면하기 어려운 것이다. 어떤 지상적 존재도 숭배의 대상으로 삼기를 거부하는 그 철저한 유일신 사상이 가장 강력한 체제비판적 무기로 작용하기도 한다는 점, 그리고 기독교 신학의 스펙트럼 가운데 한쪽 극단에는 <하나님은 (……) 언제나 억압받는 자들의 편에 서신다. 그리고 그는 억압받는 자들이 행동을 취하는 지점에서만 존재하신다>4) 라고 주장하는 사람들이 버티고 있다는 점을 여기서 우리는 기억할 필요가 있다.

2—2

박화성이 『조광』 창간호(1935. 11)에 발표한 「한귀」는 제목이 시사하는 바 그대로 혹심한 가뭄에 허덕이는 농민의 참상을 그린 작품이다. 그러나 이 작품은 단순한 한 편의 농민소설로 끝나는 것이 아니다. 거기에는 기독교에 대한 그 나름의 심각한 질문이 담겨 있는 것이다.

이 작품의 주인공 성섭은 독실한 기독교인으로 집사의 직분까지 가진 사람이다. 그러나 눈앞에 분명히 보이는 비참하고 부조리한 현실은 그의

---

3) 기독교의 이름을 내걸고 행해진 일이 사실은 기독교의 정신을 정면으로 거역하는 행위가 될 가능성을 지적하고 그것을 경고하는 말은 『성서』에 이미 나타나 있다. 「마태복음」 7장 21절-23절 참조.
4) 제임스 벤틀리, 『기독교와 마르크시즘』(김쾌상 역, 일월서각, 1987), p. 182에 인용된 도로테 죌레의 말.

소박한 신앙을 흔들어 놓기에 모자람이 없다.

「하느님을 믿어라 믿기만하면 저산이라도 능히 옴길수있다. 하느님은 악한 사람에게 죄를 주시고 착한 사람에게 복을 주신다.」
이런말은 그가 예배당에서 미국 목사에게 싫도록 듣고 배운말이요 집사의 직분이랍시고 가지고 있는 자기 역시 몇 명 안되는 교인을 모아놓고 셜교하든말은 이말뿐이였다.
「그러나……. 작년에보니 홍수로 못살게되는 사람은 나주 영산표에사는 우리 농군들이었다. 그렇다면 우리는 악한사람이란말인가?」5)

마을에서 가장 신실한 신자인 성섭조차 이런 의문에 사로잡힐 정도이니, 다른 교인들의 회의야 더 말할 나위도 없다. 그런 판에 마침 미국인 목사가 이 마을을 찾아온다. 하지만 그 목사는 교인들의 회의를 해결해주지 못하며, 오히려 더 큰 불만을 품게 할 뿐이다.

그때 목사는
「형님들 죄를 회개하시오. 형님들 죄가 많은고로 하느님 성내섰고, 옛날 소돔과 고무라 죄 많기 때문에 하느님 불로 멸하였소. 이세상말세 되었읍네다. 그러므로 형님들 죄 회개하고 하느님께 간절이 기도하면 하느님 사랑많습네다. 곧 비 주실것이요.」
하고 파—란눈알을 굴리며 말할때 농군들은
「우리가 무슨죄가 있단 말이요? 원 이때까지 죄라고는 모르고 사요.」
하고 소리질으니까
「오—그런말하는것 죄많은 증거요. 형님들 죄 때문에 죽어도 좋소.」
하고 목사가 성을내서 휙 돌아섰다.6)

이러한 이야기를 읽으면서 생각할 수 있는 문제는 대략 세 가지로 요약된

---

5) 박화성, 「한귀」, 『조광』, 1935. 11, p. 255.
6) 위의 작품, p. 259.

다. 그 첫째는 서양인 선교사와 한국인 사이의 거리라는 문제이고, 그 둘째는 원죄의 교리에 관한 문제이며, 그 셋째는 신이 존재한다면 왜 선한 사람의 고통을 그냥 보고만 있는가라는 문제이다. 이 세 가지 가운데에서 가장 호소력이 강하고 비중이 큰 물음은 아무래도 세 번째의 것이리라. 그러니 만큼 여기서는 이 세 번째의 문제를 집중적으로 다루어 보고자 한다.7)

가만히 따져보면, 이 세 번째의 물음은 결코 「한귀」에서 처음으로 제기된 것이 아니다. 시야를 소설에만 한정시켜서 보더라도 『카라마조프가의 형제들』을 위시하여 실로 수다한 작품들이 이 문제를 가지고 진지하게 씨름한 바 있는 것이다. 그렇지만 이러한 사실 때문에 여기서 「한귀」를 검토하는 일이 의미를 상실하는 것은 아니다. 우리는 지금 한국 현대소설에 나타난 기독교의 문제를 다루고 있는 터이며, 그런 이상, 「한귀」는 엄연히 중요하고 개성적인 작품으로서 그 자신의 존재가치를 주장할 수 있기 때문이다.

그런데 바로 이 세 번째의 물음을 문제 삼을 경우, 우리가 반드시 상기해야만 할 사실이 있다. 그것은 『성서』 자체 속에 이미 이 물음을 주제로 삼은 텍스트가 들어 있다는 사실이다. 두말할 나위도 없이 그것은 「욥기」이다. 의심할 바 없이 선량한 인간인 욥에게 처참한 고통이 줄을 지어 몰려든다. 그의 하인들이 떼죽음을 당하고, 그의 자녀들도 모두 목숨을 잃으며, 그 자신은 온몸에 부스럼이 난 병자로 <잿더미에 앉아서 토기조각으로 몸을 긁>는 신세가 된다(2장 8절). 이 엄청난 비극과 부조리를 어떻게 설명할 수 있는가? 물론, 이야기의 끝에 가서 보면, 욥은 잃어버렸던 것보다 몇 배나 되는 보상을 신으로부터 받는다. 하지만 그것은 문제의 진정한 해결일 수가 없다. 시월이 지적한 대로, 이미 죽은 하인들과 자녀들은 영영 돌아오지 못한다. <왜 나는 고난을 받아야 하는가?>라는 욥의 항의에 대한 진정한

---

7) 원죄의 교리와 관련해서 한 가지만 지적해 두기로 하자. 그것은 A. S. 니일의 『서머힐』(김은산 역, 양서원, 1987), pp. 245~251에 원죄의 교리에 대한 날카로운 비판이 제기되어 있다는 점이다. 이 문제에 대한 본격적인 고찰은 앞으로의 과제로 남겨둔다.

대답은 제시되지 않는다.8)

<왜 나는 고난을 받아야 하는가?>라는 욥의 항의―「욥기」속에서 끝내 대답을 얻지 못한 항의―그 항의가 「한귀」의 성섭에게서도 울려 나온다. 그리고 욥과 마찬가지로 성섭도 그 대답을 듣지 못한다. 당연한 일이다. 욥이 듣지 못한 대답을 어떻게 성섭이 듣겠는가. 하지만 우리 소설 문학에서 1930년대에 이미 이러한 항의의 목소리가 제기되었다는 사실은 중요하다.

기왕 「욥기」가 언급된 김에, 이 텍스트를 조금만 더 살펴보고 넘어가기로 하자. 욥의 항의에 대한 답이 끝내 주어지지 않는다면, 「욥기」의 결론은 도대체 무엇인가? 시월에 의하면, <정당화되지 않는 고난은 신비의 한 부분으로서 받아들여져야 하며, 그 이유를 따지는 것은 인간이 할 일이 아니다>9) 라는 것이 그 결론이라고 한다. 그런가 하면 유대교 랍비인 해롤드 S. 쿠스너는 『착한 사람이 왜 고통을 받습니까』라는 감동적인 책에서 신은 분명 선한 존재이기는 하지만 결코 전능한 존재는 아니다라는 것이 「욥기」를 쓴 사람의 결론이었다고 해석하면서 자신도 이러한 결론에 동의하다고 말한다.10) 「욥기」의 결론이 과연 무엇인가에 대해서는 이밖에도 물론 다양한 견해가 가능하리라. 그리고 그 견해의 다양함은 곧장 이 세계 자체의 비극성과 부조리성에 대한 견해의 다양함으로 이어질 수 있는 것이며, 더 나아가서는 「한귀」라는 작품이 의미하는 바에 대한 견해의 다양함으로 이어질 수 있는 것이기도 하다.

2—3

성서를 보면, 아리마대 사람 요셉이 십자가에 달려 죽은 예수의 시신을

---

8) Richard B. Sewall, *The Vision of Tragedy*(New Edition, New Haven & London: Yale University Press, 1980), pp. 23~24.
9) 앞의 책, p. 23.
10) 해롤드 S. 쿠스너, 『착한 사람이 왜 고통을 받습니까』(김쾌상 역, 심지, 1983), p. 59.

인수하여 무덤에 안치한 것으로 기록되어 있다. 그런데 바로 이 아리마대의 요셉을 화자로 내세워 예수의 죽음과 부활에 대한 새로운 해석을 시도한 소설이 1962년 김동리에 의하여 씌어졌다. 그것이 곧 「부활」이다.

「부활」에서 김동리가 제시한 새로운 해석이란, 간단히 말하자면, 예수는 십자가에서 죽지 않았다는 것이다. 특이한 체질의 소유자였던 예수는 십자가에서 일시적인 가사 상태에 빠졌을 따름이며 따라서 그가 무덤에서 다시 깨어난 일도 전혀 신비로운 사건이 아니라는 것이다.

> 나는 예수의 부활을 어디까지나 소생으로 본다. 예수의 특수한 체질은 긴 가사 상태에서 얼마든지 소생할 수 있었으리라고 본다. 그리하여 그를 믿는 어느 충실한 교도에 의하여 시체 안치소에서 구출되었으리라고 본다.
> 그렇다면 결국 죽지 않았겠느냐는 문제가 나온다. 그렇다, 일단 부활(소생)했다가 나중엔 결국 죽었으리라고 본다.11)

위의 인용문은 김동리가 자신의 작품 「부활」에 대해 설명한 글의 일부이거니와, 여기서 제시된 그의 부활관은 지극히 단순한 것이면서 또 한편으로는 기독교의 신앙과 관련하여 한번쯤 생각해 볼 만한 문제를 제기하는 것이라고 할 수 있다.

주지하는 바와 같이, 예수의 부활에 대한 믿음은 기독교 신앙의 가장 중요한 부분을 형성하는 것 가운데 하나이다. 바로 기독교 건설의 주역이라고 할 수 있는 바울이 부활에 대한 신앙을 이 새로운 종교의 초석으로 삼았다. <그리스도께서 다시 살아나지 않으셨다면 우리가 전한 것도 헛된 것이요 여러분의 믿음도 헛된 것일 수밖에 없을 것입니다>라고 그는 단언한 바 있는 것이다(「고린도전서」 15장 14절).

그런데, 이처럼 바울에 의하여 결정적인 중요성을 인정받았고 그 후의 숱한 기독교인들에 의하여 그 의의를 거듭거듭 확인받은 이 <신성한> 부활신

---

11) 김동리, 『등신불』(정음사, 1972), p. 372.

앙에 대해, 김동리라는 한국의 소설가가, 반론을 제기하고 나선 것이다—자못 엉뚱한 것으로 여겨지는, 그러나 자세히 보면 그럴싸한 데가 전혀 없지도 않은 <체질론>이라는 것을 가지고, 만약 이 체질론이 정당한 것으로 승인된다면, 예수의 부활이란 기껏해야 의학논문의 한 참고 자료 정도에 불과한 것으로 격하되고 말 것이다.

그러나, 현실적으로, 이런 체질론이 진정한 기독교인에 의해서 받아들여질 가능성은 없다. 체질론이 상식에 기초해 있는 것이라면, 기독교의 신앙은 상식의 한계를 돌파하는 것이며, 체질론이 냉소주의에 근거해 있는 것이라면, 기독교의 신앙은 일체의 냉소를 무력화하는 열정의 승리를 선포하는 것이기 때문이다. 여기서 나는 마치 김동리의 「부활」을 읽은 기독교인들을 대표해서 쓴 것 같은 인상을 주는 한스 큉의 다음 몇 구절을 상기하게 된다.

> 시체가 소생하여 전혀 달라진 데가 없는 현세 생명으로 되돌아오는 그런 것이야말로 신약성서에서 말하는 부활과는 판이하다. (……) 시체의 잠정적 소생이야말로 예수의 부활이 뜻하는 것은 아니다. 신약성서의 이해에 따르면 예수는 다시 죽을 생물학적 현세 생명으로 되돌아오기는커녕 죽음이라는 최후의 한계를 결정적으로 물리치고 전혀 다른 불멸의 천상 영생으로 들어가셨다. (……) 영생은 시공의 차원을 벗어난, 불멸·불가시·불가사의 의 하느님 영역에서의 새 삶이다.12)

2—4

『사람의 아들』은 이문열이 1979년 중편으로 발표한 후 1987년에 다시 장편으로 확대 개작한 소설이다. 그런데 이 작품의 주제가 과연 기독교에 대한 비판이라고 해석될 수 있는가 하는 데 대해서는 의문의 소지가 있다. 이 작품의 주인공인 민요섭은 신학교를 뛰쳐나간 후 오랜 방황을 거듭하다가

---

12) 한스 큉, 『왜 그리스도인인가』(정한교 역, 분도출판사, 1982), pp. 256~257.

결국은 기독교의 품으로 돌아오는 것으로 그려지고 있는데, 이러한 이야기의 구조는 이를테면 <돌아온 탕아>의 설화(「누가복음」 15장 11절~32절)에 그 원형을 두고 있는 것으로서 기독교에 대한 비판의 메시지를 전달하기에는 전혀 어울리지 않는 것이기 때문이다. 그렇기는 하지만 민요섭이 기독교를 거부하고 방황할 무렵의 정신적 편력에 명료한 윤곽을 부여하기 위하여 설정된 아하스 페르츠의 설화가 이 작품 속에서 워낙 압도적인 무게를 차지하고 있기 때문에, 이야기 전체의 구조가 기독교를 긍정하는 방향으로 나아가고 있음에도 불구하고, 독자들이 이 작품을 읽고 받는 인상 속에서는 기독교에 대한 긍정이 아닌 비판의 메시지가 중심을 이루게 되는 듯하다. 그렇다면 한국 현대소설에 나타난 기독교 비판의 양상을 검토하고 있는 이 자리에서 아하스 페르츠의 설화를 간략히 다루어 보는 것도 크게 어색한 일은 아니리라.

그런데 아하스 페르츠의 설화에 나타난 기독교 비판의 메시지를 분석하여 그 성격과 가치를 따지는 작업은 이미 이보영에 의하여 탁월하게 수행된 바가 있다. 이보영은 「기독교문학의 가능성」 속에서 『사람의 아들』에 대한 상세한 검토를 행하였으며, 그 가운데는 아하스 페르츠에 대한 논의가 당연히 큰 비중을 차지하고 있는 것이다. 그에 따르면, <페르츠의 인생관은 인본주의와 현세주의라 할 수 있>으며, 페르츠는 거기에 기초하여 기독교를 비판하고 있는 셈이다. 그런데 페르츠의 기독교 비판은 <인간성의 깊은 통찰이나 예수의 인격의 전체상의 파악에 근거해 있지 않다>는 점에서 명백한 한계를 안고 있다. 페르츠는 인간이라는 존재를 잘 알지 못하며, 예수에 대해서도 부분적인 이해밖에 갖고 있지 못하다는 것이다. 뿐만 아니라 페르츠의 말과 행동 사이에는 심각한 모순이 있다. 이런 모든 점을 종합해 볼 때, 페르츠의 설화에 담긴 메시지는 그다지 높은 평가를 받기 어렵다는 것이 이보영의 결론이다.[13]

---

13) 이보영, 「기독교문학의 가능성」, 『예술논문집』 제 20집(대한민국 예술원, 1981),

내가 보기에도, 페르츠의 논리는 온통 문제투성이인 것처럼 여겨진다. 우선 그의 인간관은 이보영이 지적한 대로 피상적일 뿐 아니라, 자체 내에 모순을 안고 있다.

(1)「아아, 오관을 통한 증거 없이는 아무 것도 믿을 수 없는 너희들, 백의 거룩한 말씀보다 단 한 번 어줍잖은 기적에 더욱 기울어질 너희 인간의 맹목이여. 너희는 아직도 얼마나 긴 미망과 방황의 세월을 울고 신음하며 더듬어 가야 할 것인가……」14)

(2)「공허한 약속이나 소름끼치는 위협이 아니라도 우리가 당신이 근심하는 그런 혼란과 어둠에 묻히는 일은 없을 것이오. 손상되지 않고 남아 있는 당신의 아버지의 선과 함께 여러 지상의 이익들이 우리들의 행위를 조절할 것이며, 우리의 지혜 또한 최소한의 도덕과 윤리를 터득해줄 것이오.」15)

위에 인용된 두 개의 글은 모두 페르츠의 대사이거니와, 그 가운데 (1)은 인간에 대한 극도의 모멸과 불신을 담고 있는가 하면, (2)는 그와 반대로 자신만만한 인간긍정의 사상을 피력하고 있다. 이처럼 명백히 상호 대립되는 두 가지 인간관이 한 사람의 입을 통하여 표명된다는 것은 결국 그 발언 주체의 인간관이 혼란에 빠져 있음을 증거하는 현상이 아닐 수 없다.

그런가 하면 페르츠의 신관(神觀) 역시 설득력을 주장하기 어려운 것이다. 그는 예수를 향해 <당신은 자식에 대한 부양 의무를 저버린 채 효도만을 강요하는 무정한 아버지의 대리인>16)이라고 비난을 퍼붓는가 하면 <자질구레한 기적으로 잔뜩 우리를 들뜨게 해놓고 정작 구원은 오직 말씀의 독선에만 의지해 우리의 죄 없는 불신을 벌하려>17) 한다고 따지기도 하는데, 이같은

---
pp. 24~28.
14) 이문열, 『사람의 아들』(개정판, 민음사, 1987), p. 193.
15) 위의 작품, p. 204.
16) 위의 작품, p. 203.
17) 위의 작품, p. 208.

비난과 따짐 속에는 예수의 사랑에 대한 이해가 전혀 들어 있지 않다. 그리고 이른바 최후 심판의 날이 <하나를 위해 아흔아홉이 불에 던져져야 하는 그 재앙의 날>18)이 되리라고 하는 페르츠의 주장도 <일곱 번씩 일흔 번이라도 용서하여라>(「마태복음」 18장 22절)라고 가르친 이가 바로 예수임을 상기할 때 받아들이기 어려운 억지요 왜곡이라고 단정하지 않을 수 없다.

그렇다면 『사람의 아들』에 나타난 아하스 페르츠의 기독교 비판은 전혀 아무런 의미도 갖지 못하는 것인가? 그렇게는 생각되지 않는다. 그것은 예수와 그의 신에 대한 비판으로서는 분명 그릇된 것이지만, 2천년의 세월에 걸쳐 다양한 모습으로 역사 속에 나타난 기독교 교회의 어떤 부분에 대한 비판으로서는 그 나름의 의의를 지닐 수 있는 것이다. 역사 속에 나타난 기독교 교회의 상당 부분은 페르츠에 의해 비판된 바와 같은 문제점을 숱하게 드러내 왔고 지금도 역시 드러내고 있는 것이 엄연한 사실이기 때문이다.

아하스 페르츠의 설화에 관하여 한 가지만 더 언급하고 이 항목을 끝맺기로 하자. 이 설화에 등장하는 예수의 상을 조형함에 있어서 작가 이문열은 성서의 기록을 문자 그대로 받아들이는 입장을 취했고, 20세기에 들어와 엄청난 발전을 보인 비판적 해석학의 성과를 전혀 고려하지 않았다. 그 결과 이 설화는 성서의 본문에 나오는 예수의 모습만을 막연하게 알고 있는 많은 독자들에게는 쉬 친근감을 느끼게 할 수 있지만, 현대 신학의 성과를 다소라도 이해하고 있는 독자들에게는 어쩔 수 없이 거리감을 갖게 한다.19)

3

지금까지 나는 기독교에 대한 비판 혹은 회의의 메시지를 담고 있는 네

---

18) 위의 작품, p. 192.
19) 이 점은 에컨대 엔도 슈사쿠(遠藤周作)가 쓴 『예수의 생애』(1973)와 이 『사람의 아들』을 비교해 보면 아주 뚜렷하게 드러난다.

편의 소설을 내 나름의 시각으로 검토해 보았다. 이 글의 첫부분에서 언급했던 바와 마찬가지로, 여기서 검토된 네 편의 소설은 그 비판 혹은 회의의 초점을 각각 조금씩 달리하고 있는 것으로 판단된다. 「용과 용의 대격전」에서 주로 문제 삼은 것이 기독교의 정치적 역기능이었다면, 「한귀」에서는 신의 침묵에 대한 형이상학적 질문이 제기되었고, 「부활」에서는 신앙의 문제를 평범한 상식의 차원으로 끌어내리거나 냉소적으로 처리해 버리려는 시도가 행해졌으며, 『사람의 아들』에서는 일종의 <인본주의와 현세주의>에 입각한 기독교 비판이 주로 윤리 문제의 차원에서 제기된 것이다. 네 편의 소설은 이처럼 그 초점을 각각 달리하면서도 기독교에 대하여 의문의 눈길을 던지고 있다는 점에서는 공통되는데, 이로써 보면, 그 작품들은 서로 형제와 같은 관계에 놓인다는 비유도 가능할 법하다.

우리의 현대소설은, 앞으로도, 이 네 형제의 계보에 이어지는 작품들을 계속하여 줄기차게 생산할 것이 틀림없다. 모든 종교는 찬양의 문학과 함께 비판의 문학을 낳게 마련이라는 사실, 그 중에서도 기독교는 특히 논쟁적 성격이 강하기 때문에—예수 자신이 <평화가 아니라 칼을 주러 왔다>(「마태복음」 10장 34절)고 선언하지 않았던가?—다른 종교의 경우보다 더 많은 비판의 문학을 낳을 수밖에 없다는 사실, 그리고 바로 이런 기독교가 한국의 정신사 속에 이미 굳건한 뿌리를 내렸다는 사실—이 명백한 사실들이 그와 같은 예상을 불가피하게 한다.

기독교인이든 아니든, 이러한 예상에 대해서는 부정적이거나 소극적인 태도를 가질 필요가 없다. 우선 기독교인이 아닌 사람들의 경우, 기독교를 비판하는 작품의 대량 출현이 조금도 나쁜 의미를 갖는 것으로 해석되지 않는다는 것은 당연한 일이다. 그러면 기독교인들의 경우는 어떠한가? 그들의 경우도 역시 마찬가지다. 기독교가 진정으로 두려워하는 것은 비판이 아니라 무관심이기 때문이다. 기독교는 비판에도 불구하고 살아나가는 존재가 아니라, 비판을 통해 더욱 힘을 얻으면서 살아나가는 존재이다(어떻게 보면 이 글 자체가 기독교의 그와 같은 성격을 잘 보여주는 하나의 실례로 규정될 수도 있으리라). 그럴진대, 기독교인들이 무엇 때문에 기독교를 비판하는 소설들의 대량 출현을 꺼릴 것인가? (1990)

「목공 요셉」과 「라울전」에 대하여

1

 필자는 최근 「한국 현대소설에 나타난 기독교 비판」이라는 글을 발표한 바 있다. 거기서 필자는 한국 현대문학을 정신사적인 관점에서 이해하고자 할 경우 기독교의 문제를 도외시할 수가 없다는 사실을 전제하면서, 기독교와 한국 문학의 관련은 비단 기독교를 적극적으로 긍정하는 입장에서 씌어진 작품들 속에서만 찾아지는 것이 아니라 기독교를 비판하거나 거기에 의문을 던진 작품들 속에서도 마찬가지로 발견될 수 있음을 말하고, 그 예로 신채호의 「용과 용의 대격전」, 박화성의 「한귀」, 김동리의 「부활」, 이문열의 『사람의 아들』을 들어 구체적인 분석을 시도하였다. 이 글은 바로 「한국 현대소설에 나타난 기독교 비판」에 이어지는 것으로서, 두 편의 작품을 대상으로 하여 논의를 진행하고자 한다. 그 두 편의 작품이란 김동리의 「목공 요셉」과 최인훈의 「라울전(傳)」이다. 이 두 편의 작품은 모두 예수 당대의 이스라엘을 배경으로 삼은 것이라는 점에서 공통되며, 기독교의 교리와 관련하여 상당히 심각한 쟁점으로 제기되는 문제를 다루었다는 점에서도 서로 유사한 면모를 보여주고 있다. 이 중에서도 특히 후자의 측면은 매우 큰 뜻을 지니는 것이며, 바로 이런 측면을 고려해 볼 때, 위의 두 작품을 함께 검토하는 일은, 한국 현대문학에 대한 정신사적 탐구의 한 부분을 담당하는 것으로 인정될 만한 값어치를 충분히 가진다고 생각된다.

2

2—1

널리 알려진 바와 같이 김동리는 한국 정신의 원형에 해당하는 것을 추적하여 형상화하는 데 심혈을 기울여 온 작가이다. 이러한 작업을 수행함에 있어서 그는 여러 차례 기독교를 대결의 상대로 설정하여 다룬 바 있으니, 「무녀도」(1936), 「목공 요셉」(1957), 「부활」(1962) 등의 단편과 『사반의 십자가』(1955~1957), 『을화』(1973) 등의 장편이 그 좋은 예라고 할 수 있다. 필자는 「한국 문학의 전통지향적 보수주의 연구」라는 논문에서 이들 작품 전부를 검토한 바 있거니와 거기서는 「무녀도」, 『사반의 십자가』, 『을화』의 세 편만이 자세하게 논의되었고, 「목공 요셉」과 「부활」의 두 편은 비교적 간략하게 취급되었던 것이 사실이다. 이러한 사실이 필자에게는 적지않은 아쉬움으로 남았는데, 그 중 「부활」에 관련된 아쉬움은 이 작품이 「한국 현대소설에 나타난 기독교 비판」에서 다시 거론될 기회를 얻음에 따라 자연스럽게 해소될 수 있었다. 그리고 보면 남은 것은 「목공 요셉」한 편이 되는 셈이거니와, 필자는 여기서 바로 이 작품을 다루어 보고자 한다.

『사상계』1957년 7월호에 발표된 「목공 요셉」은 제목 그대로 예수의 법률상의 아버지인 요셉을 주인공으로 내세우고 있다. 소설 속에 등장하는 요셉은 <조금만 마음이 상하면 이내 걷잡을 수 없이 가슴이 후들거리며 뛰노는> 데다가 <요즘 와서는 천식까지 곁드는지 가슴이 후둘거리고 뛰기 시작하면 그만 기침까지 터져 나오는>[1] 환자로 설정되어 있다. 그러면 그는

---
1) 김동리, 「목공 요셉」, 『사상계』, 1957. 7, p. 325.

왜 이런 병을 얻었는가. 3년 전 유월절에 마리아와 예수를 데리고 예루살렘에 갔다가 예수 때문에 크게 놀라고 걱정한 일이 있었는데, 바로 그 사건이 병의 씨앗이 되었다고 한다. 그 사건이란 바로 「누가복음」 2장 42절부터 50절까지에 실려 있는 것으로서, 요셉과 마리아가 예루살렘 여행에서 열두 살 난 예수를 잃고 걱정하다가 사흘 만에 겨우 찾았는데, 사실인즉 예수는 그 동안 예루살렘의 성전에 머물면서 선생들과 대화를 나누고 있었다는 사건이다. 원래 허약한 체질이었던 요셉은 이 일로 말미암아 병을 얻었으니, 따지고 보면 예수가 요셉에게 병을 안겨준 셈이다. 그러나 예수로 인한 요셉의 걱정은 이 사건으로 끝난 게 아니었다. 예수는 7남매의 맏이로서 마땅히 가족의 생계를 걱정하고 요셉을 도울 책임이 있건만 거기에는 도무지 관심이 없으며, <아무런 까닭도 없이 집을 빠져 나가서는 산이나 수풀 속에 혼자 우두커니 자빠져 누워 있>2)거나 디베랴의 바사바라는 학자를 찾아가 책을 빌려 보는 따위의 일만 하고 다니는 것이다. 뿐만 아니라 좋은 혼처가 나섰기에 마리아를 통해 결혼 이야기를 꺼내었더니 대번에 거절하고 나오는 것이 아닌가. 마리아는 요셉에게 예수가 다음과 같이 대답하더라고 전해 준다.

「(……) 걔도 어느덧 흥분을 해서 저를 누군줄 아느냐고, 저를 누가 세상에 보낸줄 아느냐고, 저의 아버지가 누군줄 아느냐고 이렇게 마구 반문을 하잖겠어요. (……) 걔는 아직도 지극히 흥분한 채로 저의 몸은 아버지의 뜻을 받들고 아버지의 일을 위하여 바칠 것이라고 누구도 저의 길을 막거나 방해하지 못할 것이라고 그러드군요.」3)

이런 식으로 갈등이 지속되던 중, 드디어 한 사건이 발생한다. 급한 주문 때문에 몹시 바빠진 요셉을 그냥 버려둔 채 예수가 바사바를 찾아가려 하자 요셉과 마리아가 함께 오늘만은 일을 좀 도와 주고 바사바 방문을 연기하라고

---

2) 위의 작품, 같은 면.
3) 위의 작품, p. 329.

간곡히 말하였으나 예수가 계속 고집을 부리매 흥분한 요셉이 예수의 뺨을 때린 것이다. 그럼에도 불구하고 예수는 끝내 가버린다. 이 일로 요셉의 병은 더욱 깊어졌으며, 그로부터 2년 후에는 드디어 이 병 때문에 세상을 떠난다.

지금까지 「목공 요셉」의 줄거리를 간략하게 정리해 보았거니와, 여기에서 우리가 맨 먼저 생각해 보아야 할 것은, 이 작품이 소재로 채택하고 있는 예수의 소년시절에 대하여 성서는 대체 어떤 이야기를 들려주고 있는가 하는 문제이다. 복음서를 살펴보면, 이 물음에 답할 수 있는 자료는 놀랄 만큼 빈약하다는 것을 알게 된다. 최초의 복음서로 공인되고 있는 「마가복음」과 특이한 지위를 차지하고 있는 「요한복음」은 아예 세례 요한의 출현에서부터 이야기를 시작한다. 「마태복음」 역시 예수의 출생에 관한 이야기를 끝낸 후에는 곧바로 세례 요한의 출현에로 건너뜀으로써 예수의 소년시대 전체를 침묵과 부재의 공간으로 만들어 버리고 있다. 그러고 보면 예수의 소년시대에 대한 정보를 담고 있는 것은 「누가복음」뿐인데, 그것 또한 호기심을 가진 독자에게는 실망을 안겨주기에 족한 것이다. 바로 「목공 요셉」에서 언급하고 있는 열 두 살 때의 사건에 관한 보고를 제외하면, <부모에게 순종하며 살았다>(2장 51절), <몸과 지혜가 날로 자라면서 하느님과 사람의 총애를 더욱 많이 받게 되었다>(2장 52절) 따위의 상투적인 문구가 고작이기 때문이다.

그러면 복음서를 쓴 사람들은 어째서 이처럼 예수의 소년시대에 대하여 별다른 관심을 보이지 않았을까. 이 물음에 대하여 우리는 일차적으로 예수의 소년시절이 별다른 특징을 보이지 않는 평범한 것이었기 때문이라는 답을 상정할 수 있다. 그러나 그보다 더 중요한 것은, 복음서 기자들의 뜻이 예수의 생애를 전체적으로 복원하려는 데 있지 않았다는 사실이다. 그들은 전기 작가가 아니었으며, 복음서는 전기가 아니다.4) 그들은 그리스도에 대한 신앙고백의 뜻으로 복음서를 쓴 것일 따름인데, 신앙고백이라는 시각에서 볼

---

4) 전경연 외 4인 공저, 『신약성서신학』(대한기독교서회, 1963), p. 57.

때, 공적인 활동을 시작하기 이전의 예수란 사실 별로 대단한 관심의 대상일 수가 없었던 것이다. 예수의 소년시절이 복음서에서 거의 무시당하다시피 하고 있는 것은 이로써 보면 당연한 일이다.

이러한 사실을 이해하고 난 다음에 우리가 따져 보아야 할 문제는, 예수의 소년시대에 관한 유일한 자료인 「누가복음」 2장 42절 이하의 사건을 어떻게 해석할 것인가라는 문제이다. 이 사건에 관한 복음서의 기술에서 주목할 만한 것은 다음 네 가지라고 여겨진다. 그 첫째는 <듣고 있던 사람들은 모두 그의 지능과 대답하는 품에 경탄하고 있었다>(47절)라는 구절에서 드러나는 예수의 총명함이다. 다음 둘째는, 예수가 마리아를 향해 <왜 나를 찾으셨습니까? 나는 내 아버지의 집에 있어야 할 줄을 모르셨습니까?>(49절)라고 말했다는 데에서 시사받을 수 있는 것으로, 예수가 이때부터 이미 신의 아들이라는 자각을 갖고 있었다는 사실이다. 그리고 셋째는, 역시 예수의 위와 같은 대사에서 읽을 수 있는 것으로, <열두 살 된 아이가 어머니를 향해서 일찍부터 부드럽지 못한 태도로 말한 것>[5]이라는 점, 즉 예수의 태도는 전통적인 효의 덕목과 충돌하는 듯한 인상을 던지고 있다는 점이다.[6] 마지막 넷째는, <부모는 아들이 한 말이 무슨 뜻인지 알아듣지 못하였다>(50절)라는 구절이 말해 주는 것으로, 예수와 그의 부모 사이에서는 근본적으로 이해가 단절되어 있었다는 점이다.

그러면 김동리의 「목공 요셉」은 「누가복음」의 본문에 나타난 이상과 같은 특징들을 얼마만큼 충실하게 살리고 있는가? 이 물음에 대하여 일차적으로 제시할 수 있는 답은, 복음서 본문의 취지에서 벗어난 내용은 「목공 요셉」에서 발견되지 않는다는 것이다. 이것을 달리 표현하면 「목공 요셉」은 복음서 본문의 뜻을 대체로 존중하고 있다는 얘기가 된다. 예수가 총명한 소년이라는

---

5) 프랑스와 모리악, 『예수의 생애』(김신순 역, 종로서적, 1983), p. 9.
6) 이 대사 바로 다음에 <예수는 (……) 부모에게 순종하며 살았다>라는 말이 나오는 것은 따라서 그 같은 인상의 확산을 염려한 「누가복음」 집필자의 노파심과 무관하지 않다는 해석도 가능하다.

것은 직접 언급되어 있지는 않지만 이야기의 진행 과정에서 자연스럽게 드러나며, 자신이 신의 아들이라는 예수의 자각도 혼담이 나왔을 때 마리아에게 한 그의 말을 통해 선명하게 부각된다. 한편 전통적인 효자의 이미지로부터 멀리 떨어져 있는 예수의 모습과 자식을 전혀 이해하지 못하는 부모의 모습을 전달하고 있다는 점에서도 「목공 요셉」은 「누가복음」의 본문과 동일하다.

그러나 이처럼 「목공 요셉」이 그 기본적인 방향에 있어 복음서의 본문을 벗어나지 않고 있다는 사실만을 지적하고 그친다면, 그것은 진상의 절반밖에 이야기하지 않은 꼴이 된다. 왜냐하면 「목공 요셉」은 복음서의 본문이 드러내고 있는 특징을 그대로 따르되 그 중 일부를 좀더 강조하고 과장함으로써 새로운 분위기를 조성하였다는 사실이 진상의 나머지 절반으로 엄연히 존재하기 때문이다. 그러면 김동리가 일부러 강조하고 과장한 특징이란 무엇인가? 그것은 바로 세 번째와 네 번째의 특징, 즉 <불효한 예수>와 <이해를 못하는 부모>에 관련된 특징이다.

이 두 가지 특징을 강조하고 과장하기 위하여 김동리는 여러 가지 장치를 만들어 내었다. 우선 요셉을 병약한 인물로 설정하고 그가 병을 얻게 된 것이나 나중에 죽게 된 것이 모두 따지고 보면 예수 때문이라는 식으로 이야기를 꾸밈으로써 독자들의 마음 속에 요셉에 대한 동정심이 자리잡도록 만드는 한편 예수의 성품이 전통적인 도덕의 요청에 어긋나는 면모를 지녔음을 강조하는 효과를 노리고 있다. 다음으로 예수가 성전에서 <아버지>를 운위하자 이 말을 들은 요셉이 그 뜻을 정확히 이해하지는 못하면서도 자신이 예수의 생부가 아님을 새삼 상기하고 예수가 이제는 자신의 생부를 찾아냈다는 말인가 하고 의아해 하며 <얼굴이 잿빛으로 질리>[7]었다는 투로 이야기를 진행시킨 것도 마찬가지로 독자로 하여금 요셉의 고민에 대한 동정심을 갖게 만드는 결과를 가져 오며 동시에 요셉의 사고가 얼마나 철저하게 세속적인 차원에 갇혀 있는가를 강조해 준다. 그리고 이 소설의 절정을 이루는 장면,

---

7) 김동리, 앞의 작품, p. 327.

즉 요셉이 예수의 뺨을 때리는 장면에서도 효의 덕목에 무관심한 예수와 그 예수를 이해하지 못하는 요셉 및 마리아의 대조가 강렬하게 나타나는데, 그 강도는 복음서 본문의 경우와는 아예 비교도 되지 않을 정도이다. 이 밖에도 동일한 맥락으로 파악되는 사례를 우리는 몇 가지나 더 열거할 수 있다.

김동리는 왜 이처럼 다양한 장치를 동원하여 <불효한 예수>와 <이해를 못하는 부모>의 모습을 강조하고 과장하려 애쓴 것일까? 이 물음에 대하여 분명하게 답하기는 어려우나, 『사반의 십자가』와 같은 작품을 상기해 봄으로써 약간의 시사점을 찾아내는 것 정도는 가능하다. 『사반의 십자가』가 여기에서 도움을 줄 수 있는 이유는, 이 작품이 「목공 요셉」과 마찬가지로 예수를 등장시키고 있으면서 「목공 요셉」의 경우보다 훨씬 길고 본격적인 이야기를 전개하고 있다는 점, 그리고 그 창작 시기가 「목공 요셉」이 씌어진 시기와 거의 같다는 점 때문이다. 그러면 『사반의 십자가』에서 드러난 김동리의 예수에 대한 생각은 어떤 것인가? 간략하게 대답하자면, 김동리는 예수를 철저히 현세초월적이고 타계지향적인 인물로 파악하고 있으며, 그런 존재로 이해된 예수에게 상당한 애정을 품고 있는 것이 사실이나, 궁극에 가서 그가 편들게 되는 인물은 그런 존재로 이해된 예수가 아니라 그 반대편 자리에 위치한 사반이라는 것으로 정리될 수 있다. 여기에서 우리는 두 가지 점을 지적할 수 있으니, 그 첫째는 예수에 대한 김동리의 이해 방식이 전적으로 틀렸다고 볼 것은 아니로되 상당히 편파적이라는 것만은 부정하기 어렵다는 점이요, 그 둘째는 예수보다 사반을 선호하는 김동리의 입장이 그가 지닌 동양적 전통주의자로서의 면모와 일치한다는 점이다.8)

『사반의 십자가』에서 끌어낸 이상과 같은 결론은 앞에서 말한 대로 「목공 요셉」의 이해에 어느 정도 도움을 준다. 우선 이 작품에서 예수와 요셉―마리

---

8) 이 문제에 대한 상세한 논의는 이동하, 『현대소설의 정신사적 연구』(일지사, 1989), pp. 112~117에서 시도되어 있다.

아 사이의 단절과 대립이 크게 부각된 데에는 김동리가 예수를 철저한 현세초월론자로, 또 타계지향적인 인물로 파악하고 있다는 사실이 얼마쯤 영향을 주었으리라는 추측을 해볼 수 있다. 또한 궁극에 가서는 동양적 전통주의의 이념에 입각하여 예수를 비판하는 자리에 설 수밖에 없다는 것이 김동리의 입장임을 상기할 때, 그리고 동양적 전통주의의 맥락 속에서는 현세적 가족중심주의가 상당한 비중을 차지하고 있음을 상기할 때 우리는 바로 그 현세적 가족중심주의의 시각에서 행해진 예수 비판의 한 시도로 이「목공 요셉」을 읽을 수 있는 가능성에도 상도하게 되는 것이다.

그러나, 설령 이처럼 현세적 가족 중심주의의 시각에서 예수를 비판하고자 하는 뜻이 「목공 요셉」에서 <불효한 예수>와 <이해를 못하는 부모>의 모습을 강조하고 과장하는 가운데에 들어 있었던 게 사실이라 하더라도, 그러한 비판은 정작 비판당하는 입장에 놓인 예수 자신에게는 별로 아픈 것이 되지 않으리라고 여겨진다. 예수의 가르침 속에서는 애초부터 현세적 가족 중심주의라는 것이 철저하게 배척당하고 있었기 때문이다. 「마가복음」 3장 32절~35절이나 「마태복음」 10장 35절~36절에서 우리는 그 점을 선명하게 알 수 있다.9) 이처럼 현세적 가족 중심주의를 아예 거부하는 상대에게 바로 그 가족중심주의를 가지고 비판을 던지는 게 어찌 효과적인 공격이 되겠는가? 하지만 그렇다고 하여, 「목공 요셉」에서 행해진 <강조와 과장>의 작업이 무의미했던 것은 결코 아니다. 그러한 작업은 그것이 비판의 뜻을 깔고 행해졌느냐 그렇지 않으냐에 관계없이, 그것 자체로서, 기독교의 한 중요한 특징, 즉 현세적 가족 중심주의에 대한 거부라는 특징을 선명히 부각시키는 데에

---

9) 참고로 각각의 본문을 인용해 둔다: <둘러앉았던 군중이 예수께「선생님, 선생님의 어머님과 형제분들이 밖에서 찾으십니다」하고 말하였다. 예수께서는「누가 내 어머니이며 내 형제들이냐?」하고 반문하시고 둘러앉은 사람들을 돌아보시며 말씀하셨다.「바로 이 사람들이 내 어머니이며 내 형제들이다. 하나님의 뜻을 행하는 사람이 곧 내 형제요, 자매요, 어머니이다.」>(「마가복음」 3장 32절-35절). <나는 아들은 아버지와 맞서고 딸은 어머니와, 며느리는 시어머니와 서로 맞서게 하려고 왔다. 집안 식구가 바로 자기 원수다>(「마태복음」 10장 35절-36절).

기여한 것이기 때문이다.[10]

2—2

「라울전」은 만 23세의 청년 최인훈이 문인으로서의 자격증을 획득하도록 해 준 작품이다. 그는 1959년 10월 「그레이구락부 전말기」로 『자유문학』지의 첫번째 추천을 받은 데 이어, 같은 해 12월 이 작품을 같은 잡지에 발표함으로써 등단 절차를 끝냈던 것이다. 이 데뷔작에 대하여 작가 자신은 상당한 애정과 자부심을 갖고 있는 듯하다. 그로부터 20년 후 김병익·김현의 공동 편집으로 『최인훈』(은애, 1979)이라는 책이 출간되었을 때 거기에 자선(自選) 대표작으로 「웃음소리」와 함께 이 「라울전」을 넣었다는 사실이 이 점을 말해 준다.

그러면 우선 이 작품의 줄거리를 정리해 보도록 하자.

이 소설의 주인공은 제목이 말해 주는 바 그대로 라울이라는 인물이다. 작가는 이 라울이라는 허구의 인물이 유명한 사도 바울과 어려서부터 함께 공부하며 자라난 친구요 경쟁자였던 것으로 설정해 놓고 있다. 라울과 바울(본명은 사울)은 똑같이 총명한 소년이었으나 그 성격은 사뭇 대조적이었다. <라울은 그 어린 나이에 조심성과 깊은 신앙심이 뚜렷했으나 바울은 팔팔하고 조급했다.>[11] 라울이 성직자의 길을 택한 것은 절실한 소명의식에 입각한 결단이었지만, 바울이 그와 같은 길을 택한 데에는 <가업을 계승하였다는 외에 아무런 필연적인 이유라곤 없었다>.[12] 이런 점으로 볼 때, 라울은 분명 바울보다 우월한 존재라는 자부심을 가질 만했다. 그러나 삶의 현실은 언제나

---

10) 그 밖에도 이 작품은 장르론적인 측면에서 매력적인 탐구의 대상이 될 수 있다. 즉 이 작품과 「누가복음」의 본문을 비교해 보는 일은 소설과 설화 사이의 관계 및 차이점을 드러내는 데 큰 도움을 줄 수 있는 것이다. 그러나 이 자리에서는 기독교의 문제에 초점을 맞추고 있으므로 그 문제에 대한 자세한 논의는 생략하고자 한다.
11) 최인훈, 「라울전」, 『자유문학』, 1959. 12, p. 83.
12) 위의 작품, p. 84.

정반대로 나타난다. 어린 시절 가위 바위 보를 하면 항상 바울이 이겼다. 시험 전날, 라울은 밤을 새워 공부를 했고 바울은 멋대로 한 문제를 골라 공부한 후 그냥 자버렸는데, 이튿날 시험엔 바울이 골라낸 바로 그 문제가 나와 그에게 멋진 승리를 안겨주었다. 이런 종류의 경험이 수십 년간 변함없이 되풀이되니, 라울은 <누가 더 신의 사랑을 받고 있는가 하는 문제에 있어서 라울 자기가 열세에 서 있는 것이 아닌가>13) 하는 불안과 두려움을 느끼지 않을 수가 없었다. 그러나 라울에게는 최후까지 믿는 게 있었다. 그것은 바로 그 자신의 맑고 투명한 지성이었다. <나는 적어도 함정에 빠지지 않는다는 자신감>14)이 그에겐 있었던 것이다. 그런 가운데 라울도 바울도 모두 성장하여 이제는 훌륭한 성직자가 되었다. 한데 언제부터인가 이들에게 나사렛 예수에 관한 소문이 들려 오기 시작한다. 바울은 팔팔하고 조급한 그의 성격을 여기서도 유감없이 발휘하여, 당장에 예수를 몹쓸 이단으로 단정하고 그 신도들에 대한 박해에 나선다. 하지만 라울은 그럴 수가 없었다. 진지하고 학구적인 그의 성품대로 <경전과 자료를 섭렵하여 치밀한 계보학적인 검토를 하여>15) 본 결과, 예수를 결코 함부로 무시해서는 안 된다는 결론에 도달한 것이다. 여기서 그는 혼란에 빠진다. 어떻게 해야 할 것인가? 라울이 일차적으로 내린 결론은, 예루살렘으로 가서 예수를 한번 만나 보아야겠다는 것이었다. 그러나 계속 여러 가지 일들이 생기는 바람에 그는 그 계획을 실행에 옮기지 못한다. 물론 만사를 제치고 나서기로 한다면 못할 것도 없지만, 그러기엔 그는 너무나 신중하고 우유부단한 성품이었던 것이다. 그러던 차 성직자들 사이에서 예수를 없애려는 모의가 진행 중임을 알게 된 라울은 거기에 가담하라는 대제사장의 요구를 분연히 거부하고 예루살렘 여행의 준비를 시작하지만, 그가 정작 출발하려 했을 땐 이미 시기가 늦어 예수가 처형된 다음이었다. 그런 지 얼마 지난 후, 라울은 의외의 소식을 듣는다.

---

13) 위의 작품, 같은 면.
14) 위의 작품, p. 85.
15) 위의 작품, 같은 면.

바울이 자신의 모든 것을 버리고 예수의 추종자가 되었다는 것이었다. 그 마을 듣는 순간, 라울은 하늘이 무너지는 듯한 충격을 느낀다.

바울이 전향하였다는 말은 지금껏 그가 주저하고 있던 마지막 장벽을 일격에 날려 버렸다. 자기 자신이 온 정력과 학문을 쏟아서 믿지 못하던 나사렛 사람 예수의 신성(神性)을, 바울이 전향했다는 한 마디를 듣는 순간에 긍정한 것이었다.
(또 한발 늦었구나!)
그 순간에 느낀 감정은 이것이었다.16)

그런 지 얼마 후, 전도여행 중이던 바울이 라울을 찾아와 만나고 떠난다. 딴 사람처럼 부드러우면서도 위엄 있는 모습으로 변한 바울을 보고 또 그로부터 다메섹으로 가는 길 위에서의 기적적인 체험을 듣고 나자 라울의 번민은 절정에 도달한다.

그는 바울의 증거를 듣는 순간부터 단 한 가지 생각만을 쫓고 있었다. 신은 왜 하필 사울같은 불성실한 그리고 전혀 엉뚱한 자에게 나타났느냐?
이 질문을 뒤집어 놓으면
신은 왜 나에게 주를 스스로의 힘으로 적어도 반(半)은 인식했던? 나에게 나타나지를 아니하였는가?
하는 문제였다.
(……) 아무런 노력도 없은 사울에게 그처럼 큰 은혜를 내린 것은 무엇 때문인가?17)

라울은 이러한 번민과 절망감으로 말미암아 광란 상태가 되어 다메섹으로 가는 길 위에 혼자 엎드린 채 숨이 끊어진다. 훗날 바울은 이러한 라울의 삶과 죽음에 대하여 「로마서」 9장 20절~21절에 나오는 유명한 옹기장이와

---

16) 위의 작품, p. 94.
17) 위의 작품, p. 98.

그릇의 비유18)를 인용하는 것으로 평가를 대신한다.

이상과 같은 줄거리로 되어 있는 「라울전」의 의미에 대한 해석은, 이 작품이 바로 기독교의 교리를 문제 삼은 것으로 보느냐, 아니면 이 작품에서 기독교의 세계란 단지 알레고리의 차원에서 하나의 방편으로 동원된 것에 불과하고 본질적인 의미를 갖지 않는 것이라고 보느냐에 따라 크게 달라질 수 있다. 필자의 생각으로는 이 두 가지 입장이 모두 가능하다고 여겨진다. 우선 후자의 입장이 가능하다는 것은 너무나 명백한 사실이어서 새삼 거론할 필요조차 없다. 그럼 전자의 경우는 어떤가? 만약 「라울전」에 나타난 기독교의 면모가 실제의 기독교로부터 동떨어진 것이라면 전자의 입장은 성립되기 어렵겠지만, 사정이 그 반대라면 전자의 입장도 얼마든지 가능할 것이다. 그런데 자세히 보면 「라울전」에 나타난 기독교의 면모는 결코 실제의 기독교로부터 벗어나 있는 것이 아니며, 그러니 만큼 전자의 입장에서 이 작품에 접근해 들어가는 것도 얼마든지 가능하고 의미 있다는 결론이 나온다. 필자는 이제부터 바로 이 전자의 입장에 서서 간략하게 논의를 전개해 보고자 한다.

전자의 입장에 서서 살펴볼 경우, 이 작품이 제기하고 있는 핵심적인 문제는, 어떤 사람은 신의 은총을 받고 어떤 사람은 받지 못하느냐 하는 것을 결정하는 기준이 인간의 이성으로 볼 때 좀처럼 납득하기 어렵다는 점이다. 어째서 신은 진지하고 경건한 라울과 같은 사람을 팽개치면서 진지하지도 않고 경건하지도 않은, 게다가 기독교도들을 박해하기까지 한 바울과 같은 자에게 은총을 내리는가?

「라울전」이 이러한 질문을 던지고 있는 것은, 얼핏 보기에는 기독교에 대하여 상당히 뼈아픈 공격을 행한 것이라고 판단될 수 있음 직하다. 그러나

---

18) 참고로 그 내용을 적어 보면 다음과 같다 : <그러나 사람이 무엇이기에 감히 하느님께 따지고 드는 것입니까? 만들어진 물건이 만든 사람한테 「왜 나를 이렇게 만들었소?」 하고 말할 수 있겠습니까? 옹기장이가 같은 진흙덩이를 가지고 하나는 귀하게 쓸 그릇을 만들고 하나는 천하게 쓸 그릇을 만들어 낼 권리가 없겠습니까?>

좀더 깊이 생각해 보면, 그러한 판단은 잘못임을 알게 된다. 공격당하는 자리에 놓인 신의 처지에서는, 그 같은 공격은 조금도 아픈 것이 아니기 때문이다. 이는 「목공 요셉」에서 시도된 예수 비판이 정작 예수 자신에게는 하나도 아픈 것이 아니었음과 동궤에 놓이는 현상이다. 「목공 요셉」의 경우 그 비판은 현세적 가족 중심주의를 부정하노라고 공공연히 선언한 바 있기 때문에, 그 비판은 아무런 실효를 거둘 수 없었다. 「라울전」의 경우도 그와 같다. 여기서 신에 대한 공격은 이성의 기준에 입각하여 행해지고 있는 셈이지만, 성서의 신은 애초부터 이성의 기준 따위를 존중해 본 적이 없는 타이프로, 그런 식의 공격에 의해 추호도 동요될 리가 없는 것이다.

신의 은총이 이성의 기준과 무관하다는 사실은 성서가 곳곳에서 말해주고 있는 바이다. 한 예로 「창세기」에 나오는 에서와 야곱의 경우를 보자. 순진하고 너그러운 에서에 비하면 야곱은 참으로 추악한 인물이다. 형이 허기져 있다는 약점을 악용하여 장자의 상속권을 빼앗은 것(25장 29절~34절)도 비난받을 행동이지만, 늙어서 눈이 먼 아버지를 교묘하게 속여 형에게 돌아갈 축복을 가로챈 것(27장)은 더욱 악랄한 짓이 아닐 수 없다. 요약하면 에서는 무고한 피해자요, 야곱은 교활한 가해자이다. 그럼에도 불구하고 신의 은총은 에서가 아닌 야곱에게 집중된다. 이것을 어떤 이성의 기준으로 정당화할 수 있겠는가?

이처럼 신의 은총이란 이성의 기준으로 설명할 수 없는 것이라면, 우리는 이 문제에 관하여 어떤 결론을 갖고 살아가야 할 것인가. 이 물음 앞에서 우리가 고려해 볼 수 있는 한 가지 답은 다음과 같은 바르트의 생각이다.

> 그들(택함을 받은 자들―인용자)의 선택의 근거는 오직 하나님에게 있을 뿐이다. 달리 말하여 그들의 선택은 하나님의 은혜에 근거하고 있으며 하나님에 의해 결정된 일이다. <하나님이 그의 자유 가운데에서 그것을 그렇게 결정하였다.> 따라서 그들의 예정은 하나의 수수께끼요 나아가서는 하나의 비밀이다.[19]

이러한 바르트의 견해는 결코 새롭거나 특이한 것이 아니다. 따지고 보면 그것은 바로 바울이 말한 옹기장이와 그릇의 비유를 좀더 논리적인 언어로 번역한 데 지나지 않는 것이다. 그렇다면 이러한 생각은 성서의 정신에 가장 충실한 태도라고 말할 수도 있으리라.

하지만 이러한 생각만이 가능한 유일의 것이 되어야 한다는 법은 없다. 상식적인 이성의 기준이 이 자리에서 무력할 수밖에 없다는 것은 일단 인정하면서도 신의 자의(恣意)에 모든 것을 맡겨 버리는 태도 역시 용납되기 어렵다고 생각하는 사람들이 있을 수 있으며, 그런 사람들에 의하여 제 3의 길이 모색될 수 있는 것이다. 에서와 야곱의 이야기에 대한 다음과 같은 해석이 그러한 모색의 예를 보여준다.

> 하느님은 곧 <인간의 삶의 깊이>에서 인간과 만나시는 분이었다. 에서의 삶의 자세는 바로 이 점에 있어서 결정적인 오류가 있었다. (……) 에서는 자기에게 주어진 <생>과 진지하게 부딪치지 않았다. (……) 야곱의 경우는 바로 이 점에 있어서 에서가 추종할 수 없는 점을 갖고 있었다. 그는 주어진 생을 진지하고도 성실하게 감당하며 살아가려고 몸부림치고 있는 생의 투사였다. (……) 야곱은 그의 얼룩진 인격에도 불구하고, 비전에 따라 살았던 사람, 생의 최고 가치를 추구하며 살았던 사람이라는 것을 성서가 증언하고 있다.[20]

이러한 견해에 따르면, 신의 은총은 결코 상식적인 이성의 기준에 따라서 주어지는 것도 아니지만, 그렇다 하여 신의 제멋대로의 변덕에 따라서 아무렇게나 주어지는 것도 아니다. 여기에는 이성의 기준도 변덕의 기준도 아닌 제 3의 기준이 있으니 그것은 바로 삶의 치열성이라는 기준이다. 그것은 상식적인 이성의 눈으로 볼 때에 가치 있는 것을 가치 없는 것으로 돌리고 악덕에 해당하는 것을 미덕으로 규정하는 경우가 비일비재하지만, 그것나름

---

19) 김균진, 『헤겔과 바르트』(대한기독교출판사, 1983), p. 334.
20) 김이곤, 『신의 약속은 파기될 수 없다』(한국신학연구소, 1970), pp. 152~153.

으로는 엄연한 원칙과 질서를 지니고 있는 것이다. 그리고 여기서 또 하나 덧붙여 말해 둬야 할 것은, 이러한 제 3의 기준을 이야기하는 입장도 역시 그것 나름으로 성서적인 근거를 갖고 있다는 사실이다.21)

그러면 지금까지 우리가 살펴본 두 개의 입장, 즉 신의 자유에 모든 것을 맡기는 입장과 삶의 치열성이라는 기준을 설정하는 입장은 서로 양립할 수 있는 것인가? 만약 양립할 수 있다면 그 구체적인 관련 양식은 어떤 것인가? 그리고 만약 양립할 수 없다면 우리는 그 두 가지 중 어느 편을 택해야 마땅할 것인가?

이러한 물음은 대단히 중요하고 흥미로운 것이지만 필자는 이 물음에 대하여 답할 만한 능력을 전연 갖지 못하고 있다.22) 그러니 만큼 여기서는 그러한 문제가 존재한다는 사실을 지적하는 것으로 그치고 다시 「라울전」으로 시선을 돌려 이 작품이 그 두 가지의 입장과 어떤 양상으로 만나는가를 검토해 보기로 하자.

「라울전」을 자세히 읽어 보면, 이 작품은 위의 두 가지 입장을 모두 만족시킬 수 있는 내용으로 되어 있음이 드러난다. 우선 신의 은총을 결정짓는 요인이 전적으로 신의 자유의사에 달려 있다는 입장을 가지고 이 소설을 읽어 보자. 그럴 경우, 이 입장의 정당성을 의심하게 할 만한 요소는 이 소설 속에 전혀 없다는 결론이 쉽게 나온다. 그러면 사람의 치열성이라는 기준을 가지고 읽어 볼 때에는 어떠한가? 그 경우에도 결론은 마찬가지이다. 라울의 경우, 그는 도대체 너무나 우유부단했고, 자신의 모든 것을 던져 구원의 문제를 추구하는 적극성과 치열성을 갖지 못했다. 예수를 만나야겠다는 생각을 품었다면, 모든 것을 제쳐놓고 그 당장에 예루살렘으로 뛰어갔어야 옳았는데, 그는 그러지를 못한 것이다. 또 그가 예수에 대해 긍정적인 관심을 갖게 된 원인이 계보학적인 연구의 결과였다는 것도 그의 학자적인 성품에

---

21) 앞의 책 pp. 151~154에 그 성서적 근거들의 예가 언급되어 있다.
22) 이 문제의 요점은 H. 힉, 『종교철학개론』(황필호 역편, 종로서적, 1980), pp. 36~37에 잘 정리되어 있다.

어울리는 일이었을지는 모르되 기독교적인 의미에서의 구원에 합당한 인간의 이미지와는 거리가 멀었다. 그러면 바울은 어떠하였는가. 그에 대해서는 이 작품 속에 충분한 정보가 나타나 있지 않다. 이 작품은 어디까지나 라울의 시점에서 씌어진 것이니까 당연한 일이다. 하지만 그 빈약한 정보를 통해서도 우리는 그가 좋은 방향에서든 나쁜 방향에서든 라울보다 훨씬 적극적이고 치열한 삶을 살아간 인물이라는 것만은 분명하게 확인할 수 있다. 그리고 그 정도만으로도 우리가 문제 삼고 있는 두 번째의 입장을 만족시키기에는 충분한 것이다.

이렇게 보아 온다면, 라울을 버리고 바울을 선택한 신의 결정은 신의 자유의지라는 기준에서 볼 때에도 정당한 것이고, 삶의 치열성이라는 기준에서 볼 때에도 정당한 것이라는 결론이 도출된다. 그것이 부당한 처사로 보이는 경우란 라울 자신이 기대고 있는 상식적인 이성의 기준에 따를 경우밖에 없는 것이다. 그렇다면 이 작품이 기독교의 신에 대한 공격으로서 별다른 의미를 가질 수 없다고 한 앞서의 진술은 여기에 이르러 한층 더 분명한 근거를 확보하게 된 셈이다.

3

지금까지 필자는 김동리의 「목공 요셉」과 최인훈의 「라울전」을 기독교와의 관련이라는 측면에서 검토해 보았다. 그 결과 이 두 작품은 얼핏 보기에는 기독교에 대한 비판을 시도한 것으로 읽힐 가능성도 있지만 좀더 자세히 살펴보면 그러한 방향에서 의미 있는 성과를 낳았다고 평가하기는 어려우며 오히려 그 자체로서 기독교의 중요한 특징들을 선명하게 드러내는 데 기여하는 결과에 도달하였다고 보아야 마땅함을 알게 되었다. 이러한 점에서 이 두 작품은 지극히 피상적인 차원에서 기독교 정신을 말하고 있는 많은 선교용 작품보다도 더 크고 무거운 가치를 기독교에 대하여 지니는 것으로 생각된다.

우리는 정신사적 차원에서의 갈등과 대결이 생산적인 결과에 도달한 좋은 예를 여기서 찾아볼 수 있다. (1990)

최병헌의 『셩산명경』에 대한 고찰

1. 머리말

한국 현대소설에 나타난 기독교의 수용 양상을 고찰하고자 할 때, 우리는 필수적으로 탁사(濯斯) 최병헌(崔炳憲)에게까지 거슬러 올라가야 한다. 1858년에 태어나 1927년에 세상을 떠난 최병헌은 유동식이 한국 개신교 신학의 개척을 담당한 세 명의 거두로 지목한 사람들(최병헌, 양주삼, 송창근) 가운데 한 명이며[1] 그 중에서도 가장 연장자 혹은 선배에 해당한다. 처음에 성실한 유학자로 출발했던 그는 1880년에 처음 기독교를 알게 되고 1888년에 아펜젤러를 만남으로써 획기적인 생의 전환점을 맞이한 후 한국 기독교계의 초창기 지도자로서 아주 적극적인 활동을 보여준다. 그 중에서도 특히 중요한 것은 성서번역위원회의 위원으로 봉사한 일과 최초의 한국인 정식 설교목사로서 정동 감리교회를 12년간(1902년에서 1914년까지) 이끌어 간 일, 그리고 다수의 글들을 통하여 기독교의 전파에 힘쓴 일이라고 할 수 있거니와, 소설 연구자의 입장에서 보면, 1912년에 조선야소교서회에서 출간한 『셩산명경』이 그 많은 글들 가운데서도 단연 독보적인 위치를 차지한다고 할 수 있다. 왜냐하면 그의 다른 산문들이 대부분 논설문임에 비하여

---

[1] 유동식, 『한국신학의 광맥』(전망사, 1982), p. 71.

이 작품 『셩산명경』만은 어느 정도 논설의 성격을 내포한 가운데서도 엄연히 허구적인 작품으로서의 면모를 지니고 있기 때문이다.

그런데, 연보가 말해 주고 있는 바에 따르면, 『셩산명경』은 본래 「셩산유람긔」라는 제목으로 『신학월보』에 연재(1907)했던 것을 합방 후 단행본으로 낸 것이라 한다. 그렇다면 정신사적인 측면에서 볼 때 이 작품의 존재와 성격이 논의될 수 있는 범위는 구한말에서 일제초까지에 걸친다고 할 수 있는 셈이다. 그러면 이 정도의 기초적인 지식을 가지고 『셩산명경』에 좀더 가깝게 접근해 보기로 하자.

2. 『셩산명경』의 문학적 성격

『셩산명경』은 범박한 장르론의 관점에서 말하자면 일단 서사양식의 작품으로 규정될 수 있으며, 그 가운데 소설의 범주에 넣어도 무방할 것이다. 그러나 조금 더 엄밀하게 따지자면, 그것은 바로 전형적인 몽유록계의 작품에 해당한다. 그 점은 작품의 말미에 분명하게 밝혀져 있다.

> 탁ᄉ주ㅣ(……)흔번은 츄풍秋風이 소슬簫瑟ᄒ고 셩월星月이 교결皎潔ᄒ더 락엽落葉이 분분紛紛ᄒ거눌 쳥등靑燈 셔옥書屋에 칙샹을 의지ᄒ야 신약셩경을 잠심 완식潛心 玩索ᄒ더니 홀연히 심혼心魂이 표탕飄蕩ᄒ야 흔곳에 니ᄅ매 그산일흠은 셩산이오 그 충더일흠은 령더라 그것에서 네사롬을 맛나셔 슈작홈을 듯고 깃버ᄒ다가 오경텬五更天 찬바람에 황계셩黃鷄聲이 악악幄幄ᄒ거눌 놀나 니러나니 일쟝 몽죠가 ᄀ쟝 이샹ᄒ지라(……)2)

위의 인용에서 보다시피, 『셩산명경』은 작가 자신이 꿈 속에서 목격한

---

2) 김윤식 외 3인 공편, 『신소설·번안(역)소설』 제 4권(아세아문화사, 1978), pp. 127~128. 원서에서의 면수는 pp. 79~80. 앞으로 이 작품에서의 인용은 『셩산명경』이라는 제목 아래 원서에서의 면수만 표시할 것임.

사실을 기술한 형태로 되어 있다. 이처럼 『셩산명경』이 몽유록의 형태를 취하고 있는 것은 그 당시에 <꿈에서의 가정을 통해서 불만 해결의 길을 찾는 몽유록을 재현해 비판적인 발언의 기회를 확대하고자 하는 움직임이 있어, 여러 작품이 이어서 나왔>3)던 사실과도 무관하지 않겠지만, 그보다는 버년의 『텬로력뎡』에서 받은 영향이 더 크리라는 추정도 해볼 수 있다. 『텬로력뎡』의 번역이 이미 1895년에 이루어졌다4)는 사실을 감안하면 위와 같은 추정은 충분히 가능하다.

그런데 이 작품은 앞에서도 이미 지적했듯 분명 허구적인 작품으로서의 성격을 지니면서도 또 한편으로는 논설의 성격을 일정 정도 내포하고 있다. 즉 최병헌 자신이 생각하는 바와 같은 내용의 기독교를 독자들에게 설명하고 납득시키기 위한 일종의 설교가 노골적으로 작품의 문면에 나타나고 있으며, 설교를 제외한 부분에서도 구체적인 사건의 전개보다는 차라리 토론의 성격을 지닌 문장들이 적지않은 비중을 차지하고 있는 것이다. 그런 점에서 이 작품은 프라이의 분류에 따르면 아나토미의 성격이 강한 것5)이라고 볼 수 있으며, 또 한편으로는 <허구적인 것>과 <주체적인 것> 사이의 스펙트럼에서 다분히 후자 쪽에 치우친 것6)이라고 할 수 있으리라. 그리고 쉬로더의 이론틀에 의거한다면 철학적인 강담7)의 개념을 여기서 떠올릴 수 있다.

기왕에 이 작품을 연구한 논자들이 이 작품에 대해 <문학적 효과면에서는 좋은 평가를 얻을 수 없을 것 같다>8)라든가 <종교문학으로서 깊은 예술적 감동을 주는 수준에까지는 이르지 못하고 있다>9)라는 식의 다분히 소극적인

---

3) 조동일, 『한국문학통사』제 4권(지식산업사, 1986), p. 314.
4) 김병철, 『한국근대번역문학사연구』(을유문화사, 1975), p. 153.
5) Northrop Frye, *Anatomy of Criticism*(Princeton : Princeton Univ. Press, 1957), p. 311.
6) 앞의 책, p. 53.
7) Maurice Z. Shroder, 「The Novel as a Genre」, *The Theory of the Novel*, ed. Philip Stevick(New York : The Free Press, 1967), pp. 20~21.
8) 조신권, 『한국문학과 기독교 1』(연세대학교 출판부, 1983), p. 239.
9) 이민자, 『개화기 문학과 기독교사상 연구』(집문당, 1989), p. 158.

평가에로 기울었던 것은 바로 이상과 같은 사정과 무관하지 않을 듯하다. 그러나 이 작품이 쓰여진 시기, 그리고 작자가 이 작품을 창작한 목적 등을 감안하면, 위와 같은 소극적 평가는 아무래도 일면적임을 인정해야 할 것이다.

3. 『셩산명경』과 기독교 사상

그러면 이제부터는 본 논문의 핵심에로 들어가서, 이 작품에 나타난 최병헌의 기독교 사상과 관련하여 생각해 볼 만한 문제들을 몇 가지 검토해 보기로 하자.

우선 무엇보다도 먼저 지적하여야 할 사실은, 새로운 종교를 전파하고자 하는 작가의 패기와 열정이 이 작품 전편을 통해 강하게 느껴진다는 점이다. 이는 예를 들면 작가가 유교의 대표인 진도, 불교의 대표인 원각, 도교의 대표인 빅운 등을 모두 중년 이상의 연령층으로 설정한 반면 기독교의 대표인 신텬옹만은 <일위쇼년>[10]으로 설정해 놓고 끝내는 그의 압도적인 승리로 이야기를 마무리지은 점에서도 뚜렷이 엿보이거니와, 두 번째 장을 시작하는 자리에서 신텬옹이 보여주는 적극적 태도 역시 그 점을 분명히 읽게 한다.

> 그 잇흔눌 아침에 신텬옹이 일즉니러나 싱각ᄒ되 어젹게 셩산에서 맛나든 사ᄅᆞᆷ들이 ᄌᆞ픔도 쥰수ᄒ고 총명도 졀등ᄒ나 모양을보건대 ᄒ나도 ᄒ나님의 은혜를 모로ᄂᆞᆫ 사ᄅᆞᆷ이라 엇지 탄식홀일이 아니리오 내가 아못조록 권면ᄒ야 구셰쥬를 밋게ᄒ리라 이에 업다려 하ᄂᆞ님ᄭᅴ 긔도하고 조반을 맛친후에 즉시 령디를 차져가니 ᄒᆞᆫ사ᄅᆞᆷ도 온이가 업ᄂᆞᆫ지라[11]

위의 인용에서 엿보이는 신텬옹의 패기는 방금 말한 대로 작가인 최병헌

---

10) 『셩산명경』, p. 5.
11) 위의 작품, p. 8.

자신의 패기와 열정을 그대로 반영하는 것이지만, 이와 아울러, 우리는 팽창하고 있는 서구 열강의 힘이 그 밑바탕에 깔려 있다는 사실도 간과할 수 없다. 이 점은 작품의 결미 가까운 곳에 이르러 신텬옹이 <영국녀황 빅도리아> <화성돈> <가부이> <마지니> <비스막> <모긔쟝군> <내리숀> 등 수다한 근대 서구 영웅들의 이름을 들어 가며 기독교의 위세가 거기에 결부되어 있음을 강조하는 대목12)에서 생생하게 드러난다.

어쨌든 작가는 이처럼 만만한 패기와 자신감을 가지고 그의 대변자격인 신텬옹을 내세워 진도, 원각, 빅운 등과 맞싸우게 하고 더 나아가 그들 모두를 격파케 함으로써 기독교의 최종적인 승리를 부각시킨다. 그러면 구체적으로 그 싸움의 전개 양상은 어떠한가? 차례로 보아 나가기로 하자.

(1)진도와의 논쟁—유교와의 대결

『셩산명경』의 작자인 최병헌은 기독교에 귀의하기 전까지는 성실한 유교인으로 시종해 왔었다. 그리고 『셩산명경』이 씌어진 당시의 시점에서 볼 때, 이념적인 차원에서나 현실적인 세력의 차원에서나 기독교에 맞설 만한 최대의 적수는 역시 무어니 해도 유교였을 수밖에 없다.

이상과 같은 두 가지 사실을 고려할 때, 『셩산명경』에 나타난 논쟁 가운데 기독교와 유교 사이의 그것이 가장 날카로운 면모를 가지고 있다는 것, 즉 작자가 자신의 가장 분명한 적수로서 유교를 의식하고 있었음이 곳곳에서 엿보인다는 것은 당연한 사실이라고 할 수 있다. 그 당연한 사실 가운데 몇 가지만 열거해 보면 그것은 다음과 같다.

첫째, 이 작품에서 가장 먼저 등장하는 인물이 유교의 대표자인 진도이다. 등장인물들이 소개되는 대목을 보면 흡사 그가 이 작품의 주인공인 것처럼 느껴질 정도다.

둘째, 신텬옹과 제일 먼저 논쟁을 벌이게 되는 사람도 이 진도이다.

---

12) 위의 작품, pp. 77~78.

셋째, 이 자리에 모인 네 사람 중 진도의 성격이 가장 오만하고 협량하다. 그 증거는 그가 최초의 논쟁에서 신텬옹에게 패하자 <쇼년의계 어굴홈을 분히 녁여 (……) 동즈를 분부ᄒ야 힝리를 슈습케ᄒ거늘>13)이라는 대목에서 보듯 아예 자리를 떠나려는 태도를 드러내는데, 원각이나 빅운의 경우에는 아무리 입맛 쓴 패배를 당한 경우에도 이런 일이 없었다는 데서 알 수 있다.

넷째, 둘째 날의 모임에서 진도가 가장 늦게 등장한다. 그럼으로써 그를 제외한 나머지 세 사람이 <피츠슈작ᄒ며 진선싱의 아니옴을 흔탄>14)할 기회를 준다.

다섯째, 둘째 날의 논쟁도 신텬옹과 진도 사이에서 제일 먼저 일어난다.

여섯째, 진도는 이처럼 신텬옹과 논쟁을 벌이는 데는 항상 남보다 앞섰으면서도, 신텬옹의 논리에 굴복하고 기독교를 믿기로 결심하는 데에는 가장 뒤진다. 즉 원각과 빅운이 이미 마음을 굳힌 지 한참 후에야 마지못해 따라오는 것이다.

이상에 열거한 몇 가지 사례에서 보듯이, 최병헌은 유교를 가장 완고하고 까다로우면서도 또한 다른 무엇보다 앞서서 상대해야 할 적수로 의식하고 있었음을 알 수 있다. 그러면 그는 구체적으로 유교와의 투쟁을 전개함에 있어서 어떤 방법을 사용하는가?

이 물음에 대한 답은, 한마디로 말하자면, <적의 무기를 이용하여 적을 퇴치하는 법>이라고 불러 무방할 듯하다. 예를 들면 신텬옹은 진도가 <츈쇼고단일고긔春宵苦短日高起>니 <죡용즁足容重>이니 하는 문구를 인용하며 잘난 척하자 바로 그 문구의 뜻을 정확하게 지적하여 설명함으로써 상대방의 기를 꺾어 놓는다.15) 또 공자에 대한 비판을 전개함에 있어서도 바로 『논어』에 나오는 유비(柳比)에 얽힌 고사나 양화(陽貨)와 관련된 고사를 인용함으로써 그 작업을 수행한다.16) 그런가 하면 기독교에서 말하는 천당과

---

13) 위의 작품, p. 7.
14) 위의 작품, pp. 8~9.
15) 위의 작품, p. 9.

지옥의 타당성을 논증하고자 할 때에도 바로 다음과 같은 유가의 논리를
원용한다.

> 유셔로 말숨홀지라도 삼후지텬三后在天이라ㅎ고 문왕쳑강文王陟降이
> 지뎨좌우在帝左右라 ㅎ엿스니 문왕의 덕힝이 놉ㅎ샤 그 령혼의 쳑강ㅎ심
> 이 샹뎨좌우에 계시다 홈이라 샹뎨 계신곳시 엇지 텬당이 아니오며 결쥬桀
> 紂 ㄱ혼 님군의 령혼이 샹뎨좌우에 쳑강ㅎ다홈은 업스오니 악흔쟈가 텬당
> 에 가지못홈은 가이 알거시오 쏘흔 텬당이 잇는줄 밋으면 디옥이 잇는 거슨
> 쳑연이 알거시라17)

> 신텬옹이 쏘 굴ㅇ디 진션싱은 종시씨돗지 못ㅎ나잇가 스마군실의말에굴
> ㅇ디 텬당은 착혼사룸을 위ㅎ야셜시흔 거시오 디옥은 악흔사룸을 인ㅎ여
> 셜립흔 곳시라 ㅎ엿시니 스마온공은 유도를 힝ㅎ는 션비로되 당옥이 잇는
> 거슬짐쟉ㅎ엿거놀 진션싱의 고명ㅎ심으로 엇지 의심ㅎ시나닛가18)

(2)원각과의 논쟁—불교와의 대결

신텬옹이 진도와 벌인 논쟁에 비하면 불교계의 대표라고 할 수 있는 원각
과의 사이에서 벌어지는 논쟁은 훨씬 그 치열성이 덜하며 거의 신텬옹의
일방적인 공격처럼 되어 있다. 그러나 우리는 이러한 외관상의 특징만을
가지고 문제의 본질을 재단할 수는 없을 것이다. 왜냐하면 신텬옹이 논쟁의
대상으로 삼은 세 개의 종교 가운데서 가장 높고 정치한 교리를 갖추고
있는 것은 불교임에 이론의 여지가 없으며, 그러니 만큼 이 작품 속에서
원각이 신텬옹의 공격에 변변한 대응을 하지 못하고 만다고 하여 그것이
곧 불교 자체의 취약함을 드러낸다고는 절대로 볼 수 없을 것이기 때문이다.
물론 이러한 사정은 진도나 빅운의 경우에도 마찬가지이지만 종교 자체의

---

16) 위의 작품, pp. 19~21.
17) 위의 작품, p. 25.
18) 위의 작품, p. 26.

위대성과 이 작품 속에 나타난 모습 사이의 격차는 불교의 경우가 가장 현저하기 때문에 우리는 이 점을 특별히 여기서 강조하지 않을 수 없는 것이다.

그러면 신텬옹은 구체적으로 어떠한 점에서 불교를 비판하는가? 그 내용은 여러 가지가 있으나, 필자가 보기에 가장 중요한 것은 둘로 요약된다. 그 첫째는 불교에는 우주창조의 이론이 없다는 것이요, 그 둘째는 불교에서 말하는 만물평등의 사상보다 기독교에서 말하는 인간우월사상이 더 진실하다는 것이다. 그런데 이 두 가지 논리는 모두 상당한 논란의 소지를 안고 있는 것이어서 섣불리 신텬옹의 일방적인 승리로 결론지을 성질의 것이 아니다. 그리고 이 밖에 세 번째의 논리로서 제시되고 있는 것은 다음에서 보듯 석가보다 예수 쪽이 더 강한 기적을 보일 능력을 가졌다는 점인데 이는 마치 마술의 경쟁을 시도하는 듯하여 다소 우스꽝스러운 느낌을 주는 게 사실이다.

> 원각이텽파에 놀나굴ㅇ디 (……) 셕가셰존은 죽엇다ᄒᆞ나 관棺속에서 발굼치를 드러 죽지안님을 보이셧고 부쳐님 미간에 흰털이잇셔 옥호금광玉毫金光이 동방 일만팔천 세계에 빗최앗시며 십홀방장十笏方丈에 오쳔ᄉᆞ쟈獅子의 자리를 베푸럿고 코구멍에 능히 수미須彌산을 감초왓다 ᄒᆞ엿스니 사롬이 부쳐가 되지 못홈으로 도슐을 힝치못홈이라 부쳐님 엇지 권능이 업스릿가 신텬옹이 굴ㅇ디 대소의 말솜을 드르니 가위 굉장허무轟莊虛無ᄒᆞ도다 (……) 우리쥬 예수끠셔는 코구멍에 능히 슈미산을 감초ᄂᆞ거슨 고샤ᄒᆞ고 ᄒᆞᆫ마디 말솜으로 능히 이 셰샹을 창조ᄒᆞ셧스니 그권능이 족히 ᄒᆞᆫ마디 셰샹으로 셰계를 업서지게 홀수도 잇ᄂᆞᆫ지라19)

그리고 신텬옹과 원각과의 논쟁을 보면서 우리가 또 한 가지 지적하여야 할 것은 앞에서 이미 언급한 바와 같이 신텬옹이 유교의 논리를 가지고

---

19) 위의 작품, pp. 32~34. 여기서 마지막의 <ᄒᆞᆫ마디 셰샹으로>는 <ᄒᆞᆫ마디 말솜으로>로 고쳐 읽어야 옳을 듯하다.

불교를 비판하는 예를 여럿 볼 수 있다는 점이다. 이를테면 다음과 같은 식이다.

> 사룸마다 부모가 잇슨후에 부정모혈父精母血노 육신이 싱겻스니 싱육 ᄒ신 은혜가 한량 업는지라 불가불 효경ᄒ고 봉양ᄒ야 ᄌ식의 직분을 다 홀 것시오 형뎨는 훈부모의 혈육을밧아 동긔지인이라 불가불 우이홀 거시오 (……) 이거슨 닐온바 오륜삼가에도오 고금텬디에 쎗쎗훈 리치라 불교가 비록 크다ᄒ나 삼강 오샹지도를 능히 힝치못ᄒᄂ니 엇지족히 대도라칭ᄒ리오20)

> 오륜삼강에 도리를 극진히 힝ᄒ고 슈신제가修身齊家와 치국평텬하治國平天下에 ᄉ업을 다 ᄒ며 릭싱來生의 령혼ᄭ지 구원ᄒ야 텬당복디에 무궁훈 영화를 밧는거시 사룸의 당연훈 직분이라 그러나 불교를 존숭ᄒ는 무리들은 그러치 아니ᄒ야 부모쳐ᄌ와 형뎨ᄌ민와 군신샹하를 일제히 거절ᄒ야 헌신ᄀ치 ᄇ리고21)

위에 인용된 구절들을 자세히 음미해 보면, 그것은 흡사 유가들의 불교 비판을 그대로 차용해 오면서 거기에 단지 천당·지옥의 사상만을 덧붙인 듯한 느낌을 받는다. 이것은 기본적으로 최병헌이 가진 유가로서의 바탕을 생생하게 드러낸 것이요, 또한 기독교의 이념이 최병헌처럼 근본이 유가였던 사람에게 널리 수용될 수 있었던 비밀을 이야기해 주는 것이기도 하리라. 그러나 위에 인용된 구절들이 과연 기독교 사상의 진수를 얼마만큼 정확하게 살리고 있는가는 상당히 의문스럽다고 하지 않을 수 없다.22)

---

20) 위의 작품, pp. 34~35.
21) 위의 작품, pp. 37~38.
22) 예컨대 성서에 나오는 <나는 아들은 아버지와 맞서고 딸은 어머니와, 며느리는 시어머니와 서로 맞서게 하려고 왔다. 집안 식구가 바로 자기 원수다>(「마태복음」 10장 35절-36절)라는 구절과 위의 인용문에 담겨 있는 철저히 유교적인 가족지상주의를 어떻게 조화시킬 수 있을까?

(3) 빅운과의 논쟁―도교와의 대결

주지하다시피 노장사상과 도교는 흔히 서로 혼동되어 논의되곤 하지만 그 깊은 본질의 차원까지 내려가서 생각해 보면 상당히 엄밀한 구별을 필요로 하는 것이다. 홈스 웰치에 의하면 도교는 <네 갈래 지류가 합쳐진 강>[23]으로 생각되어야 옳다. 그 네 지류란 <철학, 봉래, 연단술, 양생들>[24]이다. 이들 네 가지 가운데 <어느 것도 어떤 다른 것보다 크지 않아서 어떤 지류가 참된 원류라고 생각할 수 없다.>[25] 그러니 만큼 노장사상과 도교를 동일시하여 논쟁을 벌인다는 것은 처음부터 큰 오류를 범하는 일이 된다. 최병헌은 『성산명경』에서 다행히 이러한 오류에 빠지지 않고 그 양자를 잘 분간하여 논의를 전개하고 있다.

최병헌이 그의 대변자격인 신텬옹을 통하여 설파하고 있는 바에 따르면, 노자의 사상 자체는 기독교의 근본정신과 거의 완전히 합치한다.

> 선도를 존슝ᄒᆞ는쟈 흥샹로빅양으로 스승을 삼나니 그가 져술흔 도덕경에 굴ᄋᆞ디 텬도는 친홈이 업서 흥샹 션흔 사룸을 친흔다 ᄒᆞ엿스니 일노좃차 보건더 로즈의 셩인으로도 현묘흔 리치를 말슴ᄒᆞ면 흥샹하ᄂᆞ님의 도를칭도 ᄒᆞ지라[26]

노자의 사상을 기독교에 갖다 붙이는 이러한 태도는 노장사상에 충실한 입장에서 보자면 다분히 아전인수의 감이 있는 것으로서 별다른 설득력을 가질 수 없으리라고 판단되지만, 본래 유가의 선비로 출발했고 나중엔 기독교에 귀의한 최병헌이 이처럼 노자의 사상에 대해 나름대로 존중하는 생각을 가지고 있었다는 사실 자체만은 의미 있는 것으로 간주되어 무방하리라 여겨

---

23) 홈스 웰치, 『노자와 도교』(윤찬원 역, 서광사, 1988), p. 134.
24) 앞의 책, p. 142.
25) 주 23)과 같음.
26) 『성산명경』, p. 48.

진다.

그러나 노자의 사상 자체에 대해 이처럼 긍정적인 평가를 내리고 있는 최병헌도, 웰치가 말하는 다른 세 개의 지류를 추가시켜 <이윽고 유·불 두 교에 견주는 종교로서 성장>[27]한 통속적 내지 민간신앙적 의미에서의 도교에 대해서는 신텬옹의 입을 통하여 맹렬한 비판을 가하고 있다. 그에 따르면 신선이나 장생불사니 동방삭의 고사니 하는 그 모든 얘기들은 한 마디로 <춤 어리석은 말>[28]이요 <도모지 허탄흔 말>[29]로서 길게 논의할 가치조차 없는 것이다. 이러한 신텬옹의 주장은 그가 겨냥하고 있는 도교신앙의 통속적인 형태 자체를 염두에 둘 때에는 충분히 수긍할 수 있는 것이나 그 밑바닥에 흐르는 민간정신의 본질을 고려할 때에는 좀더 신중한 성찰을 필요로 하는 것이 아닐까 싶다.

어쨌든 신텬옹은 이상에서 보아 온 바와 같은 양상으로 진도·원각·빅운 모두를 설복하는 데 성공하며, 동시에 자신이 생각하는 신앙관 및 인간관을 상세히 설명한다. 그리하여 이 작품은 아래와 같이 신텬옹의 최종적인 승리를 확인한 후 저자인 최병헌 자신이 전면에 나아오면서 끝난다.

> 신텬옹이 더옥 깃버ᄒ야 이에 네사롬이 곳 그ᄌ리에 업디여 흠끠 긔도ᄒ
> 고 다 구셰쥬의 신도가되엿다 ᄒ니 실노 셩신의 도으심이러라[30]

4. 남는 문제들 및 결론

지금까지 필자는 1912년에 출간된 최병헌의 『셩산명경』을 대상으로 그

---

27) 황병국 편저, 『노장사상과 중국의 종교』(문조사, 1987), p. 131.
28) 『셩산명경』, p. 46.
29) 위의 작품, p. 48.
30) 위의 작품, p. 79.

문학적 성격 및 사상적 내용을 조명해 보았다. 최병헌이 구한말-일제초의 우리 사상사 및 문화사 속에서 차지하고 있는 지위를 생각할 때, 그리고 그의 대표적인 허구적 창작물이 바로 이『셩산명경』임을 생각할 때, 본 논문에서 시도한 작업은 종교적인 입장의 여하를 떠나서 판단하더라도 충분한 의의를 인정받을 수 있으리라고 여겨진다.

그런데 모든 사상적·문학적 저작물은 그 평가에 있어서 이중적인 기준이 적용되는 것을 피할 수 없다. 그 이중적 기준 가운데 첫째는 그 작품이 발표되었을 당시의 지식 수준 혹은 시대 조류요, 둘째는 평가가 자신이 속해 있는 시기의 지식 수준 혹은 시대 조류이다. 작품이 처음 발표된 시기와 평가자가 평가를 시도하는 시기 사이에 상당한 거리가 있을 경우, 그 두 시기의 지식 수준 및 시대 조류에는 역시 상당한 거리가 생기는 경우가 보통이기 때문에, 평가에 적용되는 두 개의 기준도 자연 서로 어긋나는 양상을 보이기 쉽다. 경우에 따라서는 최초에 받은 평가보다 후일에 받는 평가가 더 높아지는 수도 있고, 더 낮아지는 수도 있으며, 평가의 높이 자체에는 대차가 없되 그 구체적인 내포는 상당히 달라지는 수도 있다. 아무튼 발표 당시에 존재한 기준이 전혀 변동 없이 최초의 상태를 그대로 후일까지 유지하기는 어려울 것이다.

그런데 여기서 한 가지 주의할 것은, 대개의 경우 평가자 자신이 속해 있는 시기의 지식 수준 혹은 시대 조류에 입각한 평가를 강조하기 쉽고 또 그것이 자연스럽지만, 결코 그것을 지나치게 강조해서는 안 된다는 점이다. 평가자 자신이 속해 있는 시기의 지식 수준이나 시대 조류라는 것도 절대적인 것은 아니며 어디까지나 상대적이고 가변적인 것이기 때문이다.

그러면 이러한 일반론을 가지고『셩산명경』을 조명해 볼 경우, 어떤 결론이 나올까?「셩산유람긔」가 연재된 것이 1907년이고『셩산명경』이 출간된 것이 1912년이라는 사실을 감안하면, 이 작품과 현대의 연구자 사이에 놓여 있는 시간적 거리란 결코 짧은 것이 아님을 알 수 있다. 그리고 작품의 평가에 작용하는 지식 수준이나 시대 조류에 있어서의 거리도 역시 결코 만만치 않을 것임이 곧 미루어 짐작된다.

여기서 우선 작품의 문학적 의의에 대한 평가라는 문제부터 따져 보자. 이 문제에 대해서는 사실 본 논문의 제 2장 말미에서 조신권・이민자 두 사람의 결론을 인용함으로써 객관적인 사정의 일단을 드러낸 바 있다. 그 인용에서 본 바와 같이 두 사람의 결론은 모두 소극적인 성격의 것이었는데, 필자도 이에 대해 <위와 같은 소극적 평가는 아무래도 일면적임을 인정해야 할 것이다>라고 말함으로써 방금 말한 이중적 기준의 문제를 제기했을 뿐 그 평가 자체에 대하여 이의를 달지는 않았던 것이다.

한편 논의의 초점을 작품의 사상적 의미에 대한 것으로 이동시켜 살펴보더라도, 오늘의 시각에서 따지자면, 『셩산명경』에서는 사실 많은 문제점이 발견된다. 최병헌이 불교보다 기독교 쪽이 우월하다는 근거로 내세운 우주창조론의 측면과 인간우월사상의 측면이 모두 간단하지 않은 문제를 함축하고 있다는 사실은 이미 앞에서 지적한 바이어니와 이 밖에도 여러 가지 문제점이 지적될 수 있을 것이다. 특히 큰 논란을 일으킬 만한 대목을 두 군데만 인용해 보자.

> 셩즈예수씌셔 (……) 승텬ᄒᆞ샤 하ᄂᆞ님우편에 안즈계시다가 이셰샹말일에 무수한 텬ᄉᆞ를 거ᄂᆞ리시고 직림再臨ᄒᆞ샤 만국만민에 션악을 심판審判ᄒᆞ시되 악ᄒᆞ쟈는 디옥 불멸지화不滅之火에 던지시고 션ᄒᆞ쟈는 텬당락원樂園으로 보내샤 무궁ᄒᆞᆫ 쾌락을 밧게 ᄒᆞ실지라31)

> 빅운이 쪼무ᄅᆞ더 사롭마다 텬국에 드러가기는 다툐화 ᄒᆞ려니와 엇지ᄒᆞ야 예수만 밋으라ᄒᆞᄂᆞ뇨 신텬옹이 답왈 (……) 반ᄃᆞ시 예수를 밋어야 텬부압해 올나갈지라32)

---

31) 위의 작품, p. 40.
32) 위의 작품, pp. 74~75.

위에 인용된 두 개의 구절은 최병헌에게는 지극히 당연하여 의문의 여지가 없는 것처럼 생각되었으리라. 그리고 그로부터 약 80년이 지난 지금에도 위의 인용문에 나타난 바와 같은 신앙을 가진 기독교인이 적지 않음을 우리는 알고 있다. 그러나 비기독교인의 입장에 서는 사람은 물론이려니와, 기독교인의 입장에 서는 사람의 경우에조차도, 그가 오늘의 지식 수준 혹은 시대 조류를 조금이라도 충실히 호흡하는 자리에 서 있다면, 위의 인용문에 나타난 사상에 그대로 동의할 수는 도저히 없을 것이다.[33]

이러한 사실은 우리로 하여금 문학 및 사상이 운명적으로 갖는 상대성 및 가변성을 다시 한번 깊이 성찰하도록 하며, 앞에서 말한 이중적 기준의 문제에로 다시 우리를 이끄는 인자로 작용한다. 그러나 이런 모든 사실에도 불구하고 한 가지 확실하게 말할 수 있는 것은, 우리가 구한말-일체초의 기독교 수용양상을 연구할 때—그 중에서도 특히 소설 장르의 경우를 중심으로 삼아 연구할 때—최병헌의 『성산명경』은 가장 중요한 텍스트로 살아 남으리라는 사실이다.   (1990)

---

[33] 첫 번째로 인용된 구절의 문제점에 대해서는 루돌프 불트만의 각종 저작과 그 비판서들을, 그리고 두 번째로 인용된 구절의 문제점에 대해서는 송천성(宋泉盛)의 『대자대비하신 하나님』(이덕주 역, 분도출판사, 1985)과 폴 니터의 『오직 예수 이름만으로만?』(변선환 역, 한국신학연구소, 1986)을 주로 참조할 것.

신의 침묵에 대한 질문
―『침묵』과『조선백자마리아상』

1

  16세기에서 17세기에 걸친 시기, 포르투갈에 페레이라라는 위대한 신부가 있었다. 그는 한 때 신학생들을 가르치는 교수로 봉직한 바도 있는데, 당연히 학생들로부터 깊은 존경을 받았다. 그런 그가 일본에 복음을 전파한다는 사명을 띠고 파견된다. 그가 파견되어 간 후 상당한 세월이 흘렀을 때, 실로 놀라운 소식이 전해진다. 그가 일본 관헌의 혹독한 고문에 못 이겨 배교(背敎)를 맹세하고 말았다는 것이다. 이 사실을 전해 듣고 형언할 수 없는 충격을 받은 사람들 가운데, 옛날 페레이라로부터 직접 가르침을 받았던 로드리고라는 젊은 신부가 있었다. 그는 상급자들의 만류를 무릅쓰고 갖은 어려움을 겪으면서 일본으로 몰래 들어간다. 그에게는 페레이라를 대신하여 일본에 복음을 전파하는 일이 하나의 거룩한 사명으로 생각된 것이다. 그는 일본 땅에 발을 디디는 순간부터 온갖 고난을 겪고 심지어 순교까지 감내할 각오를 단단히 한다. 그럴 때마다 그의 마음에 큰 힘이 되어 주는 것은 그가 상상 속에서 그려 보곤 하는 예수의 초상이었다. 그 초상은 거룩한 영광에 싸여 있고 무한한 권능으로 빛나는 모습이다. 그런데 당시 일본의 관헌은 독특한 방법으로 기독교를 탄압하고 있었다. 크리스찬임을 발각당한 신도들은 관헌으로부터 한 가지 요구를 받는데, 그것은 땅에 놓인 예수의 화상을 발로 밟는 일이었다. 그 요구대로 행하면 살아나지만, 요구를 거부하면 사형을 면치 못하는 것이다. 신부는 배교를 거부하고 사형, 즉 순교를 당하는 신자들의 모습을 숨어서 고통스럽게 지켜본다. 그리고 그 체험을 본국으로 몰래 보내는 편지 속에 다음과 같이 쓴다.

> 나는 오랫동안 성인전(聖人傳)에 쓰여진 그런 순교를, 이를테면 그 사람들의 영혼이 하늘나라에 돌아갈 때 공중에는 영광의 빛이 가득하고 천사가 나팔을 부는 그런 빛나고 화려한 순교를 지나치게 꿈꾸었습니다. 하지만 지금 당신에게 이렇게 보고하고 있는 일본 신도의 순교는 그와 같은 혁혁한 것이 아니고 이렇게 비참하고 이렇게 쓰라린 것이었습니다. 아아, 바다에는 조금도 그치지 않고 비가 계속 내립니다. 그리고 바다는 그들을 죽인 다음 마냥 무서울이만치 굳게 침묵을 지키고 있습니다.

위의 인용문에서 핵심이 되는 말은 <침묵>이다. 여기서 말하는 침묵은 겉보기로는 바다의 침묵을 가리키는 듯하지만, 그 내면에서는 신의 침묵을 말하고 있다. 신부는 이해할 수가 없는 것이다. 거룩한 영광과 권능으로 빛나는 예수님, 당신은 왜 이처럼 비참한 모습을 눈앞에 두고 침묵만을 지키고 계십니까? 이제까지 누구보다 모범적인 신학생으로, 또 성직자로 신념에 불타는 삶을 살아온 그의 내면에 처음으로 엄청난 회의와 갈등이 일어나기 시작한 셈이다. 그런데도 예수는 여전히 침묵만을 지속하고 있다.

이러한 회의와 갈등으로 번민하던 중, 드디어 신부 자신도 체포된다. 체포되자 그의 내면에선 오히려 갈등이 진정된다. 어떠한 고문도 이겨내고 자랑스럽게 순교할 자신이 그에게는 있었기 때문이다. 하지만 현실은 그처럼 간단히 진행되지 않는다. 관헌은 처음부터 그를 죽일 생각이 없다. 성직자의 비강한 순교는 교인들의 용기를 북돋아 줄 뿐이라는 사실을 그들도 알기 때문이다. 그들의 진정한 목표는 신부를 저 페레이라처럼 배교시키는 것이다. 그 배교의 사실을 증명하는 방식은 일반 신도들의 경우와 마찬가지로 예수의 화상을 발로 밟는 것이다. 이를 관철시키기 위해 갖은 방법을 다 써도 소용이 없자, 관헌은 드디어 최후의 수단을 동원한다. 신부를 감금한 다음, 교인들이 옆방에서 <구멍 매달기>라는 이름의 혹독한 고문을 받으며 내지르는 비명과 신음 소리를 계속 듣게 하는 것이다. 그 교인들은 스스로는 이미 배교를 맹세한 사람들이지만, 신부가 굴복하기까지는 계속 그 고문을 당해야 한다. 페레이라 신부도 일찍이 여기에는 견디지 못하고 배교를 선언했던 것이다. 그리고 로드리고 신부 역시 여기에는 견딜 수가 없었다. 그는 관헌의 요구에 응하겠다고 통고하고, 이를 실행에 옮긴다. 바로 이 순간에, 누가 보더라도 로드리고 신부의 굴욕적인 패배요 항복이라고 생각할 이 순간에, 신부는 처음으로 예수가 침묵을 깨고 자신에게 말을 건네 오는 것을 느낀다. 그 말은 다음과 같은 것이었다.

 밟아도 좋다. 네 발의 아픔을 내가 제일 잘 알고 있다. 밟아도 좋다. 나는 너희들에게 밟히기 위해 이 세상에 태어났고, 너희들의 아픔을 나누기 위해 십자가를 진 것이다.

2

 정조 임금이 조선을 다스리던 시절, 경기도 여주 땅에 김신봉이라는 사기장이가 살고 있었다. 십년 만의 대흉으로 여주의 사기장이촌이 해체되기에 이르자, 신봉도 봇짐을 싸고 길을 떠난다. 그가 처음에 목표한 곳은 광주의 분원이었으나, 그리로 가는 도중 우연한 계기로 운길마을의 사기장이촌에 정착하게 된다. 이곳에서 그는 결혼을 하고, 실력을 인정받는 한 사람의 기술자로 자리를 잡는다. 그런데 마침 운길 부근의 마재라는 곳에 은퇴하여 살고 있는 정부사댁에서 대규모의 그릇 주문이 들어온다. 완성된 그릇들을 가지고 정부사댁을 찾아간 신봉은 그 집의 하인 은돌과 알게 되고, 독실한 천주교 신자인 그의 감화로 차차 천주교에 관심을 갖기 시작한다. 그 결과 신봉 자신이 영세를 받게 됨은 물론, 나중에는 사기장이촌의 사람들 가운데 상당수가 정부사댁의 젊은 주인이며 역시 천주교를 믿고 있는 정약종으로부터 영세를 받고 입교하는 사태까지 일어나게 된다. 신봉은 어머니의 위패를 불사른 대신 자기 어머니의 얼굴을 마리아의 얼굴에 투영시켜 만든 성모자상을 정성스레 빚어 내어 늘 가슴에 품고 지낸다. 그런 나날이 지나가고 있을 때, 대대적인 천주교 탄압의 바람이 불기 시작한다. 그 바람이 운길마을의 사기장이촌까지 밀어닥쳐 관헌이 체포장을 가지고 나타났을 때 신봉은 마침 정부사댁에 가서 없었고, 마을의 지도자 두 명과 장팔이란 청년이 잡혀간다. 마을로 돌아와 소식을 접한 신봉은 제 발로 관헌을 찾아가 자수한다. 곧 가혹한 고문이 시작되나, 네 명의 신자는 굳은 신앙심으로 꿋꿋이 버티어낸다. 하지만 그 버티어냄은 결국 오래 갈 수 없는 운명이었다. 신자도 아닌 아내를 갓난아기와 함께 잡아와 고문하는 광경을 보고 견디지 못한 신봉은 마침내 배교를 선언하며, 나머지 세 사람도 신봉의 길을 따르는 것이다. 배교를 선언한 대가로 신봉은 다른 세 사람과 함께 석방되지만, 그 세 사람과는 달리, 더 이상 운길마을에 살 수 없다는 생각을 품게 된다. 그는 소식을 듣고 달려온 은돌에게 마리아상을 준 후 아내와 아기를 데리고 이곳저곳을 떠돌며 사기장이촌을 찾다가 결국 충청도 보은 땅에 정착한다. 거기서 얼마를 지낸 후 신봉은 관가 앞에 나붙은 방문에서 은돌이 천주교를 믿은 죄로 처형당했다는 소식을 보고 강렬한 충격을 받는다. 붙잡는 아내를 뿌리치고 행장을 꾸려 정약종을 찾아간 그는 정약종의 입을 통해 은돌의 죽음을 재확인하고, 은돌이 남긴 마리아상을 돌려받는다. 그는 다시 운길마을에 정착하여 살면서 천주교를 믿으리라 결심하나, 그의 뜻을 안 운길마을 사람들은 그를 냉정히 몰아낸다. 천주교 때문에 마을이 몹쓸 횡액을 겪었는데, 그 위험한 독소가 다시 마을에 들어오는 것을 용인할 수는 없다는 얘기였다. 신봉은 유일한 추종자인 장팔을 데리고 서울로 올라가 천주교 신자들과 접선하며,

비밀리에 입국하여 활동하고 있던 주문모 신부도 만나게 된다. 그런데 다시 불행한 일이 일어난다. 양춘호라는 교인이 체포되어 순교하는 마당에서 자신을 밀고한 자가 바로 신봉일 것이라는 생각을 갖게 되고, 그런 의심을 면회 온 아내에게 전한 것이다. 양춘호의 아내가 다시 이런 얘기를 천주교 지도부에 전달하자, 신봉은 한번 변명을 시도해 볼 기회조차 갖지 못한 채 천주교 신자들의 모임으로부터 일체의 연락을 두절당하고 만다. 여기에는 그가 이미 한번 배교했던 전력 때문에 그렇지 않아도 여러 사람들로부터 의심과 경멸을 받아 왔다는 사정이 크게 작용하였다. 이러한 그를 끝까지 믿고 변호해 주는 사람은 죽은 은돌의 아내로서 역시 독실한 교인인 왕십리댁 하나뿐인데, 왕십리댁이 이렇게 나오자, 신봉과 왕십리댁의 사이가 수상하다는 말까지 돌게 된다. 충격과 절망 속에서 신봉은 왕십리댁과 정을 통하고, 그 다음날, 자기 발로 걸어서 관아로 간다. 포교와 나졸들에게 자신이 천주교인이며 자수를 하러 왔다고 밝히자 그들은 웬 미친 녀석이 아침부터 나타나 관을 조롱하느냐고 웃으며 상대하지 않는다. 이에 신봉은 품속에서 마리아상을 꺼내 보이며, 이걸 보고도 내 말을 믿지 않겠느냐고 들이댄다. 그래도 긴가민가하던 포교는 신봉이 지난날 광주목사에게 체포되어 심문당한 이력까지 밝히자 비로소 안색이 달라지며 그를 감방에 집어넣는다. 이제 곧 죽음이 닥쳐오리라는 것을 예상하며 신봉은 홀로 중얼거린다.

　　이제 저를 용서해 주시렵니까? 이제 저를 믿어 주시렵니까? 결코 용서해 주지 않으실 테지요. 그토록 큰 죄를 저질렀으니까요. 허지만 저는 당신을 저버리고는 살 수 없습니다. 만인이 저를 믿지 않아도 저는 당신을 믿습니다. 저의 더러운 육신을 받아 주소서. 당신 곁에 가기 전에 붉은 핏물로 말끔히 씻으리라.

　　하지만 다음날 신봉에게 내려진 판결은 천만 의외의 것이었다. 관에서는 이미 배교를 맹세했던 사람들의 명단에 신봉이 들어 있는 것을 보고 그를 석방해 버리는 것이다. 항변하려는 신봉에게 담당 군관은 <거짓말해야 관은 못 속인다. 이런 걸 가지고 어설픈 수작을 부려 속아 거기 넘어갈 내가 아니야>라고 말하면서 마리아상을 집어던지고, 내동댕이쳐진 마리아상은 디딤돌에 부딪혀 산산조각이 나고 만다. 그런 다음에 무슨 일이 일어났는가? 이 물음에 대하여, 이야기의 작자는 아무런 답변도 들려 주지 않는다. <아침 햇살 아래 작은 사기조각들이 뜰안에 흩어져 반짝였다>라는 간결한 한마디로 이 이야기는 끝나고 있는 것이다.

3

지금까지 우리는 일본의 엔도 슈사쿠(遠藤周作)가 쓴 『침묵』과 한국의 서기원이 쓴 『조선백자마리아상』이라는 두 편의 작품을 나란히 놓고 보면서 그것들의 줄거리를 찬찬히 짚어 왔다. 물론 그 짚는 방식에 있어서는 『침묵』의 경우와 『조선백자마리아상』의 경우가 꼭같지 않고 그들 양자간에 약간의 차이가 존재했지만—구체적으로 말하자면 위에 나타난 『침묵』의 줄거리 소개는 그 작품의 전모를 효과적으로 압축한 것이라고 말할 수 있지만 『조선백자마리아상』의 줄거리 소개는 그렇지 못하며 이가환, 정약종, 정약용 등을 중심으로 한 상층 양반 집단의 얘기가 생략되어 있다—그것이 큰 문제가 되지는 않으리라 여겨진다. 위와 같은 줄거리 요약을 통하여 두 작품의 가장 핵심적인 면모가 선명하게 드러났다는 것만은 분명히 자신할 수 있는 일이기 때문이다. 그러면 이제부터는 줄거리의 요약을 통해 드러난 사실들을 가지고 우리가 구체적으로 어떤 생각을 떠올려 볼 수 있는가 하는 점을 논의하기로 하자.

이같은 논의를 시도함에 있어서 맨 첫머리에 놓여야 할 것은, 응당, 내가 왜 이 두 편의 작품을 한자리에 놓고 검토하기로 마음먹었는가에 대한 설명일 터이다. 대부분의 독자들은 지금까지 나온 줄거리의 요약만을 보고서도 이미

다 눈치를 챘겠지만, 이 문제에 대한 나의 답변은 대략 두 가지로 요약될 수 있다.

첫째, 이 두 편의 작품은 서로 유사한 소재를 다루고 있다. 즉 쇄국정책 아래서 시행된 천주교 박해라는 역사적 사실이 소재로 채택되고 있는 것이다. 일본과 조선이라는 지리적 배경의 유사성, 두 작품 모두에 있어서 박해를 가하는 쪽의 입장이 배교를 선언하기만 하면 곧 풀어주나 끝까지 버틸 경우에는 사형이 있을 따름이라는 극한적 양분론으로 되어 있다는 점 등도 두 작품 사이의 친화성을 강화해 주는 요소이다. 이와 더불어 또 하나 강조되어야 할 사실은, 두 작품 모두, 배교를 강요당한 사람이 어떤 과정을 거쳐서든 끝내 그 강요에 굴복하여 배교를 선언하고 만 경우에 초점을 맞추고 있다는 사실이다. 이런 점에서 두 작품은 온갖 박해를 다 이겨내고 비장하게 순교한 사람들의 이야기를 전하고 있는 전통적인 종교적 성인전 유와 분명히 구별되며, 후자에 비해 우리들 평범한 사람들의 가슴 속에서 비록 존경의 마음은 불러일으키기 어려울지 모르나 공감의 마음은 더 크게 불러일으킬 수 있다는 특징을 갖게 된다.

둘째, 이 두 편의 작품은 서로 유사한 주제를 탐구하고 있다. 즉 이 두 편의 작품은 모두 인간들이 신에 대한 믿음을 간직하고 있다는 이유로 붙잡혀 고문당하며 끝내는 죽기까지 하는데도 신은 시종일관 침묵만을 지키고 있는 모습을 집요하게 보여주는데, 이러한 보여줌의 작업을 통해 이 두 작품이 추구하고 있는 주제 가운데 적어도 일부는 바로 이같은 신의 침묵의 의미를 묻는 일이며, 이런 점에서 양자는 서로 유사한 주제를 탐구하고 있다는 판단이 가능해지는 것이다. 그리고 이 두 작품의 주제 가운데 적어도 일부가 이처럼 신의 침묵의 의미를 묻는 것으로 되어 있다는 사실은, 이 작품들을 현대 종교소설의 주류에 접근시킬 수 있는 유력한 근거가 되어 준다. 주지하는 바와 같이 그레엄 그린, 쥘리엥 그린, 프랑스와 모리악 등으로 대표되는 현대 종교소설의 주류는 신의 음성을 확인하고 유창하게 기쁨의 찬가를 부르는 것이 아니라 신의 침묵과 자기 은폐 앞에서 끊임없이 괴로워하고 회의하는 가운데 더듬거리며 한두 마디 고백의 말들을 뱉어 내는 것으로 되어 있기 때문이다.

이상에서 살펴본 바와 같이 『침묵』과 『조선백자마리아상』의 두 작품이 소재 및 주제의 양면에서 현저한 유사성을 갖고 있다면, 내가 이 두 작품을 한자리에 놓고 검토하기로 마음먹은 것은 충분히 자연스러운 일로 이해될 수 있으리라.

그러나, 이 두 작품 사이의 유사성만을 지나치게 강조한 나머지, 그 유사성의 맞은편에 엄연히 존재하고 있는 차이의 측면을 무시한다면 그것은 잘못이다. 두 작품은 유사한 소재를 통하여 유사한 주제를 탐구하고 있지만, 그 탐구의 구체적인 실상을 조사해 보면 수많은 차이점이 발견된다. 그 수많은 차이점 가운데서도 가장 중요한 것은, 탐구의 과정이 끝난 자리에서 내려지는 결론에 있어서의 차이이다. 어떻게 보면, 결론에 있어서의 차이를 제외한 다른 많은 차이들 가운데 상당수는 바로 이 결론에 있어서의 차이가 작품의 흐름을 거꾸로 거슬러 오르면서 만들어 낸 것이라고 할 수도 있다. 그렇다면 여기서 두 작품이 내리고 있는 결론의 차이를 살펴보는 것은 그 자체로서 중요한 의미를 갖는 일이 될 뿐 아니라, 더 나아가서는 두 작품 사이의 다른 많은 차이들을 이해할 수 있게 하는 열쇠를 손에 넣는 일이 되기도 하는 셈이다. 이런 사실을 감안하여 이제부터 나는 두 작품의 결론을 차례로 점검하고, 그런 다음에 양자간의 차이가 갖는 의미를 음미해 보고자 한다.

4

엔도 슈사쿠가 『침묵』에서 신의 침묵의 의미에 대한 나름대로의 탐구를 수행한 끝에 내린 결론의 요체는, 앞에서 이 작품의 줄거리를 요약하는 가운데 이미 한 번 인용한 바 있는 예수의 말―로드리고 신부가 예수의 화상을 밟는 순간 예수로부터 들었다고 느낀―속에 뚜렷이 드러나 있다. 논의의 전개를 편하게 하기 위해 그것을 한번 더 인용해 보기로 하자.

> 밟아도 좋다. 네 발의 아픔을 내가 제일 잘 알고 있다. 밟아도 좋다. 나는 너희들에게 밟히기 위해서 이 세상에 태어났고, 너희들의 아픔을 나누기 위해 십자가를 진 것이다.

위의 구절을 통하여 작가가 우리들에게 확인시키고 있는 것은 두 가지이다. 그 첫째는, 로드리고 신부가 처음에 품었던 예수의 이미지―거룩한 영광과 무한한 권능으로 빛나는―는 정당한 게 아니었다는 사실이다. 예수는 거룩한 영광과 무한한 권능으로 빛나는 아득한 천상의 존재가 아니라, 세상의 권력자들에게 조롱당하고 나약한 배교자들에게 밟히는 초라한 지상의 존재인 것이다. 그리고 다음 둘째는, 농민들이 비참한 죽음을 당하는 마당에서 신이 침묵만 지키고 계시다고 그가 원망 섞인 마음으로 생각했던 것 역시 잘못이었다는 사실이다. 신은 세상이 아무리 처참한 비극으로 뒤덮이더라도 싸늘한 침묵만을 지킬 따름인 무정한 존재가 아니다. 그렇다고 일부의 행복한 광신자들이 생각하듯 끊임없이 입을 열어 축복과 징벌의 말을 내려 보내는 수다스러운 존재도 아니다. 그러면 그는 도대체 어떤 존재인가? 이 물음에 대해서는, 다른 사례를 끌고 들어올 필요도 없이, 바로 로드리고 신부가 위와 같은 예수의 말을 듣게 된 상황 그 자체를 가지고 답할 수 있다. 그 상황이란, 한 마디로 정리하면, 신부가 고통받는 이웃들―구체적으로는 신부가 감금된 방 바로 옆에서 고문당하던 농민들이지만, 결국 이들은 전인류의 고통을 대표한다고 할 수 있다―을 위한 사랑의 일념으로 자신의 패배와 굴욕을 수용하고자 결심한 상황이다. 이처럼 인간이 고통 받는 이웃들을 위한 사랑의 일념으로 아무리 견디기 어려운 것도 다 견디고자 작정할 때, 바로 그때 거기서 신은 입을 여는 것이라고 엔도는 말하고 있는 셈이다. 그리고 바로 이것이, 『침묵』에서 신의 침묵의 의미에 대한 나름대로의 탐구를 수행한 끝에 엔도 슈사쿠가 내린 최후의 결론이 되는 것이다.

『침묵』의 작가가 이상과 같은 결론으로 자신의 작품을 마무리지었을 때, 구체적으로 본회퍼의 신학을 의식하고 있었는지 그렇지 않은지 나는 알지 못한다. 하지만 이 문제에 관한 구체적인 사실이 어찌 되었든 거기에 관계없이 나는 『침묵』의 결론을 대하면서 본회퍼의 신학을 강력히 연상하지 않을 수 없다. 이를테면 본회퍼의 『옥중서간』에 나오는 다음과 같은 구절들의 반향이 바로 이 『침묵』에서 깊고 은은하게 울려나고 있는 것 같은 느낌을 나는 받는 것이다.

(1) 신은 자기를 이 세상에서부터 십자가로 추방한다. 신은 이 세계에 있어서는 무력하고 약하다. 그리고 신은 바로 이렇게 해서, 이렇게 함으로써만 우리들과 함께 있고 우리를 도와준다. 그리스도가 그의 전능에 의해서가 아니라, 그의 약하심과 고난에 의해서 우리를 도와주신다는 것은 「마태복음」 8장 17절에 아주 분명히 나타나 있다.

(2) 신에 대한 우리들의 관계는 <타인을 위한 존재 Dasein-für-andere>에 있어서의, 곧 예수의 존재에의 관여에 있어서의 새로운 생이다. (……)인간의 모습을 취하신 신! 그것은 (……) <타인을 위한 인간 der Mensch für andere>이며, 그렇기 때문에 십자가에 못박히신 분이다.

위에 인용한 (1)의 구절은 예수가 거룩한 영광과 무한한 권능으로 빛나는 아득한 천상의 존재가 아니라 세상의 권력자들에게 조롱당하고 나약한 배교자들에게 밟히는 초라한 지상의 존재라는 『침묵』의 첫 번째 결론에 정확히 대응한다. 그리고 위에 인용한 (2)의 구절은 인간이 고통 받는 이웃들을 위한 사랑의 일념으로 아무리 견디기 어려운 것도 다 견디고자 작정할 때, 바로 그 때 거기서 신은 입을 연다고 하는 『침묵』의 두 번째 결론에 정확히 대응하는 것이다.

5

『침묵』의 결론이 나타나는 장면, 즉 로드리고 신부가 예수의 화상을 밟기로 결심하는 장면을 찬찬히 읽어 보면, 신부가 놓인 상황의 처절함이 너무도 강렬하게 부딪쳐 와서, 거의 가슴이 막히는 것 같은 느낌을 받게 된다. 그런데 주인공이 놓인 상황의 처절함으로 말할 것 같으면, 『조선백자마리아상』의 경우도 거의 『침묵』의 경우에 못지 않다고 할 수 있을 듯하다. 앞의 줄거리 요약에서 이미 언급된 바와 같이 작품의 결말에 이르러 주인공 신봉은 자신이 소속했던 일체의 공동체(운길마을, 천주교인들의 모임)로부터 축출당해 홀로 버려지며, 그가 지닌 내면의 진실―그것은 앞의 줄거리 요약에서 내가 인용한, 작품 끝부분에 이르러 옥에 갇힌 신봉의 독백에서 가장 인상적으로 압축되어 나타난다―은 무지막지한 관헌에 의해 여지없이 조롱당하고, 더없이 소중한 보물로 간직해왔던 마리아상은 박살이 나고 만다. 이러한 그의 처지에서는 비참하게 죽어가는 순교자들이 오히려 부러움의 대상으로 떠오를 지경이 된다. 실제로 그는 순교자의 대열에 들고자 지원했으나 교인들의 무리와 관헌의 무리 양쪽으로부터 여지없이 거절당한 형국인 것이다.

그런데, 기독교의 정신을 투철히 견지하는 입장에서 보면, 신봉이 떨어진 바와 같은 나락의 현장, 즉 자신이 소속했던 일체의 공동체로부터 축출당하고 내면의 진실마저 여지없이 조롱당하는 비참의 현장이야말로 신의 현현을 가장 뜨겁게 확인할 수 있는 자리가 된다. 일체의 인간적인 희망이 끊어진 자리야말로 기독교의 신을 가장 감동적으로 만날 수 있는 자리에 다름아니라는 것, 그것이 기독교의 고유한 역설인 것이다.

이 독특한 역설을 잘 보여주는 대표적 사례는 말할 나위도 없이 십자가 사건이다. 가장 거룩한 신의 아들이 십자가에 못박혀 온갖 모욕과 멸시를 감당하며 힘없이 죽어가는 그 현장이야말로 신의 현존을 가장 분명히 느낄 수 있는 현장이며 신의 영광을 가장 분명히 증거할 수 있는 현장이라고 하는 것은 얼마나 기막힌 역설인가. 그러나 이 기막힌 역설이 기독교 정신의 핵심을 이루고 있는 것이다.

하지만 이런 역설은, 말할 나위도 없는 일이지만, 그다지 안전한 것이 아니다. 특히 고도의 정신적 긴장을 감당할 수 있는 능력을 갖추지 못한 다수의 사람들에게 있어서는, 이런 역설이란, 따지고 보면 허무와 구원이 아슬아슬하게 갈라지는 경계선 위에서 줄타기를 하도록 강요하는 것이라 해도 크게 틀리지 않는다.

이와 같은 사실을 염두에 두면서 『조선백자마리아상』의 마지막 부분을 다시 읽어 보면, 거기에서도 이런 아슬아슬한 줄타기가 벌어지고 있음을 쉽게 알 수 있다. 아니, 줄타기가 벌어지는 정도가 아니라, 그것의 긴장감을 최대로 높이기 위해, 작가가 고도의 치밀한 계산을 행하고 있는 형국이다. 무엇보다도, 석방 조치가 전달되고 마리아상이 깨어진 사실만을 간결하게 기술하고, 거기에 대한 신봉의 반응이 어떤 것이었는지는 단 한마디도 비치지 않은 채 매몰차게 작품을 끝내 버린 사실이 그 점을 증명한다.

그렇다면 우리는 이 작품의 결론이 무엇이라고 보아야 하는가? 이 물음에 대해서는 어렵게 생각할 필요 없이, 지금까지 확인된 사실을 가지고 답하면 족하다. 즉 허무와 구원이 아슬아슬하게 갈라지는 경계선을 보여주고 그 위에서 행해지는 줄타기를 보여줌으로써 독자들 스스로 신앙의 문제를 고통스럽게 음미해 보도록 유도할 수 있다면 그것으로 충분하다는 것이 이 작품의 최종적인 결론이라고 보면 되는 것이다.

그런데, 이러한 결론을 확인하면서, 한 가지 주의해야 할 사실이 있다. 그것은 이 작품의 끝부분에서 신봉이 처한 상황과 십자가상에서 예수가 처한 상황이 기독교의 고유한 역설을 보여준다는 점에서 분명한 공통점을 갖고 있지만 그 공통점의 맞은편에는 또한 엄연한 차이점도 존재한다는 사실이다. 예수의 경우와 달리, 신봉의 경우에는 인류에 대한 사랑이 문제되지 않고 있는 것이다. 예수와 달리 한 사람의 평범한 사기장이에 불과한 신봉은 자신에게 덮쳐 온 이 어마어마한 역설의 무게에 눌려 지금 인류에 대한 사랑따위를 생각할 겨를이 없다. 심지어는 보은 땅에 두고 온 처자에 대한 생각조차 할 겨를이 없다. 그는 인류에 대한 사랑 따위로부터는 아득히 차단된 자리에서 지금 신과 단둘이 맞선 채 긴장된 씨름을 벌이고 있을 따름인 것이다. 그 씨름의 현장이 감방이 되었을 때 그는 신을 향하여 <이제 저를 용서해 주시렵니까? 이제 저를 믿어 주시렵니까?>라는 질문을 던졌거니와, 석방조치를 통고받은 다음에 그가 토해내는 질문은 어쩌면 <이제 와서도 당신을 용서할 수 있겠습니까? 이제 와서도 당신을 믿을 수 있겠습니까?>라는 것으로 바뀔지도 모르는 일이다. 아무튼 인류에 대한 사랑 따위로부터는 아득히 차단된 자리에서 신과 단둘이 맞서고 있다는 점으로 보면 그는 예수보다도 차라리 욥에게 견줄 만하다.

6

지금까지 나는 『침묵』의 결론과 『조선백자마리아상』의 결론을 차례로 살펴보았다. 그러면 이 양자 사이의 차이는 어떤 것인가? 이 물음에 대한 답은 그 양자를 차례로 살피는 과정에서 이미 다 나온 셈이라고 해도 과언이 아니다. 그러나 논의를 분명히 하기 위해 다시 한번 그것을 구체적으로 드러내어 정리하고 이 글을 마무리하기로 한다.

『침묵』의 결론과 『조선백자마리아상』의 결론 사이에 가로놓여 있는 첫번째 차이점은, 전자가 아무리 비참한 나락의 밑바닥에서도 여전히 확고한 믿음의 자세를 견지하고 있음에 반하여, 후자는 허무와 구원이 아슬아슬하게 갈라지는 경계선 위에서의 줄타기를 보여준다는 사실이다. 이러한 차이점을 단적으로 보여주는 것은 『침묵』의 경우 로드리고 신부가 예수의 화상을 발로 밟는 순간 그 밟음의 행위를 따뜻하게 긍정해 주는 예수의 음성을 듣게 되는 반면 『조선백자마리아상』의 경우에는 마리아상이 깨어졌다는 사실의 기술로만 작품이 끝나고 있을 뿐 그 자리에 신의 내밀한 음성이 들려왔는가 그렇지 않았는가에 대해서는 일체의 언급이 없다는 사실이다.

『침묵』과 『조선백자마리아상』 사이에 가로놓여 있는 이 첫 번째 차이점은 우리들로 하여금 실로 많은 것을 생각하게 한다. 그 많은 생각들 가운데서도 가장 중요한 것은 이 두 가지 서로 다른 결론이 진지한 태도로 신을 대하고자 하는 기독교적 인간들의 태도 중에서 특별히 흥미로운 두 가지 유형을 대표하는 것이 아닐까라는 생각이다.

진지한 태도로 신을 대하고자 하는 기독교적 인간이라면, <신의 숨어 있음>이라는 문제를 피해 나가기가 어렵다. 왜냐하면 <숨어 있음>이라는 요소는 기독교적 신의 본질적인 면모 가운데 하나에 해당하기 때문이다. 『성서』는 일찍이 「이사야」 45장 15절과 같은 대목을 통하여 이 점을 명백히 말해 놓은 바 있다. 그리고 역사에 이름을 남기고 있는 위대한 기독교 사상가들 가운데서도 예컨대 루터나 파스칼과 같은 사람은 바로 이 <신의 숨어 있음>이라는 문제를 평생에 걸친 구투의 주제로 삼았던 것이다. 또한 이 같은 내적 고투의 전통은 현대에 있어서도 본회퍼나 키타모리 카죠(北森加藏)와 같은 대사상가들에 의하여 면면히 이어지고 있다. 본회퍼가 <신의 숨어 있음>이라는 문제를 껴안고 피나는 내적 투쟁을 겪었음은 앞에서 인용한 바 있는 『옥중서간』의 몇 구절을 통해 분명히 드러나거니와, 키타모리에게 있어서 이 문제가 얼마나 중요한 것인가 하는 점은, 예를 들면 <루터가 말한 숨어 계신 하나님의 중요성은 그것이 우리의 신앙에 있어서 근본적이라는 데에 있다. 우리들 자신이 그것을 우리의 것으로 하지 않는 한, 신앙의 발걸음은 더 이상 앞으로 나아가지 못한다>와 같은 그의 발언에서 금방 입증된다.

기독교의 사상에서 <신의 숨어 있음>이 이처럼 중요한 자리를 차지하는 것이라면, 진지한 태도로 신을 대하는 기독교적 인간들이 이 문제를 피해 나가기 어려움은 당연한 노릇이 아닐 수 없다. 그런데 정작 이 문제와 실제로 맞닥뜨렸을 때 그 사람이 취할 수 있는 태도는 여러 가지가 있겠지만, 그 중에서도 특별한 관심의 대상이 될 수 있는 것은 무어니 해도 <아무리 비참한 나락의 밑바닥에서도 확고한 믿음을 견지하는 자세>와 <허무와 구원이 아슬아슬하게 갈라지는 경계선 위에서 줄타기를 감행하는 자세>의 두 가지일 것이다. 전자가 그 궁극에까지 나아갈 경우, 바로 그 믿음의 이름으로 배교까지 감행할 수 있으며 배교에 의하여 신의 음성을 분명히 확인하는 로드리고 식의 역설적인 삶이 태어난다. 그리고 후자가 그 궁극에까지 나아갈 경우, 신앙공동체로부터 버림받고 아끼던 마리아상까지 깨어진 상태에서 홀로 신의 침묵과 대면하는 신봉의 상황이 만들어질 수 있는 것이다.

『침묵』과 『조선백자마리아상』의 결론이 이상과 같은 의미를 갖는 것이라면, 이 두 작품이 기독교적인 문제와 관련하여 지니게 되는 가치는 상당히 높은 것이라고 말하지 않을 수 없다. 그런데 이처럼 두 작품에 높은 가치를 인정하는 적극적 평가는, 두 작품의 결론이 갖는 두 번째의 차이점을 살펴볼 때에도 마찬가지로 주어질 수 있다. 그러면 그 두 번째의 차이점이란 무엇인가? 그것은 바로 『침묵』이 고통 받는 이웃들을 위한 사랑의 정신에 큰 비중을 부여하고 바로 그 사랑의 정신을 통해 구원의 활로를 모색하는 태도를 보여주는 데 반하여 『조선백자마리아상』은 이웃에 대한 사랑의 문제를 감히 떠올릴 수도 없을 만큼 절박한 상황에서 신과 단둘이 맞선 단독자의 삶을 부각시키고 있다는 사실이다. 앞에서 나는 두 작품의 서로 다른 결론이 진지한 태도로 신을 대하고자 하는 기독교적 인간들의 태도 가운데서 특별히 흥미로운 두 가지 유형을 대표한다고 적은 바 있거니와, 이러한 표현은, 지금 제기된 두 번째의 차이점과 관련된 자리에서도 마찬가지로 사용될 수 있을 듯하다. 이 점을 조금 더 부연해 보자.

주지하는 바와 같이 기독교의 정신은 수직의 축과 수평의 축을 동시에 갖는다. 전자는 지고한 초월자와의 만남을 지향하고 후자는 이웃에 대한 사랑의 실천을 지향한다. 그런데 이들 양자는 원칙적으로는 서로 어긋날 이유가 없다고 할 수 있지만, 현실이 반드시 원칙대로만 움직이는 것은 아니다. 그들 양자는 현실 속에서 실제로 많은 갈등을 일으키고 심한 경우에는 완전히 상호모순되는 양상을 나타내기도 하는 것이다. 전자가 극단으로 나아갈 때, 혹은 전자의 문제가 압도적으로 부각되는 상황이 빚어질 때, 거기에서는 이웃에 대해 사랑은커녕 변변한 관심조차 베풀지 못하는 사태가 생겨날 수 있다. 그런가 하면 후자가 극단으로 나아갈 때, 혹은 후자의 문제가 압도적으로 부각되는 상황이 빚어질 때, 거기에서는 지고한 초월자와의 만남은커녕 그에 대한 인식조차 변변히 이루어지지 못하는 사태가 생겨날 수 있다.

우리가 이 글에서 살펴본 『침묵』과 『조선백자마리아상』 두 작품은, 바로 이러한 두 가지 극단 가운데 하나씩에 각각 다가간 것으로 간주됨직하다. 우선 『침묵』은 후자의 문제가 압도적으로 부각되면서 전자의 측면이 크게 약화된 사례로 거론될 수 있으리라. 이 소설의 결론에서 우리는 이웃에 대한 사랑의 무게와 존귀성을 강렬히 느낄 수 있지만, 거기서 지고한 신의 초월성은 크게 약화되어 있음을 부인하기 어려운 것이다. 한편 『조선백자마리아상』은 전자의 문제가 압도적으로 부각되면서 후자의 측면이 크게 약화된 사례로 거론되어 좋을 법하다. 이 소설의 결론에서 우리는, 이미 앞에서 여러 번 언급된 바와 같이, 이웃에 대한 사랑의 문제가 아득한 원경으로 후퇴한 채 신과의 숨가쁜 대결만이 부각되는 장면을 만나게 되는 것이다.

이러한 두 개의 사례를 앞에 놓고, 우리는 이들이 왜 수직축과 수평축의 균형된 종합을 보여주지 못하는가라는 불만을 품을 수 있다. 하지만 좀더 깊이 생각해 보면, 이러한 불만은 사실 정당성을 갖기 어려운 것임을 깨닫게 된다. 수직축과 수평축의 양자가 균형된 종합을 이루지 못하고 서로 갈등을 일으키거나 모순의 관계로 만나는 것은 위에서도 말했듯 현실 속에서 얼마든지 발생하는 일이고 『침묵』과 『조선백자마리아상』은 그러한 현실의 상황을 충실히 반영하면서 특별히 흥미로운 두 가지의 유형을 보여준 것일 따름이기 때문이다. 그렇다면 우리는 이 두 소설의 결론을 앞에 놓고 불만을 표시할 것이 아니라 수직축과 수평축의 문제에 대한 우리 자신의 자세를 반성하고 정비하는 데 도움을 주는 중요한 참조자료로서 그것을 활용하는 편이 옳을 것이다. (1991)

종교와 정의의 갈등
— 현기영의 『변방에 우짖는 새』

　제주도 출신의 작가인 현기영이 1983년 창작과비평사에서 출간한 장편 『변방에 우짖는 새』는 19세기 말에서 20세기 초까지의 수년간에 걸쳐 제주도 전체를 뒤흔들었던 두 개의 민란—방성칠의 난(1898)과 이재수의 난(1901)—을 인상적인 필치로 펼쳐 보인 작품이다. 이 두 개의 민란 가운데서 역사적으로 더 큰 의미를 가지는 것은 후자이며, 작가도 역시 이 후자에 초점을 맞추어 작품을 진행시키고 있다. 순박한 민중의 피와 땀과 분노가 응결되어 폭발한 이 처절한 싸움의 드라마는 그 발단에서 종말에 이르기까지, 역사적인 사건 자체로서 이미 한 편의 비극작품과 같은 구조를 갖추고 있거니와, 그러한 구조는 이 작품에서 소설 장르가 원천적으로 갖는 핍진성의 매력에 힘입어 더욱 생생한 빛을 뿜으며 독자들 앞에 다가온다.

　그러면 이 작품의 중심을 이루고 있는 이재수의 난은 무엇 때문에 일어났던가? 그 대답은 간단하다. 프랑스 제국주의자들과 부패한 관료들이 세력을 등에 업은 천주교도들의 극심한 횡포가 바로 그 결정적인 원인이었던 것이다. 소설 속에서 그 횡포의 실상은, 나중에 이재수와 더불에 민란의 지휘자가 되는 강우백이라는 인물에 의해, 다음과 같이 요약 설명된다.

「봉세관 꼬붕으로 나서설랑 갖은 농간질로 민폐를 끼치는 것도 부족해서 이제는 협잡질·도적질·간음, 심지어 살인까지 자행허니, 그게 천주 십계를 지키는 도리여? 남의 처자를 약탈해 가지 않나, 남의 선산에 투장하지를 않나, 닭·도새기(돼지)는 물론 농우꺼정 끌어다 잡아먹질 않나, 남의 초상집, 제사집 찾아댕기며 공술을 얻어먹고 그 깊음으로 한바탕 술주정을 하질 않나, 그러고서 어디 사람이 살 수 있나. 사람들이 참다 못해 조금만 궂은 소릴 해도 당장 교당에 끌어다 매질을 놓고……」

더욱 기막힌 것은, 이러한 횡포의 선봉에 바로 프랑스인 신부 자신이 서 있었다는 사실이다. 구마슬이라는 한국명을 가진 30세의 이 혈기왕성한 신부는 프랑스 제국의 세력을 최대한 이용하면서 교세를 확장하려고 온갖 노력을 기울이는데, 그러는 과정에서 협잡꾼·불량배·탐관오리들을 마구 끌어들이고 그들의 횡포를 방치 내지 조장하며 거기에 불만을 품은 유생과 양민들이 항거하는 태도로 나왔을 때는 직접 총을 들고 진압작전의 앞장을 서는 데까지 나아감으로써 결과적으로는 민란이 걷잡을 수 없이 확산되도록 만드는 결정적 주인공이 된 것이다.

민란 발생의 동기가 이러했던 만큼, 민중의 분노는 천주교도들에게로 집중된다. 그 결과 수백 명의 천주교도들이 민중에게 죽음을 당했는데, 그 중에는 물론 횡포를 일삼아온 자들도 다수 포함되어 있었지만, 양 베드로와 같은 양심적 신앙인도 동일한 운명을 피할 수 없었다. 베드로 양용항은 일찍이 서울에서 천주교의 교리를 접하고 감복하여 입교한 후 주교에게 호소하여 제주도에 신부가 오게끔 한 장본인이었으니, 가히 제주도 천주교인들의 대부라 해도 과언이 아닌 처지였으나, 원래의 선한 의도와는 정반대의 결과를 빚게 되고, 스스로도 비운의 죽음을 면치 못한 것이다. 그리고 이재수와 강우백은 봉기의 목적을 다 이루고 나자 스스로 관군에 투항하여 처형당하는 길을 택한다.

이러한 역사적 사건의 기록으로 이루어진 소설 앞에서, 크리스찬인 독자라면, 아마 대부분 착잡한 감회를 금하기 어려울 것이다. 이 소설에서는 천주교도들을 학살한 이재수와 같은 사람이 정의로운 힘을 대표하는 존재로 부각되어 있으며, 신부를 포함한 많은 천주교도들이 악한 세력의 역할을 담당하고 있기 때문이다.

하기야, 시야를 넓혀서 세계사의 기록들을 두루 뒤져 보면, 천주교 혹은 기독교의 깃발을 내건 사람들에 의하여 자행된 수탈과 착취와 학살의 드라마가 수도 없이 발견된다. 그러니 만큼 이재수의 난을 유발한 제주도 천주교인들의 횡포라는 것도 따지고 보면 그다지 특이한 일이라고 할 수는 없다.

그럼에도 불구하고, 『변방에 우짖는 새』라는 소설에 기록된 이야기들이 크리스찬 독자들에게 충격으로 다가온다는 사실은 역시 부정되지 않는다. 여기에는 대략 두 가지 특수한 요인이 작용하고 있으니, 그 첫째는 앞에서도 이미 언급되었듯 소설이라는 장르가 단순한 역사의 기록과는 다르게 강렬한 핍진성의 매력을 지님으로 말미암아 유별난 정서적 환기력을 갖게 된다는 사실이요, 그 둘째는 우리 한국의 경우 세계사의 일반적 전개 양상과는 매우 다르게 천주교도 혹은 기독교도에 의한 횡포의 기록이 흔하지 않기 때문에 이재수를 중심으로 한 이야기는 <낯선 존재가 주는 놀라움>의 요소를 간직하고 있다는 사실이다.

그런데, 우리가 적어도 양심의 문제, 정의의 문제, 인류사의 문제를 진지하게 생각하고자 노력하는 사람이라면, 『변방에 우짖는 새』가 던져 주는 이와 같은 충격을 단순히 감정적인 차원의 충격만으로 머물게 해서는 안 된다. 그 충격을 하나의 출발점으로 하여, 신앙과 역사의 본질에 대한 성찰로까지 사고를 진전시켜 나가야 마땅한 것이다.

물론 그 성찰의 구체적인 내용은 사람에 따라 각양각색으로 나타날 수 있을 터이다. 그리고 신앙의 문제에 대하여 심사숙고해 온 기간이 길고 또 그 방면에 풍부한 이론적 지식과 실천적 경험을 쌓아 온 사람일수록 그가 행하는 성찰의 깊이와 신뢰도도 당연히 증가하리라. 그런데 나 자신으로 말하자면 이런 점에서 볼 때 아무런 깊이도 신뢰도도 자부할 수 없는 처지에 있다. 나에겐 신앙의 문제를 오래 생각해 온 역사도 없고 이론적 지식이 많지도 않으며 실천적 경험이라는 것도 거의 전무상태에 가깝기 때문이다. 하지만 이런 사람의 생각이라고 해서 전적으로 무용하기만 하라는 법은 없으니까, 아마추어의 미숙한 의견임을 스스로 전제하면서 몇 가지 독서 경험과 관련하여 떠오르는 생각을 기술해 보기로 한다.

우선 나는 『변방에 우짖는 새』에 묘사되어 있는 프랑스인 신부와 그 신도들의 부정적인 행태를 바라볼 때, 칼 바르트의 신학으로부터 내가 배웠던 바를 저절로 상기하게 된다. 나는 물론 바르트의 충실한 지지자는 결코 아니며 오히려 그의 배타적이고 독선적인 신앙관을 단호히 반대하는 자리에 서 있는 사람이지만, 그를 통해 깨달은 바도 많았던 게 사실이다. 그 중에서도 특히 중요했던 것은, 서양 기독교 2천년의 역사 전체가—혹은, 적어도 그 대부분이—오류의 기록일 수도 있다는 생각이다. 과연 바르트 자신이 그런 생각을 가졌는지는 아마추어에 불과한 나로서 도무지 장담할 수 없는 노릇이지만, 어쨌든 나 자신은 예컨대 그의 다음과 같은 발언을 보면서 그렇게 생각할 수 있는 가능성을 찾아냈던 것이다.

> 종교는 불신앙이다. (……)계시의 관점에서 볼 때 종교는 분명히 신이 그의 계시 속에서 행하려고 하는 것, 행하고 있는 것을 선취하려는 인간적 시도로 이해된다. 이것은 인간의 노력으로 이루어진 것을 가지고 신의 일을 대치시키려는 태도이다. 계시에서 우리에게 제시되고 현현된 신적 실재는 여기서 인간에 의해 임의적으로, 자의적으로 만들어진, 신에 대한 개념으로 대치되고 만다.

위의 인용문에서 바르트가 주장하는 것처럼 신의 계시와 인간의 종교가 날카롭게 대립되는 것이라면, 그리고 참다운 구원은 전자에서만 올 뿐이며 후자는 오히려 구원에 걸림돌이 될 가능성이 큰 것이라면, 우리가 서양 기독교 2천년의 역사를 선험적으로 존중해 주어야 할 이유는 전혀 없어지고 마는 것이 아닐까? 아마추어의 미숙한 소견인지 모르나, 적어도 나로서는 이것이 당연한 논리적 귀결이라고 여겨진다. 그리고 한번 이런 쪽으로 생각을 진전시켜 보면, 서양의 기독교 가운데서도 특히 제국주의 침략자들의 앞잡이가 되어 세계 각처에 서양의 낙인을 찍기에 급급하였던 많은 선교사들의 종교는 전적으로 부정되어 마땅하다는 결론이 쉽게 도출된다. 그리고 이렇게 될 경우, 『변방에 우짖는 새』에 나오는 프랑스인 신부의 사악한 모습을 보면서 <그래도 저 사람은 신부이고, 나는 기독교인인데, 내가 저 사람을 매도하는 자리에 설 수는 없지 않느냐>라고 고민할 필요도 물론 없어지게 된다.

그러면, 바르트의 신학과 같은 2차적 자료에 기대지 않고, 바로 『성서』 자체의 본문을 통하여 이 문제에 대한 해답을 구할 수는 없을 것인가? 이런 물음과 마주칠 경우, 우리는 손쉽게 「마태복음」 7장 21절에서 23절까지의 구절을 상기할 수 있다.

> 나더러 <주님, 주님> 하고 부른다고 다 하늘나라에 들어가는 것이 아니다. 하늘에 계신 내 아버지의 뜻을 실천하는 사람이라야 들어간다. 그날에는 많은 사람들이 나를 보고 <주님, 주님! 우리가 주님의 이름으로 예언을 하고 주님의 이름으로 마귀를 쫓아내고 또 주님의 이름으로 많은 기적을 행하지 않았습니까?> 하고 말할 것이다. 그때에 나는 분명히 그들에게 <악한 일을 일삼는 자들아, 나에게서 물러가라. 나는 너희를 도무지 알지 못한다>고 말할 것이다.

이 본문에 따르면, 『변방에 우짖는 새』에 나오는 프랑스인 신부를 위시한 상당수 천주교인들에 대한 신의 심판은 더 이상 누구에게 물어볼 필요도 없이 명백한 것으로 여겨진다. 그들은 천주의 대리인으로 자처하면서 바로 그 천주의 이름으로 온갖 종교적 행사를 하였지만 결코 천주의 뜻을 실천하지는 않았으며 오히려 천주의 뜻에 명백히 반대되는 노선만을 일관되게 걸어갔기 때문이다. 그리고 이러한 지적은 비단 『변방에 우짖는 새』에 나오는 신부와 그 일당에게만 적용되는 것이 아니며, 지금까지의 인류사 전체를 통하여 기독교도로 자처했던 사람들 가운데 상당수—아마도 절반 이상?—가 똑같은 심판과 단죄의 대상이 되지 않을 수 없을 것임도 명백하다.

그러면 이제는 논의의 초점을 반대편으로 돌려, 천주교의 세력에 맞선 이재수와 그 일당들의 경우를 생각해 보기로 하자. 우리가 믿는 기독교의 신과 그들 사이에는 어떤 관계가 있는가?

이 물음 앞에서 내가 금방 상기하게 되는 인물은 송천성(宋泉盛)이다. 중국이 낳은 세계적 기독교 신학자인 그의 주장에 따르면, 신의 섭리는 결코 야훼나 예수의 이름을 알고 그를 경배하는 사람들 사이에서만 작용하는 것이 아니라고 한다. 억압받는 민중의 고통과 분노가 있는 곳이면, 그리고 올바른 길을 하늘에서 찾는 마음이 있는 곳이면 어디에나 성서가 말하는 신의 손길이 뻗치고 있다는 것이다. 그러니까 예를 들자면 야훼의 이름을 전혀 알지 못했던 고대의 중국에서도 유대—기독교적인 신의 섭리는 엄연히 작용하고 있었다는 것이 송천성의 주장이다.

> 고대 중국에서 하나님의 사명을 말할 수 있을까? 물론이다. 하나님께서는 역사의 시작 이래로 모든 민족과 함께 그의 사명에 참여해 오셨다. 이것은 특히 역사를 구원하라는 사명이었다. 역사가 파멸의 위험한 지경으로 가려 할 때 이를 구출하라는 사명이었다.

이러한 송천성의 견해는 얼핏 보기에 칼 라너가 말하는 <익명의 그리스도인>이라는 개념을 연상시키기도 하지만, 엄밀하게 따져 보면 라너의 입장과 송천성의 입장은 서로 다르다. 송천성은 기독교 바깥의 세계에서 살고 싸우고 죽어간 사람들에게 익명이니 무어니 해가면서 굳이 기독교인의 명찰을 달아주려고 하는 것 자체가 정당하지 못한 오만의 소치라고 보아 반대하는 입장에 서 있기 때문이다.

아무튼, 이러한 시각에서 보게 되면, 천주교를 내세우는 불량배들을 단죄한 이재수와 그 동지들의 행동 가운데에 오히려 신의 섭리가 작용하고 있다는 결론도 불가능하지 않게 된다. 양용항처럼 선한 인물까지 죽여 버리는 과오를 범하기는 했지만, 적어도 그 기본적인 노선에 있어서는 어디까지나 그들이 정당했고, 그 정당성의 근거는 다른 곳이 아니라 야훼와 예수가 가장 깊이 사랑한 민중의 아픔에 놓여 있었기 때문이다.

물론 이재수의 경우는 단지 기독교의 신을 모르는 상태에서 정의를 실현한 정도가 아니라 바로 그 신의 이름을 내세운 자들에 맞서 그 신을 저주하는 가운데 정의의 실현을 기한 것이기 때문에, 송천성이 보기로 들고 있는 「이사야」의 고레스(Cyrus)나 중국의 맹자 같은 경우와는 또다른 복잡한 문제를 제기하고 있는 게 사실이다. 하지만 우리가 <정의를 강물처럼 흐르게 하여라>(「아모스」, 5:24)라는 것이 야훼의 핵심적 명령임을 기억한다면, 그리고 <너희가 여기 있는 형제 중에 가장 보잘 것 없는 사람 하나에게 해준 것이 바로 나에게 해준 것이다>(「마태복음」, 25:40)라고 한 예수의 말씀을 잊지 않고 기억한다면 이재수의 삶과 죽음을 신과 무관하거나 신에게 적대적인 것으로 파악하는 태도가 얼마나 피상적이고 반성서적인 태도인가를 이해할 수 있을 것이다.

이제 마지막으로, 이 소설에 나오는 또 한 사람의 잊을 수 없는 인물을 살펴보고 이 글을 끝맺기로 하자. 그 인물이란 앞에서 작품의 경개를 말할 때 이미 언급되었던 베드로 양용항이다. 그는 유교의 교양을 쌓은 양반 출신의 지식인으로서, 천주교에서 참다운 구원의 길을 발견하고 신자가 된 이후 열심히 주위 사람들에게 전도를 하는 한편 제주도에 신부를 모셔 오는 데에도 주역을 맡았던 인물이다. 그러나 처음으로 왔던 신부가 체질에 맞지 않는 기후로 고생만 하다가 돌아간 후 두 번째로 온 구 신부는 앞에서도 이미 말했듯 교세 확장에 혈안이 되어 불량배나 탐관오리, 혹은 불순한 야심가들하고만 손을 잡으니, 양용항은 열심히 그를 간했건만 오히려 점점 미움을 사서 돌려나는 신세가 되고, 엄청난 충돌과 대량살육의 비극을 막아내지도 못하며, 결국 그 자신도 이재수 군의 손에 처형당하는 것으로 삶을 마감한다.

하지만 그는 다음에 인용된 대목이 감동적으로 웅변하듯 죽음 앞에서도 끝까지 의연하고 침착하며, 공포에 떠는 주위 사람들에게 용기를 주고 위로를 베푸는 성자의 면모를 보여줌으로써 그의 신앙이 결코 헛되거나 값싼 것이 아니었음을 증거한다.

목숨이 경각에 놓인 교인들은 완전히 공포에 질려 서로 엉겨붙은 채 울며불며 몸부림쳤다. 이때 한 교인이 벌떡 자리에서 일어나더니 크게 소리쳤다.
「봅소, 교우 여러분들! 내 말 들읍소!」
양 베드로였다.
「모두들 정신 차립서! 시방 천주님이 부르시는 소리가 들리지들 않소?」
그러나 교인들의 곡성은 좀처럼 그치지 않았다. 양 베드로는 결박진 몸을 거세게 흔들며 우렁찬 목소리로 외쳤다.
「용기를 냅서! 울음을 그치고 용기를 냅서! 천주님 앞으로 갈 때가 왔수다. 이제 곧 우리는 모두 천당에 가게 되니 마음의 준비를 해야 합니다. 용기를 냅서」
「이 죽음을 두려워하는 자 신심이 약한 잡니다. 신심이 약한 자는 천당에 못 갑네다. 천주께서 나를 위해 죽는 자, 영원히 살 것이라고 하였소. 자, 주모경을 외웁시다!」
그제서야 교인들이 눈물이 질펀한 얼굴로 양 베드로를 보았다. 이때 한 교인이 울먹거리며 걱정스럽게 물었다.
「난 무식해서 기도문을 못 외웁니다. 아는 건 <예수, 마리아> 두 말뿐인디 그래도 천당에 갈 수 있을까 마씸?」
양 베드로가 크게 고개를 주억거리며 대답하기를,
「물론입쥬. 천주님을 위해 죽는 것보다 더 큰 축복은 없우다. 우리 중에는 요사이 입교하여 기도문을 못 깨친 교우님이 많을 텐데, 모두 나를 따라 하십서. 자, 우리 다 같이 큰 소리로 기도문을 외우면서 기꺼운 마음으로 천주님 앞으로 나아갑시다!」
양 베드로가 먼저 얼굴을 하늘로 쳐들고 장쾌한 목소리로 성모경을 외우기 시작했다. 다른 교인들도 하나 둘 울음을 삼키며 뒤따라 외었다. 몸은 결박되어 손을 모아 쥘 수도 없고 묵주도 만질 수 없고 성호도 그을 수 없었다. 그러나 기도 소리는 점점 커져 갔다.

「성총을 가득히 입으신 마리아여! 네게 하례하나이다! 주께서 너 함께 계시니, 여인 중에 복되시며 복중(腹中)에 나신 예수 또한 복되시도다. 천주의 성모 마리아여! 이제와 우리 죽을 때 우리 죄인을 위하여 빌으소서, 아멘」

조금 긴 인용이 되었지만, 한국 문학에서 순교의 장면을 이만큼 인상적으로 그린 경우도 흔하지 않은 만큼, 위의 대목은 조금 길다는 느낌을 무릅쓰면서라도 전부를 인용할 가치가 있었다고 생각된다. 아무튼 위의 인용에서도 드러나듯 양용항은 설령 정치적인 현실의 마당에서는 무능한 실패자로 일관한 셈이 되었을지 모르나 신앙 자체의 순수성과 고결성이 문제되는 자리에서는 누구에게도 부끄럽지 않은 승리자로서 참다운 순교자의 길을 간 것이 확실하다.

그러면 이러한 인물을 우리는 어떻게 평가하여야 옳을 것인가? 그가 현실적으로 파국적인 결과를 막아내는 데 아무런 힘도 발휘하지 못한 것은 사실이지만, 우리가 이 점을 들어 그를 비난하는 것으로만 그친다면 그것은 잘못이리라. 그는 비난의 대상으로 그치기에는 너무나 진실한 신앙인이었고 고결한 인격자였으니 말이다. 하지만 그의 내면적인 순수성과 순교자의 칭호에 어울리는 최후만을 강조하면서 일체의 비판을 삼가는 것도 정당한 태도는 아닐 듯하다. 그는 그가 원하지 않았든 피비린내나는 역사의 현장 한복판에 있었고 그 현장상황의 진행에 대한 책임을 나누어 져야 마땅한 존재였으므로. 바로 이 자리에서 또다시 떠오르는 것이, <너희는 뱀같이 슬기롭고 비둘기같이 양순해야 한다>(「마태복음」, 10:16)고 한 예수의 말씀이다. 양용항은 위의 두 가지 요구사항 가운데 후자는 충족시켰으나 전자를 충족시키는 데는 미치지 못하고 만 것이 아니었던가라는 물음을, 우리는 여기서 마지막으로 던질 수 있다.

(1989)

인간의 숙명에 대한 두 가지 대응 방식
— 이청준의 「벌레 이야기」

이청준은 근자에 그가 지속적으로 써 온 「가위 밑 그림의 음화와 양화」 연작 가운데에 다음과 같은 몇 구절을 적어놓은 바 있다.

    그 반쪽 모습만 보이고 전체가 보이질 않아 공포 속에 애를 먹는 가위 속의 가장 무서운 그림은 우리의 생명과 삶의 주재자이신 신의 모습이 아닌가 싶어진다. 우리 인간들은 이미 그 지혜로 자신들의 삶과 영혼의 구원을 위한 신의 모습을 절반 가량이나 그려 놓고 있다(그것을 그리기까지의 고되고 기나긴 인간의 역사여!). 그러나 아직도 삶과 죽음의 구원자로서의 그 신의 완전한 모습은 보이질 않는다.(……) 생명 있는 자 누구나 그것을 마저 보고자 애를 쓰고 발버둥쳐 온 터이지만, 보이는 것은 아직도 그 전체가 아닌 반쪽의 모습뿐인 것이다. 설잠 속의 그것처럼 그 반쪽밖에 보이지 않는 신의 모습, 나머지 반쪽의 모습을 아무리 찾아보려 애를 써도 끝내 보이지 않는 그 인색한 구원자의 모습! 이야말로 우리들의 생명과 삶을 안간힘으로 발버둥치게 만드는 가장 두렵고 안타까운 숙명적 가위눌림 속의 그림일 수 있지 않을까.

「가위 밑 그림의 음화와 양화」 연작은 외관상 모두 소설의 간판을 달고 있기는 하지만 그 내부를 들여다 보면 소설보다는 차라리 수필의 성격에 가까운 글들이 상당 부분을 차지하고 있거니와, 방금 인용한 대목 역시, 이청준이 창조한 소설이라는 허구의 세계 가운데 한 모퉁이를 점하고 있는 것이라기보다는 이청준이 실제로 갖고 있는 생각을 수필체로 고백해 놓은 것이라고 해석하는 편이 더 정확할 가능성이 많다. 그런데 위에 인용된 글이 소설의 성격을 띤 것으로 보는 경우이거나 수필의 성격을 띤 것으로 보는 경우이거나 간에, 거기에 나타난 바와 같은 생각이 나름대로의 진지성을 가지고 삶과 죽음의 문제를 성찰하면서 이 시대를 살고 있는 사람들 가운데 상당수의 입장을 어느 정도 반영하고 있다는 사실만은 누구나 인정할 수 있는 것이 아닐까? 내가 이런 말을 하는 이유는, 진지성을 가진 현대인들 가운데 상당수는 신의 존재를 자신있게 부정하지도 못하고, 또 그렇다 해서 <나는 신의 얼굴을 보았노라>라고 자신있게 선언하지도 못한 채, 이를테면 <거울에 비추어 보듯이 희미하게> 보는 상태에서, 희망과 불안을 교차시키며 하루하루를 살아나가고 있는 것이 분명한 사실이기 때문이다.

  그런데 나로서는 방금 말한 바와 같은 점에서 위의 글이 상당히 인상적으로 읽힌다는 사실을 인정하면서도 한편으로는 그 글을 지배하고 있는 분위기가 지나치게 어두운 색조로 칠해져 있다는 점에서 약간의 이의를 제기하지 않을 수 없다. 우리들 인간이 신의 모습을 완전한 형태로 파악할 수 없는 운명을 안고 있다는 단정은 일단 옳은 것으로 수긍할 수 있다. 그렇다고 하더라도, 인간의 그러한 운명을 반드시 <두렵고 안타까운 숙명적 가위눌림>으로 이해해야만 할까? 그러한 운명을 좀더 대범하게 받아들이면서, 우리 인간들이 어쨌든 <신의 모습을 절반 가량이나 그려놓>을 수 있었다는 사실을 긍정적으로 평가하고, 나름대로의 진지성을 가지고 삶과 죽음의 문제를 성찰하면서 신을 생각하는 사람들이 신 따위는 전혀 생각하지 않는 사람들과 무언가 다른 위치에 설 수 있는 이유를 적극적으로 따져보는 편이 더 바람직하지 않을까? 이런 질문 앞에서 나는 새삼 쾨스틀러의 다음과 같은 얘기를 떠올리게 된다.

　　선장이 주머니에 봉인된 항해지령서를 넣고서 바다에 나간다. 그 지령서는 공해(公海)에 나갔을 때 비로소 개봉할 수 있는 것이다. 그는 불안이 해소되는 그 순간을 기다린다. 그러나 그 시기가 와서 봉투를 뜯어보았을 때 그곳에는 눈에 보이지 않는 지령문밖에는 아무 것도 없다. 어떠한 화학 처리를 하여도 나타나지 않는다. 그런데 가끔 단어가 보이거나 자오선을 가리키는 숫자가 보이기도 한다. 그러나 다시 곧 사라져 버린다. 선장은 지령문을 정확히 판독할 수 없다. 지령문대로 했는지 임무에 실패했는지도 알지 못한다. 그러나 주머니에 지령서를 갖고 있다는 의식이 있기 때문에 그것을 해독할 수 없음에도 불구하고 선장의 생각과 행동은 유람선 선장이나 해적선 선장의 행동과는 다른 것이다.

　　물론 위의 글에 나타난 바와 같은 생각도 완전히 만족스러운 것이라고 말하기는 어렵다. 그러나 <지령서를 갖고 있는 선장의 생각과 행동은 유람선 선장이나 해적선 선장의 행동과는 다른 것이다>라는 말 속에는 분명 신과 인간 사이의 관계를 가위눌림의 관계로 비유하는 태도보다 더 적극적이고 긍정적인 울림이 있다. 여기서 논의되고 있는 문제 자체가 얼마나 무겁고 큰 것인가를 감안해 보면, 이만한 차이도 사실은 상당히 중요한 것이 아닐는지?

　　이상으로, 이청준의 「가위 밑 그림의 음화와 양화」에서 인용된 글에 대한 내나름의 이의를 진술해 본 셈이다. 그러나, 새삼 말할 필요도 없는 일이겠지만, 지금까지 말한 바와 같은 내용의 이의를 가지고 있다 해서, 그리고 이같은 이의에 상당한 무게를 부여한다고 해서, 이청준의 글에 나타난 생각을 내가 전적으로 부정하는 것은 결코 아니다. 나 역시 <인간은 신의 모습을 완전한 형태로 파악할 수 없는 운명을 타고났다>라는 생각 그 자체에 대해서는, 앞에서도 이미 밝혔던 것처럼, 동의하는 견해를 갖고 있는 것이다. 그러면 이제부터는 관심의 초점을 이처럼 이청준의 글에 나타난 생각과 나의 생각이 일치되고 있는 측면에다 고정시켜 놓고서, 그 다음의 논의에로 넘어가 보기로 하자. 그 다음 논의의 주제는 이청준이 위에 인용된 대목이 포함된 작품을 발표한 지 얼마 안 되어 내놓은 단편 「벌레 이야기」가 될 것이다.

「벌레 이야기」는, 얼핏 보기에, 신의 섭리와 인간의 진실을 대비시켜 놓고, 후자의 기준에 근거하여 전자를 비판한 작품으로 해석될 수 있음직하다. 그러나 나는 이러한 해석을 지지하지 않는다. 그와 같은 해석이 타당한 것으로 인정받으려면 이 작품에 나오는 김집사라는 인물이 신의 섭리를 대변하고 있다는 전제가 성립되어야 하는데, 나로서는 그러한 전제가 결코 성립될 수 없다고 보기 때문이다. 어째서 그러한 전제가 성립될 수 없다는 말인가? 이 물음에 대답하려면 잠깐 앞서의 논의에로 돌아가 보아야 한다. 앞서의 논의에서 나는, 인간은 신의 모습을 완전한 형태로 파악할 수 없는 운명을 타고났다라는 생각 그 자체에 대해서는 나도 동의한다고 말한 바 있거니와, 그러한 언급을 「벌레 이야기」에 적용시켜 보면, 이 작품에 나오는 다른 모든 인물들과 마찬가지로 김집사 역시 신의 모습을 완전한 형태로 파악할 수 없다는 운명 속에 갇혀 있는 사람이라는 결론이 나온다. 그리고 실제로 이 작품에 나오는 김집사의 말과 행동을 자세히 살펴 보면 그가 이러한 인간의 보편적 운명으로부터 조금이라도 벗어나 있다는 징표는 어디에도 없음이 드러난다. 그런데 어째서 그가 신의 섭리를 대변하고 있다는 투의 해석이 가능하단 말인가?

이러한 이유에서 김집사가 신의 섭리를 대변하고 있다는 전제는 성립되지 않는 것임이 확실하거니와, 그같은 전제를 배제하고 보면, 결국 이 소설은 신의 섭리와 인간의 진실을 대비시킨 작품이 아니라, 신의 섭리에 대한 한 가지 해석과 인간의 진실을 대비시킨 작품으로 새롭게 규정될 수 있다. 여기서 전자의 요소를 대표하는 존재는 말할 나위도 없이 김집사이며, 후자의 요소를 대표하는 존재는 알암이 어머니이다. 그러면 이처럼 상호 대비되는 자리에 놓이는 두 가지 요소 사이의 구체적인 관계는 어떤 것인가? 그것은 앞에서 한번 사용했던 표현 그대로의 관계이다. 즉 후자의 기준에 근거하여 전자에 대한 비판이 이루어지는 관계이니, 구체적으로 말하자면, 알암이 어머니로 대표되는 <인간적 진실>의 기준에 근거하여, 김집사로 대표되는 <신의 섭리에 대한 한 가지 해석>에 대한 비판이 이루어지고 있는 현장, 그것이 곧 「벌레 이야기」의 공간이라고 말할 수 있는 것이다.

그러면 이 작품의 공간에서 이루어지고 있는 비판의 작업에 대해서는 어떤 평가가 가능할까? 이 물음에 대해서 내가 내놓을 수 있는 답변은 크게 두 가지이다. 그 하나는 전자쪽이 신랄한 비판의 표적이 되어 마땅하다는 것이요, 그 둘은 그렇다 해서 후자쪽이 반드시 옳은 것만은 아니고 그쪽에도 역시 문제가 있다는 것이다. 이 두 가지 사항을 차례로 부연 설명해 보자.

우선, 김집사로 대표되는 전자쪽이 비판의 표적이 되어 마땅한 이유는, 인간이라면 그 누구도 신의 모습을 완전한 형태로 파악할 수 없다는 사실을 망각하고, 일종의 월권 행위를 한 것이 김집사이기 때문이다. 본래 인간이라면 그 누구도 신의 모습을 완전한 형태로 파악할 수 없다는 말 속에는 신의 뜻을 자의적으로 해석하여 타인에게 강요할 수 있는 권리는 그 누구에게도 주어져 있지 않다는 의미가 포함되어 있는 것인데, 김집사는 표명상으로는 <우리는 당신의 깊으신 뜻을 모두 알 수가 없습니다>라는 얘기를 끊임없이 반복하면서도 사실은 신의 뜻을 자의적으로 해석하고 그러한 자의적 해석을 알암이 어머니에게 강요하는 데 주저가 없었던 것이다. 그리고 이처럼 주저없는 강요를 행하면서 그는 정작 강요의 대상이 되고 있는 알암이 어머니의 내면에 도사리고 있는 인간적 진실을 간단히 무시해 버리고 오로지 자신의 자의적 해석으로 굴절시켜 수용한 이른바 신의 뜻이라는 것에만 일방적으로 도취되어 있었으니, 어떻게 그가 비판의 표적이 되는 것을 피할 수 있겠는가?

다음, 알암이 어머니로 대표되는 후자쪽에도 문제가 없지 않다고 판단되는 이유는, 김집사로 대표되는 신의 섭리에 대한 한 가지 해석이 곧 신의 섭리 그 자체와 동일한 것은 아닐 수도 있다라는 가능성을 한 번이라도 고려한 흔적이 알암이 어머니에게서는 전혀 발견되지 않기 때문이다. 조금만 시야를 넓혀서 생각해 보면 쉽게 떠올릴 수 있는 이같은 가능성을 도무지 상정해 보지 못한 상태에서 내세워지는 인간적 진실이란 온전한 의미에서의 인간적 진실로 인정되기 어려운 것이 아닐까. 이러한 지적은, 굳이 밝히자면, 어차피 김집사 이외의 다른 안내자를 갖지 못했던 알암이 어머니 자신을 겨냥한 것이라기보다 알암이 어머니에게 그런 가능성을 고려할 수 있는 환경과 기회를 제공하지 아니한 작가를 표적으로 삼고 있는 것이지만, 어쨌든 이러한 점으로 말미암아, 알암이 어머니가 자살에까지 치달려가는 과정이 그 설득력을 적지않게 감쇄당하고 있는 것만은 분명한 사실이다.

지금까지 살펴본 바와 같이 「벌레 이야기」에서 상호 대비되는 자리를 차지하면서 등장하는 두 가지 요소는 모두 그 나름대로의 문제점을 내포하고 있거니와, 차분하게 생각해 보면, 김집사와 알암이 어머니는 모두 <인간이라면 그 누구도 신의 모습을 완전한 형태로 파악할 수 없다>는 숙명에 묶인 존재들이라는 점에서 공통된 면모를 갖고 있으며, 그 숙명에 대응하는 방식은 서로 달랐으되, 그 어느 편이 택한 방식도 반드시 옳은 것은 아니었다는 점에서 역시 공통된 면모를 갖고 있음을 알 수 있다. 그러고 보면 「벌레 이야기」는 결국 <인간이라면 그 누구도 신의 모습을 완전한 형태로 파악할 수 없다>는 숙명 앞에서 각자 나름대로의 문제점을 내포한 방식으로 대응하다가 실패한 사람들의 이야기로 요약될 수 있으리라. 그리고 이청준이 인간의 그와 같은 숙명을 문제삼으면서 굳이 김집사처럼 월권 행위를 저지르는 사람과 알암이 어머니처럼 자살로 삶을 마감하는 사람만을 등장시키고 아무런 희망의 빛도 끌어들이지 않았다는 사실에서 나는 다시 한번 「가위 밑 그림의 음화와 양화」에서 신에 대한 인간의 관계를 <가위눌림>이라는 용어로 표현했던 이청준의 어두운 어조를, 그리고 그것에 대하여 내가 제기했던 비판을 상기하게 된다.   (1991)

한 기독교 비판자의 초상
―이승우의 「연금술사의 춤」

「연금술사의 춤」은 일인칭으로 등장하는 작가 지망생이 소설을 쓰기 위해 S라는 조용한 소도시로 내려갔다가 거기서 이름모를 어떤 기인을 만나게 되는 이야기이다. 그 기인은 주일날마다 교회 앞에 손수레를 갖다놓고 값싼 액세서리류를 파는 행상인데, 알고 보니 평범한 보통 상인이 아니라 현대인의 종교적 타락과 거기 영합한 교회의 부패에 깊이 절망한 지식인이었다. 그는 이 타락과 부패를 생생하게 증거하는 단적인 예로 모든 교회의 십자가 위에 피뢰침이 버티고 있다는 사실을 들면서, 십자가의 형상 대신 피뢰침 모양의 조각을 붙인 목걸이 따위를 교회 앞에 와서 팔고 있는 것이었다. <나>는 이 인물에게 깊은 흥미를 느끼지만 그의 과거 이력까지를 알아내지는 못하고, 자기 나름의 상상력으로 그 이력이란 것을 재구성하여 한 편의 소설을 만든다. 일단 소설을 완성한 후 <나>는 몇 가지 보조적인 지식을 얻기 위해 천목사를 찾아가는데, 바로 그 천목사에게서 뜻하지 않게 그 기이한 인물의 정체를 들어 알게 된다.

대충 이상과 같은 줄거리로 요약될 수 있는 「연금술사의 춤」은, 이른바 일인칭 관찰자 시점이 기할 수 있는 효과에 최대한 유의하면서, 한 편의 잘 읽힐 수 있는 소설을 엮어내고 있다. 난로의 불꽃에서 비상하려는 새의 안타까운 몸짓을 연상하고 다시 그것을 삶의 보다 깊은 차원에 대한 상징으로 발전시키는 대목에서 보이는 재치있는 상상력이라든가, 거침없이 흘러가는 문장의 힘도 돋보이는 요소이다. 하지만, 작가 자신에게 있어서나, 독자에게 있어서나, 그런 것들은 어차피 부차적인 요소에 불과할 터이다. 문제의 핵심은 역시 뭐니뭐니 해도 이 작품을 『사람의 아들』(이문열)이나 『라하트 하헤렙』(조성기)과 연결시키는 주제 의식의 측면에 놓여 있다고 보아야 마땅한 것이다.

이 작품을 주제의 측면에서 파헤치기 위하여는 일단 그 기이한 행상인—<나>가 제멋대로 공본영이라는 이름을 붙여주었고, 나중에 천목사의 이야기를 통해 그 본명은 길주태임이 암시되는 인물—의 논리에 귀를 기울일 수밖에 없다. 한데 일단 진지한 자세를 갖추고 상세하게 그의 이야기를 들어보면, 의외로 그 고민의 실체가 조잡하고 피상적임을 깨닫게 된다. 몇 가지 예를 들겠다.

(1) 그에 의하면, 아득한 옛날에는 십자가가 진정한 숭앙의 대상으로서 최고의 권위를 누렸으나 이제 와서는 타락한 물질주의에게 그 자리를 빼앗기고 말았다 한다. 즉, 과거/현재의 대립은 곧 경건/타락의 대립이라고 하는 등식이 성립된다는 이야기다. 이것은 낭만주의적 환상 가운데서도 가장 유치한 수준의 것에 지나지 않는다. 서양의 경우만 하더라도 중세기나 종교개혁 시대, 혹은 필그림 파더즈의 시대가 현대보다 더 종교적이었다고 하는 관념은 근거 없는 미신에 불과하다는 사실이 하비 콕스와 같은 석학에 의해 일찍이 논증된 바 있다. 하물며 우리 한국의 경우, 그렇게 기독교적 경건으로 충만하였던 <옛날>이 도대체 구체적으로 언제 있었단 말인가?

(2) 창조를 담당했던 신이 데우스 오티오수스(Deus otiosus)가 되어 물러서고 그 자리를 다른 신이 대신 차지한다는 투의 설화는 여러 민족의 신화 체계에서 곧잘 발견되곤 하는 터이지만, 그것을 기독교에 적용함은 전연

초점이 맞지 않는다. 특히 오늘의 물질주의적인 세태를 이유로 들어 그 같은 논의를 펼침은 어불성설도 이만저만이 아니다. 신이 인간에게 준 자유 가운데에는 타락할 자유도 포함되어 있다는 것, 불확실한 신앙의 모험 속에 가장 값있는 믿음이 깃든다는 것—이것이 기독교의 기본 공리 가운데 일부라는 사실로 보아도 그러하며, 앞에서 이미 지적했듯 현대만이 유독 물질주의적이라고 단정할 이유가 없다는 사실로 보아도 역시 그러하다.

(3) 설령 우리가 일보를 양보해서 위와 같은 공본영—길주태의 논리에 어떤 진정성을 인정한다고 치더라도, 그런 논리를 근거로 해서 그가 보여주는 행동이 다시 우리를 실망시킨다. 괴상한 형태의 액세서리를 만들어 팔고, 술에 취하여 대로에서 큰 소리로 세상을 저주하고……하는 행태는 냉정하게 말해 어설픈 빈정거림의 제스처 이상이 못 되기 때문이다. <나>가 그에 대하여 소설 창작의 좋은 소재를 발견했다는 직업적 흥분 이상의 아무런 감동을 느끼지 못하는 것도 이 점으로 보면 백번 당연하다고 할 것이다.

(4) 마지막으로, 천목사가 <나>에게 들려주는 길주태의 젊은 날의 에피소드도 우리에게는 그다지 긍정적인 인상을 주지 않는다. 그의 교회 건물이 벼락을 맞은 이후에 그가 실제로 무엇을 느꼈는가 하는 점이 전연 나타나 있지 않기 때문에 어떤 단정을 내리기는 힘들지만, 적어도 벼락 사건이 있기 전까지 그가 품었던 신앙이란 참다운 기독교 신앙이 아니라 일종의 마술에 대한 믿음에 불과하였으리라는 혐의를 지울 수가 없기 때문이다. 벼락을 맞지 않게 해 준다든가, 교통 사고를 모면하게 해 준다든가, 입학 시험에서 합격할 것을 보장해 준다든가 하는 것은 이미 마술의 영역이지 기독교와는 관계가 없는 것이다.

이렇게 볼 때, 「연금술사의 춤」이 우리에게 보여주고 있는 기독교 비판자의 모습은, 정작 기독교의 핵심에 놓이는 문제는 하나도 건드리지 못한 얼치기의 초상이라고 할 수 있다. 특히 지난 1970년대 이래로 우리나라의 진보적 기독교계가 이룩해 온 고통스러운 전진의 발자취까지를 고려해본다면 이와 같은 부정적 평가는 더욱 확실한 것으로 굳어지게 된다.

그러나, 공본영—길주태에 대한 우리의 이처럼 부정적인 평가가, 곧바로 「연금술사의 춤」이라는 작품 자체, 혹은 이승우라는 작가 자신에 대한 부정적 평가로 연결되는 것이냐 하면, 그런 것은 아니다. 작중 인물과 작품 자체와는 당연히 구별되어야 하며, 작중 인물과 작가와도 응당 준별되어야 하는 것이다. 오히려 작가 이승우는 이처럼 부정적인 기독교 비판자의 모습을 제시함으로써, 역으로 기독교의 무너질 수 없는 가치를 증명해 보였다고 할 수도 있다. 이것은 이미 김동리가 『사반의 십자가』에서, 그리고 이문열이 『사람의 아들』에서 선례를 보였던 바이다. 이 경우, 작가 자신이 그 점을 과연 얼마만큼 명료하게 자각하고 있었느냐 하는 것은 그다지 중요한 문제가 아니다. 정작 중요한 것은 결과로서 나타난 작품 자체가 그 같은 맥락에서 얼마나 깊숙이 독자의 마음을 흔드느냐 하는 점에 있다. 이러한 각도에서 『사반의 십자가』와 『사람의 아들』, 그리고 「연금술사의 춤」 사이에 놓여 있는 거리를 재어 보는 것은 무척 흥미있는 작업이 될 수 있으리라. 그 구체적인 기록표의 작성은 이 책의 독자 여러분이 각자 시도해 볼 과제로서 남겨두고자 한다.

(1986)

관념소설의 한 전형
―이승우의 『에리직톤의 초상』

　인류 문화의 두 축을 감각적인 것과 관념적인 것으로 규정하는 입장에서 이 문화라는 것의 미래상을 가늠해 보면, 그것은 전자의 팽창과 후자의 위축으로 특징지어지리라는 결론이 어렵지 않게 나온다. 최근 수 세기 동안 후자는 인쇄 문화의 위력에 힘입어 제법 화려한 전성기를 구가할 수 있었지만 이제 그 전성기는 빠른 속도로 끝나 가고 있으며, 거기에 대신하여 전자의 전성기가 다가오고 있는 것이다.
　그러나, 아무리 전자가 팽창하고 거기에 비례해서 후자가 위축된다 해도, 인간의 삶 속에서 후자가 완전히 배제되어 버리는 사태는 일어나지 않을 것이다. 그것은 그 나름대로 깊은 뿌리를 가진 것이요, 인간의 삶을 가능하게 하는 원동력의 하나로 존재하는 것이기 때문이다. 그러니까 아무리 전자의 위력이 극치에 도달하더라도 후자가 소멸되는 일은 없으며, 그것은 단지 문화의 변두리로 내몰린 상태에서 그 나름의 불온한 꿈을 키우며 미래를 향해 나아가리라고 예견할 수 있다.
　문화의 미래상이 대략 이러하다면, 우리들 주위에서 문학의 창작을 담당하는 사람들은 주로 두 개의 길을 선택하여 나아갈 가능성이 높다. 그 첫째는 감각 위주의 문화 풍토에 추파를 던지고 거기에 영합함으로써 생존을 도모하는 길이다. 대중문학의 길이 바로 이것이다. 다음 둘째는 반대의 극단으로 나아가, 관념의 축에 완전한 헌신을 맹세함으로써, 고독 속에서 볼온한 꿈을 키우는 존재로 자신의 정체성을 확립하는 길이다. 본격문학, 그 중에서도 관념의 깃발을 우뚝 세운 본격문학의 길이 바로 이것이다.

지금까지 내가 적어 온 것은, 현대문화와 문학의 미래에 관하여 최근 내가 나름대로 떠올리고 있던 상념의 일 부분이다. 바로 그러한 상념에 사로잡힌 상태에서 나는 이승우의 장편소설 『에리직톤의 초상』을 읽었다. 이 소설을 읽고 나는 위와 같은 상념의 흐름에 기막히게 잘 맞아들어가는 작품을 만났구나라는 생각을 하지 않을 수 없었다. 적어도 내가 보기에는 이 소설이야말로 <관념의 축에 완전한 헌신을 맹세함으로써 자신의 존재 의의를 확립한 작품>의 한 표본으로 이해되었기 때문이다. 만약 이러한 나의 이해방식이 크게 틀리지 않다면, 이 소설은 우리가 앞으로 문학의 미래에 대한 논의를 펼칠 때마다 준거가 되는 작품의 하나로 거론되어 좋을 만한 자격을 지녔다고 말해도 무방하리라(굳이 밝힐 필요도 없겠지만, 이러한 이야기는 이 소설의 문학적 성취도가 탁월하다는 것을 막바로 말하고 있는 것은 아니다).

그러면 이승우가 이 작품에서 그처럼 적극적으로 문제 삼은 관념의 구체적인 내포는 무엇인가? 그것은 한 마디로 말해서 기독교적 초월의 문제이다. 소설의 맨 첫머리에 나오는 정상훈 교수의 강연 내용에서 작품 전체가 씨름해야 할 문제의 방향이 결정되는데, 그 방향이 기독교적 초월의 문제와 관련되는 것이다. 강연의 결론 부분만을 잠깐 보이면 그것은 다음과 같다.

> 수직이 전제되지 않은 수평을 부르짖을 때 문제가 생깁니다. 절대자와의 비뚤어진 수직관계를 방치하고 인간 사이의 평등한 관계만을 기획하는 것은, 감히 말하지만, 환상에 불과합니다. 신을 거론하지 않은 모든 휴머니즘은 허무주의라는 기형의 지식밖에는 낳지 못할 것이며, 절망이라는 기창기가 그들의 종국일 것입니다. 바벨탑이 그 본보기입니다. 하늘까지 이르고자 하는 목이 곧은 땅의 백성들을 보다 못한 신은 <언어 혼란>이라는 형벌로 이 땅을 징계합니다.

위의 인용에서 뚜렷이 드러나는 것처럼, 정상훈의 입장은 철저한 신중심주의이다. 그에 의하면 기독교적 초월의 방향은 오로지 위를 향하는 수직선만을 그릴 따름이며 다른 길은 없다. 그는 이러한 확신을 그의 젊은 제자들에게도 나누어 주려고 한다.

그런데 그의 젊은 제자들은 스승의 그 같은 확신을 곧이곧대로 추종하지 않고 각자 다른 길을 개척하며 그 개척의 과정에서 치열한 내적·외적 투쟁을 전개한다. 이 작품에 등장하는 제자로는 화자인 김병욱, 정상훈의 딸인 정혜령, 정혜령과 장래를 약속하고 함께 뮌헨에 갔다가 파경에 이르는 최형석, 그리고 노동운동의 투사로 활약하는 신태혁 등 네 명이 있는데, 이들 모두가 그 나름의 개성적인 길을 열어나가는 것이다. 그 결과 이 소설은 정상훈까지 포함하면 모두 다섯 명에 이르는 개성적인 초월의 탐구자들이 서로 얽히고 싸우며 춤추는 거대한 무도장이 된다.

여기서 이들이 보여주는 복잡한 춤의 동작을 일일이 정리하여 소개할 필요는 없으리라고 여겨진다. 그러한 작업은 이 소설의 끄트머리에 붙은 진형준의 해설이 착실히 수행하고 있기 때문이다. 그 대신 나는 이 작품의 특징을 다른 각도에서 보다 선명히 드러낼 수 있도록 약간의 사담을 끌어들이면서 논의를 계속하고자 한다.

지금 내가 여기서 내가 끌어들이려는 사담이란 무어 별다른 게 아니라, 내가 이『에리직톤의 초상』을 읽기 직전에 도스토예프스키의『악령』을 읽었다는 얘기이다. 학생시절에 깊은 감명을 동반하면서 읽었던『악령』을 십여년 만에 다시 손에 잡은 것은 그 동안 꽤 녹이 슬었다고 판단되는 내 정신의 필터를 갈아 끼우기 위한 작업의 일환으로서였는데, 바로 이『악령』을 끝내자마자 곧 이어서 보게 된 것이『에리직톤의 초상』이었기 때문에, 나의 마음속에서는 저절로 그 두 작품이 나란히 놓여, 이런저런 비교의 대상이 되지 않을 수 없었다. 그런데 이 두 작품이 이처럼 비교의 대상으로 떠오른 구체적인 경위는 방금 이야기한 바 그대로이며, 따라서 순전한 우연의 소치로 돌릴 수밖에 없는 것이지만, 일단 그 둘을 놓고 실제로 비교의 작업을 시도해 본 결과는, 단순한 우연의 소치로 간주하기엔 너무나 기이한, 흥미로운 일치점을 적지않게 보여주는 것으로 나타났다. 그러나 만큼 그 비교의 결과를 간단히 기술하는 일은 분명히 『에리직톤의 초상』의 특징을 드러내는 데 얼마쯤의 기여를 할 수 있으리라고 생각되는 것이다.

이 두 소설의 일치점으로 맨먼저 꼽을 수 있는 것은, <사상>이 작중인물들을 움직이는 원동력으로 작용하고 있다는 사실이다. 일찍이 하우저가 도스토예프스키의 주인공들에 대하여 행한 다음과 같은 발언은 『에리직톤의 초상』의 주요인물들에게도 그대로 적용된다.

> 도스토예프스키의 주인공들은 마치 기사소설의 주인공들이 거인이나 괴물들과 씨름했듯이 그들의 사상 및 환상과 씨름하고 있는, 정열에 차고 두려움을 모르며 편집광적인 사색가들이다. 그들은 사상을 위해 괴로움을 당하고 사람을 죽이고 목숨을 바친다.

하우저의 이러한 설명은 도스토예프스키의 소설이 사상소설 혹은 관념소설의 모범과 같은 성격을 띠고 있다는 이야기에 다름아니다. 그리고 이 글의 첫머리에서 내가 시도한 문학의 미래상에 대한 전망이 만약 타당성을 지니고 있다면 이처럼 관념소설의 모범으로 존재하는 도스토예프스키 문학의 비중은 앞으로 더욱더 커지리라는 예상을 어렵지 않게 해 볼 수 있다. 그런데 『에리직톤의 초상』 역시 <관념의 축에 완전한 헌신을 맹세함으로써 자신의 존재의의를 확립한 작품>으로서 도스토예프스키의 소설들과 마찬가지로 <사상>을 무대의 중심에 놓고, 그 주요인물들 모두가 나름대로의 사상과 맞붙어 격투를 벌이게끔 만들고 있는 것이다. 하우저가 극단적인 사례로 든 <사람을 죽이고 목숨을 바치는> 일조차도 『에리직톤의 초상』은 빠뜨리지 않고 포함시켜 놓았으니, 최형석의 교황 암살 기도와 자살의 가능성이 큰 죽음이 바로 그것이다.

다음 두 번째로 지적할 수 있는 『악령』과 『에리직톤의 초상』의 공통점은, 이처럼 주요인물들을 사로잡아 혼신의 대결을 하도록 만드는 <사상>이라는 게 개략적으로 보면 동일한 방향을 겨냥하고 있다는 사실이다. 물론 『악령』에 나오는 스타브로긴, 키릴로프, 샤토프, 표트르 베르호벤스키, 스테판 트로피모비치 등의 사상적 면모와 『에리직톤의 초상』에 나오는 여러 인물들의 사상적 면모는, 자세히 살펴보면, 크게 다르다. 다르기 때문에 『악령』이 이미 존재함에도 불구하고 『에리직톤의 초상』이 씌어질 수 있었고, 또 일단 씌어진 다음에는 그 자체의 고유한 특질을 가진 독립체로서 존재의의를 지닐 수 있는 것이리라. 하지만 그 <다름>에도 불구하고, 위에서 말한 바와 같이, 그 개략적인 방향은 분명히 동일하다. 어떤 점에서? 신의 문제가 화두로 올라 있고, 그 중에서도 특히 인신(人神)의 문제가 적지않은 관심의 표적이 되어 있으며, 신을 부정했을 때의 허무와 폭력이 강하게 부각되어 있다는 점에서 그러하다. 적어도 이 점에 있어서 『에리직톤의 초상』은 분명 『악령』의 자매편 혹은 축소판이라는 성격을 가지고 있다는 게 나의 느낌이다.

마지막 세 번째로 이야기할 수 있는 두 작품의 공통점은 그 다성소설적(多聲小說的) 성격이다. 일찍이 여러 사람들이 지적하였고 특히 바흐친이 깊이 연구했던 바와 같이 도스토예프스키의 작품들은 어떤 하나의 입장을 최종적인 결론으로 내세워서 독자들에게 강요하지 않고 작중의 다양한 목소리들이 그 나름의 독자성과 생명력을 가지고 자유롭게 울려 나오게끔 허용함으로써 결과적으로 작품 전체가 하나의 거대한 합창이 되게 만드는 특징을 가지고 있거니와 『에리직톤의 초상』도 그러한 특징을 마찬가지로 지니고 있는 것이다. 보다 구체적으로 말하자면, 이승우는 이 소설에 나오는 정상훈의 입장, 김병욱의 입장, 정혜령의 입장, 최형석의 입장, 신태혁의 입장 등등 여러 가지 입장들 가운데 어느 것에도 결정적인 찬표를 던지지 않는다. 그는 그 여러 가지 입장들이 각자 자유롭게 자기 목소리를 내며 궁극의 자리에까지 치달아가게 내버려 둔다. 최종적인 판단은 독자들 개개인이 내려야 할 몫으로 남겨 놓는 것이다. 그 결과 이 소설은 비록 <거대>하지는 않더라도 제법 <풍요>로운 하나의 합창이 되는 데 성공하고 있다.

지금까지 나는 『악령』과의 비교라는 방법을 통하여 『에리직톤의 초상』이 지닌 특징적인 면모를 나름대로 부각시키려 애써 본 셈이거니와, 그러면 이 작품은 오늘의 한국소설들 가운데서 얼마만한 높이를 지닌 것으로 평가받을 수 있을까?

이 물음에 대한 답변 가운데 일부는 이미 앞에서 나온 셈이다. 즉 나는 앞에서 이 작품이 그 뚜렷한 관념소설적 성격으로 말미암아 우리가 앞으로 문학의 미래에 대한 논의를 펼칠 때마다 준거가 되는 작품의 하나로 거론되어 좋을 만한 자격을 지녔다고 말한 바 있는데, 이러한 지적이 이미 이 작품의 높이를 어느 정도 시사해 주고 있는 것이다.

그러나, 역시 앞에서 이미 언급한 바와 같이, 그러한 지적 자체에 의하여 이 작품의 문학적 성취도가 막바로 드러나는 것은 아니다. 문학적 성취도를 측정하기 위해서는 방금 얘기한 것과는 다른 척도가 필요한 것이다. 그 척도 가운데 가장 중요한 것으로 우리는 작가의식의 열도와 기법상의 완성도를 들 수 있으리라. 그러면 이러한 척도를 가지고 『에리직톤의 초상』을 잴 경우, 어떤 결론이 나올 것인가?

우선 작가의식의 열도라는 측면에서 보면, 긍정적인 평가를 내리기에 인색할 이유가 없을 듯하다. 기독교적 초월에 대한 문학적 관심이 거의 불모상태라고 할 수 있는 한국의 문단에서 이 문제에 과감히 도전하여 온몸으로 씨름한 그 용기와 열정은 분명 소중한 의의를 지니고 있다. 특히 나는 일찍부터 이 문제에 개인적으로 깊은 관심을 지녀 온 자로서 일급의 작가들이 이 문제를 탐구하여 의미 있는 성과를 거둔 경우가 희소하다는 점을 늘 안타깝게 여겼던 터인데, 『에리직톤의 초상』은 바로 이러한 안타까움을 시원하게 풀어 주는 존재로서 내 앞에 나타난 것이다. 그리고 비록 나와 관심의 방향을 달리하는 사람들이라 할지라도 이 작품이 한국소설의 한 중요한 결락

부분을 메워 주었다는 사실과 그 바탕에 작가의 남다른 용기 및 열정이 깔려 있다는 사실 자체를 부인하지는 않을 것으로 생각된다.

그 다음으로 문제되는 것은 기법상의 완성도인데, 이 점에 관해서도 『에리직톤의 초상』은 상당히 높은 평가를 받을 수 있을 것으로 여겨진다. 공들인 문장들의 매력과 치밀한 구성의 힘이 잘 어울려, 기법면에서도 비교적 성공적인 작품 공간을 창출해 내고 있는 것이다. 이것은 매우 반가운 일이다. 왜 반갑다고 말하느냐 하면, 솔직히 말해 이승우가 지금까지 발표한 많은 소설들은 기법면에서 다소 고르지 못한 수준들을 드러내고 있어서, 종종 읽기에 불안한 느낌을 주곤 했던 게 사실이기 때문이다. 그런데 이 『에리직톤의 초상』은 그 고르지 못한 수준들 가운데 가장 높은 지점을 보여준 셈이다. 이로써 그가 이 작품의 창작에 얼마만한 정성을 기울였는가 하는 점을 미루어 짐작할 수 있거니와, 규모나 주제의식의 심도로 볼 때 오랫동안 그의 대표작으로 간주될 것이 틀림없는 이 소설이 기법면에서 비교적 높은 성취를 보인 점은 작가를 위해서도 다행한 노릇이다.

이상의 논의를 두루 종합할 때, 『에리직톤의 초상』은 상당히 높은 수준의 문학적 성취도를 과시한 작품이라고 결론지어 별 무리가 없을 듯하다. 이로써 이승우는 지금까지 낸 두 권의 창작집 『구평목씨의 바퀴벌레』와 『일식에 대하여』를 다시 넘어서서, 새로운 세대의 가장 역량있는 작가 가운데 한 사람으로 자신의 위치를 분명히 세운 것이다.

이러한 사실을 기본적으로 승인하면서, 이제, 약간의 아쉬움이 느껴지는 대목을 언급하는 것으로 이 글을 마무리하기로 하자.

우선, 이승우가 기독교적 초월을 집요하게 문제 삼는 한국의 드문 작가들 가운데 한 사람이라는 사실과 관련하여, 말해 두고 싶은 것이 있다. 그것은, 한국의 작가로서 기독교적 초월을 탐구할 경우, 한국의 전통적인 종교문화— 유교와 무교(巫敎)로 대표되는—와의 대결이라는 과제를 빼놓을 수 없는 게 아닌가 하는 점이다. 이는 고쳐 말하면 한승원 같은 작가가 제기하고 있는 문제를 한국의 기독교 작가는 비켜 지나갈 수 없다는 얘기가 된다. 그런데 적어도 지금까지 이승우가 내놓은 기독교적 작품들에서는 이런 문제에 대한 본격적인 대결의 자취가 보이지 않았고, 『에리직톤의 초상』 역시 이 점에서는 마찬가지인 듯하다.

물론, 작가는 누구나 그 자신의 관심을 끄는 주제에만 전념할 자유를 가지며, 독자의 입장에서 이런저런 주제를 제시하면서 작가의 관심을 요구하는 것은 일종의 월권 행위일 수 있다는 사실을 나도 모르는 바 아니다. 그럼에도 불구하고 내가 위와 같은 얘기를 하는 것은 방금 내가 제기한 문제와 정면으로 맞부딪치지 않을 때 한국의 기독교 문학은 의외로 공허해질 수도 있다는 우려를 금할 수 없기 때문이다.

바로 이 지점에서 나는 바벨탑의 신화에 대한 S. R. 드라이버의 해석을 되새겨 보게 된다. 바벨탑의 신화에 대한 전통적인 해석은, 이 글 앞 부분에서 인용된 정상훈의 강연에 나와 있는 바와 같이, 언어를 나누고 사람들을 사방으로 흩어 버린 신의 행위를 하나의 <징계>, <처벌>로 보는 것이었다. 그런데 드라이버는 이러한 해석에 의문을 제기하고, 신의 그 행위는 <인류의 개발과 발전을 위해 신이 마련한 은총의 계획의 하나>였다고 주장한 것이다. 이러한 그의 주장을 중국의 송천성(宋泉盛)도 지지하고 있거니와, 우리가 반드시 그들의 견해에 동조해야만 할 필요가 있는 것은 아니지만, 그래도 그것은 꽤 유익한 참조물의 구실을 할 수 있을 것으로 생각된다. 그들의 견해를 참조해서 생각할 경우, 한국의 기독교가 전통적인 종교문화를 만나고 그것과 대결할 수밖에 없다는 사실은 회피하고 싶은 걸림돌이나 고민의 씨앗이 아니라 그 자체로서 신의 뜻에 수렴되는 일이 될 수 있으리라. 그리고 이 점은 기독교 소설의 경우에도 마찬가지일 것이다.

다음으로, 사소한 듯하지만 한번쯤 짚고 넘어가야 할 필요가 있다고 생각되는 것이, 서양으로부터 온 단어를 쓰면서 원어를 병기하는 문제이다. 나는 일찍이 『구평목씨의 바퀴벌레』에 대한 서평에서 이런 원어의 병기가 자주 눈에 띄는 현상을 지적하고 비판을 가했으며, 그로 말미암아 작가의 격렬한 반박을 받은 바 있거니와, 내가 그 서평에서 비판을 가한 방식에는 문제가 있었을지 모르되, 원어의 불필요한 병기가 바람직하지 않다는 생각 자체에는 지금도 변함이 없다. 그런데 이번에 나온 『에리직톤의 초상』에는 『구평목씨의 바퀴벌레』에 실렸던 그 전반부의 초기 형태에 비하면 원어의 병기가 현저히 줄었지만 그래도 완전히 없어지지는 않고 있는데, 나로선 역시 수긍이 가지 않는다. <테러리즘>이라든가 <매저키즘> 같은 단어에 원어를 병기함으로써 어떤 효과를 거둘 수 있다는 것인지? 의문이다. (1990)

찾아보기

(ㄱ)

『가룟 유다에 대한 증언』 24, 25, 42, 43, 85, 86, 87, 89, 90, 91, 93, 94, 96, 102, 103, 104, 106

『가시둥지』 227, 228, 232

「가위 밑 그림의 음화와 양화」 326, 328, 331

『갈대바다 저편』 226, 227, 228, 230, 231, 233, 234

『갈릴래아 사람의 그림자』 42

『개화기 문학과 기독교사상 연구』 288

「고린도전서」 44, 45, 82, 114, 262

곽복록 36

『구약성서』 26, 33, 34, 36, 37

『구평목씨의 바퀴벌레』 342, 343, 344

권성우 170

「그레이구락부 전말기」 277

『그리스도의 탄생』 111, 112, 116, 117, 118, 121, 122, 123, 124, 125

『그리스도 최후의 유혹』 25, 42, 87

그린, 그레엄 306

그린, 쥴리엥 306

『그의 자서전』 136

「금수회의록」 254

『기독교 명저 60선』 48

「기독교 문학의 가능성」 255, 264

『기독교와 마르크시즘』 258

『기독교와 한국 사상』 191

기본 121

『기적의 시간』 25

『길갈』 227, 231, 233, 234, 236, 241

길선주 195

김경재 44, 54

김광림 112, 117

김광식 49

김교신 236

김균진 282

김동리 8, 9, 10, 12, 16, 17, 18,

찾아보기 345

19, 20, 21, 25, 42, 43, 57, 59, 61, 62, 63, 64, 65, 66, 67, 68, 69, 70, 71, 73, 74, 75, 76, 77, 77, 78, 79, 80, 81, 83, 84, 85, 87, 101, 103, 104, 185, 255, 262, 263, 269, 269, 270, 273, 274, 275, 276, 284, 335

김동인 157
김득중 16, 30, 31, 44, 65
김병익 255, 277
김병철 288
김붕구 180
김승혜 44
김신순 273
김열규 41
김용옥 54
김원일 242, 248, 251
김윤식 136, 147, 156, 287
김은국 158, 159, 167, 168, 170, 171, 172, 174, 175, 177, 179, 181, 199
김은산 260
김이곤 282
김종균 136
김춘수 55, 67, 75, 80
김쾌상 258, 261
김현 170, 277
「깨끗한 몸」 248

(ㄴ)

『난세의 문학』 132
「내가 잊지 못하는 여자」 148
『너희들은 무엇을 어덧느냐』 128, 137, 139, 141, 143, 144, 146, 149, 154, 155
『노자와 도교』 295
『노장사상과 중국의 종교』 296
『논어』 291
「누가복음」 14, 15, 16, 17, 18, 19, 20, 44, 64, 65, 66, 70, 71, 82, 112, 117, 215, 221, 264, 271, 272, 273, 274, 277
『누가의 신학』 16, 44
니일 260
니체 191
니터 299

(ㄷ)

「대결의 문학」 56
『대자대비하신 하나님』 299
도스토예프스키 167, 179, 338, 339, 340
도정일 159
『동리문학이 한국문학에 미친 영향』 84

드라이버　343
드로그메　117, 118
『등신불』　262

(ㄹ)

라너　322
「라울전」　269, 277, 280, 281, 283, 284
『라하트 하헤렙』　226, 227, 233, 234, 333
「레위기」　36
레이　75, 76
「로마서」　280
『로마 제국의 쇠퇴와 멸망사』　121
로즈　48
루터　313
『르네 지라르 혹은 폭력의 구조』　170
리치　46
링컨　75

(ㅁ)

「마가복음」　14, 15, 31, 44, 59, 64, 65, 70, 71, 272, 276
『마가복음의 부활신학』　30, 44, 65
마르크스　257

「마리아의 회태」　8, 9, 11, 12, 13, 15, 17, 18, 19, 20, 21, 22
「마음의 감옥」　248, 249
「마태복음」　14, 15, 16, 17, 18, 19, 31, 38, 57, 58, 59, 64, 65, 70, 71, 82, 203, 223, 258, 266, 267, 272, 276, 294, 321, 323, 325
「만화경」　226
맥도웰　114, 119
메사디에　42
모리악　306
「목공 요셉」　8, 10, 269, 270, 272, 273, 274, 275, 275, 281, 284
『묘지』　133, 137
「무녀도」　270
무어　76
「문학과 무와 종교 체험」　194
『민족통일과 기독교』　257
「믿음의 충돌」　242, 248, 251, 252

(ㅂ)

바르트　281, 282, 320, 321
바흐친　340
박상륭　87
박순경　257
박화성　255, 258, 259, 269

『반항인/문학이란 무엇인가』 180
백도기 23, 24, 26, 29, 32, 42, 43,
   85, 86, 87, 89, 90, 103, 104
버년 288
「벌레 이야기」 326, 329, 330, 331
『베데스다』 227, 228, 232
베이전트 75, 76
벤틀리 258
『변방에 우짖는 새』 317, 319, 320, 321
변선환 54, 299
「별을 그리던 시절」 148
보프 57, 58, 204
『복음서해석』 60
「본시오 빌라도의 수기」 23, 24, 25, 26, 28, 29, 32, 33, 38
본회퍼 200, 202, 309, 313
「부재하는 신과 소설」 255
「부활」 8, 10, 11, 68, 73, 80, 255, 262, 263, 267, 269, 270
「부활에 좌절한다」 55
『불의 딸』 185
불트만 48, 49, 50, 299
브랜스콤 31
브루스 119
『비평의 매혹』 170

(ㅅ)

「사도신경」 27, 28, 29, 31
「사도행전」 44, 45, 59, 65, 66, 119
『사람의 아들』 42, 43, 85, 87, 91, 92, 93, 94, 95, 96, 97, 98, 99, 100, 101, 102, 103, 104, 105, 106, 106, 185, 255, 263, 264, 265, 266, 267, 269, 333, 335
사르트르 180
『사반의 십자가』 8, 9, 10, 11, 19, 20, 21, 22, 25, 40, 42, 43, 56, 57, 58, 59, 61, 62, 63, 64, 65, 66, 67, 68, 69, 70, 71, 72, 73, 74, 76, 77, 78, 79, 80, 81, 83, 84, 85, 87, 93, 101, 102, 103, 106, 270, 275, 275, 335
『사상으로 풀어보는 한국경제와 일본경제』 52
『사해 부근에서』 25, 108, 110, 111, 112, 115, 124, 125
『삼대』 128, 129, 141, 142, 143, 144, 145, 146, 148, 152, 153, 154, 155, 156
서기원 305
『서머힐』 260
서중석 60
『성서』 33, 38, 236, 258, 260, 313,

321
『성서의 구조인류학』 46
『성서의 실존론적 이해』 48
『성서적 신화의 구조주의적 해석』 46
『성혈과 성배』 75
『세계문학신강』 36
『세계의 종교』 45
「세속적 합리주의로의 길」 56, 68, 69, 72, 76
「세월의 너울」 248
『성산명경』 286, 287, 288, 289, 290, 295, 296, 297, 298, 299
『소설의 여러 양상들』 40
손우성 84
송상일 255
송창근 286
송천성 299, 322, 323, 343
숀필드 75
『순교자』 158, 159, 161, 162, 163, 165, 167, 169, 170, 171, 172, 174, 175, 176, 177, 178, 179, 181, 199
쉬로더 288
스코트 187
스탈린 180
시월 261

『신구약개론』 48
「신명기」 34, 35, 36, 38
『신약성서』 8, 13, 23, 24, 26, 33, 37, 44, 45, 46, 57, 58, 59
『신약성서신학』 60, 272
『신약성서와 신화론』 48
『신의 약속은 파기될 수 없다』 282
『신이 된 남자』 42
신인철 46
신인현 48
신채호 255, 256, 257, 269

(ㅇ)

「아겔다마」 87
「아모스」 323
아펜젤러 286
『악령』 338, 340, 341
안국선 254
「암야」 130
『야훼의 밤』 185, 227, 231, 232, 233, 240
양주삼 286
『언어와 상상』 157
『에덴의 불칼』 226, 227, 228, 230, 231, 232, 233, 234, 235, 236, 237, 239, 240, 241
『에리직톤의 초상』 336, 337, 338,

339, 340, 341, 342, 343, 344
엔도　25, 108, 110, 111, 112, 113,
　　114, 115, 116, 117, 118, 120,
　　121, 122, 123, 124, 125, 126,
　　266, 305, 307, 308, 309
엘리아데　184
「연금술사의 춤」　332, 334, 335
염상섭　128, 129, 130, 132, 133,
　　136, 137, 141, 142, 146, 147,
　　148, 149, 151, 153, 154, 155,
　　156, 157
『염상섭연구』(김윤식)　136
『염상섭연구』(김종균)　136
「영생을 향한 삶의 방식」　44
「영웅소설의 전통과 보수적
　　기독교의 문제」　56
『예수님은 실존 인물인가?』　113,
　　114, 120
『예수의 비밀』　76, 101
『예수의 생애』(모리악)　273
『예수의 생애』(엔도)　108, 111, 112,
　　118, 124, 125, 266
『오직 예수 이름만으로만?』　299
『옥중서간』　200, 309, 313
『왜 그리스도인인가』　44, 85, 263
「요한복음」　15, 31, 59, 60, 63, 64,
　　65, 69, 70, 71, 74, 75, 78, 82,
　　114, 117, 272

『욕망의 시학』　170
「욥기」　161, 260, 261
「용과 용의 대격전」　255, 256, 267,
　　269
『우리 소설과 구도정신』　56, 72
우찬제　170
『움직이는 성』　182, 184, 185, 186,
　　187, 188, 189, 192, 194, 195,
　　198, 199, 206, 208, 212, 217,
　　220, 224
「웃음소리」　277
웰치　295, 296
윌슨, 빌　114, 119
윌슨, 콜린　75
유동식　48, 286
『유월절 축제일의 기도』　75
유주현　84
윤성범　191
윤찬원　295
『을화』　270
이가환　305
이광수　136, 157
이규태　197
이기동　52
이덕주　299
이문열　42, 43, 85, 87, 91, 92, 93,
　　95, 97, 98, 99, 101, 103, 104,

105, 185, 255, 263, 265, 266, 269, 333, 335
이민자 288, 298
이보영 42, 95, 96, 105, 132, 255, 264, 265
「이사야」 313, 323
이상섭 157
이석봉 110
「E선생」 128, 133, 136, 137, 139, 141, 146, 147, 148
이승우 332, 335, 336, 337, 340, 342, 343
이어령 53
이용도 195
이정희 58
이청준 326, 327, 328, 329, 331
『일식에 대하여』 342
「임종」 156

(ㅈ)

『자유의 종』 226, 227, 228, 231
『잔혹』 75, 101
장왕록 159
전경연 60, 272
「절차탁마대기만성·2」, 54
정명환 175, 176
정약용 305

정약종 305
정진홍 41, 53
정한교 44, 85, 263
「제야」 128, 129, 130, 133, 141, 146
제임스 214
조동일 288
『조선백자마리아상』 300, 305, 307, 310, 311, 312, 313, 314, 315
조성기 185, 226, 227, 228, 229, 230, 232, 234, 236, 237, 241, 254, 333
조신권 288, 298
조철수 33
조흥윤 194, 220
『종교철학개론』 283
쵤레 258
『주의 기도』 58
「죽어 되사는 신비」 41
『죽음의 사색』 41
『죽음이란 무엇인가』 44

(ㅊ)

차성환 150
『착한 사람이 왜 고통을 받습니까』 261

「창세기」 281
최남선 156, 157
최병헌 286, 289, 290, 291, 294, 295, 296, 297, 298, 299
최석용 76
최인훈 50, 191, 269, 277, 284
『최인훈』 277
「출애굽기」 35, 38
『침묵』 300, 305, 307, 308, 309, 310, 312, 313, 314, 315

(ㅋ)

『카라마조프가의 형제들』 167, 168, 179, 260
카뮈 171, 172, 173, 174, 175, 177, 178, 179, 180, 181
카잔차키스 25, 42, 87
『케리스 시내』 75
콕스 333
쾨스틀러 327
쿠스너 261
킹 44, 47, 85, 263
클라분트 36, 37
키타모리 313

(ㅌ)

타이센 42
『텬로력뎡』 288
토카레프 45
틸리히 184

(ㅍ)

파니카 208
파스칼 200, 214, 313
『페스트』 173, 174, 175, 178
페키치 25
포먼 48
포스터 40
「표본실의 청개구리」 128, 129, 130, 141, 155, 156
프라이 288

(ㅎ)

『하느님의 아들 사람의 아들』 55
「하늘과 땅의 비중」 84
『하늘과 순수와 상상』 53
『하비루의 노래』 227, 231, 232, 233, 234, 236
하우저 339